高等学校土建类专业"十二五"规划教材

建 设 法 规

祝连波　主编

朱明强　李慧宇　副主编

化学工业出版社

·北京·

本书结合最新立法、司法动态，力求全面系统地反映建设工程全生命周期各阶段相关法律制度。使读者能够在学习理论知识的同时，掌握建设工程法律基础和各种法规，包括工程建设程序法规、城乡规划法、土地管理法、建筑法、建设工程招标投标法律法规、建设工程合同管理法律制度、建设工程勘察设计法规、建设工程质量管理法规、建设工程安全生产管理法规、建设法律责任、劳动法法律制度、住房保障制度和其他相关法律。本书突出特色采用大量翔实缜密的工程案例，真正做到了理论联系实际，增强了本书的应用性。

　　本书可作为高等学校本科、大专、高职高专工程管理专业、土木工程等土建类专业的教学用书，还可作为工程建设管理人员的培训用书。

图书在版编目（CIP）数据

建设法规/祝连波主编．—北京：化学工业出版社，2012.8

高等学校土建类专业"十二五"规划教材

ISBN 978-7-122-14395-2

Ⅰ．建⋯　Ⅱ．祝⋯　Ⅲ．建筑法-中国-高等学校-教材　Ⅳ．D922.297

中国版本图书馆 CIP 数据核字（2012）第 113261 号

责任编辑：陶艳玲　　　　　　　　　　装帧设计：杨　北
责任校对：吴　静

出版发行：化学工业出版社（北京市东城区青年湖南街 13 号　邮政编码 100011）
印　　装：北京云浩印刷有限责任公司
787mm×1092mm　1/16　印张 16　字数 403 千字　2012 年 8 月北京第 1 版第 1 次印刷

购书咨询：010-64518888（传真：010-64519686）　售后服务：010-64518899
网　　址：http://www.cip.com.cn
凡购买本书，如有缺损质量问题，本社销售中心负责调换。

定　　价：32.00 元

前 言

本教材从建设法规基础理论开始介绍，涵盖了建设法规涉及的主要方面，教材具有以下几个突出特点。

1. 围绕工程建设活动，以提升读者对建设工程法规的理解力为目的，引用大量真实案例，使读者置身于真实的法律环境中，以案说法，以案学法，具有较强的实践性和针对性，改变了某些建设法规教材单纯介绍建设法规的枯燥局面，激发读者学习建设法规的热情。

2. 内容新颖实用。教材编写过程中以当前颁布的国家最新建设法规为依据，尽量吸收工程建设实践中的最新成果，反映我国建设法规的最新动态。

3. 语言流畅，通俗易懂。考虑到土建类专业学生在学习本课程时一般没有进行法学方面的预备课学习，教材在解释建设法规专用词汇时，尽量做到浅显易懂，便于理解和掌握。

4. 教材内容广泛，知识体系具有综合性。在教材的编写工程中，注意相关知识体系的融合，如在编写建设工程招标投标法规时，以《中华人民共和国招标投标法》为主线，并把《工程建设项目施工招标投标办法》、《评标委员会和评标暂行规定》、《工程建设项目招标范围和规模标准规定》和《工程建设项目勘察设计招标投标办法》等相关法规融入编写内容中，既增加教材知识体系的综合性，又可加深读者对建设工程招投标法规知识理解的深度。

5. 教材知识结构合理，具有系统性。教材在知识结构上以工程建设基本程序为主线，做到知识主线清晰，层次分明、重点突出。

本书由兰州交通大学土木建筑学院祝连波副教授担任主编，由武汉工业学院朱明强老师和鸡西大学李慧宇老师担任副主编。全书共15章，各章的分工为：第1章、第2章、第6章和第7章由祝连波老师撰写，第3章、第8章和第10章由兰州交通大学温海燕老师撰写，第4章、第5章和第11章由兰州大学张玉老师撰写，第9章、第12章和第13章由朱明强老师撰写，第14章和第15章由李慧宇老师撰写，全书由祝连波统稿，研究生李金梅、白玲、尹相旭协助完成了一些工作，在此表示感谢。

在本书编写过程中，查阅和参考了大量的建设法规方面的文献资料和有关专家的著述，在此对他们表示衷心的感谢。

本书可以作为各级各类院校土建类专业师生的教学用书，亦可作为建设领域行政管理者、建设项目管理者和从业人员的参考书。

由于编者水平有限，尽管已经作了很大努力，书中的不足之处仍在所难免，敬请各位读者批评指正。

编者

2012 年 4 月

目　录

第1章 建设法规概论

1.1 概 述

1.1.1 法及建设法规的概念

1.1.1.1 法的概念

法的概念因为学派的不同而有所不同。

德国拉德布鲁赫认为:"法"不仅仅是一个范畴,一切法律上的考察是由此出发并以此为基础的,也不仅仅是一种思考方式,舍此根本不能思考法律之事,而且它还是一种现实的文化形态,其使法律世界的一切事实得以形成和塑造。

英国霍布斯从立法者的角度认为:法是国家对人民的命令,用口头说明,或用书面文字,或用其他方法所表示的规则或意志,用以辨别是非、指示从违。

美国弗兰克从司法者角度认为:就任何具体而言,法或者是实际的法,即关于这一情况的一个过去的判决;或者是大概的法,即关于一个未来判决的预测。

美国霍贝尔从守法者的角度认为:法律是这样一种社会规范,即如果有人对它置之不理或违反,拥有社会承认的权力的个人或集团就会以使用武力相威胁或实际使用武力。

美国庞德从法的作用的角度认为:法是为发达的政治上组织起来的社会高度专门化的社会控制形式——一种通过有系统有秩序地适用社会强力的社会控制。

《法理学》主编张文显教授认为:法是指由国家专门机关创制的、以权利义务为调整机制并通过国家强制力保证实施的、调整行为关系的社会规范,它是意志与规律的结合,是阶级统治和社会管理的手段,它应当是通过利益调整从而实现社会正义的工具。

综上所述,法是由国家制定或认可,并以国家强制力保证实施的,反映统治阶级意志的规范体系。法通过规定人们在相互关系中的权利和义务,确认、保护和发展对统治阶级有利的社会关系和社会秩序。

1.1.1.2 建设法规的概念

建设法规是指国家立法机关或其授权的行政机关制定的,旨在调整国家及其有关机构、企事业单位、社会团体、公民之间,在建设活动中或建设行政管理活动中发生的各种社会关系的法律、法规的统称。建设法规体现了国家对城市建设、乡村建设、市政及社会公用事业等各项建设活动进行组织、管理、协调的方针、政策和基本原则。

建设业是我国国民经济的支柱产业,建设活动对国民经济、人们生活和社会的可持续发展关系密切,国家对之必须进行全面的规范管理,在建设活动中需要有完善的法律、行政法规和部门规章来规范和调整建设事业中的各种社会关系。

1.1.2 建设法规调整对象

我国建设法规的调整对象,即建设关系,是指由建设法规所规范的,在建设活动中发生的各种社会关系,它包括建设活动中所发生的行政管理关系、经济协作关系及其相关的民事关系。

（1）建设活动中的行政管理关系

建设活动中的行政管理关系指国家及其建设行政主管部门与建设单位、设计单位、施工单位及有关单位（如中介服务机构）之间发生的规划、指导、协调、服务、检查、监督、调节与控制等关系。

建设活动与人们的生命财产安全、社会的文明进步息息相关，国家对此必须进行全面的严格管理。因此，国家及其建设行政主管部门通过制定建设法规对建设活动进行行政监督和管理。

（2）建设活动中的经济协作关系

工程建设是非常复杂的活动，是多方主体参与的系统工程。在建设活动中，各主体有各自的利益，为了实现利益最大化，必然要寻求协作伙伴，进而就产生相互间的建设经济协作关系。如建设单位委托监理单位完成工程监理任务，从而产生委托与被委托关系。为了避免纠纷和矛盾的发生，在协作过程中所产生的关系需要借助建设法规来加以规范与调整。

（3）建设活动中的民事关系

建设活动中的民事关系是建设活动中由民事法律规范所调整的社会关系，具体是指国家、单位法人、公民之间因从事建设活动而产生的民事权利和义务关系，主要包括财产关系和人身关系。如在工程质量事故中某民工身体伤害的赔偿关系，房地产交易中买卖、租赁、房屋产权关系等都属于建设活动中的民事关系。建设活动中的民事关系既涉及国家社会利益，又关系着个人的权益。因此，必须要纳入法律调整的范围，由民法和建设法规中的民事法律规范予以调整。

以上三种社会关系是在从事建设活动时所形成的，它们与其他活动中所形成的社会关系既有相同点，又有其自身的特点。因此，规范建设活动不能完全用一般的法律规范来调整，而必须由建设法规来调整。

1.1.3 建设法规的特征

建设法规作为调整建设活动社会关系的法律规范，除具备一般法律基本特征外，还具有不同于其他法律的特有的属性。

（1）行政隶属性

行政隶属性是建设法规区别于其他法律的主要特征。调整方式包括：

① 授权 国家通过建设法规，授予国家行政建设管理机关管理权限，对建设活动进行监督管理。如《中华人民共和国建筑法》第 7 条规定："建筑工程开工前，建设单位应当按照国家有关规定向工程所在地县级以上人民政府建设行政主管部门申请领取施工许可证。"该规定授权工程所在地县级以上人民政府建设行政主管部门可以向建设单位核发建设工程施工许可证的权利。

② 许可 国家通过建设法规，允许特别的主体在法律允许范围内有某种作为的权利。如《工程监理企业资质管理规定》第 8 条第 2 款规定：具有专业乙级资质工程监理企业可承担相应专业工程类别二级以下（含二级）建设工程项目的工程监理业务。

③ 命令 国家通过建设法律规范赋予建设法律关系主体某种作为的义务，如《实施工程建设强制性标准监督规定》第 16 条规定："建设单位有下列行为之一的，责令改正，并处以 20 万元以上 50 万元以下的罚款：明示或者暗示施工单位使用不合格的建筑材料、建筑构配件和设备的。"

④ 免除 国家通过建设法律规范，对主体依法应履行的义务在特定情况下予以免除。

如《财政部、国家税务总局关于青藏铁路建设期间有关税收政策问题的通知》（财税〔2003〕128）号规定：对中标的施工企业、监理企业和勘察设计企业从事青藏铁路建设的施工、监理和勘察设计所取得的收入，免征营业税、城市维护建设税和教育费附加；对青藏铁路公司在建设期间取得的临时管理运输收入免征营业税、城市维护建设税和教育费附加。

⑤ 禁止　国家通过建设法律规范赋予建设法律关系主体某种不作为的义务，如《中华人民共和国建筑法》第 24 条"禁止将建筑工程肢解发包"就属于禁止。

⑥ 计划　国家通过工程建设法律规范，对工程建设进行计划调节。如《国务院办公厅关于保障性安居工程建设和管理的指导意见》（国办发〔2011〕45 号）规定："要因地制宜，科学编制建设规划，统筹安排年度建设任务。"这里的"建设规划"属于计划。

⑦ 撤销　国家通过建设法律规范授予建设行政管理机关运用行政权力对某些权利能力或法律资格予以撤销或消灭。如《工程监理企业资质管理规定》第 24 条规定："有下列情形之一的，资质许可机关或者其上级机关，根据利害关系人的请求或者依据职权，可以撤销工程监理企业资质。

① 资质许可机关工作人员滥用职权、玩忽职守作出准予工程监理企业资质许可的；

② 超越法定职权作出准予工程监理企业资质许可的；

③ 违反资质审批程序作出准予工程监理企业资质许可的；

④ 对不符合许可条件的申请人作出准予工程监理企业资质许可的；

⑤ 依法可以撤销资质证书的其他情形。

以欺骗、贿赂等不正当手段取得工程监理企业资质证书的，应当予以撤销。"

（2）经济性

随着我国社会经济的发展，建筑业与工业、农业、商业和运输业共同构成国民经济的五大物质生产部门。因此，建筑业的经济性特征非常明显。工程建设法的经济性既包括财产性，也包括其与生产、分配、交换、消费的关联性。如房地产开发、工程建设勘察设计、施工、工程监理活动都直接为社会创造财富，其经济性特征非常显著。

（3）政策性

建设法规体现着国家的建设政策，具有政策性的特征。它一方面是实现国家建设政策的工具，另一方面也把国家建设政策具体化、规范化。比如为规范建筑业企业资质管理，依据《建筑业企业资质管理规定》（建设部令第 159 号）及相关法律法规，制定《建筑业企业资质管理规定实施意见》。

（4）技术性

建设产品的质量与人民的生命财产紧密相连。而建设活动又是一项技术性很强、安全要求很高的生产活动。为了保证建设产品的质量和人民生命财产的安全，必须要制定大量的专门技术规范类建设法规直接或间接约束工程建设参建方的行为，如《建筑抗震设计规范》（GB 50011－2001）（2008 年局部修订）对建筑结构抗震设计提出具体要求；为规范工程造价计价行为，统一建设工程工程量清单的编制和计价方法，住建部颁布了《建设工程工程量清单计价规范》（GB 50500—2008）。

1.2　建设工程法规体系

1.2.1　建设法规关系的概念

法规体系也称法的体系，通常指由一个国家现行的各个部门法构成的有机联系的统一整体。在我国法规体系中，根据所调整的社会关系性质不同，可以划分为不同的部门法，如宪法及宪法相关法、经济法等。

建设工程法规体系，是指把已经制定的和需要制定的建设法律、行政法规、部门规章和地方法规、地方规章有机结合起来，形成的一个相互联系、相互补充、相互协调的完整统一的框架体系。

建设工程法规体系是国家法规体系的重要组成部分，它必须与国家的宪法和相关法律保持一致，但它又相对独立，自成体系。

1.2.2 建设法规关系的构成

根据《中华人民共和国立法法》有关立法权限的规定，我国建设法规体系由五个层次组成即法律、行政法规、部门规章、地方性法规和地方性规章。

1.2.2.1 建设法律

法律由于制定机关的不同可分为两大类：一类为基本法律，即由全国人民代表大会制定颁布的有关刑事、民事、国家机构的和其他方面的规范性文件，如《中华人民共和国民法通则》。另一类为基本法律以外的其他法律，又称非基本法律，是由全国人民代表大会常务委员会制定颁布的，如《中华人民共和国建筑法》。法律的法律地位和效力仅次于宪法，在全国范围内有效。

建设法律指由全国人民代表大会及其常委会制定颁行的属于国务院建设行政主管部门主管业务范围的各项法律，它们是建设法规体系的核心和基础。

建设法律包括但不限于以下法律：《中华人民共和国建筑法》、《中华人民共和国招标投标法》、《中华人民共和国合同法》、《中华人民共和国城市规划法》、《中华人民共和国房地产管理法》、《中华人民共和国安全生产法》、《中华人民共和国民法通则》《中华人民共和国土地管理法》、《中华人民共和国防震减灾法》、《中华人民共和国物权法》、《中华人民共和国固体废物污染环境防治法》等。

1.2.2.2 建设行政法规

建设行政法规是指国务院依法制定并颁布的建设领域行政法规的总称。建设行政法规在建设法规体系中居"中坚"地位。如《建设工程质量管理条例》、《建设工程安全生产管理条例》、《物业管理条例》、《住房公积金管理条例》、《城市房屋拆迁管理条例》、《建设工程勘察设计管理条例》、《安全生产许可证条例》、《城市房地产开发经营管理条例》、《中华人民共和国注册建筑师条例》等。

1.2.2.3 建设部门规章

建设部门规章，是指住房和城乡建设部或国务院有关部门根据国务院规定的职责范围，依法制定并颁布的建设领域的各项规章。建设部门规章的名称一般是"规定"、"办法"和"实施细则"等，但不得称"条例"。

目前大量的建设法规都是以部门规章的方式发布的，如《工程建设项目施工招标投标办法》、《外商投资城市规划服务企业管理规定》、《建设工程勘察质量管理办法》《评标委员会和评标方法暂行规定》《建设工程质量检测管理办法》、《建筑工程施工许可管理办法》、《建筑业企业资质管理规定》《建设工程勘察设计企业资质管理规定》等。

1.2.2.4 地方性建设法规

地方性建设法规是指由省、自治区、直辖市人民代表大会及其常委会制定颁行的或经其批准颁布的由下一级人大或常委会制定的建设方面的法规。我国的地方人民政府分为四级，即省、地、县、乡四级。其中省级中包括直辖市，县级中包括县级市，即不设区的市。县、乡级没有立法权。省、自治区、直辖市以及省会城市、自治区首府有立法权。而地级市中有些有立法权，有些没有立法权，有立法权的必须是国务院批准的规模较大的市。

地方性法规在其所管辖的行政区内具有法律效力，如《宁夏回族自治区建设工程造价管理条例》、《珠海市地下管线管理条例》、《深圳经济特区物业管理条例》、《武汉市建筑节能与新型墙体材料应用管理条例》、《上海市住房公积金管理若干规定》、《合肥市城市规划管理办法》、《陕西省城市房屋拆迁补偿管理条例》、《深圳经济特区建设监理条例》等。

1.2.2.5　地方性建设规章

地方性建设规章是指由省、自治区、直辖市人民政府依法制定颁布的或经其批准颁布的，由其所辖城市人民政府制定的建设方面的规章、办法，在其管辖范围内适用。如《云南省城市建设档案管理规定》、《海南省实施〈城市房屋拆迁管理条例〉细则》、《哈尔滨市城市房屋拆迁管理暂行办法》、《无锡市建设工程质量监督管理办法》、《石家庄市城市建设档案管理办法》、《北京市实施〈住房公积金管理条例〉若干规定》、《兰州市经济适用住房管理办法》、《宁夏回族自治区城市房屋拆迁管理办法》、《浙江省经济适用住房管理办法》等。

建设法律的法律效力最高，层次越往下的法规法律效力越低。法律效力低的建设法规不得与比其法律效力高的建设法规相抵触；否则，其相应规定将被视为无效。

1.3　建设工程法规立法

1.3.1　建设立法的概念

立法是指国家权力机关及其行政机关依照其权限，按照一定的程序制定、修改或废止法律、法规的活动。

建设立法是指国家权力机关和行政机关按照宪法、法律规定的权限和程序制定、修改和废止建设法律、法规的活动。

1.3.2　建设立法的机构

根据1999年3月15日第九届全国人民代表大会第二次会议修订的《宪法》和2000年3月15日第九届全国人民代表大会第三次会议通过的《中华人民共和国立法法》（以下简称《立法法》）规定，建设法规按立法权限可分5个层次：全国人民代表大会和全国人民代表大会常务委员会制定的建设法律；国务院制定的建设法规；住房与城乡建设部或国务院有关部门制定的建设部门规章；省、自治区、直辖市人大及其常委会制定的地方建设法规；省、自治区、直辖市和较大市的人民政府制定的地方建设规章。

1.3.2.1　全国人民代表大会及其常务委员会的建设立法权

《立法法》对全国人民代表大会及其常务委员会的立法权限进行规定，《立法法》第7条规定："全国人民代表大会和全国人民代表大会常务委员会行使国家立法权。

全国人民代表大会制定和修改刑事、民事、国家机构的和其他的基本法律。

全国人民代表大会常务委员会制定和修改除应当由全国人民代表大会制定的法律以外的其他法律；在全国人民代表大会闭会期间，对全国人民代表大会制定的法律进行部分补充和修改，但是不得同该法律的基本原则相抵触。"

1.3.2.2　国务院的立法权

《立法法》第56条规定："国务院根据宪法和法律，制定行政法规。

行政法规可以就下列事项作出规定。

① 为执行法律的规定需要制定行政法规的事项；

② 宪法第八十九条规定的国务院行政管理职权的事项。

应当由全国人民代表大会及其常务委员会制定法律的事项，国务院根据全国人民代表大会及其常务委员会的授权决定先制定的行政法规，经过实践检验，制定法律的条件成熟时，国务院应当及时提请全国人民代表大会及其常务委员会制定法律。"

1.3.2.3　国务院各部门的建设立法权

建设部门规章的立法机构是国务院各部委。建设部门规章一方面可以将法律、行政法规的规定进一步具体化，以便于更好地贯彻执行；另一方面建设部门规章作为对法律、行政法规的补充，可以更好地为建设法律关系主体实施建设行为和行政行为提供指导依据。

1.3.2.4　地方国家权力机关的建设立法权

《立法法》第63条规定："省、自治区、直辖市的人民代表大会及其常务委员会根据本行政区域的具体情况和实际需要，在不同宪法、法律、行政法规相抵触的前提下，可以制定地方性法规。

较大的市的人民代表大会及其常务委员会根据本市的具体情况和实际需要，在不同宪法、法律、行政法规和本省、自治区的地方性法规相抵触的前提下，可以制定地方性法规，报省、自治区的人民代表大会常务委员会批准后施行。省、自治区的人民代表大会常务委员会对报请批准的地方性法规，应当对其合法性进行审查，同宪法、法律、行政法规和本省、自治区的地方性法规不抵触的，应当在四个月内予以批准。

省、自治区的人民代表大会常务委员会在对报请批准的较大的市的地方性法规进行审查时，发现其同本省、自治区的人民政府的规章相抵触的，应当作出处理决定。

本法所称较大的市是指省、自治区的人民政府所在地的市，经济特区所在地的市和经国务院批准的较大的市。"

《立法法》第64条规定："地方性法规可以就下列事项作出规定：

① 为执行法律、行政法规的规定，需要根据本行政区域的实际情况作具体规定的事项；

② 属于地方性事务需要制定地方性法规的事项。

除本法第八条规定的事项外，其他事项国家尚未制定法律或者行政法规的，省、自治区、直辖市和较大的市根据本地方的具体情况和实际需要，可以先制定地方性法规。在国家制定的法律或者行政法规生效后，地方性法规同法律或者行政法规相抵触的规定无效，制定机关应当及时予以修改或者废止。"

1.3.2.5　地方行政机关的建设立法权

《立法法》第73条规定："省、自治区、直辖市和较大的市的人民政府，可以根据法律、行政法规和本省、自治区、直辖市的地方性法规，制定规章。

地方政府规章可以就下列事项作出规定：

① 为执行法律、行政法规、地方性法规的规定需要制定规章的事项；

② 属于本行政区域的具体行政管理事项。"

1.3.3　建设立法的程序

1.3.3.1　全国人民代表大会立法程序

一般分为四大阶段：立法准备阶段、法律确立阶段、法律的公布和法律完备阶段。

（1）立法准备阶段

　　该阶段的主要工作包括国家立法机关接受立法建议和意见，选择参与立法的人员，拟订立法议案、形成法律草案、论证法律草案等内容。

　　《立法法》第 12 条规定："全国人民代表大会主席团可以向全国人民代表大会提出法律案，由全国人民代表大会会议审议。

　　全国人民代表大会常务委员会、国务院、中央军事委员会、最高人民法院、最高人民检察院、全国人民代表大会各专门委员会，可以向全国人民代表大会提出法律案，由主席团决定列入会议议程。"

　　《立法法》第 13 条规定："一个代表团或者三十名以上的代表联名，可以向全国人民代表大会提出法律案，由主席团决定是否列入会议议程，或者先交有关的专门委员会审议、提出是否列入会议议程的意见，再决定是否列入会议议程。

　　专门委员会审议的时候，可以邀请提案人列席会议，发表意见。"

　　（2）法律确立阶段

　　该阶段的主要工作包括法律草案的提出、法律草案的审议、法律草案的通过和法律的公布等内容。

　　① 法律草案的提出　法律草案是指依法享有立法提案权的国家机关、组织或者个人按照法定程序向立法机关提出的，关于制定、修改和废止某项法律的正式提案。

　　《立法法》第 14 条规定："向全国人民代表大会提出的法律案，在全国人民代表大会闭会期间，可以先向常务委员会提出，经常务委员会会议依照本法第二章第三节规定的有关程序审议后，决定提请全国人民代表大会审议，由常务委员会向大会全体会议作说明，或者由提案人向大会全体会议作说明。"

　　《立法法》第 15 条规定："常务委员会决定提请全国人民代表大会会议审议的法律案，应当在会议举行的一个月前将法律草案发给代表。"

　　② 法律草案的审议　法律草案的审议是指立法机关对享有立法提案权的机关、组织或个人提出的法律草案进行正式审查和讨论的专门活动。

　　《立法法》第 16 条规定："列入全国人民代表大会会议议程的法律案，大会全体会议听取提案人的说明后，由各代表团进行审议。

　　各代表团审议法律案时，提案人应当派人听取意见，回答询问。

　　各代表团审议法律案时，根据代表团的要求，有关机关、组织应当派人介绍情况。"

　　《立法法》第 17 条规定："列入全国人民代表大会会议议程的法律案，由有关的专门委员会进行审议，向主席团提出审议意见，并印发会议。"

　　《立法法》第 18 条规定："列入全国人民代表大会会议议程的法律案，由法律委员会根据各代表团和有关的专门委员会的审议意见，对法律案进行统一审议，向主席团提出审议结果报告和法律草案修改稿，对重要的不同意见应当在审议结果报告中予以说明，经主席团会议审议通过后，印发会议。"

　　《立法法》第 19 条规定："列入全国人民代表大会会议议程的法律案，必要时，主席团常务主席可以召开各代表团团长会议，就法律案中的重大问题听取各代表团的审议意见，进行讨论，并将讨论的情况和意见向主席团报告。

　　主席团常务主席也可以就法律案中的重大的专门性问题，召集代表团推选的有关代表进行讨论，并将讨论的情况和意见向主席团报告。"

　　《立法法》第 20 条规定："列入全国人民代表大会会议议程的法律案，在交付表决前，提案人要求撤回的，应当说明理由，经主席团同意，并向大会报告，对该法律案的审议即行终止。"

《立法法》第 21 条规定："法律案在审议中有重大问题需要进一步研究的，经主席团提出，由大会全体会议决定，可以授权常务委员会根据代表的意见进一步审议，作出决定，并将决定情况向全国人民代表大会下次会议报告；也可以授权常务委员会根据代表的意见进一步审议，提出修改方案，提请全国人民代表大会下次会议审议决定。"

③ 法律草案的通过 法律草案的通过，是指立法机关对经过讨论修改的法律草案进行表决，作出同意的决定，从而使法律草案成为法律的过程。法律草案审议结束后，立法程序就进入了法律草案的通过阶段。这一阶段是立法程序中的决定性阶段。

《立法法》第 22 条规定："法律草案修改稿经各代表团审议，由法律委员会根据各代表团的审议意见进行修改，提出法律草案表决稿，由主席团提请大会全体会议表决，由全体代表的过半数通过。"

（3）法律的公布

公布法律亦称颁布法律，是指立法机关或国家元首将通过的法律以一定的方式予以正式公布，以便全社会遵照执行。法律草案通过后，应依法予以正式公布。公布法律是立法程序中最后一个不可缺少的步骤，也是法律生效的前提。

《立法法》第 23 条规定："全国人民代表大会通过的法律由国家主席签署主席令予以公布。"

公布法律的方式，一般都是在立法机关的刊物上或其他刊物上公布。我国公布法律的正式刊物是《全国人民代表大会常务委员会公报》。

（4）法律完备阶段

该阶段的主要工作包括法律的解释，法律汇编，法典编纂，法律的修改、废除等内容。

1.3.3.2 全国人民代表大会立法程序

全国人民代表大会立法程序分为以下四个阶段。

（1）提出法律案

《立法法》第 24 条规定："委员长会议可以向常务委员会提出法律案，由常务委员会会议审议。

国务院、中央军事委员会、最高人民法院、最高人民检察院、全国人民代表大会各专门委员会，可以向常务委员会提出法律案，由委员长会议决定列入常务委员会会议议程，或者先交有关的专门委员会审议、提出报告，再决定列入常务委员会会议议程。如果委员长会议认为法律案有重大问题需要进一步研究，可以建议提案人修改完善后再向常务委员会提出。"

《立法法》第 25 条规定："常务委员会组成人员十人以上联名，可以向常务委员会提出法律案，由委员长会议决定是否列入常务委员会会议议程，或者先交有关的专门委员会审议、提出是否列入会议议程的意见，再决定是否列入常务委员会会议议程。不列入常务委员会会议议程的，应当向常务委员会会议报告或者向提案人说明。

专门委员会审议的时候，可以邀请提案人列席会议，发表意见。"

《立法法》第 26 条规定："列入常务委员会会议议程的法律案，除特殊情况外，应当在会议举行的七日前将法律草案发给常务委员会组成人员。"

（2）审议法律案

《立法法》第 27 条规定："列入常务委员会会议议程的法律案，一般应当经三次常务委员会会议审议后再交付表决。

常务委员会会议第一次审议法律案，在全体会议上听取提案人的说明，由分组会议进行初步审议。

常务委员会会议第二次审议法律案，在全体会议上听取法律委员会关于法律草案修改情况和主要问题的汇报，由分组会议进一步审议。

常务委员会会议第三次审议法律案，在全体会议上听取法律委员会关于法律草案审议结果的报告，由分组会议对法律草案修改稿进行审议。

常务委员会审议法律案时，根据需要，可以召开联组会议或者全体会议，对法律草案中的主要问题进行讨论。"

《立法法》第 28 条规定："列入常务委员会会议议程的法律案，各方面意见比较一致的，可以经两次常务委员会会议审议后交付表决；部分修改的法律案，各方面的意见比较一致的，也可以经一次常务委员会会议审议即交付表决。"

《立法法》第 29 条规定："常务委员会分组会议审议法律案时，提案人应当派人听取意见，回答询问。

常务委员会分组会议审议法律案时，根据小组的要求，有关机关、组织应当派人介绍情况。"

《立法法》第 31 条规定："列入常务委员会会议议程的法律案，由法律委员会根据常务委员会组成人员、有关的专门委员会的审议意见和各方面提出的意见，对法律案进行统一审议，提出修改情况的汇报或者审议结果报告和法律草案修改稿，对重要的不同意见应当在汇报或者审议结果报告中予以说明。对有关的专门委员会的重要审议意见没有采纳的，应当向有关的专门委员会反馈。

法律委员会审议法律案时，可以邀请有关的专门委员会的成员列席会议，发表意见。"

《立法法》第 34 条规定："列入常务委员会会议议程的法律案，法律委员会、有关的专门委员会和常务委员会工作机构应当听取各方面的意见。听取意见可以采取座谈会、论证会、听证会等多种形式。

常务委员会工作机构应当将法律草案发送有关机关、组织和专家征求意见，将意见整理后送法律委员会和有关的专门委员会，并根据需要，印发常务委员会会议。"

《立法法》第 39 条规定："列入常务委员会会议审议的法律案，因各方面对制定该法律的必要性、可行性等重大问题存在较大意见分歧搁置审议满两年的，或者因暂不付表决经过两年没有再次列入常务委员会会议议程审议的，由委员长会议向常务委员会报告，该法律案终止审议。"

（3）表决

《立法法》第 40 条规定："法律草案修改稿经常务委员会会议审议，由法律委员会根据常务委员会组成人员的审议意见进行修改，提出法律草案表决稿，由委员长会议提请常务委员会全体会议表决，由常务委员会全体组成人员的过半数通过。"

（4）发布

《立法法》第 39 条规定："常务委员会通过的法律由国家主席签署主席令予以公布。"

《立法法》第 51 条规定："法律应当明确规定施行日期。"

《立法法》第 52 条规定："签署公布法律的主席令载明该法律的制定机关、通过和施行日期。

法律签署公布后，及时在全国人民代表大会常务委员会公报和在全国范围内发行的报纸上刊登。

在常务委员会公报上刊登的法律文本为标准文本。"

1.3.3.3 行政法规的制定程序

《立法法》第57条规定："行政法规由国务院组织起草。国务院有关部门认为需要制定行政法规的，应当向国务院报请立项。"

《立法法》第58条规定："行政法规在起草过程中，应当广泛听取有关机关、组织和公民的意见。听取意见可以采取座谈会、论证会、听证会等多种形式。"

《立法法》第59条规定："行政法规起草工作完成后，起草单位应当将草案及其说明、各方面对草案主要问题的不同意见和其他有关资料送国务院法制机构进行审查。

国务院法制机构应当向国务院提出审查报告和草案修改稿，审查报告应当对草案主要问题作出说明。"

《立法法》第60条规定："行政法规的决定程序依照中华人民共和国国务院组织法的有关规定办理。"

《立法法》第61条规定："行政法规由总理签署国务院令公布。"

《立法法》第62条规定："行政法规签署公布后，及时在国务院公报和在全国范围内发行的报纸上刊登。

在国务院公报上刊登的行政法规文本为标准文本。"

1.3.3.4 地方性法规、自治条例和单行条例的立法程序

《立法法》第65条规定："经济特区所在地的省、市的人民代表大会及其常务委员会根据全国人民代表大会的授权决定，制定法规，在经济特区范围内实施。"

《立法法》第66条规定："民族自治地方的人民代表大会有权依照当地民族的政治、经济和文化的特点，制定自治条例和单行条例。自治区的自治条例和单行条例，报全国人民代表大会常务委员会批准后生效。自治州、自治县的自治条例和单行条例，报省、自治区、直辖市的人民代表大会常务委员会批准后生效。

自治条例和单行条例可以依照当地民族的特点，对法律和行政法规的规定作出变通规定，但不得违背法律或者行政法规的基本原则，不得对宪法和民族区域自治法的规定以及其他有关法律、行政法规专门就民族自治地方所作的规定作出变通规定。"

《立法法》第67条规定："规定本行政区域特别重大事项的地方性法规，应当由人民代表大会通过。"

《立法法》第68条规定："地方性法规案、自治条例和单行条例案的提出、审议和表决程序，根据中华人民共和国地方各级人民代表大会和地方各级人民政府组织法，参照本法第二章第二节、第三节、第五节的规定，由本级人民代表大会规定。

地方性法规草案由负责统一审议的机构提出审议结果的报告和草案修改稿。"

《立法法》第69条规定："省、自治区、直辖市的人民代表大会制定的地方性法规由大会主席团发布公告予以公布。

省、自治区、直辖市的人民代表大会常务委员会制定的地方性法规由常务委员会发布公告予以公布。

较大的市的人民代表大会及其常务委员会制定的地方性法规报经批准后，由较大的市的人民代表大会常务委员会发布公告予以公布。

自治条例和单行条例报经批准后，分别由自治区、自治州、自治县的人民代表大会常务委员会发布公告予以公布。"

1.3.3.5 地方政府建设规章的制定程序

《立法法》第74条规定："国务院部门规章和地方政府规章的制定程序，参照本法第三

章的规定，由国务院规定。"

《立法法》第 75 条规定："部门规章应当经部门会议或者委员会会议决定。

地方政府规章应当经政府常务会议或者全体会议决定。"

《立法法》第 76 条规定："部门规章由部门首长签署命令予以公布。

地方政府规章由省长或者自治区主席或者市长签署命令予以公布。"

《立法法》第 77 条规定："部门规章签署公布后，及时在国务院公报或者部门公报和在全国范围内发行的报纸上刊登。

地方政府规章签署公布后，及时在本级人民政府公报和在本行政区域范围内发行的报纸上刊登。

在国务院公报或者部门公报和地方人民政府公报上刊登的规章文本为标准文本。"

例题 1　下列与工程建设有关的规范性文件中，由国务院制定的是（　　）。

A. 安全生产法　　　　　　　　　　B. 建筑业企业资质管理规定

C. 工程建设项目施工招标投标办法　　D. 安全生产许可证条例

【答案】D

例题 2　根据法的效力等级，《建设工程质量管理条例》属于（　　）。

A. 法律　　　　　B. 部门规章　　　　　C. 行政法规　　　　　D. 单行条例

【答案】C

例题 3　根据《立法法》，（　　）之间对同一事项的规定不一致时，由国务院裁决。

A. 地方性法规与地方政府规章　　　　B. 部门法规

C. 部门规章与地方性法规　　　　　　D. 地方政府规章与部门规章

E. 同一机关制定的旧的一般规定与新的特别规定

【答案】BD

复习思考题

1. 建设法规的调整对象有哪些？它们之间的关系如何？

2. 我国建设法规的体系是什么？试列举 3 部行政法规。

3. 我国建设法规的立法程序是什么？

第2章 建设工程法律基础

2.1 民法基础

2.1.1 概述

民事法律，是我国法律体系中最基本和最重要的法律之一。

2.1.1.1 《民法通则》的概况

民法是现代国家的基本法律之一。

我国于1986年4月12日第六届全国人民代表大会第四次会议通过《中华人民共和国民法通则》（以下简称《民法通则》），1987年1月1日起执行。《民法通则》包括基本原则、公民（自然人）、法人、民事法律行为与代理、民事权利、民事责任、诉讼时效、涉外民事关系的法律适用及附则共9章，156条。

2.1.1.2 民法的调整对象

《民法通则》第2条规定："中华人民共和国民法调整平等主体的自然人、法人和其他组织之间的财产关系、人身关系。"

民法所调整的财产关系，是指人们在占有、使用、收益和处分物质财富的过程中形成的具有经济内容的社会关系；民法所调整的人身关系，是指平等主体之间，基于一定的人格和身份而发生的，不具有直接经济内容的社会关系，具体表现为人身权，包括人格权和身份权。

2.1.1.3 民法的基本原则

民法的基本原则反映民法的本质，是贯穿在一切民事法律制定中的基本指导思想，民法的基本原则有：

《民法通则》第3条规定："当事人在民事活动中的地位平等。"

《民法通则》第4条规定："民事活动应当遵循自愿、公平、等价有偿、诚实信用的原则。"

《民法通则》第5条规定："公民、法人的合法的民事权益受法律保护，任何组织和个人不得侵犯。"

《民法通则》第6条规定："民事活动必须遵守法律，法律没有规定的，应当遵守国家政策。"

《民法通则》第7条规定："民事活动应当尊重社会公德，不得损害社会公共利益，破坏国家经济计划，扰乱社会经济秩序。"

2.1.2 民事法律关系

2.1.2.1 民事法律关系的构成要素

民事法律关系是由民法规范调整的以权利义务为内容的社会关系，包括人身关系和财产关系。

民事法律关系由主体、客体和内容三个要素所组成，缺少其中一个要素就不能构成法律关系。

（1）民事法律关系主体

民事法律关系主体是指参加民事活动，享受权利、承担义务的自然人、法人和其他组织。

① 自然人　自然人，是指基于出生而依法成为民事法律关系主体资格的人。自然人包括公民、外国人和无国籍的人。

在我国的《民法通则》中，公民与自然人在法律地位上是相同的。但是，自然人的范围要比公民的范围广。公民是指具有本国国籍，依法享有宪法和法律所赋予的权利并承担宪法和法律所规定的义务的自然人。在我国，公民是指具有中华人民共和国国籍的一切成员。

自然人作为民事主体的一种，能否通过自己的行为取得民事权利、承担民事义务，取决于其是否具有民事行为能力。民事行为能力则是指法律确认的民事主体通过自己的行为从事民事活动，参加民事法律关系，取得民事权利和承担民事义务的能力。民事行为能力分为完全民事行为能力、限制民事行为能力、无民事行为能力三种。

a. 完全行为能力人，即已经成年（在我国指年满十八周岁或年满十六周岁不满十八周岁但以自己的劳动收入作为主要生活来源）且神智正常之人，他们可以独立地处分自己的一切民事权利；

b. 限制行为能力人，即尚未成年但已满一定年龄（十周岁），或者患有某种精神疾病但尚具有一定识别能力的人，只能独立处分与其能力相适应的权利；

c. 无行为能力人，即尚未达到一定年龄（十周岁）的幼童，或者完全失去控制和识别能力的精神病人，不能辨认自己行为的精神病人是无民事行为能力人，他们的行为一般情况下不能被视为法律行为。

民事权利能力是民事法律赋予民事主体从事民事活动从而享受民事权利和承担民事义务的资格。自然人的民事权利能力始于出生终于死亡。

② 法人　法人是与自然人相对的概念，《民法通则》第 36 条规定："法人是具有民事权利能力和民事行为能力，依法独立享有民事权利和承担民事义务的组织。法人的民事权利能力和民事行为能力，从法人成立时产生，到法人终止时消灭。"

《民法通则》第 37 条规定："法人应当具备下列条件：依法成立；有必要的财产或者经费；有自己的名称、组织机构和场所；能够独立承担民事责任。"

③ 其他组织　根据最高人民法院《关于适用〈中华人民共和国民事诉讼法〉若干问题的意见》第 40 条规定："其他组织是指依法成立，有一定的组织机构和财产，但又不具备法人资格的组织。"如：法人的分支机构，中外合作经营企业、外资企业、合伙组织等。

（2）民事法律关系的客体

民事法律关系的客体是指民事权利和民事义务所指向的对象。通常民事法律关系客体分为以下四类。

① 财　财一般指资金及各种有价证券。在工程建设法律关系中表现为财的客体主要是建设资金。

② 物　物是指可为人们控制的并具有经济价值的生产资料和消费资料。在工程建设法律关系中表现为物的客体，主要是指建筑材料，机械设备等。

③ 行为　行为是指人的有意识的活动。在工程建设法律关系中，行为多表现为完成一定的工作，如勘察设计、施工安装、检查验收等活动。

④ 智力成果　智力成果是指人们脑力劳动的成果或智力方面的创作，在工程建设法律

关系中，主要是指设计单位提供的设计图纸。

（3）民事法律关系内容

民事法律关系的内容是指民事主体所享有的权利和承担的义务，即民事权利和民事义务，这种权利义务内容是民法调整的社会关系在法律上的直接表现。在任何一个民事法律关系中，权利和义务都是一致的，当事人一方享有权利，另一方必然负有相应的义务。

2.1.2.2 民事法律关系的产生、变更与终止

（1）民事法律关系的产生

民事法律关系的产生，是指民事法律关系主体之间形成了一定的权利与义务关系。如某建设单位与设计单位签订了建筑工程设计合同，主体双方就产生了民事法律关系。

（2）民事法律关系的变更

民事法律关系的变更是指构成民事法律关系的三要素发生变化，包括民事法律关系的主体变更、客体变更和内容变更。

① 主体变更，是指民事法律关系主体数目增加或减少，也可以是主体改变。如在建设工程合同中，在其他要素不变的情况下，主体的改变也称为合同转让。

② 客体变更，是指民事法律关系中权利义务所指向的事物发生变化。其变更可以是范围变更，也可使其性质变更，如建设工程材料采购合同中建筑材料的变更。

③ 内容变更，民事法律关系主体与客体的变更，一定会使其内容变更，即权利与义务的变更。

（3）民事法律关系的终止

民事法律关系的终止，是指民事法律关系主体之间的权利义务不复存在，彼此丧失了约束力。民事法律关系的终止可以分为自然终止、协议终止和违约终止。

① 自然终止，指某类民事法律关系所规范的权利义务顺利得到履行，取得了各自的目的，从而使该法律关系达到完结。

② 协议终止，指民事法律关系主体之间协商解除某类法律关系所规范的权利义务，致使该法律关系归于消灭，协议终止包括两种表现形式：即约定终止条件和即时协商。

③ 违约终止。指民事法律关系主体一方违约或发生不可抗力，致使某类民事法律关系规范的权利不能实现。

2.1.3 民事法律行为

2.1.3.1 民事法律行为的概念

《民法通则》第54条规定："民事法律行为是公民或者法人设立、变更、终止民事权利和民事义务的合法行为。"如依法签订工程建设承包合同的行为。

民事法律行为是民事行为的一种，与其他民事行为相比，其主要特征表现为它的合法性。

2.1.3.2 民事法律行为的分类

民事法律行为的分类有很多，这里仅介绍两种分类方法，如下所示。

（1）单方法律行为和双方法律行为

① 单方法律行为指基于当事人一方的意思表示就可以发生法律效力的民事法律行为。

② 双方法律行为指基于双方当事人意思表示一致才能发生法律效力的民事法律行为。

（2）要式法律行为和不要式法律行为

① 要式法律行为指法律规定应当采用特定形式的民事法律行为。

　　② 不要式法律行为指法律没有规定特定形式，采用书面、口头或其他任何形式均可成立的民事法律行为。

2.1.3.3　民事法律行为的成立的条件

　　《民法通则》第 55 条规定："民事法律行为应当具备下列条件：

　　① 行为人具有相应的民事行为能力；

　　② 意思表示真实；

　　③ 不违反法律或者社会公共利益。"

2.1.3.4　无效民事行为

　　无效民事行为是指已经成立，但已严重欠缺民事行为的有效要件，自始、绝对、确定、当然不按照行为设立、变更和终止民事法律关系的意思表示发生法律效力的民事行为。

　　《民法通则》第 58 条规定："下列民事行为无效：

　　① 无民事行为能力人实施的；

　　② 限制民事行为能力人依法不能独立实施的；

　　③ 一方以欺诈、胁迫的手段或者乘人之危，使对方在违背真实意思的情况下所为的；

　　④ 恶意串通，损害国家、集体或者第三人利益的；

　　⑤ 违反法律或者社会公共利益的；

　　⑥ 经济合同违反国家指令性计划的；

　　⑦ 以合法形式掩盖非法目的的。

　　无效的民事行为，从行为开始起就没有法律约束力。"

2.1.3.5　可变更、可撤销民事行为

　　可变更、可撤销民事行为是指民事行为虽已成立，但因欠缺民事行为的生效要件，可以因行为人变更权、撤销权的行使，使民事行为自始归于无效的民事行为。

　　《民法通则》第 59 条规定："下列民事行为，一方有权请求人民法院或者仲裁机关予以变更或者撤销：

　　① 行为人对行为内容有重大误解的；

　　② 显失公平的。

　　被撤销的民事行为从行为开始起无效。"

2.1.4　代理

2.1.4.1　代理的定义

　　代理是指代理人以被代理人（又称本人）的名义，在代理权限内向第三人（又称相对人）实施法律行为，其法律后果直接由被代理人承受的民事法律制度。代理涉及的三方当事人：被代理人、代理人和代理关系所涉及的第三人。其中，代为他人实施民事法律行为的人，称为代理人；由他人以自己的名义代为民事法律行为，并承担法律后果的人，称为被代理人。

2.1.4.2　代理的种类

　　代理包括委托代理、法定代理和指定代理。

　　（1）委托代理

　　委托代理是指根据被代理人的委托而产生的代理，是适用范围最为广泛一种代理方式。业主委托监理进行工程项目管理即属于委托代理。《民法通则》第 65 条规定："民事法律行为的委托代理，可以用书面形式，也可以用口头形式。法律规定用书面形式的，应当用

书面形式。

书面委托代理的授权委托书应当载明代理人的姓名或者名称、代理事项、权限和期间，并由委托人签名或者盖章。

委托书授权不明的，被代理人应当向第三人承担民事责任，代理人负连带责任。"

（2）法定代理

法定代理是根据法律的规定而直接产生的代理关系。如父母代理未成年人进行民事活动就属于法定代理。法定代理属于全权代理，适用范围比较窄。

《民法通则》第 14 条规定："无民事行为能力人、限制民事行为能力人的监护人是他的法定代理人。"

（3）指定代理

指定代理是根据人民法院或者行政主管机关的指定而产生的代理关系。这种代理主要是为无行为能力的人和限制行为能力的人而设立的。

2.1.4.3　代理人与被代理人的责任承担

（1）无权代理的责任承担

无权代理是指不具有代理权的当事人所实施的代理行为。无权代理通常表现为以下几种形式。

① 未经授权的"代理"；

② 代理权消灭后的"代理"；

③ 超越代理权限的"代理"。

《民法通则》第 66 条第 1 款规定："没有代理权、超越代理权或者代理权终止后的无权代理行为只有经过被代理人的追认，被代理人才承担民事责任。未经追认的行为，由行为人承担民事责任。本人知道他人以本人名义实施民事行为而不作否认表示的，视为同意。"

（2）代理人不履行职责的责任承担

《民法通则》第 66 条第 2 款规定："代理人不履行职责而给被代理人造成损害的，应当承担民事责任。代理人和第三人串通，损害被代理人的利益的，由代理人和第三人负连带责任。"

（3）代理事项违法的责任承担

《民法通则》第 67 条规定："代理人知道被委托代理的事项违法仍然进行代理活动的，或者被代理人知道代理人的代理行为违法不表示反对的，由被代理人和代理人负连带责任。"

2.1.4.4　表见代理

表见代理是指没有代理权、超越代理权或者代理权终止后的无权代理人，以被代理人名义实施的，在客观上使第三人相信其有代理权的代理行为。

表见代理依法产生有权代理的法律效力，即无权代理人与第三人之间实施的民事法律行为对于被代理人具有法律约束力。

例题 1　王某是某施工单位的材料采购员，一直代理本单位与甲建材公司的材料采购业务。后王某被单位开除，但甲公司并不知情。王某用盖有原单位公章的空白合同书与甲公司签订材料采购合同，则该合同为（　　）合同。

　A. 效力待定　　　　　B. 无效　　　　　C. 可撤销　　　　　D. 有效

【答案】D 该合同有效。本题符合表见代理的法律后果，行为人没有代理权、超越代理权或者代理权终止后以被代理人名义订立合同，相对人有理由相信行为人有代理权的，该代理行为有效。

2.1.4.5　代理权的终止

（1）委托代理的终止

《民法通则》第 69 条规定："有下列情形之一的，委托代理终止：

① 代理期间届满或者代理事务完成；

② 被代理人取消委托或者代理人辞去委托；

③ 代理人死亡；

④ 代理人丧失民事行为能力；

⑤ 作为被代理人或者代理人的法人终止。"

（2）法定代理或指定代理的终止

《民法通则》第 70 条规定："有下列情形之一的，法定代理或者指定代理终止：

① 被代理人取得或者恢复民事行为能力；

② 被代理人或者代理人死亡；

③ 代理人丧失民事行为能力；

④ 指定代理的人民法院或者指定单位取消指定；

⑤ 由其他原因引起的被代理人和代理人之间的监护关系消灭。"

2.1.5　民事权利

2.1.5.1　债权

（1）债与债权

债是按照合同的约定或依照法律的规定在当事人之间产生的特定的权利和义务关系。享有权利的称债权人，负有义务的人称债务人。债权是债权人要求债务人按照合同的约定或者依照法律的规定履行义务的权利。

（2）债的发生根据

① 合同　合同又称契约，合同是当事人之间设立、变更、终止民事关系的协议，它是引起债权债务关系的最主要的根据。

② 不当得利　不当得利是指无法律上的原因而取得利益，致使他人受损害的事实。《民法通则》第 92 条规定："没有合法根据，取得不当利益，造成他人损失的，应当将取得的不当利益返还受损失的人。"因此不当得利一经成立，当事人之间即发生债权债务关系，受损害一方享有请求返还其利益的权利，受益人负有返还其所受利益的义务。

③ 侵权行为　这是指行为人不法侵害他人的财产权或人身权的行为，作为加害人负有赔偿受害人损失的义务，受害人享有请求加害人赔偿损失的权利。

④ 无因管理　无因管理是指没有法定的、也没有受人之托的义务，为避免他人利益受损失而进行管理的，有权要求受益人偿付由此而支付的必要费用。必要费用，包括为管理本人事务直接支出的费用，为本人谋利益而负担的债，以及在管理活动中受到的直接损失。

⑤ 其他根据　债的发生根据除上述几种外，还可以因其他法律事实而发生，如遗嘱、发现埋藏物等也是债的发生根据。

（3）债的消灭

债的消灭，也称债的终止。引起债的消灭的原因主要有以下几种形式。

① 债因履行而消灭　债务人履行债务，债权人的利益得到实现，债的目的实现，债也就归于消灭。履行是债消灭的最主要、也是最常见的原因。

② 债因免除而消灭　免除是指债权人放弃债权，从而免除债务人所承担的义务。免除

的意思表示一经作出，即发生效力，债权人不得撤回。

③ 债因抵销而消灭　抵销是指同类已到期的对等债务，因当事人相互抵销而同时消灭。用抵销方法消灭债务应符合下列条件：双方债权有效存在；双方债权必须均期限届至；双方债务的给付必须种类相同；双方债务均非不得抵销之债。

④ 债因提存而消灭　提存是指由于债权人的原因，债务人无法向债权人给付合同标的物时，债务人将标的物交付提存机关而消灭债权、债务关系的法律制度。

自提存有效成立时起，债务人对债权人的债务消灭。标的物提存后，毁损、灭失的风险由债权人承担。提存期间，标的物的孳息归债权人所有。提存费用由债权人负担。债权人享有随时领取提存物的权利，但债权人领取提存物的权利，自提存之日起五年内不行使而消灭，提存物扣除提存费用后归国家所有。

⑤ 债因混同而消灭　债的混同，指债权人与债务人同归于一人的事实。当债权债务同归于一人时，债权人与债务人合二为一，没有自己对自己履行的必要，债的关系归于消灭。

⑥ 债因当事人死亡而解除　具有人身性质的合同之债，因人身关系是不可继承和转让的，如委托合同的受托人、出版合同的约稿人等死亡时，其所定合同也随之解除。

2.1.5.2　知识产权

知识产权是指人们对智力创造成果和工商业标记依法享有的权利，包括著作权、专利权、商标权及商业秘密权、植物新品种权、集成电路布图设计权、地理标志权等其他知识产权。

《民法通则》第 94 条规定："公民、法人享有著作权（版权），依法有署名、发表、出版、获得报酬等权利。"

《民法通则》第 95 条规定："公民、法人依法取得的专利权受法律保护。"

《民法通则》第 96 条规定："法人、个体工商户、个人合伙依法取得的商标专用权受法律保护。"

《民法通则》第 97 条规定："公民对自己的发现享有发现权。发现人有权申请领取发现证书、奖金或者其他奖励。"

公民对自己的发明或者其他科技成果，有权申请领取荣誉证书、奖金或者其他奖励。

2.1.6　诉讼时效

2.1.6.1　诉讼时效的概念

诉讼时效是指权利人在法定期限内未向人民法院提起诉讼请求保护其权利时，法律规定消灭其胜诉权的制度。例如，债务人到期不偿还债务的，债权人在时效期间内向人民法院起诉的，人民法院依法强制债务人履行债务。而债权人在时效期限届满后提起诉讼，请求人民法院强制债务人还债的，权利便不再受法律保护。但应当注意的是诉讼时效使权利人丧失的是胜诉权，而不是权利人的实体权利。

2.1.6.2　诉讼时效的种类

（1）普通诉讼时效

普通诉讼时效是指向人民法院请求保护民事权利的期间，通常为 2 年。《民法通则》第 135 条规定："向人民法院请求保护民事权利的诉讼时效期间为两年，法律另有规定的除外。"

（2）短期诉讼时效

《民法通则》第 136 条规定："下列的诉讼时效期间为一年：①身体受到伤害要求赔偿

的；②出售质量不合规格的商品未声明的；③延付或拒付租金的；④寄存财物被丢失或被损坏的。"

（3）特殊诉讼时效

特殊诉讼时效不是民法规定的，而是由特别法规定的诉讼时效，如国际货物买卖合同与技术进口合同争议提起诉讼或仲裁的期限为四年。

（4）最长诉讼时效

《民法通则》第137条规定："诉讼时效期间从知道或者应当知道权利被侵害时起计算。但是，从权利被侵害之日起超过二十年的，人民法院不予保护。有特殊情况的，人民法院可以延长诉讼时效期间。"

2.1.6.3　诉讼时效的中止、中断

（1）诉讼时效的中止

《民法通则》第139条规定："在诉讼时效期间的最后六个月内，因不可抗力或者其他障碍不能行使请求权的，诉讼时效中止。从中止时效的原因消除之日起，时效期间继续计算。"

引起时效中止的法定事由是指行为人意志以外的原因。不可抗力是指自然灾害或社会事件等当事人不能预见、不能避免和不能克服的客观情况。

（2）诉讼时效的中断

《民法通则》第140条规定："诉讼时效因提起诉讼、当事人一方提出要求或者同意履行义务而中断。从中断时起，诉讼时效期间重新计算。"

引起诉讼时效中断的事实均是当事人有意识的行为，包括起诉、权利人主张权利或者义务人同意履行义务。这些法定事由发生在诉讼时效期间的任何阶段均产生中断的法律效力，而且诉讼时效中断的次数不受法律限制。

例题 2　某施工合同订立的时间为 2004 年 5 月 1 日，合同备案时间为 2004 年 5 月 5 日。工程竣工时间为 2005 年 7 月 1 日，确认支付工程竣工结算款时间为 2005 年 8 月 5 日，施工单位主张竣工结算款的诉讼时效起算时间为（　　）。

A. 2004 年 5 月 1 日　　　　　　　　B. 2004 年 5 月 5 日

C. 2005 年 7 月 1 日　　　　　　　　D. 2005 年 8 月 5 日

【答案】D 诉讼时效期间认知道或者应当知道权利被侵害时起计算。根据本题所述，确认支付工程竣工结算款时间为 2005 年 8 月 5 日，施工单位自即日起就可通过诉讼的方式主张自己的权益。

例题 3　某建设工程合同约定，建设单位应于工程验收合格交付后两个月内支付工程款。2005 年 9 月 1 日，该工程经验收合格交付使用，但建设单位迟迟不予支付工程款。若施工单位通过诉讼解决此纠纷，则下列情形中，会导致诉讼时效中止的是（　　）。

A. 2006 年 8 月，施工单位所在地突发洪灾，一个月后恢复生产

B. 2007 年 6 月，施工单位所在地发生强烈地震，一个月后恢复生产

C. 2007 年 7 月，施工单位注定代表人生病住院，一个月后痊愈出院

D. 2007 年 9 月，施工单位向人民法院提起诉讼，但随后撤诉

【答案】B

2.2　合同法基础

《中华人民共和国合同法》（以下简称《合同法》）由中华人民共和国第九届全国人民代

表大会第二次会议于 1999 年 3 月 15 日通过，自 1999 年 10 月 1 日起执行。《合同法》共 23 章，428 条，分为总则、分则和附则三个部分。总则包括合同法的基本原则、合同的订立、合同的效力、合同的履行以及合同的变更转让和违约责任等；分则对十五种合同即买卖合同、供用电（水、气、热力）合同、赠与合同、借款合同、租赁合同、融资租赁合同、承揽合同、建设工程合同、运输合同、技术合同、保管合同、仓储合同、委托合同、行纪合同和居间合同做出了具体的规定；附则是关于合同法的执行时间。

《合同法》第 2 条规定："合同是平等主体的自然人、法人及其他组织之间设立、变更、终止民事权利义务关系的协议合同有广义和狭义之分，狭义的合同是指债权合同。即两个以上的民事主体之间设立、变更、终止债权关系的协议。广义的合同是指两个以上的民事主体之间设立、变更、终止民事权利义务关系的协议，广义的合同除了民法中债权合同之外，还包括物权合同、身份合同，以及行政法中的行政合同和劳动法中的劳动合同等。"

2.2.1 合同法的原则及合同的种类

2.2.1.1 合同法的原则

（1）平等原则

《合同法》第 3 条规定："合同当事人的法律地位平等。一方不得将自己的意志强加给另一方。"平等原则是指地位平等的合同当事人，在权利义务对等的基础上，经过充分协商达成一致，以实现互利互惠的经济利益目的原则。

（2）自愿原则

《合同法》第 4 条规定："当事人依法享有自愿订立合同的权利，任何单位和个人不得非法干预。"自愿原则是合同法的重要基本原则，合同当事人通过协商，自愿决定和调整相互权利义务关系。

（3）公平原则

《合同法》第 5 条规定："当事人应当遵循公平原则确定各方的权利和义务。"

公平原则要求合同双方当事人之间的权利义务要公平合理，要大体上平衡，强调一方给付与对方给付之间的等值性，合同的负担和风险合理分配。

（4）诚实信用原则

《合同法》第 6 条规定："当事人行使权利、履行义务应当遵循诚实信用原则。"

诚实信用原则要求当事人在订立、履行合同，以及合同终止后的全过程中，都要诚实，讲信用，相互协作。

（5）不得损害社会公共利益原则

《合同法》第 7 条规定："当事人订立、履行合同，应当遵守法律、行政法规，尊重社会公德，不得扰乱社会经济秩序，损害社会公共利益。"

2.2.1.2 合同的种类

依据不同的标准，可以将合同分成不同的种类。

（1）有名合同和无名合同

根据法律是否对合同规定有确定的名称与调整规则，合同分为有名合同与无名合同。有名合同又称为典型合同，是指法律上已经确定了一定的名称及具体规则的合同。

《合同法》分则中规定 15 种有名合同：买卖合同，供用电、水、气、热力合同，赠与合同，借款合同，租赁合同，融资租赁合同，承揽合同，建设工程合同（建设工程合同包括工程勘察、设计、施工合同），运输合同，技术合同，保管合同，仓储合同，委托合同，行纪合同和居间合同。

无名合同又称非典型合同，是指法律上尚未确定一定的名称与规则的合同，合同当事人可以自由决定合同的内容，只要不违背法律的禁止性规定和社会公共利益，仍然是有效的。

（2）要式合同和不要式合同

根据法律是否规定合同应当具备特定形式，合同分为要式合同和不要式合同。法律规定或当事人约定应具备特定形式的合同是要式合同，反之为不要式合同。

《合同法》第10条规定："当事人订立合同，有书面形式、口头形式和其他形式。

法律、行政法规规定或当事人约定应当采用书面形式的，应当采用书面形式。当事人约定采用书面形式的，应当采用书面形式。"

（3）单务合同和双务合同

根据合同当事人是否互相享有权利、承担义务，可将合同分为单务合同与双务合同。单务合同是指合同关系中一方只承担义务、另一方只享有权利的合同，如赠予合同；双务合同中当事人之间相互承担义务，如买卖合同、建设工程合同等。

（4）主合同与从合同

根据合同是否须以其他合同的存在为前提而存在，可将合同分为主合同与从合同。主合同是指不依赖其他合同而能独立存在的合同；从合同是指必须以其他合同的存在才能成立的合同，如抵押合同、保证合同。

2.2.2　合同的订立

合同的订立，是合同当事人依法就合同内容，经过协商达成一致意见的法律行为。《合同法》第13条规定："当事人订立合同，采取要约、承诺方式。合同订立的过程包括要约和承诺两个阶段。"

2.2.2.1　要约

要约是当事人一方向对方发出的希望和他人订立合同的意思表示。发出要约的一方称要约人，接收要约的一方称受要约人。

（1）要约具备的条件

① 要约一般向特定的受要约人发出；

② 要约必须具有缔约目的，表明一经受要约人承诺，要约人即受该意思表示约束；

③ 要约的内容必须具体确定。

（2）要约邀请

要约邀请又称要约引诱，是指当事人向他人作出的希望他人向自己发出要约的意思表示。要约邀请既可以向特定人发出，也可以向不特定的人发出。

《合同法》第15条的规定："要约邀请是希望他人向自己发出要约的意思表示。寄送的价目表、拍卖公告、招标公告、招股说明书、商业广告等为要约邀请。

商业广告的内容符合要约规定的，视为要约。"

（3）要约的生效

《合同法》第16条规定："要约自到达受要约人时生效。"如果要约以口头方式发出的，自受要约人了解时发生效力；如果要约以书面方式发出的，自送达受要约人时发生效力；如果要约采取数据电文形式发出的，收件人指定特定系统接收数据电文的，该数据电文进入该特定系统的时间，视为到达时间；未指定特定系统的，该数据电文进入收件人的任何系统的首次时间，视为到达时间。

（4）要约的撤回

《合同法》第 17 条规定："要约可以撤回。撤回要约的通知应当在要约到达受要约人之前或者与要约同时到达受要约人。"

（5）要约的撤销

《合同法》第 18 条规定："要约可以撤销。撤销要约的通知应当在受要约人发出承诺通知之前到达受要约人。"

《合同法》第 19 条规定："有下列情形之一的，要约不得撤销：

① 要约人确定了承诺期限或者以其他形式明示要约不可撤销；

② 受要约人有理由认为要约是不可撤销的，并已经为履行合同作了准备工作。"

（6）要约的失效

《合同法》第 20 条规定："有下列情形之一的，要约失效：

① 拒绝要约的通知到达受要约人；

② 要约人依法撤销要约；

③ 承诺期限届满，受要约人未作出承诺；

④ 受要约人对要约的内容作出实质性变更。"

2.2.2.2　承诺

《合同法》第 21 条规定："承诺是受要约人同意要约的意思表示。"

（1）承诺应具备的条件

① 承诺必须由受要约人作出。

② 承诺的内容必须与要约的内容一致。

③ 承诺的方式必须符合要约的规定。《合同法》第 22 条规定："承诺应当以通知的方式作出，但根据交易习惯或者要约表明可以通过行为作出承诺的除外。"

④ 承诺应当在要约确定的期限内作出　《合同法》第 23 条规定："承诺应当在要约确定的期限内到达要约人。

要约没有确定承诺期限的，承诺应当依照下列规定到达：

a. 要约以对话方式作出的，应当即时作出承诺，但当事人另有约定的除外；

b. 要约以非对话方式作出的，承诺应当在合理期限内到达。"

《合同法》第 24 条规定："要约以信件或者电报作出的，承诺期限自信件载明的日期或者电报交发之日开始计算。信件未载明日期的，自投寄该信件的邮戳日期开始计算。要约以电话、传真等快速通讯方式作出的，承诺期限自要约到达受要约人时开始计算。"

（2）承诺的生效

《合同法》第 26 条规定："承诺通知到达要约人时生效。承诺不需要通知的，根据交易习惯或者要约的要求作出承诺的行为时生效。"

承诺以通知方式作出的，自通知到达要约人时生效。采用数据电文形式承诺的，收件人指定特定系统接收数据电文的，该数据电文进入该特定系统的时间，视为到达时间；未指定特定系统的，该数据电文进入收件人的任何系统的首次时间，视为到达时间。

（3）承诺的撤回

《合同法》第 27 条规定："承诺可以撤回。撤回承诺的通知应当在承诺通知到达要约人之前或者与承诺通知同时到达要约人。"

要约可以撤回，也可以撤销，但是承诺只能撤回，而不能撤销。

（4）承诺的超期与延误

《合同法》第 28 条规定："受要约人超过承诺期限发出承诺的，除要约人及时通知受要约人该承诺有效的以外，为新要约。"

《合同法》第 29 条规定："受要约人在承诺期限内发出承诺，按照通常情形能够及时到达要约人，但因其他原因承诺到达要约人时超过承诺期限的，除要约人及时通知受要约人因承诺超过期限不接受该承诺的以外，该承诺有效。"

2.2.2.3　合同成立的时间和地点

在多数情况下，合同成立与生效是一致的，合同成立之时就是当事人受合同约束之时。

（1）合同成立时间

《合同法》第 25 条规定："承诺生效时合同成立。"

《合同法》第 32 条规定："当事人采用合同书形式订立合同的，自双方当事人签字或者盖章时合同成立。"

《合同法》第 33 条规定："当事人采用信件、数据电文等形式订立合同的，可以在合同成立之前要求签订确认书。签订确认书时合同成立。合同成立的地点则关系到管辖法院的选择和涉外合同的法律适用。"

例题 1　水泥厂在承诺有效期内，对施工单位订购水泥的要约做出了完全同意的答复，则该水泥买卖合同成立的时间为（　　　）。

A. 水泥厂的答复文件到达施工单位时

B. 施工单位发出订购水泥的要约时

C. 水泥厂发出答复文件时

D. 施工单位订购水泥的要约到达水泥厂时

【答案】A

例题 2　甲建筑公司收到了某水泥厂寄发的价目表但无其他内容。甲按标明价格提出订购 1000 吨某型号水泥，并附上主要合同条款，却被告知因原材料价格上涨故原来的价格不再适用，要采用提价后的新价格，则下列说法正确的是（　　　）。

A. 水泥厂的价目表属于要约邀请　　　　　B. 甲建筑公司的订购表示属于要约

C. 水泥厂的价目表属于要约　　　　　　　D. 水泥厂新报价属于承诺

E. 水泥厂新报价属于新要约

【答案】ABE

（2）合同成立的地点

《合同法》第 34 条规定："承诺生效的地点为合同成立的地点。

采用数据电文形式订立合同的，收件人的主营业地为合同成立的地点；没有主营业地的，其经常居住地为合同成立的地点。当事人另有约定的，按照其约定。"

《合同法》第 35 条规定："当事人采用合同书形式订立合同的，双方当事人签字或者盖章的地点为合同成立的地点。"

2.2.2.4　合同的一般条款

《合同法》第 12 条规定："合同的内容由当事人约定，一般包括以下条款：

①当事人的名称或者姓名和住所；②标的；③数量；④质量；⑤价款或者报酬；⑥履行期限、地点和方式；⑦违约责任；⑧解决争议的方法。

当事人可以参照各类合同的示范文本订立合同。"

2.2.2.5　合同的形式

《合同法》第 10 条规定："当事人订立合同，有书面形式、口头形式和其他形式。

法律、行政法规规定采用书面形式的，应当采用书面形式。当事人约定采用书面形式的，应当采用书面形式。"

《合同法》第11条规定："书面形式是指合同书、信件和数据电文（包括电报、电传、传真、电子数据交换和电子邮件）等可以有形地表现所载内容的形式。"

2.2.2.6　缔约过失责任

缔约过失责任，是指在合同订立过程中，当事人一方因违背诚实信用原则而致使合同不成立，或者虽已成立但被确认无效或被撤销时，造成确信该合同有效成立的当事人损失，而依法应承担的民事责任，这种责任主要表现为赔偿责任。

《合同法》第42条规定："当事人在订立合同过程中有下列情形之一，给对方造成损失的，应当承担损害赔偿责任：

① 假借订立合同，恶意进行磋商；

② 故意隐瞒与订立合同有关的重要事实或者提供虚假情况；

③ 有其他违背诚实信用原则的行为。"

《合同法》第43条规定："当事人在订立合同过程中知悉的商业秘密，无论合同是否成立，不得泄露或者不正当地使用。泄露或者不正当地使用该商业秘密给对方造成损失的，应当承担损害赔偿责任。"

2.2.3　合同的效力

合同的效力，又称合同的法律效力，是指赋予依法成立的合同具有对当事人各方的约束力。合同成立后，符合法律规定的生效要件的，是一个有效合同；不符合法律规定的生效要件，是一个无效合同、可撤销合同或效力待定合同。

2.2.3.1　合同的生效

《合同法》第44条规定："依法成立的合同，自成立时生效。

法律、行政法规规定应当办理批准、登记等手续生效的，依照其规定。"

《合同法》第45条规定："当事人对合同的效力可以约定附条件。附生效条件的合同，自条件成就时生效。附解除条件的合同，自条件成就时失效。

当事人为自己的利益不正当地阻止条件成就的，视为条件已成就；不正当地促成条件成就的，视为条件不成就。"

《合同法》第46条规定："当事人对合同的效力可以约定附期限。附生效期限的合同，自期限届至时生效。附终止期限的合同，自期限届满时失效。"

2.2.3.2　效力待定合同的几种情形

《合同法》第47条规定："限制民事行为能力人订立的合同，经法定代理人追认后，该合同有效，但纯获利益的合同或者与其年龄、智力、精神健康状况相适应而订立的合同，不必经法定代理人追认。

相对人可以催告法定代理人在一个月内予以追认。法定代理人未作表示的，视为拒绝追认。合同被追认之前，善意相对人有撤销的权利。撤销应当以通知的方式作出。"

《合同法》第48条规定："行为人没有代理权、超越代理权或者代理权终止后以被代理人名义订立的合同，未经被代理人追认，对被代理人不发生效力，由行为人承担责任。

相对人可以催告被代理人在一个月内予以追认。被代理人未作表示的，视为拒绝追认。合同被追认之前，善意相对人有撤销的权利。撤销应当以通知的方式作出。"

《合同法》第50条规定："法人或者其他组织的法定代表人、负责人超越权限订立的合同，除相对人知道或者应当知道其超越权限的以外，该代表行为有效。"

《合同法》第 51 条规定："无处分权的人处分他人财产，经权利人追认或者无处分权的人订立合同后取得处分权的，该合同有效。"

2.2.3.3　无效合同

无效合同，是指虽经合同当事人协商订立，但因其不具备或违反了法律规定的有效条件而不发生法律效力。无效合同自始不具有法律效力。

（1）无效合同的范围

《合同法》第 52 条规定："有下列情形之一的，合同无效：

① 一方以欺诈、胁迫的手段订立合同，损害国家利益的；

② 恶意串通，损害国家、集体或者第三人利益；

③ 以合法形式掩盖非法目的；

④ 损害社会公共利益；

⑤ 违反法律、行政法规的强制性规定。"

（2）无效合同的免责条款无效的法律规定

《合同法》第 53 条规定："合同中的下列免责条款无效：

① 造成对方人身伤害的；

② 因故意或者重大过失造成对方财产损失的。"

2.2.3.4　可变更、可撤销合同

可变更、可撤销的合同是指当事人订立的合同欠缺有效条件时，当事人一方有权请求人民法院或者仲裁机关作出裁定，从而使合同的内容变更或使合同的效力归于消灭的合同。

（1）可变更、可撤销合同的认定

《合同法》第 53 条规定："下列合同，当事人一方有权请求人民法院或者仲裁机构变更或者撤销：

① 因重大误解订立的；

② 在订立合同时显失公平的。

一方以欺诈、胁迫的手段或者乘人之危，使对方在违背真实意思的情况下订立的合同，受损害方有权请求人民法院或者仲裁机构变更或者撤销。

当事人请求变更的，人民法院或者仲裁机构不得撤销。"

（2）可变更、可撤销的合同的效力

可变更、可撤销的合同的效力自成立时产生法律效力，对当事人具有法律约束力。当合同被撤销后，合同自始无效。《合同法》第 57 条规定："合同无效、被撤销或者终止的，不影响合同中独立存在的有关解决争议方法的条款的效力。"

（3）撤销权的消灭

《合同法》第 55 条规定："在下列情形之一的，撤销权消灭：

① 具有撤销权的当事人自知道或者应当知道撤销事由之日起一年内没有行使撤销权；

② 具有撤销权的当事人知道撤销事由后明确表示或者以自己的行为放弃撤销权的。"

（4）合同被确认无效或者被撤销的后果

《合同法》第 58 条规定："合同无效或者被撤销后，因该合同取得的财产，应当予以返还；不能返还或者没有必要返还的，应当折价补偿。有过错的一方应当赔偿对方因此所受到的损失，双方都有过错的，应当各自承担相应的责任。"

《合同法》第 59 条规定："当事人恶意串通，损害国家、集体或者第三人利益的，因此

取得的财产收归国家所有或者返还集体、第三人。"

例题 3　甲水泥厂因无力支付建厂赊购钢材的货款，遂向乙钢材厂提供一批水泥用来抵账。后乙将该批水泥出售给丙施工单位，则关于该水泥买卖合同的效力，下列说法正确的是（　　）。

A. 有效　　　　　　　　　　　　　B. 因乙超越经营范围而无效

C. 因乙超越经营范围而效力待定　　　D. 因乙超越经营范围而可撤销

【答案】A

2.2.4　合同的履行

合同履行，是指合同当事人按照合同的约定或法律的规定实施一定的行为。

《合同法》第60条规定："当事人应当按照约定全面履行自己的义务。

当事人应当遵循诚实信用原则，根据合同的性质、目的和交易习惯履行通知、协助、保密等义务。"

2.2.4.1　合同履行的内容

（1）履行主体

履行主体是指履行合同义务的一方和接受履行的一方。通常情况下，合同是在当事人之间履行，即由债务人履行，债权人接受履行。

（2）合同履行条款空缺的处理

《合同法》第61条规定："合同生效后，当事人就质量、价款或者报酬、履行地点等内容没有约定或者约定不明确的，可以协议补充；不能达成补充协议的，按照合同有关条款或者交易习惯确定。"

《合同法》第62条规定："当事人就有关合同内容约定不明确，依照本法第六十一条的规定仍不能确定的，适用下列规定：

① 质量要求不明确的，按照国家标准、行业标准履行；没有国家标准、行业标准的，按照通常标准或者符合合同目的的特定标准履行。

② 价款或者报酬不明确的，按照订立合同时履行地的市场价格履行；依法应当执行政府定价或者政府指导价的，按照规定履行。

③ 履行地点不明确，给付货币的，在接受货币一方所在地履行；交付不动产的，在不动产所在地履行；其他标的，在履行义务一方所在地履行。

④ 履行期限不明确的，债务人可以随时履行，债权人也可以随时要求履行，但应当给对方必要的准备时间。

⑤ 履行方式不明确的，按照有利于实现合同目的的方式履行。

⑥ 履行费用的负担不明确的，由履行义务一方负担。"

《合同法》第63条规定："执行政府定价或者政府指导价的，在合同约定的交付期限内政府价格调整时，按照交付时的价格计价。逾期交付标的物的，遇价格上涨时，按照原价格执行；价格下降时，按照新价格执行。逾期提取标的物或者逾期付款的，遇价格上涨时，按照新价格执行；价格下降时，按照原价格执行。"

2.2.4.2　抗辩权

在双务合同履行中，如果一方或双方具有法律规定的事由的话，法律授权当事人可以拒绝履行自己的义务来保护自己的合法权益，而不承担违约责任，这就是双务合同履行中的抗辩权。依其具体情形可分为同时履行抗辩权、先履行抗辩权和不安抗辩权三种。

（1）同时履行抗辩权

同时履行抗辩权，是指在双务合同中，一方当事人在他方当事人未履行对等义务而请求其履行时，有拒绝履行自己义务的权利。

《合同法》第 66 条规定："当事人互负债务，没有先后履行顺序的，应当同时履行。一方在对方履行之前有权拒绝其履行要求。一方在对方履行债务不符合约定时，有权拒绝其相应的履行要求。"

（2）先履行抗辩权

先履行抗辩权，是指当事人互负债务，有先后履行顺序的，先履行一方未履行之前，后履行一方有权拒绝其履行请求。

《合同法》第 67 条规定："当事人互负债务，有先后履行顺序，先履行一方未履行的，后履行一方有权拒绝其履行要求。先履行一方履行债务不符合约定的，后履行一方有权拒绝其相应的履行要求。"

（3）不安抗辩权

不安抗辩权是指在双务合同中，应先履行债务的一方发现后履行一方有财产善恶化等情形，可能危及其债权时，在后履行方未履行其债务或提供担保前，有拒绝先履行自己债务的权利。

《合同法》第 68 条第一款规定："应当先履行债务的当事人，有确切证据证明对方有下列情形之一的，可以中止履行：

① 经营状况严重恶化；

② 转移资产、抽逃资金，以逃避债务；

③ 丧失商业信誉；

④ 有丧失或者可能丧失履行债务能力的其他情形。

当事人没有确切证据中止履行的，应当承担违约责任。"

《合同法》第 69 条规定，当事人主张不安抗辩权时，应及时通知对方；对方提供适当担保时，应当恢复履行。中止履行时，对方在合理期限内未恢复履行能力并且未提供适当担保的，主张不安抗辩权一方有权解除合同。

2.2.4.3　代位权

代位权是指债权人为促使自己的债权而以自己的名义代债务人行使其到期债权的权利。《合同法》第 73 条规定："因债务人怠于行使其到期债权对债权人造成损害的，债权人可以向人民法院请求以自己的名义代位行使债务人的债权，但该债权专属于债务人自身的除外。

代位权的行使范围以债权人的债权为限。债权人行使代位权的必要费用，由债务人负担。"

例题 4　甲是乙的债务人，乙是丙的债务人，由于乙怠于行使自己到期的债权导致无法偿还对丙的债务，则下列说法正确的是（　　　）。

A. 丙可以行使代位权，代替乙向甲行使债权　　B. 丙必须以乙名义行使乙的债权

C. 丙可以行使不安抗辩权　　　　　　　　　　D. 甲可以行使代位权，直接向丙偿还债务

【答案】B

2.2.5　合同的变更、转让和终止

2.2.5.1　合同的变更

合同的变更有广义和狭义之分。广义的合同变更指合同主体、客体和内容中至少一项变

更；狭义的合同变更，是指在不改变合同主体前提下合同的客体或内容的变更。本节所称合同变更，仅指狭义的合同变更。合同变更分为约定变更和法定变更。

（1）约定变更

《合同法》第77条规定："当事人协商一致，可以变更合同。"

（2）法定变更

《合同法》第308条规定："在承运人将货物交付收货人之前，托运人可以要求承运人中止运输、返还货物、变更到达地或者将货物交给其他收货人，但应当赔偿承运人因此受到的损失。"

2.2.5.2 合同的转让

合同的转让，是指合同当事人一方依法将其合同的权利和义务全部或部分地转让给第三人的行为，即合同主体的变更。合同转让有合同债权的转让、合同债务的转移及合同债权和债务概括转让三种形态。

（1）合同转让的条件

① 被转让的合同权利有效存在。

② 被转让的合同权利具有可转让性。

《合同法》第79条规定："债权人可以将合同的权利全部或者部分转让给第三人，但有下列情形之一的除外：

a. 根据合同性质不得转让；

b. 按照当事人约定不得转让；

c. 依照法律规定不得转让。"

（2）合同转让的程序

《合同法》第80条规定："债权人转让权利的，应当通知债务人。未经通知，该转让对债务人不发生效力。

债权人转让权利的通知不得撤销，但经受让人同意的除外。"

《合同法》第87条规定："法律、行政法规规定转让权利或者转移义务应当办理批准、登记等手续的，依照其规定。"

2.2.5.3 合同的终止

合同的终止，是指合同权利和合同义务归于消灭，合同关系不复存在。

（1）合同权利义务终止的情形

《合同法》第91条规定："有下列情形之一的，合同的权利义务终止：

① 债务已经按照约定履行；

② 合同解除；

③ 债务相互抵销；

④ 债务人依法将标的物提存；

⑤ 债权人免除债务；

⑥ 债权债务同归于一人；

⑦ 法律规定或者当事人约定终止的其他情形。"

（2）合同解除的情形

《合同法》第93条规定："当事人协商一致，可以解除合同。

当事人可以约定一方解除合同的条件。解除合同的条件成就时，解除权人可以解除合同。"

《合同法》第 94 条规定："有下列情形之一的，当事人可以解除合同：

① 因不可抗力致使不能实现合同目的；

② 在履行期限届满之前，当事人一方明确表示或者以自己的行为表明不履行主要债务；

③ 当事人一方迟延履行主要债务，经催告后在合理期限内仍未履行；

④ 当事人一方迟延履行债务或者有其他违约行为致使不能实现合同目的；

⑤ 法律规定的其他情形。"

（3）合同解除权的行使

《合同法》第 95 条规定："法律规定或者当事人约定解除权行使期限，期限届满当事人不行使的，该权利消灭。

法律没有规定或者当事人没有约定解除权行使期限，经对方催告后在合理期限内不行使的，该权利消灭。"

《合同法》第 96 条规定："当事人一方依照本法第九十三条第二款、第九十四条的规定主张解除合同的，应当通知对方。合同自通知到达对方时解除。对方有异议的，可以请求人民法院或者仲裁机构确认解除合同的效力。

法律、行政法规规定解除合同应当办理批准、登记等手续的，依照其规定。"

（4）合同解除的法律后果

《合同法》第 97 条规定："合同解除后，尚未履行的，终止履行；已经履行的，根据履行情况和合同性质，当事人可以要求恢复原状、采取其他补救措施，并有权要求赔偿损失。"

《合同法》第 98 条规定："合同的权利义务终止，不影响合同中结算和清理条款的效力。"

例题 5　某工程在 9 月 10 日发生了地震灾害迫使承包人停止施工。9 月 15 日发包人与承包人共同检查工程的损害程度，并一致认为损害程度严重，需要拆除重建。9 月 17 日发包人将依法单方解除合同的通知送达承包人，9 月 18 日发包人接到承包人同意解除合同的回复。依据《合同法》的规定，该施工合同解除的时间应为（　　　）。

A. 9 月 10 日　　　　B. 9 月 15 日　　　　C. 9 月 17 日　　　　D. 9 月 18 日

【答案】C

2.2.6　违约责任

违约责任，合同当事人不履行合同义务或者履行合同义务不符合合同约定所产生的民事责任。

2.2.6.1　违约责任的承担方式

《合同法》第 107 条规定："当事人一方不履行合同义务或者履行合同义务不符合约定的，应当承担继续履行、采取补救措施或者赔偿损失等违约责任。"

《合同法》第 110 条规定："当事人一方不履行非金钱债务或者履行非金钱债务不符合约定的，对方可以要求履行，但有下列情形之一的除外：

① 法律上或者事实上不能履行；

② 债务的标的不适于强制履行或者履行费用过高；

③ 债权人在合理期限内未要求履行。"

《合同法》第 114 条规定："当事人可以约定一方违约时应当根据违约情况向对方支付一定数额的违约金，也可以约定因违约产生的损失赔偿额的计算方法。

约定的违约金低于造成的损失的，当事人可以请求人民法院或者仲裁机构予以增加；约定的违约金过分高于造成的损失的，当事人可以请求人民法院或者仲裁机构予以适当减少。

当事人就迟延履行约定违约金的，违约方支付违约金后，还应当履行债务。"

《合同法》第 115 条规定："当事人可以依照《中华人民共和国担保法》约定一方向对方给付定金作为债权的担保。债务人履行债务后，定金应当抵作价款或者收回。给付定金的一方不履行约定的债务的，无权要求返还定金；收受定金的一方不履行约定的债务的，应当双倍返还定金。"

《合同法》第 116 条规定："当事人既约定违约金，又约定定金的，一方违约时，对方可以选择适用违约金或者定金条款。"

2.2.6.2 违约责任的免除

《合同法》第 117 条规定："因不可抗力不能履行合同的，根据不可抗力的影响，部分或者全部免除责任，但法律另有规定的除外。当事人迟延履行后发生不可抗力的，不能免除责任。"

《合同法》第 118 条规定："当事人一方因不可抗力不能履行合同的，应当及时通知对方，以减轻可能给对方造成的损失，并应当在合理期限内提供证明。"

例题 6 某施工项目材料采购合同中，双方约定的违约金为 4 万元、定金为 6 万元。采购方依约支付了 6 万元定金，供货方违约后，采购方有权主张的最高给付金额为（ ）万元。

A. 16　　　　　　　　B. 10　　　　　　　　C. 12　　　　　　　　D. 4

【答案】C

2.3 建设工程法律基础案例

案例 1 关于诉讼时效❶

原告：香港××投资有限公司（以下简称 A 公司）

被告：广州××有限公司（以下简称 B 公司）

案例背景

2004 年 6 月 10 日，A 公司与 B 公司在深圳签订了一份《土地使用权转让合同书》，约定 B 公司将其拥有的位于广州市××工业区的一块面积为 20000m² 的工业用地转让给 A 公司，转让款共 500 万元。该合同签订后，A 公司即依约将转让款 500 万元支付给 B 公司。B 公司收款后却迟迟没有办理有关转让手续。至 2006 年 12 月，A 公司从有关部门了解到，B 公司所转让的土地根本不能依法办理过户手续。为此 A 公司要求 B 公司返还转让金，并于 2008 年 8 月 12 日向法院提起诉讼，要求依法解除双方签订的土地使用权转让合同，依法判决 B 公司返还 A 公司土地转让费人民币 500 万元及利息，并赔偿经济损失港币 28 万元。而 B 公司辩称，A 公司与 B 公司于 2004 年 6 月 10 日签订了土地使用权转让合同后，该合同已于 2004 年履行完毕。此后，双方从未对上述合同的履行有过任何争议或补充协议，A 公司的起诉已超过了诉讼时效，请求依法驳回 A 公司的诉讼请求。

案件审理

法院经审理认为，A 公司的起诉已超过了法定的诉讼时效，且未能举证实诉讼时效有中止或中断的情况，其诉讼请求依法应予驳回，根据《中华人民共和国民法通则》（以下简称《民法通则》）第 135 条的规定，判决驳回香港公司的诉讼请求，本案受理费 41000 港

❶ 案例来源：马楠. 建设法规与典型案例分析. 北京：机械工业出版社，2011，第 28～29 页。

元由 A 公司负担。

案例评析

本案中 A 公司败诉的关键在于其起诉已超过诉讼时效，而且又不能举证证实诉讼时效有中止或中断的情况。《民法通则》第 135 条规定"向人民法院请求保护民事权利的诉讼时效期间为两年"，第 137 条规定："诉讼时效期间从知道或者应当知道权利遭受侵害时起计算"。

本案中，原告与被告签订的合同约定：在合同签订后 3 个月内，A 公司付清余款的同时，B 公司应完善用地手续，即出具有效的土地使用权证书。因此，诉讼时效期间从合同签订之日后 3 个月开始计算，即从 2004 年 9 月 10 日至 2006 年 9 月 10 日止。但是，本案中香港公司虽称其曾于 2005 年 5 月 2 日、2007 年 1 月 5 日两次函告 B 公司，但未举证证实其主张，所以未获法院采纳。因此，为了使诉讼时效延长，一定要留下证实诉讼时效中断的证据。例如，本案中 A 公司致函给 B 公司，应亲自送 B 公司签收，留下回执，或通过邮局挂号邮寄，这样才能保证民事权利在被侵害时得到法律的保护。

案例 2　关于代理●

黄某和张某都是某进出口公司干部，二人住同一个宿舍，因工作需要，公司委派黄某去公司设在深圳的办事处工作一年。黄某临行时，将自己的一台 36cm 国产彩色电视机委托给张某保管和使用。三个月后，黄某给张某写信，说自己在深圳又买到一台日本产 51cm 彩电，家中的一台可以适当价格卖掉。本公司的司机梁某得知此消息后，找到张某，表示想买下这台彩电，但又不愿多出钱。梁对张说，你可以给黄写封信，告诉他彩电的显像管出了毛病，图像不清，要求他降低价格出售。张当时有些犹豫，但考虑到自己同梁某关系不错，经常让梁开车给自己拉东西，若不答应他会影响今后的关系。因而就按照梁某的意思给黄某写了信，黄某回信说如果真是显像管坏了，可以降低价格卖掉。于是张某就以 500 元的低价将彩电卖给了梁某。黄某从深圳回来后，知道了买卖彩电的真相，要求梁某返还彩电。梁某答复说，20 天前已以 1000 元的价格卖与王某。经查，王某买下电视时对以上情况并不知情，1000 元的价格与市价相差无几，但在 5 天前，王某一家及邻居戴某看电视时，该电视突然爆炸，炸伤王某及戴某，并造成其他财产损失近 2000 元。又查，该彩电的核心部件存在严重的质量隐患。根据上述案情，回答下列问题：

① 张某、梁某买卖彩电的行为属于什么性质的行为，效力如何？

② 黄某可以请求张某、梁某承担什么责任？

③ 梁某与王某买卖彩电的行为是否有效？为什么？

参考答案：

① 张某与梁某买卖彩电的行为属于代理人与第三人恶意串通的民事行为，应认定为无效。

② 黄某可以请求张某与梁某承担连带损害赔偿责任。

③ 梁某与王某买卖彩电的行为有效。

复习思考题

一、单项选择题

1. 某高等学校与某勘察设计院签订了勘察设计合同，合同规定由该勘察设计院在 3 个月内为高等学校

完成新建教学楼的勘察设计工作，勘察设计工作完成后由高等学校向该研究所支付勘察设计费用 10 万元。该勘察设计合同法律关系的客体是（　　　）。

  A. 10 万元　　　　　　　　　　　　　　B. 新建教学楼

  C. 新建教学楼的设计图纸　　　　　　　　D. 勘察设计行为

  2. 在我国境内从事建筑施工的某国外企业人员的儿子，今年 13 周岁。依据其本国法律，尚属于无民事行为能力人，其在我国境内从事民事行为时，对其民事行为的认定，应（　　　）。

  A. 认定为无民事行为能力　　　　　　　　B. 认定为有民事行为能力

  C. 认定为属于完全民事行为能力人　　　　D. 由其国家的使领馆认定

  3. 在没有乙建筑公司委托的情况下，甲某却以乙建筑公司代理人的身份与丁水泥供应商订购了一批水泥，下列说法中正确的说法是（　　　）。

  A. 甲某的行为属表见代理，该合同有效

  B. 甲某的行为属无权代理，该合同无效

  C. 水泥供应商有正当理由相信甲某有代理权，该合同才成立

  D. 水泥供应商有正当理由相信甲某有代理权，如果乙建筑公司不支付水泥货款，甲某就要承担违约责任

  4. 甲公司和乙公司联合承包了某大型工程的设计和施工任务。甲乙双方在联合协议中约定，双方的利润分成以及债务承担比例均为 50%。在工程竣工验收时发现某分项工程质量有问题，虽然经过返工达到使用要求，但还是给建设单位造成了 10 万元的损失。则建设单位（　　　）。

  A. 只能向甲公司要求赔偿全部损失　　　　B. 只能向乙公司要求赔偿全部损失

  C. 可以要求甲公司赔偿全部 10 万元的损失　　D. 只能要求甲乙各赔偿 5 万元的损失

  5. 甲建筑工程公司与乙水泥厂签订 200t 水泥的买卖合同，交货时，由于乙公司所雇装卸工人的失误总共交货 210t。根据有关法律规定，乙公司 10t 水泥的损失应由（　　　）承担。

  A. 甲公司　　　　　　B. 乙公司　　　　　　C. 装卸工人　　　　D. 甲公司和乙公司

二、多项选择题（每题的备选项中，有 2 个或 2 个以上符合题意）

  1. 甲施工企业承建乙公司综合楼一幢。根据施工合同，乙应于 2006 年 1 月 10 日前支付剩余款 50 万元，乙届时未予支付。甲在索要余款过程中，依次经过以下环节，综合考虑各环节，其中可使诉讼时效中断的情形有（　　　）。

  A. 2006 年 9 月，甲致函乙要求其给付工程款

  B. 2007 年 1 月，乙公司负责人在酒席上向甲施工企业负责人表示宽限 1 年，2007 年年底一定付款

  C. 2007 年 12 月，乙公司新任负责人称该债务系前任领导所欠，自己概不负责

  D. 2008 年 3 月，乙公司承认该债务存在，但其已超过诉讼时效期间而拒绝支付

  E. 2008 年 4 月，甲向人民法院起诉

  2. 甲公司承接由乙公司开发的 3 幢住宅楼的施工任务，双方签订了工程承包合同。随即甲公司向丙设备租赁公司租用钢管 10t、挖掘机 1 台，并签订了租赁合同。在上述合同中，属于法律关系客体的有（　　　）。

  A. 乙公司的住宅楼　　　　　　　　　　　B. 甲公司的施工行为

  C. 10t 钢管的使用权　　　　　　　　　　D. 丙设备租赁公司

  E. 甲公司支付的租金

  3. 在某建设项目施工中形成的下列债权中，属于合同之债的有（　　　）

  A. 施工单位与材料供应商订立合同

  B. 施工现场的砖块坠落砸伤现场外的行人

  C. 施工单位将本应汇给甲单位的材料款汇入了乙单位账号

  D. 材料供应商向施工单位交付材料

  E. 施工单位向材料供应商支付材料款

三、简答题

  1. 民事法律关系的构成要素是什么？

2. 民事法律行为成立的条件是什么？

3. 代理的种类有哪些？表见代理是否属于代理？

4. 什么是合同？合同的种类有哪些？

5. 订立合同的程序是什么？要约与要约邀请的区别是什么？

6. 什么是合同履行的抗辩权？分为哪几种？

7. 什么是有效合同、效力待定合同及无效合同？

8. 承担合同违约责任的方式是什么？

第 3 章　工程建设程序法规

3.1　工程建设程序法规概述

3.1.1　工程建设项目的概念

工程建设项目是指土木建筑工程、线路管道和设备安装工程、建筑装修工程等工程项目的新建、扩建和改建，是形成固定资产的基本生产过程及其与相关联的其他建设工程的总称。

土木建筑工程，包括矿山、铁路、公路、道路、隧道、桥梁、堤坝、电站、码头、飞机场、运动场、房屋（如厂房、剧院、旅馆、商店、学校和住宅）等工程。

线路管道和设备安装工程，包括电力、通信线路、石油、燃气、给水、排水、供热等管道系统和各类机械设备、装置的安装工程。

其他工程建设工作，包括建设单位及其主管部门的投资决策活动以及征用土地、工程勘察设计、工程监理等。这些工作是工程建设必不可少的内容。

工程建设项目按投资的再生产性质可以分为基本建设项目和更新改造项目两大类。

基本建设项目按其规模又可分为大型、中型、小型三类。一般地，按投资额划分，生产性建设项目中的能源、交通、原材料部门的工程项目，投资额达到 5000 万元及其以上的为大中型项目；其他部门和非工业建设项目，投资额达到 3000 万元及其以上的为大中型建设项目。按生产能力或使用效益划分的，以国家对各行各业的具体规定为标准。

更新改造项目分为限额以上和限额以下项目。一般地，按投资额划分，能源、交通、原材料部门的工程项目，投资额达到 5000 万元及其以上的为限额以上项目；其他部门和非工业建设项目，投资额达到 3000 万元及其以上的为限额以上项目。其他为限额以下项目。

3.1.2　工程基本建设程序的概念

基本建设程序，是指基本建设项目从酝酿分析、计划建设到建成投产的全过程中，需要进行的各项工作以及先后顺序。它反映基本建设工作的内在联系，是从事基本建设工作的部门和人员都必须遵守的行动准则。

基本建设程序是在认识工程建设客观规律基础上总结提出的、工程建设全过程中各项工作都必须遵守的先后次序，是由基本建设项目本身的特点和客观规律决定的；进行基本建设，坚持按科学的基本建设程序办事，就是要求基本建设工作必须按照符合客观规律要求的一定顺序进行，正确处理基本建设工作中从制定建设规划、确定建设项目、勘察、定点、设计、建筑、安装、试车，直到竣工验收交付使用等各个阶段、各个环节之间的关系，达到提高投资效益的目的，这是关系基本建设工作全局的一个重要问题，也是按照自然规律和经济规律管理基本建设的一个根本原则。

3.1.3　我国工程建设程序的立法现状

我国基本建设程序最初是 1952 年政务院正式颁布的，基本上是前苏联管理模式和方法的翻版。随着各项建设事业的不断发展，基本建设程序也不断变化，逐步完善和科学化。目前我国工程建设程序方面的法规还多是部门规章和规范性文件，主要有：国家计委、建委、财政部联合颁发的《关于简化基本建设项目审批手续的通知》（1982 年）、《关于颁发建设项目进行可行性研究的试行管理办法的通知》（1983）、《关于编制建设前期工程计划的通知》（1984 年）、《关于建设项目经济评价工作的若干规定》（1987 年）、《关于大型和限额以上固定资产项目建议书审批问题的通知》（1988 年）、《工程建设项目实施阶段程序管理暂行规定》（1994 年）、《工程建设项目报建管理办法》（1994 年）等规范性文件。

此外，在《中华人民共和国土地法》、《中华人民共和国城市规划法》、《中华人民共和国建筑法》等法律中，也有关于工程建设程序的一些规定。

3.1.4　工程建设项目的审批

基本建设程序始终是国家对建设项目管理的一项重要内容，其审批程序非常严格。我国目前对基本建设项目，规定大中型项目由国家计委审批，小型及一般地方项目由地方计委审批。1998 年 9 月国务院《关于加强建设项目管理确保工程建设质量的通知》中再次强调"进一步加强建设项目管理，要严格执行国家关于基本建设项目审批的各项规定。任何单位和个人都不得越权审批项目，也不得降低标准批准项目。按照规定，需报国务院审批的项目，必须报国务院审批；需报国家计委审批的项目，必须报国家计委审批。对前期工作达不到深度要求的项目，一律不予审批。"

一般情况下，项目建议书、可行性研究报告、初步设计等的审批权限、部门是一致的，按照国家有关规定，其审批权限划分为以下几级。

① 所有大中型和限额以上项目，按照项目隶属关系由行业主管部门或省、自治区、直辖市和计划单列市审查同意后，报国家计委审批。凡投资在 2 亿元以上的项目，由国家计委审核后报国务院审批。

② 地方投资安排的地方院校、医院及其他文教卫生事业的大中型基本建设项目，由省、自治区、直辖市和计划单列市计委审批，抄报国家计委和有关部门备案。

③ 企业横向联合投资的大中型基本建设项目，凡自行解决资金、能源、原材料、设备，以及投产后的产供销、动力、运力等能够自己落实，而且已经与有关部门、地方、企业签订了合同，不需要国家安排的，由有关部门或省、自治区、直辖市和计划单列市计委审批，抄报国家计委备案。

3.2　工程建设程序阶段的划分

3.2.1　工程建设程序的一般步骤

根据我国现行的工程建设程序规定，项目的建设应遵循以下几个步骤。

① 根据国民经济和社会发展规划，结合行业和地区发展规划的要求，提出项目建议书；

② 在勘测、试验、调查研究及详细技术经济论证的基础上编制可行性研究报告；

③ 根据项目的咨询评估情况，对项目进行决策；

④ 根据批准的可行性研究报告编制设计文件；

⑤ 初步设计批准后，做好施工前的各项准备工作，并申请开工报告；

⑥ 组织施工，并根据工程进度，做好生产准备；

⑦ 项目按批准的设计内容建设，经验收合格后，正式投产交付使用；

⑧ 项目全部建成后的一定时间，对项目评审决策、项目建设实施和生产经营状况进行总结评价，即后评估。

3.2.2　工程建设程序的阶段划分

工程建设程序的阶段划分	各阶段的环节划分
(1)工程建设前期阶段(决策分析阶段)	① 投资意向
	② 投资机会分析
	③ 项目建议书
	④ 可行性研究
	⑤ 审批立项
(2)工程建设准备阶段	① 规划
	② 获取土地使用权
	③ 拆迁
	④ 报建
	⑤ 工程发包与承包
(3)工程建设实施阶段	① 工程勘察设计
	② 设计文件审批
	③ 施工准备
	④ 工程施工
	⑤ 生产准备
(4)工程竣工验收与保修阶段	① 竣工验收
	② 工程保修
(5)终结阶段	① 生产运营
	② 投资后评价

3.3　工程建设前期阶段及准备阶段的内容

3.3.1　工程建设前期阶段的内容

3.3.1.1　投资意向

投资意向是投资主体发现社会存在合适的投资机会所产生的投资愿望。它是工程建设活动的起点，也是工程建设得以进行的必备条件。

3.3.1.2　投资机会分析

投资机会分析是投资主体对投资机会所进行的初步考察和分析，在认为机会合适、有良好的预后效益时，则可进行进一步的行动。

3.3.1.3　项目建议书

项目建议书是投资机会分析结果文字化后所形成的书面文件，以方便投资决策者分析、抉择。项目建议书应由投资者（目前一般是项目主管部门或企、事业单位）对准备建设项目提出的大体轮廓性设想和建议，对拟建工程的必要性、客观可行性和获利的可能性逐一进行论述。

3.3.1.4　可行性研究

可行性研究是指项目建议书被批准后，对拟建项目在技术上是否可行、经济上是否合理等内容所进行的分析论证。可行性研究应对项目所涉及的社会、经济、技术问题进行深入的调查研究，对各种各样的建设方案和技术方案进行发掘并加以比较、优化。对项目建成以后的经济效益、社会效益进行科学的预测及评价，提出该项目建设是否可行的结论性意见。对可行性研究的具体内容和所应达到的深度，有关法规都有明确的规定。

可行性研究报告必须经有资格的咨询机构评估确认后，才能作为投资决策的依据。

3.3.1.5　审批立项

审批立项是有关部门对可行性研究报告的审查批准程序，审查通过后即予以立项，正式进入工程项目的建设准备阶段。

3.3.2　工程建设准备阶段的内容

工程建设准备是为勘察、设计、施工创造条件所做的建设现场、建设队伍、建设设备等方面的准备工作。这一阶段包括规划、获取土地使用权、拆迁、报建、工程发包与承包等主要环节。

3.3.2.1　规划

在规划区内建设的工程，必须符合城市规划或村庄、集镇规划的要求。其工程选址和布局，必须取得城市规划行政主管部门或村、镇规划主管部门的同意、批准。在城市规划区内进行工程建设的，要依法先后领取城市规划行政主管部门核发的"选址意见书"、"建设用地规划许可证"、"建设工程规划许可证"，方能进行获取土地使用权、设计、施工等相关建设活动。

3.3.2.2　征地

《中华人民共和国土地管理法》规定：农村和城市郊区的土地（除法律规定属国家所有者外）属于农民集体所有，其余的土地都归国家所有。工程建设用地都必须通过国家对土地使用权的出让或划拨而取得，需在农民集体所有的土地上进行工程建设的，也必须先由国家征用农民土地，然后再将土地使用权出让或划拨给建设单位或个人。

通过国家出让而取得土地使用权的，应向国家支付出让金，并与市、县人民政府土地管理部门签订书面出让合同，然后按合同规定的年限与要求进行工程建设。

由国家划拨取得土地使用权的，虽不向国家支付出让金，但在城市要承担拆迁费用，在农村和郊区要承担土地原使用者的补偿费和安置补助费，其标准由各省、直辖市、自治区规定。

出让或征用耕地一千亩以上，其他土地两千亩以上的由国务院批准；出让或征用省、自治区行政区域内的土地，由省、自治区人民政府批准；出让或征用耕地三亩以下，其他土地十亩以下的，由县人民政府批准。省辖市、自治州人民政府及直辖市的区、县人民政府对出让土地使用权的批准权限，由省、自治区或直辖市人大常委会决定；征用直辖市行政区域内的土地，由直辖市人民政府批准。

3.3.2.3　拆迁

为了规范国有土地上房屋征收与补偿活动，维护公共利益，保障被征收人的合法权益，根据《物权法》和《全国人民代表大会常务委员会关于修改〈中华人民共和国城市房地产管理法〉的决定》而制定，《国有土地上房屋征收与补偿条例》经 2011 年 1 月 19 日国务院第141 次常务会议通过，2011 年 1 月 21 日，国务院总理温家宝签署国务院第 590 号令，公布并施行。本条例施行前已依法取得房屋拆迁许可证的项目，继续沿用原有的规定办理，但政府不得责成有关部门强制拆迁。

3.3.2.4　报建

建设项目被批准立项后，建设单位或其代理机构必须持工程项目立项批准文件、银行出具的资信证明、建设用地的批准文件等资料，向当地建设行政主管部门或其授权机构进行报建。凡未报建的工程项目，不得办理招标手续和发放施工许可证，设计、施工单位不得承接该项目的设计、施工任务。

3.3.2.5　工程发包与承包

建设单位或其委托的代理机构在上述准备工作完成以后，须对拟建工程进行发包，以择优选定工程勘察设计单位、施工单位或总承包单位。工程发包与承包有招标投标和直接发包两种方式，为鼓励公平竞争，建立公正的竞争秩序，国家提倡招标投标方式，并在《中华人民共和国招标投标法》及相应的法规政策中规定了强制招标项目的范围。

3.4　工程建设实施阶段及工程竣工验收与保修阶段的内容

3.4.1　工程建设实施阶段的内容

3.4.1.1　工程设计

工程设计是工程项目建设的重要环节，设计文件是制订建设计划、组织工程施工和控制投资的依据。它对实现投资者的意愿起关键作用。可行性研究报告经批准后，建设单位可委托设计单位，按可行性研究报告中的有关要求，编制设计文件，设计文件是安排建设项目和组织工程施工的主要依据。

一般建设项目进行两阶段设计即初步设计和施工图设计。技术上比较复杂而又缺乏设计经验的建设项目，进行三阶段设计即初步设计、技术设计和施工图设计。

初步设计是为了阐明在指定地点、时间和投产限额内，拟建项目在技术上的可行性、经济上的合理性，并对建设项目做出基本技术经济规定，编制建设项目总概算。

技术设计是进一步解决初步设计的重大技术问题，如工艺流程、建筑结构、设备选型及数量确定等，同时对初步设计进行补充和修正，然后编制修正总概算。

施工图设计在初步设计或技术设计的基础上进行，需完整地表现建筑物外形、内部空间尺寸、结构体系、构造状况以及建筑群的组成和周围环境的配合，还包括各种运输、通信、管道系统、建筑设备的设计。施工图设计完成后应编制施工图预算。国家规定，施工图设计文件应当经有关部门审查。

3.4.1.2　施工准备

施工准备包括施工单位在技术、物资方面的准备和建设单位取得开工许可两方面内容。

（1）施工单位技术、物资方面的准备

工程施工涉及的因素很多，过程也十分复杂，所以施工单位在接到施工图后，必须做好细致的施工准备工作，以确保工程顺利建成。它包括熟悉、审查图纸，编制施工组织设计，向下属单位进行计划、技术、质量、安全、经济责任的交底，下达施工任务书，准备工程施工所需的设备、材料等活动。

（2）取得开工许可

建设单位具备以下条件，方可按国家有关规定向工程所在地县级以上人民政府建设行政主管部门申领施工许可证。

　　① 已经办好该工程用地批准手续；

　　② 在城市规划区的工程，已取得规划许可证；

　　③ 需要拆迁的，拆迁进度满足施工要求；

　　④ 施工企业已确定；

　　⑤ 有满足施工需要的施工图纸和技术资料；

　　⑥ 有保证工程质量和安全的具体措施；

　　⑦ 建设资金已落实并满足有关法律、法规规定的其他条件。

　　未取得施工许可证的建设单位不得擅自组织开工。已取得施工许可证的，应自批准之日起三个月内组织开工，因故不能按期开工的，可向发证机关申请延期，延期以两次为限，每次不超过三个月。既不按期开工，又不申请延期或超过延期时限的，已批准的施工许可证自行作废。

3.4.1.3　工程施工

　　工程施工是施工队伍具体地配置各种施工要素，将工程设计物化为建筑产品的过程，也是投入劳动量最大、所费时间较长的工作。施工单位必须严格按照批准的设计文件、施工合同和国家现行的施工及验收规范进行工程建设项目施工。施工中若需变更设计，应按照有关规定和程序进行，不得擅自变更。建设、监理、勘察设计单位、施工单位和建筑材料、构配件及设备生产供应单位，应按照《中华人民共和国建筑法》、《建设工程质量管理条例》的规定承担工程质量责任和其他相应责任。

　　工程施工管理具体包括施工调度、施工安全、文明施工、环境保护等几方面的内容。

　　施工调度是进行施工管理，掌握施工情况，及时处理施工中存在的问题，严格控制工程的施工质量、进度和成本的重要环节。施工单位的各级管理机构均应配备专职调度人员，建立和健全各级调度机构。

　　施工安全是指施工活动中，对职工身体健康与安全、机械设备使用的安全及物资的安全等应有的保障制度和所采取的措施。根据《建设工程施工现场管理规定》，施工单位必须执行国家有关安全生产和劳动保护的法规，建立安全生产责任制，加强规范化管理，进行安全交底、安全教育和安全宣传，严格执行安全技术方案，定期检修、维修各种安全设施，做好施工现场的安全保卫工作，建立和执行防火管理制度，切实保障工作施工的安全。

　　文明施工是指施工单位应推行现代管理方法，科学组织施工，保证施工活动整洁、有序、合理地进行。具体内容有按施工总平面布置图设置各项临时设施，施工现场设施明显标牌，主要管理人员要佩带身份标志，机械操作人员要持证上岗，施工现场的用电线路、有电设施的安装使用和现场水源、道路的设置要符合规范要求等。

　　环境保护是指施工单位必须遵守国家有关环境保护的法律、法规，采取措施控制各种粉尘、废气、噪声等对环境的污染和危害。如不能控制在规定的范围内，则应事先报请有关部门批准。

3.4.1.4　生产准备

　　生产准备是指工程施工临近结束时，为保护建设项目能及时投产使用所进行的准备活动。如招收和培训必要的生产人员，组织人员参加设备安装调试和工程验收，组建生产管理机构，制定规章制度，收集生产技术资料和样品，落实原材料、外协产品、燃料、水、电的来源及其他配合条件等。建设单位要根据建设项目或主要单项工程的生产技术特点，及时组成专门班子或机构，有计划地做好这一工作。

3.4.2 工程竣工验收与保修阶段的内容

3.4.2.1 工程竣工验收

竣工验收是全面考核建设工作，检查是否符合设计要求和工程质量的重要环节，对促进建设项目及时投产，产生经济效益，总结建设经验有重要作用。

竣工验收的依据是已批准的可行性研究报告、初步设计或扩大初步设计、施工图和设备技术说明书以及现行施工技术验收的规范和主管部门（公司）有关审批、修改、调整的文件等。

3.4.2.2 工程保修

为使建设项目在竣工验收后达到最佳使用条件和使用寿命，施工企业在工程移交时，必须向建设单位提出建筑物及设备使用和保养要领，并在用户开始使用后，认真执行移交后回访和保修。《建设工程质量管理条例》规定：建设工程实行质量保修制度。施工单位在向建设单位提交竣工验收报告时，应当向建设单位出具质量保修书。质量保修书中应当明确建设工程的保修范围、保修期限和保修责任等。一旦出现质量问题，建设单位即可依据此质量保修书，请求施工单位履行保修的义务。

3.4.2.3 生产、使用与后评价

建设项目投资后评价是工程竣工投产、生产运营一段时间后，对项目的立项决策、设计施工、竣工投产、生产运营等全过程进行系统评价的一种技术经济活动。它是工程建设管理的一项重要内容，也是工程建设程序的最后一个环节。它可使投资主体达到总结经验、吸取教训、改进工作、不断提高项目决策水平和投资效益的目的。目前我国的投资后评价一般分建设单位的自我评价、项目所属行业（地区）主管部门的评价及各级计划部门（或主要投资主体）的评价三个层次进行。

3.5 案例分析

案例1 关于城市规划❶

孙某于 2005 年 8 月初，在未办理工程报建手续和未取得建设用地规划许可证、建设工程规划许可证及未经环保部门批准的情况下，擅自将其经营的工厂从该市旧区搬迁至该市新工业区，不但新建了厂房，增设了设备，而且还擅自生产易对环境造成严重污染的产品。该市规划部门和环保部门经过查证属实，认定孙某的行为违反了《中华人民共和国城市规划法》《中华人民共和国环境保护法》及相关的法律法规，并依法于同年 8 月 30 日联合对孙某作出责令停止生产、补办手续并处罚款 3 万元的行政处罚决定。

孙某不服，认为自己是民营企业，不属于建设单位；另外，工厂搬迁增加生产设备也不归规划管理部门管理。孙某于是在 2005 年 10 月向该市人民法院提起行政诉讼，请求法院判决撤销该行政处罚决定。

2005 年 12 月，该市中级人民法院对孙某不服规划部门和环保部门的行政处罚提起的行政诉讼作出裁决，驳回其诉讼请求。本案最终以规划部门和环保部门的胜诉而告终。

案例评析

本案的焦点问题是，孙某建厂房的行为是否合法。我国建设方面的法规对工程建设程序

---

❶ 案例来源：朱昊. 建设法规案例与评价. 机械工业出版社，2007，第 2～3 页。

有严格的规定。首先，任何工程项目的建设都必须先经过政府有关部门的批准立项；其次，经批准后，办理相关的手续。按《中华人民共和国城市规划法》的规定，在城市规划区内，任何单位和个人从事工程项目建设，都实行"一书两证"制度，即必须有选址意见书、建筑用地规划许可证和建设工程规划许可证；而且要符合《中华人民共和国环境保护法》的有关规定。孙某的工厂搬迁，涉及建设用地的重新选址、建筑工程的重新设计、建设项目的环境保护、建设工程竣工验收等诸多问题，都需要重新按新建项目的规划审批程序进行报建，并办理相关的手续，否则，均属于违法建设、违法生产的行为。显然，孙某的行为违反了我国城市规划法、环境保护法及相关的法律法规的规定，应当依法处罚。所以，该市规划局和环保局对孙某作出行政处罚的决定是正确的。

案例 2　关于项目选址❶

某市城市人口 13 万人。上届政府领导班子选定在该市×路东侧建设城市广场，广场面积 5 万 m²。建设场址为一低丘小山，该广场区位有些偏，但由于没有拆迁量，容易上马，因此上届政府不顾各方面的不同意见，进行开工建设。然而，平整土地过程中，发现该低丘内部为花岗石，建设成本比原先预计的要大两倍，需要加大投资，但由于资金准备不到位，再加上周边项目建设无法跟上，广场建设被迫停工。新一届领导上台以后，经过认真分析广泛调查研究，发现这个广场存在的问题关键是位置选址不当，当即拍板另行选址建设。

案例评析

本案的焦点问题是该建设项目的选址不当。我国对基本建设程序有严格的规定，在工程建设中，必须坚持先勘察，后设计，再施工的原则。《中华人民共和国城市规划法》第十七条规定："编制城市规划应当具备勘察、测量及其他必要的基础资料。"

建设项目的选址非常重要，不但要遵守上述规定，还要根据建设项目进行多方案的比较，不但要考虑拆迁量和投资的大小，还要考虑工程地质条件、周边建设情况以及城市总体规划等多种因素。城市广场建设应首先确定广场性质。广场一般分为城市中心广场、休闲购物广场、绿化景观广场、游行集会广场、交通集散广场等多种类型。每一种广场对位置的选择、用地规模、周边建设条件等都有不同的要求。该广场应属于城市中心广场，应在城市中心、交通条件比较便利、靠近城市主要公共设施的位置上进行选址，而不应该只考虑节省投资。在城市边缘选址建设城市广场，即使工程地质条件允许，广场建成之后，其使用效果也肯定很不理想，本案的问题在于当初广场选址轻率、决策过于武断，未遵守法律规定的工程建设基本程序，最后，不得不另行选择建设地址。

复习思考题

一、单项选择题

1. 建设单位应当将工程发包给（　　）的单位。

A. 愿意承包建设　　　　　　　　　　　　　B. 可以建设完成

C. 任何　　　　　　　　　　　　　　　　　D. 具有相应资质等级

2. 建设单位收到建设工程竣工报告后，应当组织（　　）进行竣工验收。

A. 本单位有关部门和人员　　　　　　　　　B. 工程监理单位

C. 设计、施工、工程监理等有关单位　　　　D. 设计单位和施工单位

---

❶ 案例来源：朱昊. 建设法规案例与评价. 机械工业出版社，2007，第 3～4 页。

3. 坚持建设程序是（　　）的基本职业准则。

A. 设计人员　　　　　　　B. 施工人员　　　　　　C. 监理人员　　　　　　D. 行政人员

4.《建筑法》规定建筑工程实行直接发包的，发包单位（　　）将建筑工程发包给具有相应资质条件的承包单位。

A. 可以　　　　　　　　　B. 应当　　　　　　　　C. 可以不　　　　　　　D. 应当

5. 甲建设单位委托乙设计单位编制工程设计图纸，但未约定该设计著作权归属。乙设计单位注册建筑师王某被指派负责该工程设计，则该工程设计图纸许可使用权归（　　）享有。

A. 甲建设单位　　　　　　　　　　　　　B. 乙设计单位

C. 注册建筑师王某　　　　　　　　　　　D. 甲、乙两单位共同

6. 在保证项目完整性的前提下，甲建设单位将工程的设计业务分别委托给了乙、丙两家设计单位，并选定乙设计单位为主体承接方，负责整个工程项目设计的总体协调。关于该项目的设计责任，下列说法中正确的是（　　）。

A. 丙设计单位直接对甲建设单位负责

B. 丙设计单位仅对乙设计单位负责

C. 乙设计单位就整个项目的设计任务负总责

D. 乙、丙设计单位对甲建设单位承担连带责任

7. 某大型项目由于未进行配套环境保护措施的技术论证，其环境影响评价文件未获批准。关于该项目的立项和开工，下列说法中正确的是（　　）。

A. 可以先批准立项，但建设单位不得开工　　　B. 不得批准立项，建设单位不得开工

C. 不得批准立项，但建设单位可以先开工　　　D. 可以先批准立项，建设单位可以先开工

8. 某扩建工程建设单位因急于参加认证，于11月15日未经验收而使用该工程，11月20承包人提交了竣工验收报告，11月30日建设单位组织验收，12月3日工程竣工验收合格，则该工程竣工日期为（　　）。

A. 11月15日　　　　　　B. 11月20日　　　　　　C. 11月30日　　　　　　D. 12月3日

二、简答题

1. 什么是基本建设程序？我国基本建设程序分哪几个阶段？

2. 工程建设准备阶段的内容是什么？

3. 工程建设实施阶段的内容是什么？

4. 什么是工程的竣工验收？其依据有哪些？

第4章 城乡规划法规

4.1 城乡规划法规概述

4.1.1 城乡规划法规的概念

城乡规划，是指政府对一定时期内城市、镇、乡、村庄的建设布局、土地利用以及经济和社会发展有关事项的总体安排和实施措施。城乡规划不是指一部规划，而是由城镇体系规划、城市规划、镇规划、乡规划和村庄规划组成的有关城镇和乡村建设和发展的规划体系。

城乡规划法规，是指由国家权力机关或其他授权机构制定的，规范城乡规划活动，指导和调控城乡建设和发展的有关城市和乡村规划管理的法律、行政法规的总称。

随着社会主义市场经济体制的建立和逐步完善，我国有关城乡规划管理的法律法规也在不断进行着改革与完善。

1989年12月26日第七届全国人民代表大会常务委员会第十一次会议通过，1990年4月1日起施行的《中华人民共和国城市规划法》是我国城市规划和建设方面的第一部法律，对规范和加强城市的规划、建设与管理起到了重要的作用。《中华人民共和国城市规划法》与1993年5月7日国务院令第116号公布，1993年11月1日起实施的《村庄和集镇规划建设管理条例》作为我国有关城市和乡村管理最主要的法律、行政法规，在一定时期内对于加强城市、村庄和集镇的规划、建设和管理，遏制城市和乡村的无序建设、生态环境破坏等问题，促进城乡健康协调发展起到了重要的作用。

2007年10月28日中华人民共和国主席令第七十四号公布，自2008年1月1日起施行的《中华人民共和国城乡规划法》（简称《城乡规划法》）为目前我国城乡规划管理工作的统一立法。《中华人民共和国城市规划法》与《村庄和集镇规划建设管理条例》同时废止。

目前，调整我国城乡规划关系的法律法规还有以下几种。

1991年8月23日，建设部与原国家计委联合颁布的《建设项目选址规划管理办法》，对城市规划区内新建、扩建、改建的工程项目，编制、审批项目建议书和设计任务书作了详细规定。

1992年12月4日颁布的《城市国有土地使用权出让和转让规划管理办法》，进一步加强了城市国有土地使用权出让、转让的规划管理，保证城市规划实施，科学、合理利用城市土地。

2000年建设部相继颁布《村镇规划编制办法》（试行）和《县域城镇体系规划编制要点》，2010年4月25日，住房和城乡建设部颁布《省域城镇体系规划编制审批办法》，都是对城乡规划编制和审批工作的具体深化。

2001年4月20日，建设部颁布《国家重点风景名胜区规划编制审批管理办法》，2003年8月11日，建设部颁布《国家重点风景名胜区总体规划编制报批管理规定》，加强国家重点风景名胜区总体规划编制和报批的管理，进一步提高规划编制的规范性和科学性。

2001年1月23日，建设部颁布《城市规划编制单位资质管理规定》，旨在加强城市规划编制单位的管理，规范城市规划编制工作。

根据《国务院关于加强城乡规划监督管理的通知》的规定，建设部于 2002 年 8 月 29 日颁布《近期建设规划工作暂行办法》及《城市规划强制性内容暂行规定》。

2005 年 12 月 31 日，建设部颁布《城市规划编制办法》，最早于 1956 年 7 月由原国家建委制定颁布，其间共经历了四次修订。

国务院下发的《国务院关于加强城市规划工作的通知》、《国务院办公厅关于加强和改进城乡规划工作的通知》及《国务院关于加强城乡规划监督管理的通知》等一系列规范性文件，对提高城市规划工作水平起到了积极作用。

4.1.2　城乡规划法的立法目的

《城乡规划法》第一条规定：“为了加强城乡规划管理，协调城乡空间布局，改善人居环境，促进城乡经济社会全面协调可持续发展，制定本法。”

在《城乡规划法》出台以前，我国遵循《中华人民共和国城市规划法》和《村庄和集镇规划建设管理条例》所确定的规划管理制度是建立在城乡二元结构基础上的。这种规划制度与实施模式使得城市和乡村规划之间缺乏统筹考虑和协调，影响城乡协调发展，已经不适应城乡统筹的需要。

4.1.2.1　加强城乡规划管理

城乡规划管理是组织编制和审批城乡规划，并对城市、镇、乡、村庄的土地使用和各项建设的安排实施规划控制、指导和监督检查。只有加强对城乡规划的管理，才能使依法批准的各类城乡规划得以落实，有序规范各项城乡建设活动。因此，加强城乡规划管理是城乡规划法立法的直接目的。

4.1.2.2　协调城乡空间布局，改善人居环境

将城乡规划的编制、审批、实施以及监督检查活动纳入法制化轨道，依法规范、管理城乡建设活动，其根本在于以人为本，实现城乡空间协调布局，为人民群众创造良好的工作和生活环境。协调城乡空间布局，改善人居环境是城乡规划法的根本目的。

4.1.2.3　促进经济社会全面协调可持续发展

好的城乡规划应当立足当前、面向未来、统筹兼顾、综合布局，要处理好局部利益与整体利益、近期建设与长远发展、经济建设与环境保护、现代化建设与历史文化保护等一系列关系，充分发挥城乡规划在引导城乡发展中的统筹协调和综合调控作用，促进城乡经济社会全面协调可持续发展。

4.1.3　城乡规划法的适用范围

《城乡规划法》第二条规定：“制定和实施城乡规划，在规划区内进行建设活动，必须遵守本法。”第三条规定：“城市和镇应当依照本法制定城市规划和镇规划。城市、镇规划区内的建设活动应当符合规划要求。”因此，城乡规划法规的适用范围是规划区以及在规划区内从事与城乡规划管理活动相关的单位和人员。

规划区，是指城市、镇和村庄的建成区以及因城乡建设和发展需要，必须实行规划控制的区域。规划区的具体范围由有关人民政府在组织编制的城市总体规划、镇总体规划、乡规划和村庄规划中，根据城乡经济社会发展水平和统筹城乡发展的需要划定。城市和镇必须依法制定城市规划和镇规划，乡、村庄规划可由省、自治区、直辖市人民政府及市、县人民政府自主确定。应当制定乡、村庄规划的，要依法制定规划，其他的乡、村庄可以在政府的鼓励、指导下制定和实施规划。

与城乡规划管理活动相关的人员主要指编制、审批、管理城乡规划的各级人民政府、建设主管部门、受委托的城乡规划编制单位及人员；依据城乡规划从事建设活动的建设单位、设计单位、施工单位及个人；从事城市规划相关的科研、教学单位及人员。无论是城市、镇，还是乡、村庄，凡是制定了规划的，其规划区内的建设活动都必须符合规划的要求，违反规划的行为要依法予以处罚。

4.1.4　城乡规划体系

《城乡规划法》第二条第一款规定："城乡规划，包括城镇体系规划、城市规划、镇规划、乡规划和村庄规划。城市规划、镇规划分为总体规划和详细规划。详细规划分为控制性详细规划和修建性详细规划。"

4.1.4.1　城镇体系规划

城镇体系规划，是指一定在地域范围内实施城乡规划管理，以区域生产力合理布局和城镇职能分工为依据，确定不同人口规模等级和职能分工的城镇的分布和发展规划。城镇体系规划的作用是合理配置调节辖区内空间资源，优化城乡空间布局，引导城镇化和城镇发展。城镇体系规划分为全国、省域和县域规划。国务院建设主管部门组织编制的全国城镇体系规划和省、自治区人民政府组织编制的省域城镇体系规划，是城市总体规划编制的依据。

4.1.4.2　城市规划

城市规划，是指对一定时期内城市的经济和社会发展、土地利用、空间布局以及各项建设的综合部署、具体安排和实施措施。城市规划在指导城市有序发展、提高建设和管理水平等方面发挥着重要的先导和统筹作用。

城市规划分为总体规划和详细规划。详细规划又分为控制性详细规划和修建性详细规划。城市总体规划是对一定时期内城市的性质、发展目标、发展规模、土地利用、空间布局以及各项建设的综合部署、具体安排和实施措施，是引导和调控城市建设，保护和管理城市空间资源的重要依据和手段。城市详细规划是依据城市的总体规划，对一定时期内城市的局部地区的土地利用、空间布局和建设用地所作的具体安排和设计，更加具体和具有操作性。

4.1.4.3　镇的规划

"镇"指的是经国家批准设镇建制的行政地域，镇的建设应当坚持合理布局、节约用地的原则。镇的规划分为总体规划和详细规划，镇的详细规划分为控制性详细规划和修建性详细规划。

镇的总体规划是指对一定时期内镇的性质、发展目标、发展规模、土地利用、空间布局以及各项建设的综合部署、具体安排和实施措施。镇的总体规划的作用是管制镇的空间资源开发、保护生态环境和指导镇的科学建设、有序发展。镇的详细规划，是指以镇的总体规划为依据，对一定时期确定镇内建设地区的土地使用情况、空间环境控制、指导各项建筑及其工程设施和施工的具体安排和设计。

4.1.4.4　乡规划、村庄规划

《城乡规划法》第三条规定："县级以上地方人民政府根据本地农村经济社会发展水平，按照因地制宜、切实可行的原则，确定应当制定乡规划、村庄规划的区域。在确定区域内的乡、村庄，应当依照本法制定规划，规划区内的乡、村庄建设应当符合规划要求。县级以上地方人民政府鼓励、指导前款规定以外的区域的乡、村庄制定和实施乡规划、村庄规划。"

本规定体现了因地制宜、分类指导的思想，目前，我国还有一部分村庄没有编制村庄建设规划。国家鼓励通过乡规划、村庄规划对乡、村庄的经济和社会发展、土地利用、空间布

局以及各项建设的进行综合部署和具体安排。对乡规划、村庄规划不再作总体规划和详细规划的分类，而是统一安排。

4.2　城乡规划的制定

4.2.1　制定城乡规划应遵循的原则

《城乡规划法》第四条规定："制定和实施城乡规划，应当遵循城乡统筹、合理布局、节约土地、集约发展和先规划后建设的原则，改善生态环境，促进资源、能源节约和综合利用，保护耕地等自然资源和历史文化遗产，保持地方特色、民族特色和传统风貌，防止污染和其他公害，并符合区域人口发展、国防建设、防灾减灾和公共卫生、公共安全的需要。在规划区内进行建设活动，应当遵守土地管理、自然资源和环境保护等法律、法规的规定。县级以上地方人民政府应当根据当地经济社会发展的实际，在城市总体规划、镇总体规划中合理确定城市、镇的发展规模、步骤和建设标准。"

城乡统筹原则是制定和实施城乡规划应当遵循的首要原则。统筹考虑城市、镇、乡和村庄的发展，适应区域人口发展、国防建设、防灾减灾和公共卫生、公共安全各方面的需要，有助于合理配置基础设施和公共服务设施，使城乡居民均衡地享受公共服务，促进形成城乡、区域协调互动发展的良好机制。

遵循合理布局的原则，就是要优化空间资源的配置，维护空间资源利用的公平性，促进资源的节约和利用，保持地方特色、民族特色和传统风貌，保障城市运行安全和效率，促进大中小城镇协调发展，促进城市、镇、乡和村庄的有序健康发展。

节约土地，集约发展，珍惜和合理利用土地资源。促进资源、能源节约和综合利用，推进城镇发展方式从粗放型向集约型转变，建设资源节约环境友好型城镇，促进城乡经济社会全面协调可持续发展。

先规划后建设是城乡规划法确定的实施规划管理的基本原则。这一原则要求各级人民政府及其城乡规划主管部门要严格依据法定职权编制城乡规划；要严格依照法定程序审批和修改规划，保证规划的严肃性和科学性；要加强对已经被依法批准的规划实施监督管理，在规划区内进行建设活动，必须依照本法取得规划许可，对违法行为人要依法予以处罚。

4.2.2　城乡规划的审批

城乡规划体系的审批程序体现的特点是各级政府逐级规划，逐级审批，下位规划不得违反上位规划。明确各级城乡规划的法定地位和作用，有利于加强中央政府规划管理的责任，有利于明晰各级政府的规划管理事权，有利于发挥好各级规划部门对城乡建设活动的综合调控作用。

4.2.2.1　全国城镇体系规划的审批

《城乡规划法》第十二条规定："国务院城乡规划主管部门会同国务院有关部门组织编制全国城镇体系规划，用于指导省域城镇体系规划、城市总体规划的编制。全国城镇体系规划由国务院城乡规划主管部门报国务院审批。"

全国城镇体系规划是统筹安排全国城镇发展和城镇发展布局的宏观性、战略性的法定规划，是引导城镇化健康发展的重要依据，对省域城镇体系规划、城市总体规划的编制起着指导作用。由国务院城乡规划主管部门会同国务院有关部门组织编制全国城镇体系规划，有利于统筹城镇发展与资源环境保护、基础设施建设的关系。

4.2.2.2 省域城镇体系规划的审批

《城乡规划法》第十三条规定："省、自治区人民政府组织编制省域城镇体系规划，报国务院审批。省域城镇体系规划的内容应当包括：城镇空间布局和规模控制，重大基础设施的布局，为保护生态环境、资源等需要严格控制的区域。"

省域城镇体系规划是合理配置和保护利用空间资源、统筹全省（自治区）城镇空间布局、综合安排基础设施和公共设施建设、促进省域内各级各类城镇协调发展的综合性规划，是落实省（自治区）的经济社会发展目标和发展战略、引导城镇化健康发展的重要依据和手段。

4.2.2.3 城市总体规划的审批

《城乡规划法》第十四条规定："城市人民政府组织编制城市总体规划。直辖市的城市总体规划由直辖市人民政府报国务院审批。省、自治区人民政府所在地的城市以及国务院确定的城市的总体规划，由省、自治区人民政府审查同意后，报国务院审批。其他城市的总体规划，由城市人民政府报省、自治区人民政府审批。"

城市总体规划是一定时期内城市发展目标、发展规模、土地利用、空间布局以及各项建设的综合部署和实施措施，是引导和调控城市建设、保护和管理城市空间资源的重要依据和手段，是一项全局性、综合性、战略性的工作。

4.2.2.4 镇的总体规划的审批

《城乡规划法》第十五条规定："县人民政府组织编制县人民政府所在地镇的总体规划，报上一级人民政府审批。其他镇的总体规划由镇人民政府组织编制，报上一级人民政府审批。"

镇的总体规划是对镇行政区域内的土地利用、空间布局以及各项建设的综合部署，是管制空间资源开发、保护生态环境和历史文化遗产、创造良好生活环境的重要手段，在指导镇的科学建设、有序发展、充分发挥规划的协调和社会服务等方面具有重要作用。镇规划包含县人民政府所在地镇的规划和其他镇的规划。

4.2.3 城市、镇规划的编制

4.2.3.1 城市、镇总体规划的内容及期限

《城乡规划法》第十七条规定："城市总体规划、镇总体规划的内容应当包括：城市、镇的发展布局，功能分区，用地布局，综合交通体系，禁止、限制和适宜建设的地域范围，各类专项规划等。

规划区范围、规划区内建设用地规模、基础设施和公共服务设施用地、水源地和水系、基本农田和绿化用地、环境保护、自然与历史文化遗产保护以及防灾减灾等内容，应当作为城市总体规划、镇总体规划的强制性内容。

城市总体规划、镇总体规划的规划期限一般为二十年。城市总体规划还应当对城市更长远的发展作出预测性安排。"

城市、镇总体规划是城镇发展与建设的基本依据，是调控各项自然资源、保护生态环境、维护社会公平、保障公共安全和公众利益的重要公共政策。为充分发挥城市、镇总体规划的综合调控作用，发挥其合理高效配置空间资源、优化城镇布局的功能，本条规定了城市、镇总体规划的内容，包括两个方面，即应当包括的内容和强制性内容，强制性内容是必备的内容。

4.2.3.2 城市规划的编制内容

《城市规划编制办法》对按国家行政建制设立的市组织编制城市规划的原则、要求、内

容等作了较详尽的规定。《城市规划编制办法》第七条规定："城市规划分为总体规划和详细规划两个阶段。大、中城市根据需要，可以依法在总体规划的基础上组织编制分区规划。城市详细规划分为控制性详细规划和修建性详细规划。"

（1）城市总体规划的强制性内容

① 城市规划区范围。

② 市域内应当控制开发的地域。包括：基本农田保护区，风景名胜区，湿地、水源保护区等生态敏感区，地下矿产资源分布地区。

③ 城市建设用地。包括：规划期限内城市建设用地的发展规模，土地使用强度管制区划和相应的控制指标（建设用地面积、容积率、人口容量等）；城市各类绿地的具体布局；城市地下空间开发布局。

④ 城市基础设施和公共服务设施。包括：城市干道系统网络、城市轨道交通网络、交通枢纽布局；城市水源地及其保护区范围和其他重大市政基础设施；文化、教育、卫生、体育等方面主要公共服务设施的布局。

⑤ 城市历史文化遗产保护。包括：历史文化保护的具体控制指标和规定；历史文化街区、历史建筑、重要地下文物埋藏区的具体位置和界线。

⑥ 生态环境保护与建设目标，污染控制与治理措施。

⑦ 城市防灾工程。包括：城市防洪标准、防洪堤走向；城市抗震与消防疏散通道；城市人防设施布局；地质灾害防护规定。

（2）控制性详细规划应当包括的内容

① 确定规划范围内不同性质用地的界线，确定各类用地内适建，不适建或者有条件地允许建设的建筑类型。

② 确定各地块建筑高度、建筑密度、容积率、绿地率等控制指标；确定公共设施配套要求、交通出入口方位、停车泊位、建筑后退红线距离等要求。

③ 提出各地块的建筑体量、体型、色彩等城市设计指导原则。

④ 根据交通需求分析，确定地块出入口位置、停车泊位、公共交通场站用地范围和站点位置、步行交通以及其他交通设施。规定各级道路的红线、断面、交叉口形式及渠化措施、控制点坐标和标高。

⑤ 根据规划建设容量，确定市政工程管线位置、管径和工程设施的用地界线，进行管线综合。确定地下空间开发利用具体要求。

⑥ 制定相应的土地使用与建筑管理规定。

（3）修建性详细规划应当包括的内容

① 建设条件分析及综合技术经济论证。

② 建筑、道路和绿地等的空间布局和景观规划设计，布置总平面图。

③ 对住宅、医院、学校和托幼等建筑进行日照分析。

④ 根据交通影响分析，提出交通组织方案和设计。

⑤ 市政工程管线规划设计和管线综合。

⑥ 竖向规划设计。

⑦ 估算工程量、拆迁量和总造价，分析投资效益。

控制性详细规划成果应当包括规划文本、图件和附件。图件由图纸和图则两部分组成，规划说明、基础资料和研究报告收入附件。修建性详细规划成果应当包括规划说明书、图纸。

4.2.4　乡、村庄规划的编制

4.2.4.1　编制乡、村庄规划应遵循的原则

《城乡规划法》第十八条第一款规定："乡规划、村庄规划应当从农村实际出发，尊重村民意愿，体现地方和农村特色。"

编制乡、村庄规划除了遵循城乡统筹、合理布局、节约土地、集约发展和先规划后建设的原则，还应当从农村实际出发，即充分考虑农村经济、社会及文化发展现状，合理确定应当制定规划的区域及规划区范围。尊重村民意愿，即体现出村民对乡村建设及未来发展的期望与理想，用于指导其生产、生活。体现地方和农村特色，即社会主义新农村建设要求尽可能发挥地方特色及农村特色，以满足村民的生产生活所需。

4.2.4.2　乡、村庄规划的编制内容

《城乡规划法》第十八条第二款规定："乡规划、村庄规划的内容应当包括：规划区范围，住宅、道路、供水、排水、供电、垃圾收集、畜禽养殖场所等农村生产、生活服务设施、公益事业等各项建设的用地布局、建设要求，以及对耕地等自然资源和历史文化遗产保护、防灾减灾等的具体安排。乡规划还应当包括本行政区域内的村庄发展布局。"

乡是行政区划的基层单位，乡规划分为乡域规划和乡驻地规划。一般包含以下内容：提出产业发展目标，落实相关生产、生活服务设施以及公益事业等各项建设的空间布局；落实规划期内各阶段人口规模与人口分布情况；确定乡的职能及规模，明确乡政府驻地的规划建设用地标准与规划区范围；制定各专项规划，并提出自然和历史文化保护、防灾减灾等要求，确定规划区内生态环境保护与优化目标；提出实施规划的措施和有关建议，明确规划强制性内容等。乡规划还要体现对村规划的指导性，确定中心村、基层村的层次与等级，提出村庄集约建设的分阶段目标及实施方案。

村庄规划的主要内容包括：安排村庄内的农业生产、生活服务设施、居住、道路、工程建设等用地布局；确定村庄内的给、排水，供电等工程设施及其管线走向、敷设方式；明确垃圾收集点、公厕等环境卫生设施的分布、规模；确定防灾减灾设施的分布和规模；对村庄分期建设时序进行安排，并对近期建设的工程投资等进行估算和分析。

4.3　城乡规划的实施

4.3.1　实施城乡规划应遵循的原则

《城乡规划法》第二十八条规定："地方各级人民政府应当根据当地经济社会发展水平，量力而行，尊重群众意愿，有计划、分步骤地组织实施城乡规划。"

城乡建设和发展要因地制宜、实事求是，既要保证城市经济社会长期稳定健康发展，考虑经济社会发展对城市扩大和土地利用的需要，又要重视生态资源环境保护，从土地、水、能源供给和环境支持的可能出发，量力而行。在城乡规划实施过程中，地方各级人民政府应充分尊重群众的意愿，反映他们对城市发展的预期，改善人居环境。城乡规划的实施，还要明确近期建设和远期发展的目标，有计划、分步骤地组织实施。

4.3.2　城乡规划的实施

4.3.2.1　城市的建设和发展

《城乡规划法》第二十九条第一款规定："城市的建设和发展，应当优先安排基础设施以及公共服务设施的建设，妥善处理新区开发与旧区改建的关系，统筹兼顾进城务工人员生活

和周边农村经济社会发展、村民生产与生活的需要。"

城市基础设施作为城市生产、生活最基本的承载体,是城市经济和社会各项事业发展的重要基础;城市公共服务设施能为城市居民的社会生活、经济生活和文化生活创造条件,优先安排城市基础设施及公共服务设施建设,有利于促进城市经济增长、维护生态平衡,推动社会和谐发展。同时,在城市旧区改建过程中,应当避免大拆大建,坚持逐步更新完善、注意历史文化遗产保护和城市特色维护的原则;在城市新区开发的过程中,要注意配套设施的完善和建设,特别要着重处理好各类开发区与城市主城区之间的关系,防止盲目建设和重复建设。

城市的发展和建设应当统筹兼顾周边农村经济社会发展、村民生产与生活的需要。农村经济社会和城市经济社会是相互联系、相互依赖的,城市有责任带动乡村,工业有责任支援农业。要按照促进城乡统筹发展的原则,通过统一规划,促进城市的发展建设与周边乡村的发展建设相协调,把促进城市的可持续发展与发挥城市对农村发展的带动和反哺作用联系起来,实现发展目标与发展过程的统一。

4.3.2.2 镇的建设和发展

《城乡规划法》第二十九条第二款规定:"镇的建设和发展,应当结合农村经济社会发展和产业结构调整,优先安排供水、排水、供电、供气、道路、通信、广播电视等基础设施和学校、卫生院、文化站、幼儿园、福利院等公共服务设施的建设,为周边农村提供服务。"

镇是县域经济的增长点,是承前启后、承上启下的"中枢",是连接城与乡的基地,抓住了小城镇这个城乡空间网络的节点,就抓住了连接城市、集聚乡村人口发展非农产业、辐射农村地区的核心环节,因而镇的发展与建设要从统筹城乡发展的角度考虑问题。镇的发展与建设要立足当地资源条件、环境优势、人文特色等,有利于促进农业结构的调整,推动产业结构的优化升级,要优先安排基础设施和科教文卫等公共服务设施,逐步构筑城乡一体的公共服务网络,促进基础设施向周边农村延伸、公共服务向周边农村覆盖、现代文明向周边农村辐射,从而构建农村发展的良好平台。

4.3.2.3 乡、村庄的建设和发展

《城乡规划法》第二十九条第三款规定:"乡、村庄的建设和发展,应当因地制宜、节约用地,发挥村民自治组织的作用,引导村民合理进行建设,改善农村生产、生活条件。"

乡村的发展与建设要坚持按照党中央提出的要求,以"生产发展、生活富裕、乡风文明、村容整洁、管理民主"为原则,扎实稳步推进社会主义新农村建设。乡村的发展和建设,要有利于改善农村的生产和生活条件,要顺应当地农村经济社会发展趋势,节约用地,体现出地方特色和农村特色,要尊重村民意愿,发挥村民自治组织的作用。

4.3.2.4 城市新区的开发和建设

《城乡规划法》第三十条规定:"城市新区的开发和建设,应当合理确定建设规模和时序,充分利用现有市政基础设施和公共服务设施,严格保护自然资源和生态环境,体现地方特色。在城市总体规划、镇总体规划确定的建设用地范围以外,不得设立各类开发区和城市新区。"

城市新区的开发和建设,是指按照城市总体规划的部署,在城市现有建成区以外的地段,进行集中成片、综合配套的开发建设活动。新区开发是随着城市经济与社会的发展,为满足城市建设的需要,逐步实现城市不同阶段的发展目标而进行的。

城市新区的选址应妥善处理近期建设与长远发展的关系,因地制宜,量力而行,合理确定开发建设的规模、强度和时序,坚持集约用地和节约用地的原则,防止盲目开发。新区的基础设施和公共服务设施要根据社会经济发展合理布局,配套建设,充分利用现有市政基础

设施和公共服务设施。在开发和建设过程中，还应保护好生态环境和自然资源，防止破坏现有的历史文化遗存，充分考虑保护城市的传统特色，结合城市的历史沿革及地域特点，在规划建设中体现鲜明的地方特色。另外，城市新区的开发和建设还应坚持统一规划和管理，在城市总体规划、镇总体规划确定的建设用地范围以外，不得设立各类开发区和城市新区。

4.4　历史文化名城、风景名胜区的规划管理与文物保护

4.4.1　旧城改造与历史文化名城、名镇、名村的规划管理

《城乡规划法》第三十一条规定："旧城区的改建，应当保护历史文化遗产和传统风貌，合理确定拆迁和建设规模，有计划地对危房集中、基础设施落后等地段进行改建。

历史文化名城、名镇、名村的保护以及受保护建筑物的维护和使用，应当遵守有关法律、行政法规和国务院的规定。"

4.4.1.1　旧城改造

旧城区记载了各个历史城市发展的轨迹，是城市各历史时期的政治、经济、社会和文化的缩影。城市旧区通常历史文化遗存比较丰富，历史格局和传统风貌比较完整，但同时也积累了历史遗留的种种弊端，比如用地功能混杂、城市格局较小、建筑密度和人口密度高、基础设施和公共服务设施水平较低、道路交通拥堵、房屋质量比较差等问题，迫切需要进行更新和完善。因而，结合城市新区开发，适时推动城市旧区的改建，是保证我国城市建设协调发展的重要命题。局部或整体地、有步骤地进行改造和更新旧城区的最终目标是，改善人居环境、交通运输条件，加强城市基础设施和公共设施的建设，提高城市综合功能。

4.4.1.2　历史文化名城、名镇、名村的规划管理

历史文化名城是指保存文物特别丰富，具有重大历史文化价值和革命意义的城市。目前，国务院已审批的属于历史文化名城的城市共有 118 个。历史文化名城的老城区，保存着大量的历史文化遗存，是无法替代的、极其珍贵的文化财富。为此，在旧城区的规划建设中，要高度关注历史格局、传统风貌、历史文化街区和各级文物的保护，采取渐进式有机更新的方式，防止大拆大建。周边城市新区、乡、镇、村庄的建设，要与历史文化名城、名镇、名村的保护目标相协调。按照《城乡规划法》的规定，对历史文化名城、名镇、名村的保护以及受保护建筑物的维护和使用，还应当遵守有关法律、行政法规和国务院的规定。

4.4.2　风景名胜区的规划管理

《城乡规划法》第三十二条规定："城乡建设和发展，应当依法保护和合理利用风景名胜资源，统筹安排风景名胜区及周边乡、镇、村庄的建设。风景名胜区的规划、建设和管理，应当遵守有关法律、行政法规和国务院的规定。"

风景名胜区，是指具有观赏、文化或者科学价值，自然景观、人文景观比较集中，环境优美，可供人们游览或者进行科学、文化活动的区域。风景名胜资源是极其珍贵的自然文化遗产，是不可再生的资源，国家非常重视风景名胜资源的保护。2006 年 9 月 6 日，国务院颁布《风景名胜区条例》，对风景名胜区的设立、规划、保护、利用和管理作了具体规定。国家对风景名胜区实行科学规划、统一管理、严格保护、永续利用的原则。

4.4.2.1　风景名胜区规划的编制

风景名胜区规划分为总体规划和详细规划。

风景名胜区总体规划的编制，应当体现人与自然和谐相处、区域协调发展和经济社会全

面进步的要求，坚持保护优先、开发服从保护的原则，突出风景名胜资源的自然特性、文化内涵和地方特色。风景名胜区详细规划应当根据核心景区和其他景区的不同要求编制，确定基础设施、旅游设施、文化设施等建设项目的选址、布局与规模，并明确建设用地范围和规划设计条件。风景名胜区详细规划，应当符合风景名胜区总体规划。

风景名胜区总体规划应当包括下列内容。

① 风景资源评价；

② 生态资源保护措施、重大建设项目布局、开发利用强度；

③ 风景名胜区的功能结构和空间布局；

④ 禁止开发和限制开发的范围；

⑤ 风景名胜区的游客容量；

⑥ 有关专项规划。

4.4.2.2　风景名胜区规划的审批

国家级风景名胜区的总体规划，由省、自治区、直辖市人民政府审查后，报国务院审批。国家级风景名胜区的详细规划，由省、自治区人民政府建设主管部门或者直辖市人民政府风景名胜区主管部门报国务院建设主管部门审批。

省级风景名胜区的总体规划，由省、自治区、直辖市人民政府审批，报国务院建设主管部门备案。省级风景名胜区的详细规划，由省、自治区人民政府建设主管部门或者直辖市人民政府风景名胜区主管部门审批。

风景名胜区的规划、建设和管理，在《风景名胜区》、《国家重点风景名胜区规划编制审批管理办法》及《国家重点风景名胜区总体规划编制报批管理规定》等法规中已有明确规定，因此在《城乡规划法》中仅作衔接性的规定。

4.5　规划许可证制度

4.5.1　选址意见书制度

《城乡规划法》第三十六条规定："按照国家规定需要有关部门批准或者核准的建设项目，以划拨方式提供国有土地使用权的，建设单位在报送有关部门批准或者核准前，应当向城乡规划主管部门申请核发选址意见书。前款规定以外的建设项目不需要申请选址意见书。"

土地使用权划拨，是指县级以上人民政府依法批准，在土地使用者缴纳补偿、安置等费用后将该幅土地交付其使用，或者将土地使用权无偿交付给土地使用者使用的行为。《土地管理法》对适宜划拨土地使用权的情形做了具体规定。只有关系国计民生的重大建设项目才能通过划拨方式取得土地使用权。

选址意见书是法定项目审批和划拨土地的前置条件。城乡规划主管部门根据有关法规和依法制定的城乡规划，在法定时间内对于符合城乡规划的选址，颁发建设项目选址意见书。建设项目选址意见书适用于按国家规定需要有关部门进行批准或核准通过行政划拨方式取得用地使用权的建设项目，其他建设项目则不需要申请选址意见书。

4.5.2　建设用地规划许可证制度

（1）划拨方式

《城乡规划法》第三十七条规定："在城市、镇规划区内以划拨方式提供国有土地使用权的建设项目，经有关部门批准、核准、备案后，建设单位应当向城市、县人民政府城乡规划主管部门提出建设用地规划许可申请，由城市、县人民政府城乡规划主管部门依据控制性详细规划核定建设用地的位置、面积、允许建设的范围，核发建设用地规划许可证。

建设单位在取得建设用地规划许可证后，方可向县级以上地方人民政府土地主管部门申请用地，经县级以上人民政府审批后，由土地主管部门划拨土地。"

（2）出让方式

《城乡规划法》第三十八条规定："在城市、镇规划区内以出让方式提供国有土地使用权的，在国有土地使用权出让前，城市、县人民政府城乡规划主管部门应当依据控制性详细规划，提出出让地块的位置、使用性质、开发强度等规划条件，作为国有土地使用权出让合同的组成部分。未确定规划条件的地块，不得出让国有土地使用权。

以出让方式取得国有土地使用权的建设项目，在签订国有土地使用权出让合同后，建设单位应当持建设项目的批准、核准、备案文件和国有土地使用权出让合同，向城市、县人民政府城乡规划主管部门领取建设用地规划许可证。

城市、县人民政府城乡规划主管部门不得在建设用地规划许可证中，擅自改变作为国有土地使用权出让合同组成部分的规划条件。"

土地使用权出让，是指国家将国有土地使用权在一定年限内出让给土地使用者，由土地使用者向国家支付土地使用权出让金的行为。土地使用权出让可以采取招标、拍卖、挂牌出让或者双方协议的方式。

关于规划条件未纳入国有土地使用权合同和未取得建设用地规划许可证的法律后果，《城乡规划法》第三十九条规定："规划条件未纳入国有土地使用权出让合同的，该国有土地使用权出让合同无效；对未取得建设用地规划许可证的建设单位批准用地的，由县级以上人民政府撤销有关批准文件；占用土地的，应当及时退回；给当事人造成损失的，应当依法给予赔偿。"

4.5.3　建设工程规划许可证制度

《城乡规划法》第四十条规定："在城市、镇规划区内进行建筑物、构筑物、道路、管线和其他工程建设的，建设单位或者个人应当向城市、县人民政府城乡规划主管部门或者省、自治区、直辖市人民政府确定的镇人民政府申请办理建设工程规划许可证。

申请办理建设工程规划许可证，应当提交使用土地的有关证明文件、建设工程设计方案等材料。需要建设单位编制修建性详细规划的建设项目，还应当提交修建性详细规划。对符合控制性详细规划和规划条件的，由城市、县人民政府城乡规划主管部门或者省、自治区、直辖市人民政府确定的镇人民政府核发建设工程规划许可证。

城市、县人民政府城乡规划主管部门或者省、自治区、直辖市人民政府确定的镇人民政府应当依法将经审定的修建性详细规划、建设工程设计方案的总平面图予以公布。"

由于建设工程具有不可移动、对周围环境影响大的特点，在城市、镇规划区内进行建筑物、构筑物、道路、管线和其他工程的建设活动，依据经法定程序批准的城乡规划，依法严格实施建设工程规划许可，是保障城乡规划有效实施，避免对城乡建设健康、有序发展构成不利影响的前提。

4.6　违反城乡规划法的法律责任

4.6.1　违反城乡规划编制工作规定的法律责任

4.6.1.1　未依法进行城乡规划编制工作

对依法应当编制城乡规划而未组织编制，或者未按法定程序编制、审批、修改城乡规划的，由上级人民政府责令改正，通报批评；对有关人民政府负责人和其他直接责任人员依法给予处分。

4.6.1.2 城乡规划编制单位的法律责任

① 城乡规划组织编制机关委托不具有相应资质等级的单位编制城乡规划的，由上级人民政府责令改正，通报批评；对有关人民政府负责人和其他直接责任人员依法给予处分。

② 城乡规划编制单位有下列行为之一的，由所在地城市、县人民政府城乡规划主管部门责令限期改正，处合同约定的规划编制费一倍以上二倍以下的罚款；情节严重的，责令停业整顿，由原发证机关降低资质等级或者吊销资质证书；造成损失的，依法承担赔偿责任：

　　a. 超越资质等级许可的范围承揽城乡规划编制工作的；

　　b. 违反国家有关标准编制城乡规划的。

未依法取得资质证书承揽城乡规划编制工作的，由县级以上地方人民政府城乡规划主管部门责令停止违法行为，依照前款规定处以罚款；造成损失的，依法承担赔偿责任。

以欺骗手段取得资质证书承揽城乡规划编制工作的，由原发证机关吊销资质证书，依照本条第一款规定处以罚款；造成损失的，依法承担赔偿责任。

③ 城乡规划编制单位取得资质证书后，不再符合相应的资质条件的，由原发证机关责令限期改正；逾期不改正的，降低资质等级或者吊销资质证书。

4.6.2 政府及城乡规划主管部门的法律责任

4.6.2.1 镇人民政府或者县级以上人民政府城乡规划主管部门的法律责任

《城乡规划法》第六十条规定："镇人民政府或者县级以上人民政府城乡规划主管部门有下列行为之一的，由本级人民政府、上级人民政府城乡规划主管部门或者监察机关依据职权责令改正，通报批评；对直接负责的主管人员和其他直接责任人员依法给予处分：

① 未依法组织编制城市的控制性详细规划、县人民政府所在地镇的控制性详细规划的；

② 超越职权或者对不符合法定条件的申请人核发选址意见书、建设用地规划许可证、建设工程规划许可证、乡村建设规划许可证的；

③ 对符合法定条件的申请人未在法定期限内核发选址意见书、建设用地规划许可证、建设工程规划许可证、乡村建设规划许可证的；

④ 未依法对经审定的修建性详细规划、建设工程设计方案的总平面图予以公布的；

⑤ 同意修改修建性详细规划、建设工程设计方案的总平面图前未采取听证会等形式听取利害关系人的意见的；

⑥ 发现未依法取得规划许可或者违反规划许可的规定在规划区内进行建设的行为，而不予查处或者接到举报后不依法处理的。"

4.6.2.2 有关行政部门的法律责任

县级以上人民政府有关部门有下列行为之一的，由本级人民政府或者上级人民政府有关部门责令改正，通报批评；对直接负责的主管人员和其他直接责任人员依法给予处分。

① 对未依法取得选址意见书的建设项目核发建设项目批准文件的；

② 未依法在国有土地使用权出让合同中确定规划条件或者改变国有土地使用权出让合同中依法确定的规划条件的；

③ 对未依法取得建设用地规划许可证的建设单位划拨国有土地使用权的。

4.6.3 违反规划许可证制度的法律责任

未取得建设工程规划许可证或者未按照建设工程规划许可证的规定进行建设的，由县级以上地方人民政府城乡规划主管部门责令停止建设；尚可采取改正措施消除对规划实施的影响的，限期改正，处建设工程造价百分之五以上百分之十以下的罚款；无法采取改正措施消除影响的，限期拆除，不能拆除的，没收实物或者违法收入，可以并处建设工程造价百分之十以下的罚款。

在乡、村庄规划区内未依法取得乡村建设规划许可证或者未按照乡村建设规划许可证的规定进行建设的，由乡、镇人民政府责令停止建设、限期改正；逾期不改正的，可以拆除。

4.6.4　违法进行建设活动的法律责任

4.6.4.1　建设单位或者个人违反规定进行临时建设

建设单位或者个人有下列行为之一的，由所在地城市、县人民政府城乡规划主管部门责令限期拆除，可以并处临时建设工程造价一倍以下的罚款。

① 未经批准进行临时建设的；
② 未按照批准内容进行临时建设的；
③ 临时建筑物、构筑物超过批准期限不拆除的。

4.6.4.2　建设单位未依法报送竣工验收资料

建设单位未在建设工程竣工验收后六个月内向城乡规划主管部门报送有关竣工验收资料的，由所在地城市、县人民政府城乡规划主管部门责令限期补报；逾期不补报的，处一万元以上五万元以下的罚款。

4.6.4.3　违法建设行政强制执行的规定

城乡规划主管部门作出责令停止建设或者限期拆除的决定后，当事人不停止建设或者逾期不拆除的，建设工程所在地县级以上地方人民政府可以责成有关部门采取查封施工现场、强制拆除等措施。

违反《城乡规划法》规定，构成犯罪的，依法追究刑事责任。

4.7　城乡规划法规案例

案例　违反规划许可证制度案例

案情介绍

某纺织厂因经营不善，决定改变业务领域，转向经营酒店业务。2010 年 3 月 18 日，纺织厂召开股东大会，决定将毗邻市主干道的厂房拆除修建一栋假日酒店，并与投资方签署了合同，口头承诺由纺织厂办理各项审批手续。随后，纺织厂向市城乡规划主管部门报送了修建计划。在计划尚未审批，未取得建设工程规划许可证的情况下，投资方于 2010 年 3 月底开始动工拆除厂房。5 月 20 日，市城乡规划主管部门有关负责人赶到施工现场，发现酒店基础开挖已经完工，责令立即停工。纺织厂表示愿意接受处理，实际并未停工。

思考问题

① 纺织厂违反了哪些法律法规？
② 城乡规划主管部门应给予纺织厂哪些处罚？

案例评析

纺织厂在未取得建设工程规划许可证的情况下擅自动工建设，违反了《城乡规划法》第四十条第一款的规定："在城市、镇规划区内进行建筑物、构筑物、道路、管线和其他工程建设的，建设单位或者个人应当向城市、县人民政府城乡规划主管部门或者省、自治区、直辖市人民政府确定的镇人民政府申请办理建设工程规划许可证。"

《城乡规划法》第六十四条规定："未取得建设工程规划许可证或者未按照建设工程规划许可证的规定进行建设的，由县级以上地方人民政府城乡规划主管部门责令停止建设；尚可采取改正措施消除对规划实施的影响的，限期改正，处建设工程造价百分之五以上百分之十以下的罚款；无法采取改正措施消除影响的，限期拆除，不能拆除的，没收实物或者违法收入，可以并处建设工程造价百分之十以下的罚款。"市规划局应根据新建酒店对规划实施的影响程度对纺织厂处以限期改正、罚款或限期拆除的处罚。

复习思考题

1. 简述城乡规划的概念及包含的内容。
2. 简述城市规划的概念及分类。
3. 制定和实施城乡规划应遵循的原则是什么？
4. 城乡规划的审批权限是如何规定的？
5. 什么是建设用地规划许可证，简述建设用地规划许可证的核发程序。
6. 什么是建设工程规划许可证，简述建设工程规划许可证的核发程序。
7. 风景名胜区总体规划应包含哪些内容？

第5章 土地管理法规

5.1 土地管理法规概述

5.1.1 土地管理的基本概念

5.1.1.1 土地的概念

土地是地球表面上由土壤、岩石、气候、水文、地貌、植被等组成的自然综合体，它包括人类过去和现在的活动结果。

狭义的土地仅指地球表层的陆地部分，广义的土地还包括其上、下一定幅度空间范围内的全部环境要素，以及人类生产生活作用的结果和施加的影响。因此，广义的土地同时具有自然属性和经济属性。从土地管理的角度，可以认为土地是一个综合体，既是自然的产物，又是人类过去和现在活动结果的反映。

5.1.1.2 土地的分类

根据《中华人民共和国土地管理法》的规定，土地分为农用地、建设用地和未利用地。

农用地是指直接用于农业生产的土地，包括耕地、林地、草地、农田水利用地、养殖水面等；建设用地是指建造建筑物、构筑物的土地，包括城乡住宅和公共设施用地、工矿用地、交通水利设施用地、旅游用地、军事设施用地等；未利用地是指农用地和建设用地以外的土地。

为了更有效地管理土地，在上述三种分类的基础上，国家标准化管理委员会2007年发布《土地利用现状分类》，根据土地的用途、利用方式和覆盖特征等因素，将土地分为了12个一级类、57个二级类。其中12个一级类土地是：耕地、园地、林地、草地、商服用地、工矿仓储用地、住宅用地、公共管理与公共服务用地、特殊用地、交通运输用地、水域及水利设施用地、其他土地。

5.1.1.3 土地管理的概念

土地管理，是指国家为维护土地所有制，调整土地关系，提高土地利用效益，综合运用行政、经济、法律、科技等方法，进行的计划、组织、协调、控制等综合性活动。

土地管理工作具有全局性、综合性，是政府行政管理的重要内容之一。土地管理的本质是对土地的行政管理，国家把土地管理权授予各级政府及其土地行政主管部门。因此，土地管理也是政府及其土地行政主管部门依据法律和运用法定职权，对社会组织、单位和个人占有、使用、利用土地的过程或者行为所进行的组织和管理活动。

5.1.2 土地管理法规的概念

土地管理法规，是指国家权力机关制定的用于调整人们在开发、利用和保护土地过程中所产生的各种社会关系的法律规范的总称。我国十分重视土地的合理利用与管理，据我国土地社会主义公有制以及"必须十分珍惜和合理利用每寸土地，切实保护耕地"的基本国策，制定了一系列的土地管理法律、法规，已基本形成了较完善的法律法规体系。目前，已实施的与土地管理相关的法律、法规主要有以下各类。

1986 年 6 月 25 日第六届全国人民代表大会常务委员会第十六次会议通过，经 1988 年 12 月、1998 年 8 月、2004 年 8 月三次人民代表大会修订的《中华人民共和国土地管理法》（以下简称《土地管理法》），是我国全面的、综合性的关于土地管理的法律。

1998 年 12 月 27 日，国务院颁布的《中华人民共和国土地管理法实施条例》（以下简称《实施条例》）以及 2011 年 2 月 22 日颁布的《土地复垦条例》是《土地管理法》的实施配套法规。

1998 年 12 月 27 日，国务院颁布《基本农田保护条例》，2007 年 12 月 1 日又颁布《中华人民共和国耕地占用税暂行条例》，是关于合理利用土地资源，保护耕地和基本农田的法规。

1990 年 5 月 19 日，国务院颁布《中华人民共和国城镇国有土地使用权出让和转让暂行条例》，原国家土地管理局于 1992 年 3 月 8 日颁布的《划拨土地使用权管理暂行办法》以及 1995 年 3 月 11 日颁布的《确定土地所有权和使用权的若干规定》等法规规范了土地权利制度。

1994 年 7 月 5 日第八届全国人民代表大会常务委员会第八次会议通过，经 2007 年 8 月 30 日第十届全国人民代表大会修正的《中华人民共和国城市房地产管理法》主要对房地产开发用地的管理进行了规定。

1995 年 12 月 18 日，原国家土地管理局颁布《土地违法案件查处办法》，对查处土地违法案件，依法追究土地违法者的法律责任作了规定。

1996 年 8 月 18 日，原国家计委、国家土地管理局颁布《建设用地计划管理办法》，加强建设用地的计划管理。

2009 年 1 月 5 日，国土资源部颁布《土地利用总体规划编制审查办法》，规范土地利用总体规划的编制、审查和报批。

1999 年 2 月 24 日国土资源部颁布《土地利用年度计划管理办法》，经 2004 年 10 月 29 日、2006 年 11 月 20 日两次部务会修订，旨在规范土地利用年度计划的编制、下达、执行、监督和考核。

根据 2001 年《国务院关于加强国有土地资产管理的通知》，2004 年《国务院关于深化改革严格土地管理的决定》等文件精神，国土资源部于 2005 年相继出台《招标拍卖挂牌出让国有土地使用权规范（试行）》与《协议出让国有土地使用权规范》进一步规范国有土地使用权出让行为。

2007 年 12 月 4 日，国土资源部、财政部、中国人民银行联合颁布《土地储备管理办法》，旨在完善土地储备制度，加强土地调控，规范土地市场运行，促进土地节约集约利用，提高建设用地保障能力。

2007 年 3 月 16 日，第十届全国人民代表大会第五次会议通过《物权法》，对土地承包经营权、建设用地和宅基地的使用权作了进一步规定。

2011 年 1 月 8 日国务院颁布的《国务院关于废止和修改部分行政法规的决定》对《实施条例》、《基本农田保护条例》等行政法规的部分条款进行了修订。

5.2　土地管理的基本制度

5.2.1　土地公有制制度

《土地管理法》第二条第一款规定："中华人民共和国实行土地的社会主义公有制，即全民所有制和劳动群众集体所有制。"

土地所有权是指土地所有人依法对其所有土地占有、使用、收益和处分，并排除他人非法干涉的权利。我国土地所有权在法律上分为国家土地所有权和集体土地所有权两种。国家和农民集体以外的民事主体不能成为土地的所有人。

（1）国家土地所有权

国家土地所有权是指国有土地属于全民所有，由国务院代表国家依法行使对国有土地的占有、使用、收益和处分的权利。

根据《实施条例》的规定，国有土地所有权的范围包括以下几个方面。

① 城市市区的土地；

② 农村和城市郊区中已经依法没收、征收、征购为国有的土地；

③ 国家依法征用的土地；

④ 依法不属于集体所有的林地、草地、荒地、滩涂及其他土地；

⑤ 农村集体经济组织全部成员转为城镇居民的，原属于其成员集体所有的土地；

⑥ 因国家组织移民、自然灾害等原因，农民成建制地集体迁移后不再使用的原属于迁移农民集体所有的土地。

（2）集体土地所有权

农民集体土地所有权是指农村集体经济组织依法对其所有的土地享有的占有、使用、收益和处分，并排除他人非法干涉的权利。集体土地分三级所有，包括：村农民集体所有、村内两个以上农村集体经济组织的农民集体所有、乡（镇）农民集体所有。

《土地管理法》第十条规定："农民集体所有的土地依法属于村农民集体所有的，可以由村集体经济组织或者村民委员会经营、管理；已经分别属于村内两个以上农村集体经济组织的农民集体所有的，可以由村内各该农村集体经济组织或者村民小组经营、管理；已经属于乡（镇）农民集体所有的，由乡（镇）农村集体经济组织经营、管理。"

集体土地所有权的范围包括：农村和城市郊区的土地，除由法律规定属于国家所有的以外，属于集体所有；宅基地和自留地、自留山，属于集体所有。

5.2.2　国有土地有偿使用制度

《土地管理法》第二条规定："任何单位和个人不得侵占、买卖或者以其他形式非法转让土地。土地使用权可以依法转让。国家依法实行国有土地有偿使用制度。但是，国家在法律规定的范围内划拨国有土地使用权的除外。"

5.2.2.1　土地使用权的概念

土地使用权是指土地使用人根据法律、合同的规定，在法律允许的范围内，对国家或集体所有的土地所享有的占有、使用、一定收益和在限定范围内进行处分的权利。土地使用权在法律上具体表现为土地使用人对土地可依法行使使用、出租、转让、抵押的权利。

《土地管理法》第九条规定："国有土地和农民集体所有的土地，可以依法确定给单位或者个人使用。使用土地的单位和个人，有保护、管理和合理利用土地的义务。"一般情况下，我国的土地所有权和土地使用权是相分离的。国有土地的绝大部分并非是由国家直接占有和使用，集体所有的土地，在大多数情况下也是由农村村民占有和使用的。国内外的公司、企业、其他组织和个人，可以依法取得土地使用权，进行土地开发、利用、经营等活动。

5.2.2.2　土地使用权的取得方式

《实施条例》第二十九条规定："国有土地有偿使用的方式包括：国有土地使用权出让；

国有土地租赁；国有土地使用权作价出资或者入股。"根据《中华人民共和国城镇国有土地使用权出让和转让暂行条例》的规定，土地使用者还可以通过其他土地使用人依法转让、出租、抵押、继承、获取建筑物、其他附着物所有权等方式取得国有土地的使用权。

农民集体所有的土地使用权可以通过承包、转让、继承等方式取得。农民还可依法取得农民集体所有的宅基地、自留地、自留山的使用权。

（1）划拨土地使用权

《中华人民共和国城市房地产管理法》第二十二条规定："土地使用权划拨，是指县级以上人民政府依法批准，在土地使用者缴纳补偿、安置等费用后将该幅土地交付其使用，或者将土地使用权无偿交付给土地使用者使用的行为。依照本法规定以划拨方式取得土地使用权的，除法律、行政法规另有规定外，没有使用期限的限制。"划拨的本质是依法无偿取得土地的使用权，因此，只有军事用地、城市基础设施等关系国家社会发展大局的重大建设项目才能通过划拨方式取得土地使用权。《土地管理法》中规定了四类适宜划拨土地使用权的情形，2001年国土资源部颁布《划拨用地目录》，对适用划拨的情形作了更为具体的规定。

（2）出让土地使用权

土地使用权出让是指国家以土地所有者的身份将土地使用权在一定年限内让与土地使用者，并由土地使用者向国家支付土地使用权出让金的行为。根据《中华人民共和国城镇国有土地使用权出让和转让暂行条例》第十三条规定，土地使用权出让可以采取协议、招标、拍卖的方式。《招标拍卖挂牌出让国有土地使用权规定》中提出对经营性用地也可以采取挂牌出让的方式。

① 协议出让　协议出让国有土地使用权，是指国家以协议方式将国有土地使用权在一定年限内出让给土地使用者，由土地使用者向国家支付土地使用权出让金的行为。《协议出让国有土地使用权规定》中明确了协议出让国有土地使用权的范围，即：除依照法律、法规和规章的规定应当采用招标、拍卖或者挂牌方式外，方可采取协议方式。

② 招标出让　招标出让国有土地使用权，是指市、县人民政府土地行政主管部门发布招标公告，邀请特定或者不特定的公民、法人和其他组织参加国有土地使用权投标，根据投标结果确定土地使用者的行为。

③ 拍卖出让　拍卖出让国有土地使用权，是指出让人发布拍卖公告，由竞买人在指定时间、地点进行公开竞价，根据出价结果确定土地使用者的行为。

④ 挂牌出让　挂牌出让国有土地使用权，是指出让人发布挂牌公告，按公告规定的期限将拟出让宗地的交易条件在指定的土地交易场所挂牌公布，接受竞买人的报价申请并更新挂牌价格，根据挂牌期限截止时的出价结果确定土地使用者的行为。

随着市场经济的发展，国有土地供应结构产生了根本性改变，招标、拍卖、挂牌出让制度作为市场配置国有经营性建设用地的基本制度，在土地供应中发挥着越来越重要的作用。这三种出让方式没有优劣之分，只是适用范围有区别。《招标拍卖挂牌出让国有土地使用权规定》第四条规定，商业、旅游、娱乐和商品住宅等各类经营性用地，必须以招标、拍卖或者挂牌方式出让。经营性用地用途以外的土地的供地计划公布后，同一宗地有两个以上意向用地者的，也应当采用招标、拍卖或者挂牌方式出让。

土地行政主管部门应视国家产业政策、政府对土地的要求、土地用途、规划限制条件等因素选择适宜的出让方式。一般而言，对于土地使用者和土地用途无特殊限制，以获取最高土地出让金为目标的经营性用地，应采用招标、拍卖或挂牌方式；对于除获取较高出让金外，还具有其他综合目标或特定的社会、公益建设条件，土地用途受严格限制，仅少数人可能有受让意向的经营性用地，应采用招标方式出让。

（3）租赁土地使用权

是指国家将一定时期内的土地使用权让与土地使用者使用，而土地使用者按年度向国家缴纳租金的行为。

（4）作价出资入股

是指将一定时期的国有土地使用权出让金作价，作为国家的投资计作国家的股份。这种方式主要是针对现有国有企业使用的划拨土地使用权需要改制时适用。对企业新增用地，特别是征收土地后提供给用地单位使用的不能采用这种方式。

5.2.2.3　经营性用地有偿使用

2001 年后，国务院相继下发《关于深化改革严格土地管理的决定》和《国务院关于加强土地调控有关问题的通知》，这两个规范性文件进一步明确了土地使用制度改革的基本内容和走向，即建立和完善土地资源配置的市场机制，充分发挥市场配置土地资源的基础性作用，经营性用地逐步推行有偿使用。

《物权法》第一百三十七条进一步规定："设立建设用地使用权，可以采取出让或者划拨等方式。工业、商业、旅游、娱乐和商品住宅等经营性用地以及同一土地有两个以上意向用地者的，应当采取招标、拍卖等公开竞价的方式出让。严格限制以划拨方式设立建设用地使用权。采取划拨方式的，应当遵守法律、行政法规关于土地用途的规定。"《物权法》的出台进一步扩大了招标、拍卖和挂牌方式出让的范围，同时缩小了划拨方式供地的范围。

《国务院关于促进节约集约用地的通知》中规定，今后除军事、社会保障性住房和特殊用地等可以继续以划拨方式取得土地外，对国家机关办公和交通、能源、水利等基础设施（产业）、城市基础设施以及各类社会事业用地要积极探索实行有偿使用，对其中的经营性用地先行实行有偿使用。其他建设用地应严格实行市场配置，有偿使用。

5.2.3　耕地保护制度

耕地是人类赖以生存的基本资源和条件，保持农业可持续发展首先要确保耕地的数量和质量。面对我国人均耕地少，耕地后备资源不足的严峻形势，始终将"十分珍惜、合理利用土地和切实保护耕地"作为基本国策，采取各种措施，稳定和扩大耕地面积，对基本农田实行特殊保护，是保证土地得以永续和合理使用，满足我国未来人口和国民经济发展对农产品的需求，保障农业生产乃至国民经济的持续、稳定、快速发展的重大战略问题。

5.2.3.1　基本农田保护制度

基本农田，是指按照一定时期人口和社会经济发展对农产品的需求，依据土地利用总体规划确定的不得占用的耕地。基本农田是耕地中的精华，加强基本农田保护，对优质耕地实行特殊保护，对保障国家粮食安全发挥了积极作用。

基本农田保护区，是指为对基本农田实行特殊保护而依据土地利用总体规划和依照法定程序确定的特定保护区域。

根据《土地管理法》的规定，国家实行基本农田保护制度，各省、自治区、直辖市划定的基本农田应当占本行政区域内耕地的百分之八十以上。基本农田保护区的范围包括以下几个方面。

① 经国务院有关主管部门或者县级以上地方人民政府批准确定的粮、棉、油生产基地内的耕地；

② 有良好的水利与水土保持设施的耕地，正在实施改造计划以及可以改造的中、低

产田；

　　③ 蔬菜生产基地；

　　④ 农业科研、教学试验田；

　　⑤ 国务院规定应当划入基本农田保护区的其他耕地。

5.2.3.2　耕地总量的动态平衡

随着国民经济的发展和人口增长，耕地的数量和质量都应不断提高，才能实现经济的可持续发展。保持耕地总量的动态平衡就是依据现有耕地资源的数量，综合考虑耕地需求状况与后备土地资源的供应能力，分析耕地资源的余缺状况，合理协调耕地供给满足人口及国民经济发展对耕地数量和质量需求的平衡状况。我国土地管理部门提出，土地管理工作必须把保持耕地总量动态平衡作为首要的奋斗目标。这就要求在一定时期、一定行政范围内开垦增加的耕地总量不少于减少的耕地总量，从而使耕地总量保持稳定。

《土地管理法》第三十三条规定："省、自治区、直辖市人民政府应当严格执行土地利用总体规划和土地利用年度计划，采取措施，确保本行政区域内耕地总量不减少；耕地总量减少的，由国务院责令在规定期限内组织开垦与所减少耕地的数量与质量相当的耕地，并由国务院土地行政主管部门会同农业行政主管部门验收。个别省、直辖市确因土地后备资源匮乏，新增建设用地后，新开垦耕地的数量不足以补偿所占用耕地的数量的，必须报经国务院批准减免本行政区域内开垦耕地的数量，进行易地开垦。"

5.2.3.3　占用耕地补偿制度

《土地管理法》第三十一条规定，国家实行占用耕地补偿制度。非农业建设经批准占用耕地的，按照"占多少，垦多少"的原则，由占用耕地的单位负责开垦与所占用耕地的数量和质量相当的耕地；没有条件开垦或者开垦的耕地不符合要求的，应当按照省、自治区、直辖市的规定缴纳耕地开垦费，专款用于开垦新的耕地。

省、自治区、直辖市人民政府应当制定开垦耕地计划，监督占用耕地的单位按照计划开垦耕地或者按照计划组织开垦耕地，并进行验收。

5.2.3.4　推进土地开发、复垦、整理，严格控制耕地转为非耕地

国家保护耕地，严格控制耕地转为非耕地。国家鼓励单位和个人按照土地利用总体规划，在保护和改善生态环境、防止水土流失和土地荒漠化的前提下，开发未利用的土地；对因采掘、建材工业发展和其他工矿废弃物堆积等被占用或破坏的土地，通过整治改造使失去的生产力得到恢复再利用；对田、水、路、林、村综合整治，提高耕地质量，增加有效耕地面积，改善农业生产条件和生态环境。

非农业建设必须节约使用土地，可以利用荒地的，不得占用耕地；可以利用劣地的，不得占用好地。禁止占用耕地建窑、建坟或者擅自在耕地上建房、挖砂、采石、采矿、取土等。禁止占用基本农田发展林果业和挖塘养鱼。禁止任何单位和个人闲置、荒芜耕地。禁止毁坏森林、草原开垦耕地，禁止围湖造田和侵占江河滩地。通过提高新增建设用地有偿使用费标准，征收耕地占用税、提高征地补偿费标准等经济措施保护耕地。

5.2.4　土地用途管制制度

《土地管理法》第四条规定："国家实行土地用途管制制度。国家编制土地利用总体规划，规定土地用途，将土地分为农用地、建设用地和未利用地。严格限制农用地转为建设用地，控制建设用地总量，对耕地实行特殊保护。"

土地用途管制制度是我国土地管理制度的核心。国家严格限制农用地转为建设用地，控

制建设用地总量，对耕地实行特殊保护。实施农业结构调整和发展设施农业，应尽量利用荒山、荒坡、滩涂等未利用地和低效闲置的土地，不占或少占耕地，严禁占用基本农田。

5.2.4.1 加强土地的计划管理，严格土地利用总体规划实施

实行土地管制的基础是加强土地的计划管理，确立土地利用总体规划控制建设用地总量的法律地位。土地利用总体规划一经批准，具有法定效力，任何单位和个人不得违反。各级国土资源部门不得以任何名义改变土地利用总体规划确定的用地规模、结构和布局安排，确保各类规划在土地利用上与土地利用总体规划相衔接。凡不符合土地利用总体规划的，必须及时调整和修改，核减用地规模，调整用地布局，强化土地利用总体规划对土地利用的整体管控作用。

通过推进土地利用规划数据库建设、制定完善土地利用总体规划管理的地方配套法规、加大土地利用总体规划宣传力度等措施保障土地利用总体规划的实施，对土地利用总体规划实施动态监管。

5.2.4.2 保护基本农田，严格建设用地审批

实行用途管制的关键是保证基本农田数量，严格控制农用地转为建设地。各地要严格遵守土地利用总体规划确定的基本农田保护目标、保护区布局及管制规则，及时划定基本农田，完善基本农田保护区管理，提高基本农田投入，改善基本农田生产条件，提高基本农田质量。

根据《土地管理法》的规定，凡是进行建设占用农用地，都必须办理农用地转用审批手续。各级政府要依据土地利用年度计划，集约用地，严格建设用地审批。加强土地利用计划调控，严格建设项目用地预审，强化建设项目用地规划审查，凡不符合法律规定和土地利用总体规划的，不得通过建设项目用地预审。严格依据规划审查各类用地，严格中心城区规划控制范围的管控，规范土地利用总体规划评估修改，补充和深化土地利用总体规划安排。凡不符合国家产业政策和供地政策的建设项目，不得安排计划指标，没有计划指标的不得批准用地。

5.3 土地利用总体规划

土地利用总体规划，是指国家从社会、经济、资源的可持续发展出发，综合考虑当地自然条件、生态建设、耕地保护以及集约利用建设用地等因素，对一定区域内的土地的开发、利用、治理和保护所作的统筹安排和布局。土地利用总体规划是指导土地管理的纲领性文件，是落实土地宏观调控和土地用途管制，规划城乡建设和统筹各项土地利用活动的重要依据。

《土地管理法》第十七条规定："各级人民政府应当依据国民经济和社会发展规划、国土整治和资源环境保护的要求、土地供给能力以及各项建设对土地的需求，组织编制土地利用总体规划。"土地利用总体规划的规划期限一般为 15 年。

5.3.1 土地利用总体规划的编制

5.3.1.1 土地利用总体规划的编制程序

根据《土地利用总体规划编制审查办法》的规定，土地利用总体规划一般分为国家、省、市、县和乡（镇）五级，特殊情况下可编制跨行政区域的土地利用总体规划。土地利用总体规划由国土资源行政主管部门负责编制，在编制前应当先组织开展评估现行规划的实施

情况，基础调查、重大问题研究等前期工作。在真实、准确、合法的土地调查基础数据的基础上，编制土地利用总体规划大纲。土地利用总体规划大纲要包括规划背景，指导思想和原则，土地利用战略定位和目标，土地利用规模、结构与布局总体安排，规划实施措施等内容。国土资源行政主管部门依据经审查通过的土地利用总体规划大纲，编制土地利用总体规划。乡（镇）土地利用总体规划可以与所在地的县级土地利用总体规划同步编制。

5.3.1.2　编制土地利用总体规划应遵循的原则

土地利用总体规划应按照下列原则编制。

① 严格保护基本农田，控制非农业建设占用农用地；

② 提高土地利用率；

③ 统筹安排各类、各区域用地；

④ 保护和改善生态环境，保障土地的可持续利用；

⑤ 占用耕地与开发复垦耕地相平衡。

5.3.1.3　土地利用总体规划的编制内容

土地利用总体规划应当包括下列内容。

① 现行规划实施情况评估；

② 规划背景与土地供需形势分析；

③ 土地利用战略；

④ 规划主要目标的确定，包括：耕地保有量、基本农田保护面积、建设用地规模和土地整理复垦开发安排等；

⑤ 土地利用结构、布局和节约集约用地的优化方案；

⑥ 土地利用的差别化政策；

⑦ 规划实施的责任与保障措施。

乡（镇）土地利用总体规划可以根据实际情况对上述内容适当简化。省、市、县级的土地利用总体规划应突出对上级规划的落实、对本行政区域内重大土地利用问题的解决方案以及土地利用分区及分区管制等内容。土地利用总体规划图件包括土地利用总体规划图、规划现状图、专题规划图和规划分析图等。

5.3.2　土地利用总体规划的审批

土地利用总体规划审查报批，分为土地利用总体规划大纲审查和土地利用总体规划审查报批两个阶段。

土地利用总体规划大纲经本级人民政府审查同意后，逐级上报审批机关同级的国土资源行政主管部门审查。国土资源行政主管部门主要对土地利用总体规划大纲的指导思想、战略定位、基础数据、规划目标、土地利用结构与空间布局调整等内容进行审查。

土地利用总体规划按照下级规划服从上级规划的原则，自上而下审查报批。《土地管理法》第二十一条中规定："土地利用总体规划实行分级审批"。省、自治区、直辖市的土地利用总体规划，报国务院批准。省、自治区人民政府所在地的市、人口在一百万以上的城市以及国务院指定的城市的土地利用总体规划，经省、自治区人民政府审查同意后，报国务院批准。其他的土地利用总体规划，逐级上报省、自治区、直辖市人民政府批准；其中，乡（镇）土地利用总体规划可以由省级人民政府授权的设区的市、自治州人民政府批准。

土地利用总体规划审查重点内容包括以下几个方面。

① 现行规划实施评价；

② 规划编制原则与指导思想；

③ 战略定位与规划目标；

④ 土地利用结构、规模、布局和时序；

⑤ 土地利用主要指标分解情况；

⑥ 规划衔接协调论证情况和公众参与情况；

⑦ 规划实施保障措施。

5.3.3 土地利用年度计划

土地利用年度计划，是指国家对计划年度内新增建设项目占用农用地和未利用地用地量、土地开发整理补充耕地量和耕地保有量的具体安排。

土地利用年度计划根据国民经济和社会发展计划、国家产业政策、土地利用总体规划以及建设用地和土地利用的实际状况编制。土地利用年度计划的编制审批程序与土地利用总体规划的编制审批程序相同，一经审批下达，必须严格执行。

5.3.3.1 土地利用年度计划管理应遵循的原则

土地利用年度计划管理应当遵循下列原则。

① 严格执行土地利用总体规划，合理控制建设用地总量，切实保护耕地特别是基本农田；

② 运用土地政策参与宏观调控，以土地供应引导需求，促进经济增长方式转变，提高土地节约集约利用水平；

③ 建设占用耕地与补充耕地相平衡；

④ 优先保证国家重点建设项目和基础设施项目用地；

⑤ 城镇建设用地增加与农村建设用地减少相挂钩；

⑥ 保护和改善生态环境，保障土地的可持续利用。

5.3.3.2 土地利用年度计划的内容

土地利用年度计划应当包括下列内容。

① 新增建设用地计划指标。分为城镇村建设用地指标和能源、交通、水利、矿山、军事设施等独立选址的重点建设项目用地指标。包括新增建设用地总量和新增建设占用农用地及耕地指标。新增建设用地计划指标依据国民经济和社会发展计划、国家宏观调控要求、土地利用总体规划、国家供地政策和土地利用的实际情况等因素确定。

② 土地开发整理计划指标。包括土地开发补充耕地指标和土地整理复垦补充耕地指标。土地开发整理计划指标依据土地利用总体规划、土地开发整理规划、建设占用耕地、实现耕地保有量目标等情况确定。

③ 耕地保有量计划指标。耕地保有量计划指标依据国务院向省、自治区、直辖市下达的耕地保护责任考核目标确定。

5.4 建设用地

5.4.1 建设用地概述

建设用地是指建造建筑物、构筑物的土地，包括城乡住宅和公共设施用地、工矿用地、交通水利设施用地、旅游用地、军事设施用地等。建设用地管理是指国家建设和乡（镇）村集体建设征用、使用集体所有土地或者划拨国有土地的土地管理。加强建设用地管理是加强土地资源宏观管理、调控固定资产投资规模和实施产业政策的重要措施，是审核建设项目可行性研究报告评估和初步设计及审批建设用地的重要依据。

土地利用总体规划中将土地用途分为农用地、建设用地和未利用地三类。

国家严格限制农用地转为建设用地，在土地利用总体规划确定的城市建设用地范围内，为实施城市规划占用土地的，市、县人民政府按照土地利用年度计划拟订农用地转用方案、补充耕地方案、征用土地方案，分批次逐级上报有批准权的人民政府，批准后方可组织实施。在土地利用总体规划范围内，为实施村庄、集镇规划占用土地的，还要拟订农用地转用方案、补充耕地方案，并按规定程序报批。

建设项目需要使用土地的，必须依法申请使用土地利用总体规划确定的城市建设用地范围内的国有建设用地，将规划中非建设用地转为建设用地的应严格审批手续。建设单位应当根据建设项目的总体设计一次申请，办理建设用地审批手续；分期建设的项目，可以根据可行性研究报告确定的方案分期申请建设用地、分期办理建设用地有关审批手续。

建设项目需要占用土地利用总体规划确定的国有未利用地的，按照省、自治区、直辖市的规定办理；国家重点建设项目、军事设施和跨省、自治区、直辖市行政区域的建设项目以及国务院规定的其他建设项目用地，应当报国务院批准。建设项目确需使用土地利用总体规划确定的城市建设用地范围外的土地，涉及农民集体所有的未利用地的，只报批征用土地方案和供地方案。

建设占用土地，涉及农用地转为建设用地的，应当符合土地利用总体规划和土地利用年度计划中确定的农用地转用指标；城市和村庄、集镇建设占用土地，涉及农用地转用的，还应当符合城市规划和村庄、集镇规划。

5.4.2 国家建设用地

国家进行经济、文化、国防建设以及兴办社会公共事业，可依法征用集体所有土地、划拨国有土地。经批准的建设项目需要使用国有建设用地的，建设单位应当持法律、行政法规规定的有关文件，向有批准权的县级以上人民政府土地行政主管部门提出建设用地申请，经土地行政主管部门审查，报本级人民政府批准。

建设单位使用国有土地，应当以有偿使用方式取得，按照国务院规定的标准和办法，缴纳土地使用权出让金等土地有偿使用费和其他费用后，方可使用土地。但是，国家从全社会利益出发，进行经济、文化、国防建设及兴办社会公共事业时，经县级以上人民政府的批准，建设单位可以通过划拨的方式取得土地使用权。

下列建设用地可以以划拨方式取得：国家机关用地和军事用地；城市基础设施用地和公益事业用地；国家重点扶持的能源、交通、水利等基础设施用地；法律、行政法规规定的其他用地。

5.4.3 乡（镇）村建设用地

乡镇企业、乡（镇）村公共设施、公益事业、农村村民住宅等乡（镇）村建设，应当按照村庄和集镇规划，合理布局，综合开发，配套建设。建设用地，应当符合乡（镇）土地利用总体规划和土地利用年度计划，并依照规定办理审批手续。

5.4.3.1 乡（镇）村兴办企业的建设用地

农村集体经济组织使用乡（镇）土地利用总体规划确定的建设用地兴办企业或者与其他单位、个人以土地使用权入股、联营等形式共同举办企业的，应当持有关批准文件，向县级以上地方人民政府土地行政主管部门提出申请，按照省、自治区、直辖市规定的批准权限，由县级以上地方人民政府批准；其中，涉及占用农用地的，要依法办理农用地转用审批手续。兴办企业的建设用地，必须严格控制。省、自治区、直辖市可以按照乡镇企业的不同行业和经营规模，分别规定用地标准。

5.4.3.2　乡（镇）村公共设施、公益事业建设用地

乡（镇）村公共设施、公益事业建设，需要使用土地的，经乡（镇）人民政府审核，向县级以上地方人民政府土地行政主管部门提出申请，按照省、自治区、直辖市规定的批准权限，由县级以上地方人民政府批准；其中，涉及占用农用地的，同样需要按照规定办理审批手续。

5.4.3.3　宅基地建设用地

农村村民可以依法取得宅基地的使用权，农村村民一户只能拥有一处宅基地，其宅基地的面积不得超过省、自治区、直辖市规定的标准。农村村民建住宅，应当符合乡（镇）土地利用总体规划，并尽量使用原有的宅基地和村内空闲地。农村村民住宅用地，经乡（镇）人民政府审核，由县级人民政府批准；其中，涉及占用农用地的要依照相关规定办理审批手续。农村村民出卖、出租住房后，再申请宅基地的，不予批准。

5.4.4　建设用地的征收和补偿

5.4.4.1　土地的征收和征用

《土地管理法》第二条第四款规定："国家为了公共利益的需要，可以依法对土地实行征收或者征用并给予补偿。"2011年颁布的《国务院关于废止和修改部分行政法规的决定》将"征用"修改为"征收、征用"。

征收土地是指国家为了公共利益的需要，依法将集体所有土地转为国家所有并给予补偿的行为。征收的实质，是国家强行收买集体土地的所有权，意味着土地所有权性质的改变。

要区别征收与征用的涵义，征用与征收的共同点是都具有强制性，均仅依政府依法作出的征收命令、征用命令而发生效力，无须征得被征收、被征用的单位和个人的同意。征用是指国家在紧急情况下对集体土地的强制性使用，在使用完毕后再将土地归还集体的一种行为，并不改变土地的所有权性质。

5.4.4.2　征地审批程序

根据《土地管理法》和《实施条例》的规定，征收土地要由省、自治区、直辖市人民政府批准，并报国务院备案。征收基本农田、基本农田以外超过三十五公顷的耕地以及超过七十公顷的其他土地，要由国务院批准。

征收农用地的，应当依法办理农用地转用审批手续。省、自治区、直辖市人民政府批准的道路、管线工程和大型基础设施建设项目、国务院批准的建设项目占用土地，涉及农用地转为建设用地的，由国务院批准。在土地利用总体规划确定的城市和村庄、集镇建设用地规模范围内，为实施该规划而将农用地转为建设用地的，按土地利用年度计划分批次由原批准土地利用总体规划的机关批准。在已批准的农用地转用范围内，具体建设项目用地可以由市、县人民政府批准。其他建设项目占用土地，涉及农用地转为建设用地的，由省、自治区、直辖市人民政府批准。

经国务院批准农用地转用的，或经省、自治区、直辖市人民政府在征地批准权限内批准农用地转用的，同时办理征地审批手续，不再另行办理征地审批。征收土地依照法定程序批准后，由县级以上地方人民政府予以公告并组织实施。

5.4.4.3　征收建设用地的补偿

征收土地的，按照被征收土地的原用途给予补偿。

征收耕地的补偿费用包括土地补偿费、安置补助费以及地上附着物和青苗的补偿费。征收耕地的土地补偿费，为该耕地被征收前三年平均年产值的六倍至十倍。征收耕地的安置补助费，按照需要安置的农业人口数计算。需要安置的农业人口数，按照被征收的耕地数量除以征地前被征收单位平均每人占有耕地的数量计算。每一个需要安置的农业人口的安置补助费标准，为该耕地被征收前三年平均年产值的四至六倍。但是，每公顷被征收耕地的安置补助费，最高不得超过被征收前三年平均年产值的十五倍。

征收其他土地的土地补偿费和安置补助费标准，由省、自治区、直辖市参照征收耕地的土地补偿费和安置补助费的标准规定。

被征收土地上的附着物和青苗的补偿标准，由省、自治区、直辖市规定。

征收城市郊区的菜地，用地单位应当按照国家有关规定缴纳新菜地开发建设基金。

依照规定支付土地补偿费和安置补助费，尚不能使需要安置的农民保持原有生活水平的，经省、自治区、直辖市人民政府批准，可以增加安置补助费。但是，土地补偿费和安置补助费的总和不得超过土地被征收前三年平均年产值的三十倍。

国务院根据社会、经济发展水平，在特殊情况下，可以提高征收耕地的土地补偿费和安置补助费的标准。

5.5　违反土地管理法的法律责任

5.5.1　违反土地权属变更规定的法律责任

5.5.1.1　买卖或非法转让土地

买卖或者以其他形式非法转让土地的，由县级以上人民政府土地行政主管部门没收违法所得；对违反土地利用总体规划擅自将农用地改为建设用地的，限期拆除在非法转让的土地上新建的建筑物和其他设施，恢复土地原状，对符合土地利用总体规划的，没收在非法转让的土地上新建的建筑物和其他设施；可以并处罚款；对直接负责的主管人员和其他直接责任人员，依法给予行政处分；构成犯罪的，依法追究刑事责任。

5.5.1.2　违法转让集体土地

擅自将农民集体所有的土地的使用权出让、转让或者出租用于非农业建设的，由县级以上人民政府土地行政主管部门责令限期改正，没收违法所得，并处罚款。

5.5.1.3　不按规定办理土地变更登记

不依照规定办理土地变更登记的，由县级以上人民政府土地行政主管部门责令其限期办理。

5.5.2　违法占用或损毁耕地的法律责任

违反规定占用耕地建窑、建坟或者擅自在耕地上建房、挖砂、采石、采矿、取土等，破坏种植条件的，或者因开发土地造成土地荒漠化、盐渍化的，由县级以上人民政府土地行政主管部门责令限期改正或者治理，可以并处罚款；构成犯罪的，依法追究刑事责任。

拒不履行土地复垦义务的，由县级以上人民政府土地行政主管部门责令限期改正；逾期不改正的，责令缴纳复垦费，专项用于土地复垦，可以处以罚款。

5.5.3　非法占用土地的法律责任

5.5.3.1　违法批准、占用土地

未经批准或者采取欺骗手段骗取批准，非法占用土地的，由县级以上人民政府土地行政

主管部门责令退还非法占用的土地，对违反土地利用总体规划擅自将农用地改为建设用地的，限期拆除在非法占用的土地上新建的建筑物和其他设施，恢复土地原状，对符合土地利用总体规划的，没收在非法占用的土地上新建的建筑物和其他设施，可以并处罚款；对非法占用土地单位的直接负责的主管人员和其他直接责任人员，依法给予行政处分；构成犯罪的，依法追究刑事责任。超过批准的数量占用土地，多占的土地以非法占用土地论处。

5.5.3.2　非法占用集体土地用做宅基地

农村村民未经批准或者采取欺骗手段骗取批准，非法占用土地建住宅的，由县级以上人民政府土地行政主管部门责令退还非法占用的土地，限期拆除在非法占用的土地上新建的房屋。超过省、自治区、直辖市规定的标准，多占的土地以非法占用土地论处。

5.5.3.3　对拆除违规建筑的规定

责令限期拆除在非法占用的土地上新建的建筑物和其他设施的，建设单位或者个人必须立即停止施工，自行拆除；对继续施工的，作出处罚决定的机关有权制止。建设单位或者个人对责令限期拆除的行政处罚决定不服的，可以在接到责令限期拆除决定之日起十五日内，向人民法院起诉；期满不起诉又不自行拆除的，由作出处罚决定的机关依法申请人民法院强制执行，费用由违法者承担。

5.5.4　违反土地批准、征收规定的法律责任

5.5.4.1　非法和违法批准占用、征收土地

无权批准征收、使用土地的单位或者个人非法批准占用土地的，超越批准权限非法批准占用土地的，不按照土地利用总体规划确定的用途批准用地的，或者违反法律规定的程序批准占用、征收土地的，其批准文件无效，对非法批准征收、使用土地的直接负责的主管人员和其他直接责任人员，依法给予行政处分；构成犯罪的，依法追究刑事责任。非法批准、使用的土地应当收回，有关当事人拒不归还的，以非法占用土地论处。

非法批准征收、使用土地，对当事人造成损失的，依法应当承担赔偿责任。

5.5.4.2　侵占、挪用征地补偿费用

侵占、挪用被征收土地单位的征地补偿费用和其他有关费用，构成犯罪的，依法追究刑事责任；尚不构成犯罪的，依法给予行政处分。

5.5.4.3　不按规定交回国有土地使用权

依法收回国有土地使用权当事人拒不交出土地的，临时使用土地期满拒不归还的，或者不按照批准的用途使用国有土地的，由县级以上人民政府土地行政主管部门责令交还土地，处以罚款。

5.5.4.4　土地行政主管部门的法律责任

土地行政主管部门的工作人员玩忽职守、滥用职权、徇私舞弊，构成犯罪的，依法追究刑事责任；尚不构成犯罪的，依法给予行政处分。

5.6　土地管理法律制度案例

案例　非法批准占用土地案例

案情介绍

李某系某市畜牧局副局长，主管其下属的草原监理站工作。李某任职期间，部分村民要求承包村周围草甸，李某在未确定所要承包的草甸是草原还是林地，是否属于经市人民政府

登记造册的未确定使用权的国家所有土地及土地权属的情况下，超越职权，以草原监理站的名义陆续与 10 余名村民签订草原承包合同，将林业局林权证范围内的林地以草原名义发包 325 亩，并以草原建设补偿费名义收取人民币 15000.00 元。畜牧局草原监理站以草原名义发包林地的行为，导致 212 亩林地遭到开垦破坏，被开垦的林地，除 39 亩未耕种外，其余林地已全部耕种农作物，给国家造成较大经济损失。

思考问题

李某违反了哪些法律法规？

案例评析

根据《土地管理法》规定，任何单位和个人不得侵占、买卖或者以其他形式非法转让土地，土地使用权可以依法转让。国家为了公共利益的需要，可以依法对土地实行征收或者征用并给予补偿。国家依法实行国有土地有偿使用制度。征用与占用土地都须经有关部门的审批，并须经过一定的审批程序。

非法批准征用、占用土地罪，是指国家机关工作人员徇私舞弊，违反土地管理法规，非法批准征用、占用土地，情节严重的行为。《土地管理法》第七十八条规定："无权批准征收、使用土地的单位或者个人非法批准占用土地的，超越批准权限非法批准占用土地的，不按照土地利用总体规划确定的用途批准用地的，或者违反法律规定的程序批准占用、征收土地的，其批准文件无效，对非法批准征收、使用土地的直接负责的主管人员和其他直接责任人员，依法给予行政处分；构成犯罪的，依法追究刑事责任。非法批准、使用的土地应当收回，有关当事人拒不归还的，以非法占用土地论处。"

复习思考题

1. 什么是土地所有权？
2. 什么是土地使用权？获得土地使用权的方式有哪些？
3. 简述耕地保护的制度。
4. 什么是土地利用总体规划？具体包含哪些内容？
5. 征收建设用地的补偿标准是如何规定的？
6. 违反土地征收规定应承担的法律责任有哪些？

第6章 建筑法法律法规

6.1 建筑法概述

6.1.1 建筑法的概念及立法目的

6.1.1.1 建筑法的概念

建筑法有狭义和广义之分，狭义的建筑法是 1997 年 11 月 1 日第八届全国人民代表大会常委会第二十八次会议通过的《中华人民共和国建筑法》（以下简称《建筑法》），于 1998 年 3 月 1 日起实施。该法共计八章八十五条，包括总则、建筑许可、建筑工程发包与承包、建筑工程监理、建筑安全生产管理、建筑工程质量管理、法律责任及附则等内容。本章主要介绍狭义的建筑法。

广义的建筑法，是指调整建筑活动的法律规范的总称。目前，调整建筑活动和对建筑活动进行监督管理过程中所发生的法律关系的法律、法规、规章主要有以下几类。

1997 年 11 月 1 日第八届全国人民代表大会常委会第二十八次会议通过的《中华人民共和国建筑法》；

1999 年 8 月 30 日第九届全国人民代表大会常委会第十一次会议通过的《中华人民共和国招标投标法》；

2000 年 9 月 25 日国务院颁布的《建设工程勘察设计管理条例》；

2000 年 1 月 30 日国务院颁布的《建设工程质量管理条例》；

2000 年 8 月 25 日建设部颁布的《实施工程建设强制性标准监督规定》；

2000 年 6 月 30 日建设部颁布的《房屋建筑工程质量保修办法》；

2001 年 11 月 29 日国务院颁布的《建设领域推广应用新技术管理规定》；

2001 年 11 月 5 日建设部颁布的《建筑工程施工发包与承包计价管理办法》；

2001 年 6 月 1 日建设部颁布的《房屋建筑和市政基础设施工程施工招标投标管理办法》；

2002 年 11 月 1 日第九届全国人民代表大会常务委员会第二十八次会议通过《中华人民共和国安全生产法》；

2003 年 11 月 24 日国务院颁布的《建设工程安全生产管理条例》；

2004 年 11 月 16 日建设部颁布的《建设工程项目管理试行办法》；

2004 年 9 月 29 日最高人民法院审判委员会颁布的《最高人民法院关于审理建设工程施工合同纠纷案件适用法律问题的解释》；

2004 年 7 月 5 日建设部颁布的《建筑施工企业安全生产许可证管理规定》；

2005 年 1 月 12 日建设部和财政部颁布的《建设工程质量保证金管理暂行办法》；

2006 年 3 月 14 日建设部颁布的《建设部治理建设系统商业贿赂实施方案》；

2007 年 1 月 5 日建设部等五部委颁布的《关于加强大型公共建筑工程建设管理的若干意见》；

2007 年 3 月 13 日建设部颁布的《施工总承包企业特级资质标准》；

2007 年 6 月 26 日建设部颁布的《建筑业企业资质管理规定》、《工程监理企业资质管理规定》、《建设工程勘察设计资质管理规定》；

2007 年 9 月 21 日建设部颁布的《工程建设项目招标代理机构资格认定办法实施意见》；

2008 年 6 月 30 日住房和城乡建设部《建筑施工企业安全生产许可证动态监管暂行办法》；

2010 年 8 月 1 日住房和城乡建设部《房屋建筑和市政基础设施工程质量监督管理规定》。

6.1.1.2　建筑法的立法目的

《建筑法》第 1 条规定："为了加强对建筑活动的监督管理，维护建筑市场秩序，保证建筑工程的质量和安全，促进建筑业健康发展，制定本法。"此条即规定了我国《建筑法》的立法目的。

6.1.2　建筑法适用范围

《建筑法》第 2 条规定："在中华人民共和国境内从事建筑活动，实施对建筑活动的监督管理，应当遵守本法。本法所称建筑活动，是指各类房屋建筑及其附属设施的建造和与其配套的线路、管道、设备的安装活动。"

《建筑法》的适用范围包含两层意思：一是调整的地域范围为中华人民共和国境内，但不包括中国香港、中国澳门、中国台湾地区；二是对各类房屋建筑及其设施的新建、改建、扩建、维修、拆除、装饰装修活动，以及线路、管道、设备的安装活动。

《建筑法》第 81 条规定："本法关于施工许可、建筑施工企业资质审查和建筑工程发包、承包、禁止转包，以及建筑工程监理、建筑工程安全和质量管理的规定，适用于其他专业建筑工程的建筑活动，具体办法由国务院规定。"

《建筑法》第 83 条规定："省、自治区、直辖市人民政府确定的小型房屋建筑工程的建筑活动，参照本法执行。依法核定作为文物保护的纪念建筑物和古建筑等的修缮，依照文物保护法的有关规定执行。抢险救灾及其他临时性房屋建筑和农民自建低层住宅的建筑活动，不适用本法。"

《建筑法》第 84 条规定："军用房屋建筑工程建筑活动的具体管理办法，由国务院、中央军事委员会依据本法制定。"

6.1.3　《建筑法》确立的基本制度

6.1.3.1　建筑许可制度

建筑许可，是指建设行政主管部门或者其他有关行政主管部门准许、变更和终止公民、法人和其他组织从事建筑活动的具体行政行为。《建筑法》规定的建筑许可包括施工许可与从业资格许可两种。

实行建筑许可制度旨在有效保证建筑工程质量和安全，也是国际上的通行做法，如日本、英国、德国及我国台湾地区的建筑法，都明确地规定建筑许可制度。

6.1.3.2　建筑工程发包与承包制度

建设工程发包与承包是指发包方通过合同委托承包方为其完成某建设工程的全部或其中一部分工作的交易行为。建设工程发包方一般为投资人或工程总承包单位；工程承包方则一般为工程勘察设计单位、施工单位、专业分包单位或劳务分包单位等。自 1982 年起，我国建设领域逐步确立了建设工程发包与承包制度，把工程设计与施工推入市场，由相关企业竞争承包。

建设工程发包与承包制度，能够鼓励竞争，防止垄断，有利于建筑业健康发展，有利于提高项目管理水平，严格控制工程造价和工期，对市场经济的建设与发展起到了良好的促进作用。

6.1.3.3　建筑工程监理制度

建筑工程监理，是指由依法取得法定资质等级许可的工程监理单位，根据建设单位的委托，依照法律、行政法规及有关的技术标准、设计文件和建筑工程承包合同，对建筑工程承包单位在建筑工程的施工质量、建设工期和建设资金使用等方面，代表建设单位实施监督管理的技术性、专业性服务行为。

我国自 1988 年开始推行建筑工程监理制度，至今已在全国全面展开。《建筑法》在总结我国推行建筑工程监理制度经验的基础上，借鉴和吸收国际上的通行做法，明确规定了建筑工程监理的任务以及相关要求。

实践证明，在我国推行建筑工程监理制，对于建设项目的成本管理、进度管理、质量管理、安全生产管理及合同管理等目标的实现，具有重要的意义。

6.1.3.4　建筑安全生产管理制度

建筑安全生产管理是指建设行政主管部门、建筑安全监督管理机构、建筑施工企业以及有关单位为保证建筑生产安全，对建筑工程生产过程中的安全工作所进行的计划、组织、指挥、协调、控制和监督等一系列管理活动的总称。

《建筑法》第五章就安全生产的方针、原则，安全技术措施，安全工作职责与分工，安全教育和事故报告等作出了明确的规定，为解决建筑活动中存在的安全生产问题提供了法律依据。

我国目前已经建立了以《建筑法》为核心并由《安全生产法》、《安全生产许可证条例》、《建设工程安全生产管理条例》、《建筑施工企业安全生产许可证管理规定》等相关法律、法规、部门规章等组成的较为完整的建筑安全生产管理法律制度体系。其中，《建筑法》对建筑安全生产活动进行了指导性规定，具体的规定体现在《建设工程安全生产管理条例》之中。

6.1.3.5　建筑工程质量管理法律制度。

建筑工程质量是指建筑工程满足业主需要的，符合国家法律、法规、技术规范标准、设计文件及合同规定的要求，包括在安全、使用功能、耐久性、环境保护等方面所有明确的和隐含能力的特性综合。建设工程质量管理是建设工程管理的重点，直接关系着国民经济的发展和人民生命的安全，因此，加强建设工程质量的管理是一个十分重要的问题。

我国目前已经建立了以《建筑法》为核心并由《质量法》、《建设工程质量管理条例》、《房屋建筑和市政基础设施工程质量监督管理规定》、《房屋建筑工程质量保修办法》、《建设工程质量检测管理办法》、《建设工程勘察质量管理办法》等相关法律、法规、部门规章组成的较为完整的建筑工程质量管理法律制度体系。其中，《建筑法》对建筑工程质量管理涉及的主要问题作出了明确规定。《建筑法》第六章对建设活动各方主体的质量管理责任作出了法律上的规定，《建设工程质量管理条例》是对《建筑法》的补充与完善，解决了当前建设工程质量存在的突出问题，对促进建设事业健康发展，产生了十分积极的作用。

本章着重阐述除建筑安全生产管理制度和建筑工程质量管理制度外的其他三种基本法律制度，建筑工程质量管理制度和建筑安全生产管理制度见教材第 10 章和第 11 章。

6.2 建筑许可制度

6.2.1 建筑工程施工许可

6.2.1.1 建筑工程施工许可制度的概念

施工许可制度是指由国家授权有关建设行政主管部门，在建筑工程施工前，依建设单位申请，对该项工程是否符合法定的开工条件进行审查，对符合条件的工程发给施工许可证，允许建设单位开工建设的制度。

《建筑法》第7条规定："建筑工程开工前，建设单位应当按照国家有关规定向工程所在地县级以上人民政府建设行政主管部门申请领取施工许可证；但是，国务院建设行政主管部门确定的限额以下的小型工程除外。

按照国务院规定的权限和程序批准开工报告的建筑工程，不再领取施工许可证。"

6.2.1.2 实施建筑工程施工许可的工程范围

1999年10月15日建设部颁布了《建筑工程施工许可管理办法》（2001年7月4日修订）第2条规定："在中华人民共和国境内从事各类房屋建筑及其附属设施的建造、装修装饰和与其配套的线路、管道、设备的安装，以及城镇市政基础设施工程的施工，建设单位在开工前应当依照本办法的规定，向工程所在地的县级以上人民政府建设行政主管部门（以下简称发证机关）申请领取施工许可证。

工程投资额在30万元以下或者建筑面积在300平方米以下的建筑工程，可以不申请办理施工许可证。省、自治区、直辖市人民政府建设行政主管部门可以根据当地的实际情况，对限额进行调整，并报国务院建设行政主管部门备案。

按照国务院规定的权限和程序批准开工报告的建筑工程，不再领取施工许可证。"

6.2.1.3 申请施工许可证的条件

《建筑法》第8条规定："申请领取施工许可证应具备下列条件。

① 已经办理该建筑工程用地批准手续；

② 在城市规划区的建筑工程，已经取得规划许可证；

③ 需要拆迁的，其拆迁进度符合施工要求；

④ 已经确定建筑施工企业；

⑤ 有满足施工需要的施工图纸及技术资料；

⑥ 有保证工程质量和安全的具体措施；

⑦ 建设资金已经落实；

⑧ 法律、行政法规规定的其他条件。"

上述八个方面条件，是建设单位申领施工许可证所必须具备的必要条件，必须同时具备，缺一不可。

《建筑工程施工许可管理办法》第4条规定："建设单位申请领取施工许可证，应当具备下列条件，并提交相应的证明文件。

① 已经办理了建筑工程用地批准手续；

② 在城市规划区的建筑工程，已经取得建设工程规划许可证；

③ 施工现场已经具备基本施工条件，需要拆迁的，其拆迁进度符合施工要求；

④ 已经确定施工企业。按照规定应该招标的工程没有招标，应该公开招标的工程没有

公开招标，或者肢解发包工程，以及将工程发包给不具备相应资质条件的，所确定的施工企业无效；

⑤ 已经具有满足施工需要的施工图纸和技术资料，施工图设计文件已经按照规定通过了审查；

⑥ 有保证工程质量和安全的具体措施；施工企业编制的施工组织设计中有根据建筑工程特点制定的相应质量、安全技术措施，专业性较强的工程项目编制的专项质量、安全施工组织设计，并按照规定办理了工程质量、安全监督手续；

⑦ 按照规定应该委托监理的工程已委托监理；

⑧ 建设资金已经落实。建设工期不足一年的，到位资金原则上不得少于工程合同价的 50%；建设工期超过一年的，到位资金原则上不得少于工程合同价的 30%。建设单位应当提供银行出具的到位资金证明，有条件的可以实行银行付款保函或者其他第三方担保；

⑨ 法律法规规定的其他条件。"

6.2.1.4　施工许可证的颁发程序

《建筑工程施工许可管理办法》第 5 条规定："申请办理施工许可证，应当按照下列程序进行。

① 建设单位向发证机关领取《建筑工程施工许可证申请表》；

② 建设单位持加盖单位及法定代表人印鉴的《建筑工程施工许可证申请表》，并附本办法第四条规定的证明文件，向发证机关提出申请；

③ 发证机关在收到建设单位报送的《建筑工程施工许可证申请表》和所附证明文件后，对于符合条件的，应当自收到申请之日起十五日内颁发施工许可证；对于证明文件不齐全或者失效的，应当限期要求建设单位补正，审批时间可以自证明文件补正齐全后作相应顺延；对于不符合条件的，应当自收到申请之日起十五日内书面通知建设单位，并说明理由。

建筑工程在施工过程中，建设单位或者施工单位发生变更的，应当重新申请领取施工许可证。"

6.2.1.5　施工许可证的管理

《建筑法》第 9 条规定："建设单位应当自领取施工许可证之日起 3 个月内开工。因故不能按期开工的，应当向发证机关申请延期；延期以两次为限，每次不超过 3 个月。既不开工又不申请延期或者超过延期时限的，施工许可证自行废止。"

《建筑法》第 10 条规定："在建的建筑工程因故中止施工的，建设单位应当自中止施工之日起 1 个月内，向发证机关报告，并按照规定做好建筑工程的维护管理工作。

建筑工程恢复施工时，应当向发证机关报告；中止施工满 1 年的工程恢复施工前，建设单位应当报发证机关核验施工许可证。"

《建筑法》第 11 条规定："按照国务院有关规定批准开工报告的建筑工程，因故不能按期开工或者中止施工的，应当及时向批准机关报告情况。因故不能按期开工超过 6 个月的，应当重新办理开工报告的批准手续。"

《建筑法》第 64 条规定："违反本法规定，未取得施工许可证或者开工报告未经批准擅自施工的，责令改正，对不符合开工条件的责令停止施工，可以处以罚款。"

《建筑工程施工许可管理办法》第 6 条规定："建设单位申请领取施工许可证的工程名称、地点、规模，应当与依法签订的施工承包合同一致。

施工许可证应当放置在施工现场备查。"

《建筑工程施工许可管理办法》第 7 条规定:"施工许可证不得伪造和涂改。"

《建筑工程施工许可管理办法》第 11 条规定:"对于采用虚假证明文件骗取施工许可证的,由原发证机关收回施工许可证,责令停止施工,并对责任单位处以罚款;构成犯罪的,依法追究刑事责任。"

《建筑工程施工许可管理办法》第 12 条规定:"对于伪造施工许可证的,该施工许可证无效,由发证机关责令停止施工,并对责任单位处以罚款;构成犯罪的,依法追究刑事责任。

对于涂改施工许可证的,由原发证机关责令改正,并对责任单位处以罚款;构成犯罪的,依法追究刑事责任。"

《建筑工程施工许可管理办法》第 13 条规定:"本办法中的罚款,法律、法规有幅度规定的从其规定。无幅度规定的,有违法所得的处 5000 元以上 30000 元以下的罚款,没有违法所得的处 5000 元以上 10000 元以下的罚款。"

例题 1 某建设单位 2005 年 2 月 1 日领取了施工许可证。由于某种原因,工程不能按期开工,故向发证机关申请延期。根据《建筑法》的规定,申请延期应在(   )前进行。

A. 2005 年 3 月 1 日　　　　　　　B. 2005 年 4 月 1 日

C. 2005 年 5 月 1 日　　　　　　　D. 2005 年 6 月 1 日

【答案】C。建设单位因故不能按期开工的,应当向发证机关申请延期。延期以两次为限,每次不超过 3 个月。既不开工又未申请延期或超过延期时限的,施工许可证自行废止。

例题 2 甲房地产开发公司将一住宅小区工程以施工总承包方式发包给乙建筑公司,建筑公司又将其中场地平整及土方工程分包给丙土方公司,在工程开工前,应当由(   )按照有关规定申请领取施工许可证。

A. 乙建筑公司　　　　　　　　　　B. 丙土方公司

C. 甲房地产开发公司和乙建筑公司共同　　D. 甲方地产开发公司

【答案】D

6.2.2 从业资格许可

从业资格许可是指国家通过法定条件和立法程序对建筑活动主体资格进行认定和批准,赋予其在法律规定的范围内从事一定的建筑活动,其中包括企业资质许可和从业人员资格许可。

6.2.2.1 企业资质许可

2006 年 12 月 30 日,建设部发布《建筑业企业资质管理规定》,并于 2007 年 9 月 1 日起施行。

《建筑业企业资质管理规定》第 2 条规定:"在中华人民共和国境内申请建筑业企业资质,实施对建筑业企业资质监督管理,适用本规定。

本规定所称建筑业企业,是指从事土木工程、建筑工程、线路管道设备安装工程、装修工程的新建、扩建、改建等活动的企业。"

《建筑法》第 12 条规定:"从事建筑活动的建筑施工企业、勘察单位、设计单位和工程监理单位,应当具备下列条件。

① 有符合国家规定的注册资本;

② 有与其从事的建筑活动相适应的具有法定执业资格的专业技术人员;

③ 有从事相关建筑活动所应有的技术装备；

④ 法律、行政法规规定的其他条件。"

《建筑法》第 13 条规定："从事建筑活动的建筑施工企业、勘察单位、设计单位和工程监理单位，按照其拥有的注册资本、专业技术人员、技术装备和已完成的建筑工程业绩等资质条件，划分为不同的资质等级，经资质审查合格，取得相应等级的资质证书后，方可在其资质等级许可的范围内从事建筑活动。"

《建筑业企业资质管理规定》第 5 条规定："建筑业企业资质分为施工总承包、专业承包和劳务分包三个序列。"

(1) 建筑业企业的管理

施工总承包序列企业资质设特级、一级、二级、三级四个等级，分为十二个资质类别。专业承包序列企业资质设二至三个等级，分为六十个资质类别。劳务分包序列企业资质设一至两个等级，十三个资质类别，建筑业企业的资质管理的具体规定详见《建筑业企业资质管理规定》。

(2) 监理企业资质管理

监理企业是指从事工程监理业务并取得工程监理企业资质证书的经济组织。它是监理工程师的执业机构。

监理企业资质分为综合资质、专业资质和事务所资质。综合资质、事务所资质不分级别。专业资质按照工程性质和技术特点划分为若干工程类别，并分为甲级、乙级，其中房屋建筑、水利水电、公路和市政公用专业资质可设立丙级。监理企业资质管理的具体规定详见《工程监理企业资质管理规定》。

(3) 勘察设计资质管理

勘察设计企业是指依法取得资格，从事工程勘察、工程设计活动的企业。勘察资质分为工程勘察综合资质、工程勘察专业资质、工程勘察劳务资质。

勘察综合资质只设甲级；勘察专业资质设甲级、乙级，根据工程性质和技术特点，部分专业可以设丙级；勘察劳务资质不分等级。

设计资质分为设计综合资质、设计行业资质、设计专业资质和设计专项资质。

设计综合资质只设甲级；设计行业资质、设计专业资质、设计专项资质设甲级、乙级。

勘察设计企业资质管理详见《建设工程勘察设计资质管理规定》。

6.2.2.2　从业人员资格许可

《建筑法》第 14 条规定："从事建筑活动的专业技术人员，应当依法取得相应的执业资格证书，并在执业资格证书许可的范围内从事建筑活动。"

目前，我国先后在建筑建立起多种执业资格制度，如注册城市规划师、注册建筑师、注册结构工程师、注册建造师、注册土木工程师（岩土）、注册土木工程师（港口与航道工程）、注册公用设备工程师、注册电气工程师、注册咨询工程师、注册安全工程师、注册监理工程师、注册造价工程师、注册投资项目管理师、注册物业管理师、注册环境影响评价师、注册土地估价师、注册房地产估价师、注册招标师等执业资格制度。

被纳入执业资格制度的专业技术人员，应当经全国统一考试合格，取得执业资格证书并经注册后，方可分别以建筑师、结构工程师、监理工程师、造价工程师、咨询工程师或建造师等名义执业。

建筑工程从业者资格证件，严禁出卖、转让、出借、涂改、伪造。违反上述规定的，将视具体情节，追究法律责任。

6.3　建筑工程发包与承包

6.3.1　建筑工程发包

6.3.1.1　建筑工程发包的概念

建筑工程发包，是指建设单位或总承包单位通过招标方式或直接发包方式将建筑工程任务（勘察、设计、施工等）的全部或部分交由他人承包，并按建设工程合同约定支付报酬的行为。

建筑工程发包单位，通常为建筑工程的建设单位，国家计委 1996 年 4 月发布的《关于实行建设项目法人责任制的暂行规定》第 2 条和第 3 条规定："国有单位投资的经营性基本建设大中型建设项目，在建设阶段必须组建项目法人。项目法人可按《公司法》的规定设立有限责任公司（包括国有独资公司）和股份有限公司形式。由项目法人对项目的策划、资金筹措、建设实施、生产经营、债务偿还和资产保值增值，实行全过程负责。"据此规定，由国有单位投资建设的经营性的房屋建筑工程，由依法设立的项目法人作为建设单位，负责建设工程的发包。国有单位投资建设的非经营性的房屋建筑工程，应当由建设单位作为发包方负责工程的发包。

6.3.1.2　建筑工程发包的方式

《建筑法》第 19 条规定："建筑工程依法实行招标发包，对不适用于招标发包的可以直接发包。"因此，建设工程的发包方式主要有两种：招标发包和直接发包。

（1）招标发包

招标发包是指建设单位通过招标确定承包单位的一种发包方法，招标发包又有两种方式：一种是公开招标，另一种方式是邀请招标。

建设工程的招标发包，主要依据的法律和部门规章有：《中华人民共和国招标投标法》、《工程建设项目施工招标投标办法》、《工程建设项目勘察设计招标投标办法》、《工程建设项目招标范围和规模标准规定》、《房屋建筑和市政基础设施工程施工招标投标管理办法》、《评标委员会和评标暂行规定》等有关规定。

（2）直接发包

直接发包是指发包方直接与承包方进行协商，以约定工程建设的价格、工期和其他条件的发包方式。建筑工程一般应实行招标发包，不适于招标发包的工程可以直接发包，如保密工程、特殊专业工程、特殊性质工程等。

《建筑法》第 22 条规定："建筑工程实行直接发包的，发包单位应当将建筑工程给具有相应资质条件的承包单位。"

建设工程采取招标方式比直接发包方式更有利于公平竞争，更符合市场经济规律的要求，因此，我国相关法规都提倡招标方式，对直接发包方式则加以限制。

6.3.1.3　建筑工程发包的有关规定

（1）关于招标的规定

《建筑法》第 20 条规定："建筑工程实行公开招标的，发包单位应当依照法定程序和方式，发布招标公告，提供载有招标工程的主要技术要求、主要的合同条款、评标的标准和方法以及开标、评标、定标的程序等内容的招标文件。

开标应当在招标文件规定的时间、地点公开进行。开标后应当按照招标文件规定的评标标准和程序对标书进行评价、比较，在具备相应资质条件的投标者中，择优选定中标者。"

《建筑法》第 21 条规定："建筑工程招标的开标、评标、定标由建设单位依法组织实施，并接受有关行政主管部门的监督。"

《建筑法》第 23 条规定："政府及其所属部门不得滥用行政权力，限定发包单位将招标发包的建筑工程发包给指定的承包单位。"

（2）关于工程总承包的规定

《建筑法》第 24 条规定："提倡对建筑工程实行总承包，禁止将建筑工程肢解发包。

建筑工程的发包单位可以将建筑工程的勘察、设计、施工、设备采购一并发包给一个工程总承包单位，也可以将建筑工程勘察、设计、施工、设备采购的一项或者多项发包给一个工程总承包单位；但是，不得将应当由一个承包单位完成的建筑工程肢解成若干部分发包给几个承包单位。"

（3）发包人不得指定材料设备供应商的规定

建筑材料、建筑构配件和设备的采购主要有三种形式：①由建设单位负责采购；②由承包商负责采购；③由双方约定的供应商供应。

采用上面的何种采购形式，由当事人自由约定。如果双方约定建筑材料、建筑构配件和设备是由承包商采购的，则建设单位就不得非法干预其采购过程，更不可以直接为承包商指定生产厂、供应商。《建筑法》第 25 条规定："按照合同约定，建筑材料、建筑构配件和设备由工程承包单位采购的，发包单位不得指定承包单位购入用于工程的建筑材料、建筑构配件和设备或者指定生产厂、供应商。"

6.3.2　建筑工程承包

6.3.2.1　建筑工程承包的概念

建筑工程的承包，是指具有从事建筑活动从业资格的单位，通过投标或其他承揽方式，承揽建筑工程任务，并按建设工程合同约定取得报酬的行为。

建筑工程承包单位，即承揽建筑工程的勘察、设计、施工等任务的单位，包括对建筑工程总承包单位和分包单位。承包单位的资质是评价承包单位是否有能力和法律资格承担工程项目的重要条件，承包单位的资质水平对建设项目是否顺利完成具有重要作用。

《建筑法》第 26 条规定："承包建筑工程的单位应当持有依法取得的资质证书，并在其资质等级许可的业务范围内承揽工程；禁止建筑施工企业超越本企业资质等级许可的业务范围或者以任何形式用其他建筑施工企业的名义承揽工程；禁止建筑施工企业以任何形式允许其他单位或者个人使用本企业的资质证书、营业执照，以本企业的名义承揽工程。"

6.3.2.2　建筑工程承包的方式

建筑工程承包方式可以分为以下几种。

（1）工程总承包

工程总承包方式是指发包人将工程项目的设计、施工、材料和设备采购等任务全部或部分发包给一个具备总承包资质的总承包企业，由其负责工程的设计、施工和采购的全部或部分工作，最后向发包人交出一个达到使用条件的工程项目的承包方式。

我国目前提倡的工程总承包主要有如下方式。

① 设计采购施工总承包　设计采购施工总承包（EPC）是指工程总承包企业按照合同约定，从项目可行性研究开始，承担工程项目的勘察、设计、采购、施工、试运行服务等工作，并对承包工程的质量、安全、工期、造价全面负责，这样的工程俗称"交钥匙工程"。

②设计——施工总承包　设计——施工总承包（DB）是指工程总承包企业按照合同约定，承担工程项目勘察、设计和施工，对承包工程的质量、安全、工期、造价全面负责。

③施工总承包　施工总承包即对工程施工全过程进行总承包。

（2）专业承包　专业承包是指具备某种专业承包资质的企业向工程发包人直接承包专业工程。专业承包单位直接与发包人签订合同，在工程实施过程中接受发包人或发包人委托的监理公司的协调和监督。

（3）联合体承包　建筑工程联合共同承包（也称为联营承包），是指由两个以上的承包单位共同组成非法人的联合体，以该联合体的名义承包某项建筑工程的承包模式。联合体承包方式是在国际上比较受欢迎的一种方式，也是大型工程项目的承包中经常采用的一种方式。采用联合体承包方式，可以集中联合体各成员的技术、资金、管理和经验等方面的优势，增强了竞争能力和抗风险能力。在联合体承包形式中，由联合体作为一个单一的承包主体，与发包单位签订承包合同，共同履行合同的全部义务，承担合同的全部责任。在联合体内部，则由参加联合体的各方以共同投标协议方式，约定各方拟承担的权利、义务。

《建筑法》第27条规定："大型建筑工程或者结构复杂的建筑工程，可以由两个以上的承包单位联合共同承包。共同承包的各方对承包合同的履行承担连带责任。

两个以上不同资质等级的单位实行联合共同承包的，应当按照资质等级低的单位的业务许可范围承揽工程。"

由多家单位组成联合体共同承包这类建筑工程，可以集中参加联合体的各方的经济、技术力量，发挥各自的优势，大大增强投标竞争的实力；对发包单位而言，也有利于提高投资效益，保证建筑工程质量。

（4）分包　分包方式分为专业分包和劳务分包方式。

专业分包是指具备某种专业承包资质的企业向工程总承包单位承包专业工程，它是相对于总包单位与发包人之间的总承包而言的。

劳务分包是指具备相应资质的劳务分包企业向总承包单位或专业承包单位承接劳务任务，提供劳务服务。

《建筑法》第29条规定："建筑工程总承包单位可以将承包工程中的部分工程发包给具有相应资质条件的分包单位；但是，除总承包合同中约定的分包外，必须经建设单位认可。施工总承包的，建筑工程主体结构的施工必须由总承包单位自行完成。

建筑工程总承包单位按照总承包合同的约定对建设单位负责；分包单位按照分包合同的约定对总承包单位负责。总承包单位和分包单位就分包工程对建设单位承担连带责任。

禁止总承包单位将工程分包给不具备相应资质条件的单位。禁止分包单位将其承包的工程再分包。"

6.3.2.3　建筑工程承包的有关规定

（1）工程承包人的资质的规定

《建筑法》第26条规定："承包建筑工程的单位应当持有依法取得的资质证书，并在其资质等级许可的业务范围内承揽工程。

禁止建筑施工企业超越本企业资质等级许可的业务范围或者以任何形式用其他建筑施工企业的名义承揽工程。"

（2）禁止建筑工程转包的规定

《建设工程质量管理条例》第78条对建筑工程转包的定义是："指承包单位承包建设工程后，不履行合同约定的责任和义务，将其承包的全部建设工程转给他人或者将其承包的全部建设工程肢解以后以分包的名义分别转给其他单位承包的行为。"

承包单位擅自将其承包的建筑工程转包，从合同法律关系上说，转包行为属于合同主体变更的行为，转包后，建筑工程承包合同的承包单位由原承包单位变更为接受转包的新承包单位，原承包单位名义上与建筑工程发包单位存在合同关系但其实际上对其合同的约定内容将不会再承担责任。

《建筑法》第 28 条规定："禁止承包单位将其承包的全部建筑工程转包给他人，禁止承包单位将其承包的全部建筑工程肢解以后以分包的名义分别转包给他人。"

（3）禁止建筑工程违法分包的规定

违法分包，是指分包工程发包人将专业工程或者劳务作业分包给不具备相应资质条件的分包人，或分包单位未经建设单位认可，分包人将承包工程中的部分专业工程再分包给他人的行为。

除《建筑法》第 29 条第 3 款有明确的禁止性规定外，《建设工程质量管理条例》第 78 条对建筑工程的违法分包行为进行了明确界定："①总承包单位将建设工程分包给不具备相应资质条件的单位的；②建设工程总承包合同中未有约定，又未经建设单位同意，承包单位将其承包的部分建设工程交由其他单位完成的；③施工总承包单位将建设工程主体结构的施工分包给其他单位的；④分包单位将其承包的建设工程再分包的。"

例题 1　甲建设单位发包某大型工程项目，乙是总承包单位，丙是具有相应专业承包资质的施工单位，丁是具有劳务分包资质的施工单位。下列关于该项目发包、分包的说法中，正确的有（　　）。

A. 乙可以将专业工程分包给丙　　　　　B. 丙可以将劳务作业分包给丁

C. 乙可以将劳务作业分包给丁　　　　　D. 甲可以将专业工程发包给丙

E. 甲可以将劳务作业分包给丁

【答案】ABCD　甲已是分包单位，不可再将其劳务作业分包给丁。

例题 2　在施工承包合同中约定由施工单位采购建筑材料。施工期间，建设单位要求施工单位购买某采石场的石料，理由是该石料物美价廉。对此，下面说法正确的是（　　）。

A. 施工单位可以不接受　　　　　　　　B. 建设单位的要求施工单位必须接受

C. 建设单位通过监理单位提出此要求，施工单位才必须接受

D. 建设单位以书面形式提出要求，施工单位就必须接受

【答案】A

例题 3　下列行为中不属于违法分包的是（　　）。

A. 承包单位将其承包的工程肢解以后以分包的名义分别转给其他单位承包

B. 总承包单位将建设工程主体结构中的混凝土浇筑任务分包给某公司

C. 分包单位将部分工程分包给某公司

D. 分包商不具备相应资质条件而以他人名义承接分包工程

【答案】B违法分包的情形包括：①总承包单位将建设工程分包给不具备相应资质条件的单位的；②建设工程总承包合同中未有约定，又未经建设单位认可，承包单位将其承包的部分建设工程交由其他单位完成的；③施工总承包单位将建设工程主体结构的施工分包给其他单位的；④分包单位将其承包的建设工程再分包的。

6.4　建筑工程监理

我国工程监理始于 1983 年利用世界银行贷款建设的鲁布革水电站引水工程。《建筑法》

第 30 条第 1 款规定："国家推行建筑工程监理制度"。

《建筑法》以法律形式正式确立了工程监理制度。国务院《建设工程质量管理条例》、《建设工程安全生产管理条例》则进一步规定了工程监理单位的质量责任、安全责任。

工程监理单位应当根据建设单位的委托，客观、公正地执行监理业务。建设单位和工程监理单位之间是一种委托代理关系，适用《民法通则》有关代理的法律规定。

6.4.1　建设工程监理的范围

《建设工程质量管理条例》第 12 条规定了必须实行监理的建设工程范围，《建设工程监理范围和规模标准规定》则对必须实行监理的建设工程作出更具体的规定。

《建设工程监理范围和规模标准规定》第 2 条规定："下列建设工程必须实行监理：

① 国家重点建设工程；

② 大中型公用事业工程；

③ 成片开发建设的住宅小区工程；

④ 利用外国政府或者国际组织贷款、援助资金的工程；

⑤ 国家规定必须实行监理的其他工程。"

6.4.1.1　国家重点建设工程

《建设工程监理范围和规模标准规定》第 3 条规定："国家重点建设工程，是指依据《国家重点建设项目管理办法》所确定的对国民经济和社会发展有重大影响的骨干项目。"

6.4.1.2　大中型公用事业工程

《建设工程监理范围和规模标准规定》第 4 条规定："大中型公用事业工程，是指项目总投资额在 3000 万元以上的下列工程项目：

① 供水、供电、供气、供热等市政工程项目；

② 科技、教育、文化等项目；

③ 体育、旅游、商业等项目；

④ 卫生、社会福利等项目；

⑤ 其他公用事业项目。"

6.4.1.3　成片开发建设的住宅小区工程

《建设工程监理范围和规模标准规定》第 5 条规定："成片开发建设的住宅小区工程，其建筑面积在 5 万 m^2 以上的，必须实行监理；5 万 m^2 以下的住宅建设工程，可以实行监理；具体范围和规模标准，由省、自治区、直辖市人民政府建设行政主管部门规定。为了保证住宅质量，对高层住宅及地基、结构复杂的多层住宅应当实行监理。"

6.4.1.4　利用外国政府或者国际组织贷款、援助资金的工程

《建设工程监理范围和规模标准规定》第 6 条规定："利用外国政府或者国际组织贷款、援助资金的工程范围包括：

① 使用世界银行、亚洲开发银行等国际组织贷款资金的项目；

② 使用国外政府及其机构贷款资金的项目；

③ 使用国际组织或者国外政府援助资金的项目。"

6.4.1.5　国家规定必须实行监理的其他工程

《建设工程监理范围和规模标准规定》第 7 条规定："国家规定必须实行监理的其他工程是指：

（1）项目总投资额在 3000 万元以上关系社会公共利益、公众安全的下列基础设施项目。

①　煤炭、石油、化工、天然气、电力、新能源等项目；

②　铁路、公路、管道、水运、民航以及其他交通运输业等项目；

③　邮政、电信枢纽、通信、信息网络等项目；

④　防洪、灌溉、排涝、发电、引（供）水、滩涂治理、水资源保护、水土保持等水利建设项目；

⑤　道路、桥梁、地铁和轻轨交通、污水排放及处理、垃圾处理、地下管道、公共停车场等城市基础设施项目；

⑥　生态环境保护项目；

⑦　其他基础设施项目。

（2）学校、影剧院、体育场馆项目。"

6.4.2　监理依据、内容和权限

6.4.2.1　建筑工程监理的依据

《建筑法》第 32 条第 1 款规定："建筑工程监理应当依照法律、行政法规及有关的技术标准、设计文件和建筑工程承包合同，对承包单位在施工质量、建设工期和建设资金使用等方面，代表建设单位实施监督。"依据《建筑法》本款规定，建筑工程监理的依据有以下几种。

（1）法律、行政法规及有关的技术标准

法律、行政法规既包括直接约束监理单位及从业人员监理行为的下述法律法规

1988 年 7 月 25 日建设部颁布的《关于开展建设监理工作的通知》；

1988 年 10 月建设部颁布的《关于开展建设监理工作试点工作的若干意见》；

1989 年 7 月 28 日建设部颁布的《建设监理试行规定》；

1992 年 1 月 18 日建设部颁布的《工程建设监理单位资质管理试行办法》；

1992 年 6 月 4 日建设部颁布的《监理工程师资格考试和注册实行办法》；

1992 年 9 月建设部、国家物价局联合印发的《关于发布工程建设监理费有关规定的通知》；

1995 年 10 月建设部、国家工商行政管理局联合印发的《工程建设监理合同（示范文本）》；

1995 年 12 月 15 日建设部、国家计委联合颁布的《工程建设监理规定》；

1997 年 11 月 1 日第八届全国人民代表大会常委会第二十八次会议通过的《中华人民共和国建筑法》；

2000 年 1 月 30 日国务院颁布的《建设工程质量管理条例》；

2000 年 2 月 17 日建设部、国家工商行政管理局印发的《建设工程委托监理合同（示范文本）》（GF 2000—0202）；

2000 年 12 月 7 日国家技术监督局和建设部联合颁布的《建设工程监理规范》（GB 50319—2000）；

2001 年 1 月 17 日建设部颁布的《建设工程监理范围和规模标准规定》；

2002 年 7 月 27 日建设部颁布的《房屋建筑工程施工旁站监理管理办法（试行）》；

2003 年 11 月 24 日国务院颁布的《建设工程安全生产管理条例》；

2005 年 12 月 31 日建设部颁布的《注册监理工程师管理规定》；

2006 年 12 月 11 日建设部颁布的《工程监理企业资质管理规定》等。

法律、行政法规也包括间接约束建设单位及从业人员行为的法律法规，如《中华人民共和国合同法》、《中华人民共和国招标投标法》、《工程建设标准强制性条文》等法律法规。

技术标准分为强制性标准和推荐性标准。强制性标准是各参建单位都必须执行的标准，而推荐性标准则是可以自主决定是否采用的标准。通常情况下，建设单位如要求采用推荐性标准，应当与设计单位或施工单位在合同中予以明确约定。

（2）设计文件

设计文件是施工的依据，同时也是监理的依据。监理单位应按照设计文件对施工活动进行监督管理。

（3）建筑工程承包合同

工程监理企业应当根据建设单位与承包单位签订的建设工程合同进行监理，以便监督施工单位是否按照合同约定履行义务。

6.4.2.2　工程监理的内容

工程监理的主要内容可以概括为："三控制、三管理、一协调"。"三控制"是指建设工程监理对建设工程的投资、工期和质量进行控制；"三管理"是指建设工程监理对建设工程进行的安全管理、合同管理、信息管理；"一协调"是指建设工程监理单位要协调好与业主单位、施工单位、设计单位等有关单位的工作关系。

由于工程监理单位和建设单位之间属委托代理关系，工程监理单位的监理工作内容、监理权限还将取决于双方合同的具体约定，并且该约定要向被监理的承包单位披露。《建筑法》第 33 条规定："实施建筑工程监理前，建设单位应当将委托的工程监理单位、监理的内容及监理权限，书面通知被监理的建筑施工企业。"

6.4.2.3　工程监理人员的权限

《建筑法》第 32 条第 2 款、第 3 款，分别规定了工程监理人员的监理权限和义务："工程监理人员认为工程施工不符合工程设计要求、施工技术标准和合同约定的，有权要求建筑施工企业改正。

工程监理人员发现工程设计不符合建筑工程质量标准或者合同约定的质量要求的，应当报告建设单位要求设计单位改正。"

《建设工程质量管理条例》第 37 条第 2 款规定："未经监理工程师签字，建筑材料、建筑构配件和设备不得在工程上使用或者安装，施工单位不得进行下一道工序的施工。未经总监理工程师签字，建设单位不拨付工程款，不进行竣工验收。"

6.4.3　建设工程监理的相关规定

6.4.3.1　工程监理单位资质等级许可制度的规定

我国对工程监理单位实行资质等级许可制度。《建筑法》第 31 条规定："实行监理的建筑工程，由建设单位委托具有相应资质条件的工程监理单位监理。"

《建设工程质量管理条例》第 34 条第 1 款进一步规定："工程监理单位应当依法取得相应资质等级的证书，并在其资质等级许可的范围内承担工程监理业务。"

目前，对有关工程监理企业的资质等级、业务范围等作出统一规定的是《工程监理企业资质管理规定》（建设部令第 158 号）。

6.4.3.2　禁止工程监理单位实施的违法行为

《建筑法》第 34 条规定："工程监理单位应当在其资质等级许可的监理范围内，承担工程监理业务。

　　工程监理单位应当根据建设单位的委托，客观、公正地执行监理任务。

　　工程监理单位与被监理工程的承包单位以及建筑材料、建筑构配件和设备供应单位不得有隶属关系或者其他利害关系。

　　工程监理单位不得转让工程监理业务。"

　　《建筑法》第 35 条规定："工程监理单位不按照委托监理合同的约定履行监理义务，对应当监督检查的项目不检查或者不按照规定检查，给建设单位造成损失的，应当承担相应的赔偿责任。

　　工程监理单位与承包单位串通，为承包单位谋取非法利益，给建设单位造成损失的，应当与承包单位承担连带赔偿责任。"

6.5　法律责任

6.5.1　建设单位的法律责任

6.5.1.1　违反建筑许可制度的法律责任

　　《建筑法》第 64 条规定："未取得施工许可证或者开工报告未经批准擅自施工的，责令改正，对不符合开工条件的责令停止施工，可以处以罚款。"

6.5.1.2　违反建筑发包制度的法律责任

　　《建筑法》第 65 条规定："发包单位将工程发包给不具有相应资质条件的承包单位的，或者违反本法规定将建筑工程肢解发包的，责令改正，处以罚款。

　　超越本单位资质等级承揽工程的，责令停止违法行为，处以罚款，可以责令停业整顿，降低资质等级；情节严重的，吊销资质证书；有违法所得的，予以没收。

　　未取得资质证书承揽工程的，予以取缔，并处罚款；有违法所得的，予以没收。

　　以欺骗手段取得资质证书的，吊销资质证书，处以罚款；构成犯罪的，依法追究刑事责任。"

　　《建筑法》第 68 条规定："在工程发包与承包中索贿、受贿、行贿，构成犯罪的，依法追究刑事责任；不构成犯罪的，分别处以罚款，没收贿赂的财物，对直接负责的主管人员和其他直接责任人员给予处分。"

6.5.1.3　违反建筑工程质量、安全标准，降低工程质量的法律责任

　　《建筑法》第 72 条规定："建设单位违反本法规定，要求建筑设计单位或者建筑施工企业违反，责令改正，可以处以罚款；构成犯罪的，依法追究刑事责任。"

6.5.2　施工单位的法律责任

6.5.2.1　违反资质管理制度的法律责任

　　《建筑法》第 66 条规定："建筑施工企业转让、出借资质证书或者以其他方式允许他人以本企业的名义承揽工程的，责令改正，没收违法所得，并处罚款，可以责令停业整顿，降低资质等级；情节严重的，吊销资质证书。对因该项承揽工程不符合规定的质量标准造成的损失，建筑施工企业与使用本企业名义的单位或者个人承担连带赔偿责任。"

6.5.2.2　违法转包、分包的法律责任

　　《建筑法》第 67 条规定："承包单位将承包的工程转包的，或者违反本法规定进行分包的，责令改正，没收违法所得，并处罚款，可以责令停业整顿，降低资质等级；情节严重的，吊销资质证书。

承包单位有前款规定的违法行为的,对因转包工程或者违法分包的工程不符合规定的质量标准造成的损失,与接受转包或者分包的单位承担连带赔偿责任。"

6.5.2.3 违反安全生产、质量管理制度的法律责任

《建筑法》第71条规定:"建筑施工企业违反本法规定,对建筑安全事故隐患不采取措施予以消除的,责令改正,可以处以罚款;情节严重的,责令停业整顿,降低资质等级或者吊销资质证书;构成犯罪的,依法追究刑事责任。

建筑施工企业的管理人员违章指挥、强令职工冒险作业,因而发生重大伤亡事故或者造成其他严重后果的,依法追究刑事责任。"

《建筑法》第74条规定:"建筑施工企业在施工中偷工减料的,使用不合格的建筑材料、建筑构配件和设备的,或者有其他不按照工程设计图纸或者施工技术标准施工的行为的,责令改正,处以罚款;情节严重的,责令停业整顿,降低资质等级或者吊销资质证书;造成建筑工程质量不符合规定质量标准的,负责返工、修理,并赔偿因此造成的损失;构成犯罪的,依法追究刑事责任。"

《建筑法》第75条规定:"建筑施工企业不履行保修义务或者拖延履行保修义务的,责令改正,可以处以罚款,并对在保修期内因屋顶、墙面渗漏、开裂等质量缺陷造成的损失,承担赔偿责任。"

6.5.3 设计单位的法律责任

《建筑法》第73条规定:"建筑设计单位不按照建筑工程质量、安全标准进行设计的,责令改正,处以罚款;造成工程质量事故的,责令停业整顿,降低资质等级或者吊销资质证书,没收违法所得,并处罚款;造成损失的,承担赔偿责任;构成犯罪的,依法追究刑事责任。"

6.5.4 监理单位的法律责任

《建筑法》第69条规定:"工程监理单位与建设单位或者建筑施工企业串通,弄虚作假、降低工程质量的,责令改正,处以罚款,降低资质等级或者吊销资质证书;有违法所得的,予以没收;造成损失的,承担连带赔偿责任;构成犯罪的,依法追究刑事责任。"

例题 监理工程师王某在对某工程施工的监理过程中,发现该工程设计存在瑕疵,则王某( )。

A. 可以要求施工单位修改设计

B. 应当报告建设单位要求施工单位修改设计

C. 应当报告建设单位要求设计单位修改设计

D. 应当要求设计单位修改设计

【答案】C 工程监理人员发现工程设计不符合建筑工程质量标准或者合同约定的质量要求的,应当报告建设单位要求设计单位改正。

6.6 建筑法法律制度案例

案例1 越级承包案例

案情介绍

原告:建新建设工程公司

被告:某市丽都大酒店

2001 年 7 月，原、被告双方签订建设工程合同，原告负责施工被告发包的丽都大酒店工程。合同签订后，原告交付被告质量保证金 50 万。工程自 2001 年 9 月开工，2002 年 5 月正式完工并交付使用，工程经验收为合格工程，原告向被告讨要工程款多次，被告均以种种理由拒绝。2002 年 9 月原告将被告诉至某市地方法院，要求其支付所欠工程款人民币 1205 万，利息 5 万，并退还保证金 50 万。

原告辩称：双方签订建设工程承包合同，原告已按合同约定履行了自己的义务，而被告严重违反合同规定，迟迟不支付工程款，要求法院判令被告支付工程款及质保金。

被告辩称：原告提出的工程款无异议，但原告在建设合同签订时，没有相应资质且没有向被告说明实情，并且造成工程延期，原告行为属欺诈行为，被告请求法院确认双方合同无效，所欠工程款抵作赔偿金。另外，被告还提出反诉，要求原告对欺诈行为所造成的工程延期承担民事赔偿责任。

审理结果：法院经审理查明，原告资质为施工总承包三级的建筑企业，只能承担 14 层以下的工程项目，丽都大酒店工程应由施工总承包二级以上的建筑企业承包，违反了《建筑法》的规定，其所签合同因违反法律的强制性规定应当确认为无效。合同确认无效后原告负主要责任，被告审查不严负次要责任，但原告为该工程已付出了代价，本着公平原则对原告所建工程完工部分委托评估机构核定价格，由被告向原告支付。

判决如下：（1）原被告所签《建设工程施工合同》无效；（2）被告在本判决书生效后一个月内，支付原告工程款 1850 万，利息不予支付；（3）被告在本判决书生效后一个月内，退还原告质保金 50 万，利息不予支付；（4）驳回原被告其他诉讼请求。本案诉讼费 21 万，评估鉴定费 5 万均由原被告各半承担。

案例 2　工程转包案例

原告：甲电讯公司

第一被告：丙建筑设计院

第二被告：乙建筑承包公司 ❶

一、基本案情

甲电讯公司因建办公楼与乙建筑承包公司签订了工程总承包合同。其后，经甲同意，乙分别与丙建筑设计院和丁建筑工程公司签订了工程勘察设计合同和工程施工合同。勘察设计合同约定由丙对甲的办公楼及其附属工程提供设计服务，并按勘察设计合同的约定交付有关的设计文件和资料。施工合同约定由丁根据丙提供的设计图纸进行施工，工程竣工时依据国家有关验收规定及设计图纸进行质量验收。合同签订后，丙按时将设计文件和有关资料交付给丁，丁依据设计图纸进行施工。工程竣工后，甲会同有关质量监督部门对工程进行验收，发现工程存在严重质量问题，是由于设计不符合规范所致。原来丙未对现场进行仔细勘察即自行进行设计导致设计不合理，给甲带来了重大损失。丙以与甲没有合同关系为由拒绝承担责任，乙又以自己不是设计人为由推卸责任，甲遂以丙为被告向法院起诉。

二、案例审理

法院受理后，追加乙为共同被告，判决乙与丙对工程建设质量问题承担连带责任。

三、案例评析

本案中，甲是发包人，乙是总承包人，丙和丁是分包人。《建筑法》第二十九条规定：

---

❶ 案例来源：中华人民共和国建设部人事教育司和政策法规司组织编写. 建设法规教程. 北京：中国建筑工业出版社，2002 年，第 125～126 页。

"建筑工程总承包单位可以将承包工程的部分工程发包给具有相应资质条件的分包单位；但是，除总承包合同约定的分包外，必须经建设单位认可。施工总承包的，建筑工程主体结构的施工必须由总承包单位自行完成。建筑工程总承包单位按照总承包合同的约定对建设单位负责；分包单位按照分包合同的约定对总承包单位负责。总承包单位和分包单位就分包工程对建设单位承担连带责任。禁止总承包单位将工程分包给不具备相应资质条件的单位。禁止分包单位将其承包的工程再分包。"

对工程质量问题，乙作为总承包人应承担责任，而丙和丁也应该依法分别向发包人甲承担责任。总承包人以不是自己勘察设计和建筑安装的理由企图不对发包人承担责任，以及分包人以与发包人没有合同关系为由不向发包人承担责任，都是没有法律依据的。所以本案判决乙和丙共同承担连带责任是正确的。

本案必须说明的是，《建筑法》第二十八条规定："禁止承包单位将其承包的全部建筑工程转包给他人，禁止承包单位将其承包的全部建筑工程肢解以后以分包的名义分别转包给他人。"本案中乙作为总承包人不进行施工，而将工程全部转包他人，虽经发包人同意，但违反法律禁止性规定，其与丙和丁所签订的两个分包合同均是无效合同。建设行政主管部门应依照《建筑法》和《建设工程质量管理条例》的有关规定，对其进行行政处罚。

复习思考题

一、单项选择题

1. 某建设项目工期为 2 年，工程合同价为 500 万元人民币。根据《建筑工程施工许可管理办法》的规定，申请施工许可证时其到位资金不得少于（   ）人民币。

A. 500 万元　　　　B. 250 万元　　　　C. 150 万元　　　　D. 100 万元

2. 甲建筑公司承揽的是批准开工报告的工程项目，合同约定于 2007 年 3 月 1 日开工，但是由于征地问题没有解决而不能按期开工，则如果开工日期超过（   ），则应当重新办理开工报告的批准手续。

A. 2007 年 3 月 15 日　　B. 2007 年 6 月 1 日　　C. 2007 年 9 月 1 日　　D. 2008 年 3 月 1 日

3. 2006 年 6 月 1 日，某在建工程因故中止施工，如果（   ）之后恢复，建设单位应当报发证机关核验施工许可证。

A. 2006 年 7 月 1 日　　B. 2007 年 6 月 1 日　　C. 2006 年 12 月 1 日　　D. 2008 年 6 月 1 日

4. 根据我国《建筑法》的规定，下列建筑工程中，（   ）在开工前依法可以不办理施工许可证。

A. 投资 45 万元的厂房　　　　　　　　B. 造价为 60 万元的管道安装工程

C. 建筑面积为 250m² 的装修工程　　　　D. 建筑面积为 350m² 的修缮工程

5. 某建设工程于 2005 年 9 月 1 日开工，由于设计图纸的变更，工程于 2005 年 9 月 18 日中止施工。根据我国《建筑法》的规定，建设单位最迟应当于（   ）向施工许可证的发证机关报告。

A. 2005 年 10 月 1 日　　B. 2005 年 10 月 18 日　　C. 2005 年 12 月 1 日　　D. 2005 年 12 月 18 日

6. 某政府投资工程预计于 2008 年 1 月 1 日开工，该工程的开工报告于 2007 年 12 月 20 日被批准。根据我国《建筑法》的规定，建设单位最迟应当于（   ）前开工。

A. 2008 年 3 月 20 日　　B. 2008 年 4 月 1 日　　C. 2008 年 6 月 20 日　　D. 2008 年 7 月 1 日

7. 根据我国《建筑法》的规定，（   ）建筑工程在施工前必须办理施工许可证。

A. 投资 200 万元的古建筑修缮　　　　　B. 造价为 600 万元的抢险救灾

C. 总投资 5000 万元的军用房屋建筑　　　D. 建筑面积为 8000m² 的市政广场建设

8. 某建设单位 2006 年 9 月 1 日领取了施工许可证。由于特殊原因不能按期开工，故向发证机关申请延期。根据我国《建筑法》的规定，下列关于延期的说法正确的是（   ）。

A. 领取施工许可证不能延期　　　　　　B. 可以延期，但只能延期一次

C. 延期以两次为限，每次不超过 2 个月　　　　D. 超过延期期限的，施工许可证自行废止

9. 同专业的 A、B、C 3 家施工单位通过合同约定实行联合承包。该 3 个施工单位的资质等级依次为施工总承包特级、一级和二级。根据我国《建筑法》的规定，该联合体应当按照（　　）的资质等级许可范围承揽工程。

A. A　　　　　　　　B. B　　　　　　　　C. C　　　　　　　　D. 3 家施工单位约定

10. A、B 两家施工单位以联合承包方式承揽某建设工程的施工任务。下列说法不符合我国《建筑法》的规定的是（　　）。

A. 双方应签订联合承包的协议

B. 按照资质等级低的单位的业务范围承揽建设工程

C. A 与 B 就承揽工程向建设单位承担连带责任

D. A 与 B 根据联合承包协议的约定的比例对建设单位承担责任

二、简答题

1. 《建筑法》的立法目的、调整对象、适用主体范围是什么？

2. 建筑工程发包、承包的方式有哪些？

3. 转包与分包的区别是什么？

4. 实施强制建筑工程监理的建筑工程项目的范围是什么？为什么必须对这些工程实施强制建筑工程监理？

第7章　建设工程招标投标法律法规

7.1　建设工程招标投标法概述

7.1.1　招标投标的概念及其在我国的发展历程

7.1.1.1　建设工程招标投标的概念

招标投标是指在市场经济条件下，当进行工程项目的承发包、货物买卖、中介服务购买与提供等经济活动时，交易双方所采取的一种竞争手段和交易方式。这种方式不同于一般买卖行为，其独特性在于由多个卖方提出自己的条件，由购买者在同一时间内比选确定条件最优者作为最终的提供方。

建设工程招标是指招标人提出工程的条件和要求，发布招标广告吸引或直接邀请多个投标人参加投标，让他们按招标人规定条件提出实施计划和价格，然后按照公开规定的程序和条件，通过评审比选出信誉可靠、技术能力强、管理水平高、报价合理的单位（如勘察设计单位、监理单位、施工单位等单位），以合同的形式委托其完成工程建设任务的行为。

建设工程投标是指各投标人依据自身资格、能力和管理水平，按照招标文件规定的具体要求，在指定期限内完成投标文件的编制并递交投标文件，争取获得工程建设任务的行为。

一个完整的招标投标过程，包括招标、投标、开标、评标和定标五个环节。

7.1.1.2　招标投标在我国的发展

我国招标投标经历了试行—推广—成熟的发展历程。

20 世纪 80 年代，招标管理机构在全国各地相继成立，有关招标投标方面的法规建设开始起步。1983 年 6 月 7 日，建设部印发了《建筑安装工程招标投标试行办法》，规定"凡经国家和省、市、自治区批准的建筑安装工程，均可按本办法的规定，通过招标，择优选定施工单位，持有营业执照的国营建筑企业和集体所有制施工中位，均可通过投标，承揽任务"这是建设工程招标投标的第一个部门规章，也是我国第一个对招标投标做出较详尽规定的办法，它的颁布为我国推行招标投标制奠定了基础。在这个时期，工程招标方式主要以议标为主，这种招标方式在很大程度上还流于形式，工程招标的过程大多为私下交易，暗箱操作，招标的公正性得不到有效监督。

20 世纪 90 年代，全国各地普遍加强对建设工程招标投标活动的监管工作，招标方式逐渐从议标为主转变为以邀请招标为主，全国的建设工程招标投标管理体系基本形成，为完善我国的招标投标制度打下了坚实的基础。1992 年 12 月 30 日，建设部发布了《工程建设施工招标投标办法》，规定"凡政府和公有制企、事业单位投资的新建、改建、扩建和技术改造工程项目的施工，除某些不适宜招标投标的特殊工程外，均应按照本办法，实行招标投标"这个规定对规范招标投标各方行为起了积极作用，极大地推动了全国建设工程招标投标工作的开展。

2000 年 1 月 1 日，《中华人民共和国招标投标法》正式施行，我国的招标投标进入了一个新的发展阶段，招标投标体系不断完善，招标投标制度在各地方得到了进一步的推广。目前全国所有省、自治区、直辖市人大颁发了《建筑市场管理条例》；大部分省、自治区、直辖市颁发了《建设工程招标投标管理条例》。这些地方性法规出台后，不少地方还制定与之配套的规章和规范性文件，包括报建、招标代理、招标申报、招标文件及标底管理审查，开标、评标、定标、百分制评标等方面的管理规定，规范招标投标管理。

随着我国社会主义市场经济体制的建立和完善，市场竞争日趋激烈，招标投标的运用范畴不断延伸。

7.1.2　招标投标的性质及调整对象

7.1.2.1　招标投标的性质

招标投标具有民事行为性质。民事行为是与行政行为相对应的，在《中华人民共和国招标投标法》颁布实施前，招标投标被人们视为行政行为，把招标投标管理视为政府的事情。

从行为性质看，由于招标缺少合同成立的重要条件——价格，所以，招标不构成建设工程合同订立程序中的要约，而只是一种要约邀请。但这并不意味着招标人可以不受其招标行为的约束，根据《中华人民共和国合同法》的规定，招标人一旦进入招标程序，就应承担缔约责任，同时，他还要受建筑市场管理的相关法规的约束。

投标符合要约的所有条件：它具有缔结合同的主观目的；一旦中标，投标人将受投标书的拘束；投标书的内容具有足以使合同成立的主要条件，而招标人向中标的投标人发出的中标通知书，则是招标人同意接受中标的投标人的投标条件，即招标人同意接受该投标人的要约的意思表示，属于承诺。

7.1.2.2　招标投标调整的对象

《中华人民共和国招标投标法》调整的对象，是指招标投标活动中所涉及的法律关系。招标投标活动中所涉及的法律关系主要是指行政法律关系和民事法律关系。

（1）招标投标中的行政法律关系

《中华人民共和国招标投标法》第七条规定："招标投标活动及其当事人应当接受依法实施的监督。有关行政监督部门依法对招标投标活动实施监督，依法查处招标投标活动中的违法行为。对招标投标活动的行政监督及有关部门的具体职权划分，由国务院规定。"有关行政管理部门在招标投标活动中依法具有监督管理的职能，由此将产生相应的行政关系。这种行政关系主要发生在行政管理部门与招标人、投标人之间，也可能发生在行政管理部门与招标代理人、评标委员会之间。如果各民事主体违反《中华人民共和国招标投标法》的规定，行政管理部门有权进行行政处罚，如没收财产、罚款、取消资格等。

（2）招标投标中的民事法律关系

在招标投标活动中，作为平等主体的各方，无疑会产生相应的民事法律关系，这是《招标投标法》最主要的调整对象。招标投标中的民事法律关系主要发生在招标人与投标人之间，也会在招标人与招标代理人、招标人与评标委员会、投标人与投标人之间发生，对这些民事关系，招标投标法都要进行调整。在这些民事关系中，如果一方违反招标投标法的规定，给对方造成损失的，应当承担相应的民事赔偿责任。

7.1.3　招标投标的法律体系

近年来，为创造公平竞争环境，规范招标投标活动，保护国家、社会公共利益和招标投标活动当事人的合法权益，保证项目质量，国家的各级相关部门十分重视建设工程招标投标的立法工作。目前，我国现行的与建设工程招标投标有关的法律法规主要有以下几种。

《中华人民共和国招标投标法》，第九届全国人民代表大会常务委员会第十一次会议1999 年 8 月 30 日通过，自 2000 年 1 月 1 日起施行；

《工程建设项目招标范围和规模标准规定》，国家发展委计委第三号令，2000 年 5 月 1 日施行；

《房屋建筑和市政基础设施工程施工招标投标管理办法》，建设部第八十九号令，2001 年 6 月 1 日施行；

《评标委员会和评标方法暂行规定》，国家发展计划委员会等七部委第十二号令，2001 年 7 月 5 日施行；

《工程建设项目施工招标投标办法》，国家发展计划委员会等七部委第三十号令，2003 年 5 月 1 日施行；

《工程建设项目勘察设计招标投标办法》，国家发展计划委员会等七部委第二号令，2003 年 8 月 1 日施行；

《房屋建筑和市政基础设施工程施工分包管理办法》，建设部第一百二十四号令，2004 年 4 月 1 日施行；

《工程建设项目货物招标投标办法》，国家发展和改革委员会等七部委第二十七号令，2005 年 3 月 1 日施行；

《工程建设项目招标代理机构资格认定办法》，建设部第一百五十四号令，2007 年 3 月 1 日施行等；

《标准施工招标资格预审文件》和《标准施工招标文件》试行规定，国家发展和改革委员会等九部委第 56 号令，2008 年 5 月 1 日起施行；

《建筑工程方案设计招标投标管理办法》，住房和城乡建设部 2008 年 3 月 21 日发布，2008 年 5 月 1 日起实施。

7.2　建设工程招标

建设工程项目招标是招标投标活动的第一个环节，是建设工程的投资人或委托的中介服务机构，通过法定的程序，运用竞争机制招引潜在的工程承包人的法律行为。

7.2.1　招标的条件

依法必须进行施工招标的工程建设项目，按工程建设项目审批管理规定，凡应报送项目审批部门审批的，招标人必须在报送的可行性研究报告中将招标范围、招标方式、招标组织形式等有关招标内容报送项目审批部门核准。《中华人民共和国招标投标法》第 9 条规定："招标项目按照国家有关规定需要履行项目审批手续的，应当先履行审批手续，取得批准。招标人应当有进行招标项目的相应资金或者资金来源已经落实，并应当在招标文件中如实载明。"

7.2.1.1　施工招标应具备的条件

根据《工程建设项目施工招标投标办法》第 8 条规定："依法必须招标的工程建设项目，应当具备下列条件才能进行施工招标。

① 招标人已经依法成立；

② 初步设计及概算应当履行审批手续的，已经批准；

③ 招标范围、招标方式和招标组织形式等应当履行核准手续的，已经核准；

④ 有相应资金或资金来源已经落实；

⑤ 有招标所需的设计图纸及技术资料。"

7.2.1.2　勘察设计招标应具备的条件

《工程建设项目勘察设计招标投标办法》第 9 条规定："依法必须进行勘察设计招标的工程建设项目，在招标时应当具备下列条件。

① 按照国家有关规定需要履行项目审批手续的，已履行审批手续，取得批准；

② 勘察设计所需资金已经落实；

③ 所必需的勘察设计基础资料已经收集完成；

④ 法律法规规定的其他条件。"

建设工程项目具备必要的条件后，招标人可向当地行政主管部门或其招标办事机构提出招标申请，经审查批准后，方可开展招标活动。

7.2.2　招标的项目范围

7.2.2.1　必须招标的项目

根据《中华人民共和国招标投标法》第 3 条规定："凡在中华人民共和国境内进行工程建设项目包括项目的勘察、设计、施工、监理以及与工程建设有关的重要设备、材料等的采购，必须进行招标。

① 大型基础设施、公用事业等关系社会公共利益、公共安全的项目；

② 全部或者部分使用国有资金投资或国家融资的项目；

③ 使用国际组织或者外国政府贷款、援助资金的项目。

前款所列项目的具体范围和规模标准，由国务院发展计划部门会同国务院有关部门制订，报国务院批准。"

为了确定必须进行招标的工程建设项目的具体范围和规模标准，规范招标投标活动，2000 年 5 月 1 日国家发展计划委员会发布《工程建设项目招标范围和规模标准规定》，将强制招标的范围进一步界定如下。

（1）关系社会公共利益、公众安全的基础设施项目的范围

① 煤炭、石油、天然气、电力、新能源等能源项目；

② 铁路、公路、管道、水运、航空以及其他交通运输业等交通运输项目；

③ 邮政、电信枢纽、通信、信息网络等邮电通信项目；

④ 防洪、灌溉、排涝、引（供）水、滩涂治理、水土保持、水利枢纽等水利项目；

⑤ 道路、桥梁、地铁和轻轨交通、污水排放及处理、垃圾处理、地下管道、公共停车场等城市设施项目；

⑥ 生态环境保护项目；

⑦ 其他基础设施项目。

（2）关系社会公共利益、公众安全的公用事业项目的范围

① 供水、供电、供气、供热等市政工程项目；

② 科技、教育、文化等项目；

③ 体育、旅游等项目；

④ 卫生、社会福利等项目；

⑤ 商品住宅，包括经济适用住房；

⑥ 其他公用事业项目。

（3）使用国有资金投资项目的范围

① 使用各级财政预算资金的项目；

② 使用纳入财政管理的各种政府性专项建设基金的项目；

③ 使用国有企业事业单位自有资金，并且国有资产投资者实际拥有控制权的项目。

（4）国家融资项目的范围

① 使用国家发行债券所筹资金的项目；

② 使用国家对外借款或者担保所筹资金的项目；

③ 使用国家政策性贷款的项目；

④ 国家授权投资主体融资的项目；

⑤ 国家特许的融资项目。

（5）使用国际组织或者外国政府资金的项目范围

① 使用世界银行、亚洲开发银行等国际组织贷款资金的项目；

② 使用外国政府及其机构贷款资金的项目；

③ 使用国际组织或者外国政府援助资金的项目。

上述规定范围内的各类工程建设项目，包括项目的勘察、设计、施工、监理，以及与工程建设有关的重要设备、材料等的采购，达到下列标准之一的，必须进行招标。

① 施工单项合同估算价在 200 万元人民币以上的；

② 重要设备、材料等货物的采购，单项合同估算价在 100 万元人民币以上的；

③ 勘察、设计、监理等服务的采购，单项合同估算价在 50 万元人民币以上的；

④ 单项合同估算价低于以上标准，但项目总投资额在 3000 万元人民币以上的。

7.2.2.2　可以不招标的项目

根据《工程建设项目施工招标投标办法》的规定，需要审批的工程建设项目，有下列情形之一的，经有关审批部门批准，可以不进行施工招标。

① 涉及国家安全、国家秘密或者抢险救灾而不适宜招标的；

② 属于利用扶贫资金实行以工代赈需要使用农民工的；

③ 施工主要技术采用特定的专利或者专有技术的；

④ 施工企业自建自用的工程，且该施工企业资质等级符合工程要求的；

⑤ 在建工程追加的附属小型工程或者主体加层工程，原中标人仍具备承包能力的；

⑥ 法律、行政法规规定的其他情形。

不需要审批但依法必须招标的工程建设项目，有以上规定情形之一的，可以不进行施工招标。

使用国际组织或者外国政府贷款、援助资金的项目进行招标，贷款方、资金提供方对招标投标的具体条件和程序有不同规定的，可以适用其规定，但违背中华人民共和国的社会公共利益的除外。

7.2.3　招标的方式

7.2.3.1　招标的方式

根据《中华人民共和国招标投标法》第 10 条规定："招标分为公开招标和邀请招标。"

（1）公开招标

公开招标又叫竞争性招标，指招标人以招标公告的方式邀请不特定的法人或者其他组织投标。当招标人采用公开招标方式时，应当发布招标公告。招标公告，应当通过国家指定的报刊、信息网络或者其他媒介发布。按照竞争程度，公开招标可分为国际竞争性招标和国内竞争性招标。工程建设项目一般应采用公开招标方式。

公开招标的优点是更多的投标人参与竞争，招标人可在众多的投标人中择优选择，有助于实现公平竞争；其缺点是由于参与的投标人较多，组织工作复杂，评标工作量大、费用高。

（2）邀请招标

指招标人以投标邀请书的方式邀请特定的法人或者其他组织投标。招标人采用邀请招标方式的，应当向三个以上具备承担招标项目能力的、资信良好的特定的法人或者其他组织发出投标邀请书。

根据《工程建设项目施工招标投标办法》第 11 条的规定："国务院发展计划部门确定的国家重点建设项目和各省、自治区、直辖市人民政府确定的地方重点建设项目，以及全部使用国有资金投资或者国有资金投资占控股或者主导地位的工程建设项目，应当公开招标；有下列情形之一的，经批准可以进行邀请招标：

① 项目技术复杂或有特殊要求，只有少量几家潜在投标人可供选择的；

② 受自然地域环境限制的；

③ 涉及国家安全、国家秘密或者抢险救灾，适宜招标但不宜公开招标的；

④ 拟公开招标的费用与项目的价值相比，不值得的；

⑤ 法律、法规规定不宜公开招标的。

国家重点建设项目的邀请招标，应当经国务院发展计划部门批准；地方重点建设项目的邀请招标，应当经各省、自治区、直辖市人民政府批准。全部使用国有资金投资或者国有资金投资占控股或者主导地位的并需要审批的工程建设项目的邀请招标，应当经项目审批部门批准，但项目审批部门只审批立项的，由有关行政监督部门审批。"

邀请招标的优点是参与竞争的投标人数量少，目标集中，招标的组织工作较容易，评标工作量较小；其缺点是由于参加投标的单位较少，竞争性较差，可能会失去有竞争力的潜在的投标人。

凡按照规定应该招标的工程不进行招标，应该公开招标的工程不公开招标的，招标单位所确定的承包单位一律无效。建设行政主管部门按照《中华人民共和国建筑法》的规定，不予颁发施工许可证；对于违反规定擅自施工的，依据《中华人民共和国建筑法》的规定，追究其法律责任。

7.2.3.2　公开招标和邀请招标的区别

两种招标方式的区别主要体现在以下几个方面。

（1）信息发布的方式不同

公开招标采用在国家或行业指定的报刊、电子网络或其他媒体上发布招标公告；邀请招标采用直接发送投标邀请书的方式发布招标信息。

（2）选择的范围不同

公开招标使用招标公告的形式，针对的是一切潜在的对招标项目感兴趣的法人或者其他组织，招标人事先不能掌握投标人的数量；邀请招标针对已经了解的法人或者其他组织，且事先已经知道投标人的数量，招标人拥有绝对的选择余地。

（3）竞争的程度不同

公开招标是面向社会的，公开招标使所有符合条件的法人或者其他组织都有机会参加投标，其竞争性体现得最为充分，容易获得最佳招标效果；邀请招标针对的对象是事先已了解的法人或其他组织，被邀请的投标人数目为 3～10 个，由于投标人相对较少，其竞争性是不完全充分的，招标人的选择范围相对较小，可能漏掉在技术上或报价上更有竞争力的承包商或供应商。因此，邀请招标的竞争范围没有公开招标大，竞争程度也明显不如公开招标强。

（4）公开的程度不同

公开的招标中，所有的活动都必须严格按照预先指定、并为大家所知的程序及标准公开进行，大大减少作弊的可能性；而邀请招标的公开程度就相对逊色一些，产生不法行为的机会也就多一些。

（5）时间和费用不同

由于公开招标程序比较复杂，投标人的数量没有限定，所以其招标准备时间、评标时间和评标费用都相对较多，但是由于竞争充分，比较容易获得最优报价；邀请招标只在有限的投标人中进行，所以其招标准备时间和评标时间可大大缩短，另外还可以省去发布招标公告费用，故邀请招标的时间和费用比公开招标有所减少，但是竞争不充分，不易获得最优报价。

总之，从上述区别看，公开招标和邀请招标各有利弊，但是，邀请招标的投标人数量有限，公开性和竞争性都远不如公开招标，容易产生违规操作和内幕交易。所以，在法律法规没有特别规定的情况下，招标人虽然可以自行选择招标方式，但是应优先选择公开招标。

7.2.4　招标的种类

7.2.4.1　建设工程项目总承包招标

建设工程项目总承包招标又叫建设项目全过程招标，在国外称之为"交钥匙"承包方式。它是指从项目建议书开始，包括可行性研究报告、勘察设计、设备材料询价与采购、工程施工、生产准备、投料试车，直到竣工投产、交付使用全面实行招标。工程总承包企业根据建设单位提出的工程使用要求，对项目建议书、可行性研究、勘察设计、设备询价与选购、材料订货、工程施工、职工培训、试生产、竣工投产等实行全面投标报价。

7.2.4.2　建设工程勘察招标

建设工程勘察招标是指招标人就拟建工程的勘察任务发布通告，以法定方式吸引勘察单位参加竞争，经招标人审查获得投标资格的勘察单位，按照招标文件的要求，在规定的时间内向招标人填报投标书，招标人从中选择条件优越者完成勘察任务。

7.2.4.3　建设工程设计招标

建设工程设计招标是指招标人就拟建工程的设计任务发布通告，以吸引设计单位参加竞争，经招标人审查获得投标资格的设计单位按照招标文件的要求，在规定的时间内向招标人填报投标书，招标人从中择优确定中标单位来完成工程设计任务。工程设计招标通常只对设计方案进行招标，并把设计阶段划分为方案设计阶段、初步设计阶段和施工图设计阶段。一些大型复杂工程，甚至只进行概念设计招标，但为了保证设计思想能够顺利贯彻于设计的各个阶段，一般由中标单位实施技术设计或施工图设计，而不进行另外的招标。

7.2.4.4　建设工程施工招标

建设工程施工招标，是指招标人就拟建的工程发布公告或者邀请，以法定方式吸引建筑施工企业参加竞争，招标人从中选择条件优越者完成工程建设任务的法律行为。

7.2.4.5　建设工程监理招标

建设工程监理招标，是指招标人为了完成监理任务，以法定方式吸引监理单位参加竞争，招标人从中选择条件优越者的法律行为。监理招标的标的是"监理服务"，与工程项目建设中其他各类招标的最大区别表现为监理单位不承担物质生产任务，只是受招标人委托对生产建设过程提供监督、管理、协调和咨询等服务。由于监理招标标的具有特殊性，招标人选择中标人主要基于能力的选择，而不是仅考虑报价的高低。

7.2.4.6　建设工程材料设备招标

建设工程材料设备招标，是指招标人就拟购买的材料设备发布公告或者邀请，以法定方式吸引建设工程材料设备供应商参加竞争，招标人从中选择条件优越者购买其材料设备的法律行为。

7.2.5　招标的办法

根据《中华人民共和国招标投标法》第 12 条规定，工程招标有两种办法：自行招标和委托招标。

7.2.5.1　自行招标

招标人具有编制招标文件和组织评标能力的，可以自行办理招标事宜。任何单位和个人不得强制其委托招标代理机构办理招标事宜。国家计委颁发的《工程建设项目自行招标试行办法》第 4 条规定："招标人自行办理招标事宜，应当具有编制招标文件和组织评标的能力，具体包括以下几个方面。

① 具有项目法人资格或者法人资格；

② 有与招标工程相适应的工程技术、概预算、财务和工程管理等方面的专业技术力量；

③ 有从事同类工程建设项目招标的经验；

④ 设有专门的招标机构或拥有 3 名以上专职招标业务人员；

⑤ 熟悉和掌握招标投标法及有关法规规章。"

具备上述条件的招标人，应当在向国家计委报送项目可行性研究报告时，一并报送申请自行招标的书面材料。《工程建设项目自行招标试行办法》第 6 条规定："国家计委审查招标人报送的书面材料，核准招标人符合本办法规定的自行招标条件的，招标人可以自行办理招标事宜。任何单位和个人不得限制其自行办理招标事宜，也不得拒绝办理工程建设有关手续。"

依法必须招标的项目，招标人自行招标的，应当向建设行政主管部门备案。

7.2.5.2　委托招标

招标人不具备自行招标条件的，应当委托招标代理机构代为办理招标事宜。《中华人民共和国招标投标法》第 12 条规定："招标人有权自行选择招标代理机构，委托其办理招标事宜。任何单位和个人不得以任何方式为招标人指定招标代理机构。"

（1）招标代理机构的概念

招标代理机构是指依法设立、从事招标代理业务并提供相关服务的社会中介组织。成立于 1984 年的中国技术进出口总公司国际招标公司（后改为中技国际招标公司）是我国第一家招标代理机构。目前，全国专门从事招标代理业务的机构已有数百家。

（2）招标代理机构必须具备的条件

根据《中华人民共和国招标投标法》第 13 条规定：招标代理机构必须具备下列条件。

① 有从事招标代理业务的营业场所和相应资金　营业场所是提供代理服务的固定地点，注册资金是从事招标活动的基础，根据我国现行法律的规定，甲、乙两级招标代理机构的注册资金分别不得少于 100 万元和 50 万元。

② 具有编制招标文件和组织评标的专业力量　招标文件是联系沟通招标、投标双方的桥梁，招标文件的准确性、严谨性将直接影响招标质量，也是招标成败的关键。评标水平的高低，将直接影响招标的效果，也将决定招标的公正性。因此，具有编制招标文件和组织评

标的业务能力是招标代理机构必须具备的基本条件。

③ 有符合法律规定，可以作为评标委员会成员人选的技术、经济等方面的专家库 为保证评标的公正性和权威性，《中华人民共和国招标投标法》第 37 条规定："评标委员会必须有技术、经济、法律等方面的专家参加，且其人数不少于评标委员会总人数三分之二。"参加评标的专家采取随机抽取的方式从专家库中产生。因此，招标代理机构必须具有符合法律规定的专家库。关于专家库的建立，有以下要求：专家库的人选要求是从事相关领域工作满 8 年并具有高级职称或具有同等专业水平的技术、经济等方面的人员；专家的专业范围必须能涵盖本行业或专业招标所需的各个方面；专家库人员的数量应能满足建库的要求。

（3）招标代理机构的从业资格

为保证招标代理机构的业务素质和专业水平，《中华人民共和国招标投标法》第 14 条规定："从事工程建设项目招标代理业务的招标代理机构，其资格由国务院或者省、自治区、直辖市人民政府的建设行政主管部门认定。具体办法由国务院建设行政主管部门会同国务院有关部门制定。从事其他招标代理业务的招标代理机构，其资格认定的主管部门由国务院规定。招标代理机构与行政机关和其他国家机关不得存在隶属关系或者其他利益关系。"我国的招标代理机构的资格分为甲、乙两级。

7.2.6　招标投标的程序

虽然各类招标投标的内容有差异，但招标投标程序通常都是类似的，一般需经过三个阶段，即招标准备阶段、招标阶段和定标成交阶段。

7.2.6.1　招标准备阶段

招标准备阶段是从办理招标申请开始到发出招标公告或邀请招标函为止的时间段，这一阶段的主要工作包括招标人组建招标机构、选择招标方式、办理招标审批手续及编制与招标有关的各种文件。

（1）组建招标机构

招标人根据项目情况及自身能力，按照国家相关法律法规的规定，组建招标机构或委托招标代理机构。

（2）选择招标方式

招标人按照国家相关法律及项目的情况，选择公开招标或邀请招标方式。

（3）招标人办理招标审批手续

建设工程项目具备必要的条件后，招标人可向当地建设行政主管部门或其招标办事机构提出招标申请，申请文件应说明：招标工作的范围、招标方式、计划工期、对投标人的资质要求、招标项目的前期准备工作的完成情况、自行招标还是委托招标等内容，上述内容经有关机构审查批准后，招标人方可开展招标活动。

（4）编制与招标有关的各种文件

招标准备阶段应编制好招标过程中可能涉及的有关文件，保证招标活动的正常进行。这些文件主要包括：招标公告或投标邀请书、资格预审文件、招标文件、合同协议书及评标方法。

① 招标公告　招标人采用公开招标方式的，应当发布招标公告。《工程建设项目施工招标投标办法》第 14 条规定："招标公告或者投标邀请书应当至少载明下列内容：

a. 招标人的名称和地址；

b. 招标项目的内容、规模、资金来源；

　　c. 招标项目的实施地点和工期；

　　d. 获取招标文件或者资格预审文件的地点和时间；

　　e. 对招标文件或者资格预审文件收取的费用；

　　f. 对招标人的资质等级的要求。"

　　为了规范招标公告发布行为，保证潜在投标人平等、便捷、准确地获取招标信息，原国家发展计划委员会发布了《招标公告发布暂行办法》，自 2000 年 7 月 1 日起执行。

　　拟发布的招标公告文本有下列情形之一的，有关媒介可以要求招标人或其委托的招标代理机构及时予以改正、补充或调整。

　　a. 字迹潦草、模糊，无法辨认的；

　　b. 载明的事项不符合规定的；

　　c. 没有招标人或其委托的招标代理机构主要负责人签名并加盖公章的；

　　d. 在两家以上媒介发布的同一招标公告的内容不一致的。

　　指定媒介发布的招标公告的内容与招标人或其委托的招标代理机构提供的招标公告文本不一致，并造成不良影响的，应当及时纠正重新发布。

　　② 投标邀请书　采用邀请招标方式的，应当发出投标邀请书，其内容与上述招标公告的内容基本一致。在邀请招标中，招标人有可能故意邀请一些不符合条件的法人作为内定中标人的陪衬，搞假招标。为了防止这种现象的发生，《中华人民共和国招标投标法》对邀请招标的对象所应具备的条件作出限制，即投标邀请书应当向 3 个以上具备承担招标项目能力、资信良好的特定的法人发出。

　　③ 招标文件　2007 年 11 月 1 日，国家发展和改革委员会、财政部、建设部、铁道部、交通部、信息产业部、水利部、民用航空总局、广播电影电视总局联合发布了《标准施工招标文件》，自 2008 年 5 月 1 日起在政府投资项目中试行。《标准施工招标文件》包括了四卷：第一卷的内容有招标公告（未进行资格预审）、投标邀请书、投标人须知、评标办法、合同条款及格式、工程量清单，第二卷的内容是图纸，第三卷的内容是技术标准和要求，第四卷的内容是投标文件格式。

　　《工程建设项目施工招标投标办法》第 24 条规定："招标人根据施工招标项目的特点和需要编制招标文件。招标文件一般包括下列内容：

　　a. 投标邀请书；

　　b. 投标人须知；

　　c. 合同主要条款；

　　d. 投标文件格式；

　　e. 采用工程量清单招标的，应当提供工程量清单；

　　f. 技术条款；

　　g. 设计图纸；

　　h. 评标标准和方法；

　　i. 投标辅助材料。

招标人应当在招标文件中规定实质性要求和条件，并用醒目的方式标明。"

　　④ 标底　设有标底的招标项目，招标人应当编制标底。标底是指由招标单位自行编制或委托具有编制标底资格和能力的代理机构代理编制的招标人对工程的预期价格。《工程建设项目施工招标投标办法》第 22 条规定："招标人可根据项目特点决定是否编制标底。编制标底的，标底编制过程和标底必须保密。招标项目编制标底的，应根据批准的初步设计、投

资概算，依据有关计价办法，参照有关工程定额，结合市场供求状况，综合考虑投资、工期和质量等方面的因素合理确定。标底由招标人自行编制或委托中介机构编制。一个工程只能编制一个标底。任何单位和个人不得强制招标人编制或报审标底，或干预其确定标招标项目可以不设标底，进行无标底招标。"工程施工标底价格应在投标截止日期后、开标之前按规定报招标管理机构审查，招标管理机构在规定时间内完成标底的审定工作，未经审查的标底一律无效。标底一般由下列内容组成。

　　a. 标底的综合编制说明；

　　b. 标底价格审定书、标底价格计算书、带有价格的工程量清单、现场因素、各种施工措施费的测算明细以及采用固定价格工程的风险系数测算明细等；

　　c. 主要材料用量；

　　d. 标底附件：如各项交底纪要、各种材料和设备的价格来源、现场的地质、水文、地上情况的有关资料、编制标底价格所依据的施工方案或施工组织设计等。

　　常用的编制标底的方法主要有两种：工料单价法和综合单价法。

7.2.6.2　招标阶段

　　招标阶段，也是投标人的投标阶段，即从发布招标公告之日起到投标截止之日的时间段。这一阶段的主要工作包括资格审查、发售招标文件、组织踏勘现场、投标前的答疑及招标文件的澄清与修改等工作。

　　(1) 资格审查

　　一般来说，资格审查可分为资格预审和资格后审。资格预审是在投标前对潜在投标人进行的资格审查；资格后审是在投标后（一般是在开标后）对投标人进行的资格审查。进行资格预审的，一般不再进行资格后审，但招标文件另有规定的除外。采用资格审查程序，可以缩减招标人评审和比较投标文件的数量，如果越过这道程序，直接对投标文件进行比较，不仅费用要高得多，也更加耗费时间。

　　《工程建设项目施工招标投标办法》第20条规定："资格审查应主要审查潜在投标人或者投标人是否符合下列条件：

　　a. 具有独立订立合同的权利。

　　b. 具有履行合同的能力，包括专业、技术资格和能力，资金、设备和其他物质设施状况，管理能力，经验、信誉，以及相应的从业人员。

　　c. 没有处于被责令停业，投标资格被取消，财产被接管、冻结，破产状态。

　　d. 在最近三年内没有骗取中标和严重违约及重大工程质量问题。

　　e. 法律、行政法规规定的其他资格条件。

　　资格审查时，招标人不得以不合理的条件限制、排斥潜在投标人或者投标人，不得对潜在投标人或者投标人实行歧视待遇。任何单位和个人不得以行政手段或者其他不合理方式限制投标人的数量。"

　　经资格预审后，招标人应当向资格预审合格的潜在投标人发出资格预审合格通知书，告知获取招标文件的时间、地点和方法，并同时向资格预审不合格的潜在投标人告知资格预审结果。资格预审不合格的潜在投标人不得参加投标。经资格后审不合格的投标人的投标应作废标处理。

　　(2) 招标文件的发售

　　招标文件一般按照套数发售。向投标人供应招标文件套数的多少可以根据招标项目的复杂程度等来确定，一般都是一个投标人一套。对于大型或者结构复杂的建设工程，招标文件篇幅较大，招标人根据文件的不同性质，可分为若干卷次。

《工程建设项目勘察设计招标投标办法》第 12 条规定："招标人应当按招标公告或者投标邀请书规定的时间、地点出售招标文件，自招标文件出售之日起至停止出售之日止，最短不得少于 5 个工作日。"

《工程建设项目施工招标投标办法》第 15 条规定："对招标文件或者资格预审文件收费应当合理，不得以营利为目的。对于所附的设计文件，招标人可以向投标人酌收押金；对于开标后投标人退还设计文件的，招标人应当向投标人退还押金。招标文件或者资格预审文件售出后，不予退还，招标人在发布招标公告、发出投标邀请书后或者售出招标文件或资格预审文件后不得擅自终止招标。"

（3）招标人组织踏勘现场

《中华人民共和国招标投标法》第 21 条规定："招标人根据招标项目的具体情况，可以组织潜在投标人踏勘项目现场。"

建设工程现场踏勘主要包括以下内容。

① 自然地理条件　主要有工程所在地的地理位置、地形地貌、用地范围、气象、水文情况（如气温、湿度、风力、降雨）、地质情况等。

② 施工条件　施工场地四周的情况，布置临时设施、生活营地的可能性；供水排水、供电、通信、道路交通条件；附近现有建筑物情况；所在地段环境保护情况，有无噪声标准、限时施工等规定；材料运输、对方场地情况等；工程在现场中的位置与布置情况；临时用地、临时设施搭建等。

③ 市场环境　建筑及装饰材料、施工机械设备、燃料动力和生活用品供应情况以及价格水平；劳务市场情况，包括工人的技术水平、工资水平，有关劳动保险和福利待遇的规定等。

投标人对招标文件或者在现场踏勘中如果有疑问或不清楚的问题，可以而且应当用书面的形式要求招标人予以解答。招标人收到投标人提出的疑问或不清楚的问题后，应当给予解释和答复。

（4）召开标前会议

标前会议，也称投标预备会或答疑会。对于潜在投标人在阅读招标文件和现场踏勘中提出的疑问，招标人可以书面形式或召开投标预备会的方式解答，并以书面形式通知所有购买招标文件的投标人，该书面文件为招标文件的组成部分。

标前会议应在招标管理机构监督下，由招标人或其委托的招标代理机构组织并主持召开，参加会议的人员包括招标人、投标人、招标代理人员、招标文件的编制人员等。

（5）招标文件的澄清和修改

《中华人民共和国招标投标法》第 23 条规定："招标人对已发出的招标文件进行必要的澄清或者修改的，应当在招标文件要求提交投标文件截止时间至少十五日前，以书面形式通知所有招标文件收受人。该澄清或者修改的内容为招标文件的组成部分。"

7.2.6.3　定标成交阶段

定标成交阶段，即从开标之日起到与中标人签订承包合同为止的时间段。这一阶段的主要工作包括开标、评标和授标，该阶段的具体内容详见本章第四节。

7.2.7　关于招标的其他法律规定

为了维护投标人之间的公平竞争，《中华人民共和国招标投标法》作了一些约束招标人行为的规定，主要有以下方面：

　　① 第18条规定："招标人不得以不合理的条件限制或排斥潜在投标人，不得对投标的潜在投标人实行歧视性待遇。"本条规定主要为防止一些利用不合理的评标标准、设置多个标底等手段限制或排斥潜在投标人的违法行为。

　　② 第20条规定："招标文件不得要求或者表明特定的生产供应者以及含有倾向或排斥潜在投标人的其他内容。"

　　③ 第22条规定："招标人不得向他人透漏已获取招标文件的潜在投标人的名称、数量以及可能影响公平竞争的有关招标投标的其他情况。招标人设有标底的，标底必须保密。"

　　④ 第24条规定："招标人应当确定投标人编制投标文件所需要的合理时间；但是，依法必须进行招标的项目，自招标文件开始发出之日起至投标提交投标文件截止之日止，最短不得少于二十日。"

　　⑤ 第31条规定："招标人不得强制投标人组成联合体投标，不得限制投标人之间的竞争。"

7.3　建设工程投标

7.3.1　投标人应具备的条件

　　投标是指投标人从填写资格预审调查开始到将正式投标文件送交业主到最后中标签订承包合同为止所进行的全部工作。

　　《中华人民共和国招标投标法》第25条规定："依法招标的科研项目允许个人参加投标的，投标的个人适用本法有关投标人的规定。"

　　《工程建设项目施工招标投标办法》第35条规定："投标人是指响应投标，参加投标竞争的人。招标人的任何不具备独立法人资格的附属机构和附属单位，或为招标项目的前期准备或监理工作提供设计、咨询服务的任何法人及其任何附属机构和附属单位，都不允许参加该施工项目招标的投标。"

　　《中华人民共和国招标投标法》第26条规定："投标人应当具备承担招标项目的能力；国家有关规定对投标人资格条件或者招标文件对投标人资格条件有规定的，投标人应当具备规定的资格条件。"

7.3.2　投标程序

7.3.2.1　投标准备

　　在正式投标前，投标人应做好大量的准备工作，这些准备工作包括以下几个方面。

　　（1）投标项目宏观环境的调查

　　① 政策法律　投标人需了解项目所在地的政治形势、国家政策、风俗习惯、宗教信仰、工会活动情况以及当地的治安状况等。

　　② 自然条件　投标人需了解项目所在地的自然条件，包括项目所在地的年平均气温、年最高气温和年最低气温，风向图、最大风速和风压值，日照，年平均降雨（雪）量和最大降雨（雪）量，年平均湿度、最高和最低湿度，其中尤其要分析全年不能和不宜施工的天数；地震、洪水及其他灾害情况；水文、地质、地形、地貌、气温、湿度、主导风向、年降水量等，以及洪水、台风等自然灾害状况。

　　③ 市场情况　调查的内容主要包括：建筑材料、施工机械设备、燃料、动力、水和生

活用品的供应情况及价格水平；劳务市场情况如工人工资水平、有关劳动保护和福利待遇的规定等。

（2）投标项目微观环境调查

① 投标项目情况　项目的情况包括：工程类型、规模、发包范围；工程现场邻近建筑物与招标工程的间距、结构形式、基础埋深、新旧程度、高度；地上或地下障碍物情况；工程材料选用的特点及当地建材的供应能力、工程施工的重难点；工程总工期要求及工期控制的重点；施工现场的地形特点、地下水位情况、地基是否有大孔土、膨胀土、冬季冻土层厚度、"三通一平"情况；工程资金来源及到位情况、本工程各项审批手续是否齐全；设计工程师和监理工程师的资历等。

② 业主情况　业主情况包括：业主的资信情况、履约情况、业主以往对其他工程的资金付款情况、对本工程需求情况等。

③ 竞争对手情况　投标人需了解参与项目竞争的其他投标人的情况，包括技术特长、管理水平、经营状况等，并与竞争对手进行优劣势对比分析，为制定合理的投标竞争策略奠定基础。

7.3.2.2　投标文件的编制

投标文件是投标人根据招标人在招标文件中的要求并结合自身的情况而编制以提供给招标人的一系列文件。《中华人民共和国招标投标法》第 27 条规定："投标人应当按照招标文件的要求编制投标文件。投标文件应当对招标文件提出的实质性要求和条件作出响应。招标项目属于建设施工的，投标文件的内容应当包括拟派出的项目负责人与主要技术人员的简历、业绩和拟用于完成招标项目的机械设备等。"

《房屋建筑与市政基础设施工程施工招标投标管理办法》第 25 条规定："招标文件允许投标人提供备选标的，投标人可以按照招标文件的要求提交替代方案，并作出相应报价作备选标。"

《建筑工程设计招标投标管理办法》第 13 条规定："投标人应当按照招标文件、建筑方案设计文件编制深度规定的要求编制投标文件；进行概念设计招标的，应当按照招标文件要求编制投标文件。投标文件应当由具有相应资格的注册建筑师签章，加盖单位公章。"

《工程建设项目施工招标投标办法》第 36 条规定："投标人应当按照招标文件的要求编制投标文件。投标文件应当对招标文件提出的实质性要求和条件作出响应。投标文件一般包括下列内容：

① 投标函；

② 投标报价；

③ 施工组织设计；

④ 商务和技术偏差表。

投标人根据招标文件载明的项目实际情况，拟在中标后将中标项目的部分非主体、非关键性工作进行分包的，应当在投标文件中载明。"

投标文件是衡量一个施工企业的资历、质量和技术水平、管理水平的综合文件，也是审标和决标的主要依据。投标人作出投标决策之后，就应着手按照招标文件的要求编制标书，对招标文件提出的实质性要求和条件作出响应。

在编制投标文件时，应注意做好校核工程量、编制施工规划以及报价计算等工作。

7.3.2.3　投标文件的送达

投标人应当将投标文件的正本和每份副本分别密封在内层包封，再密封在一个外层包封中，并在内包封上正确标明"投标文件正本"或"投标文件副本"。

《中华人民共和国招标投标法》第 28 条规定："投标人应当在招标文件要求提交投标文件的截止时间前，将投标文件送达投标地点。招标人收到投标文件后，应当签收保存，不得开启。投标人少于三个的，招标人应当依照本法重新招标。在招标文件要求提交投标文件的截止时间后送达的投标文件，招标人应当拒收。"

《工程建设项目施工招标投标办法》第 38 条规定："投标人应当在招标文件要求提交投标文件的截止时间前，将投标文件密封送达投标地点。招标人收到投标文件后，应当向投标人出具标明签收人和签收时间的凭证，在开标前任何单位和个人不得开启投标文件。在招标文件要求提交投标文件的截止时间后送达的投标文件，为无效的投标文件，招标人应当拒收。提交投标文件的投标人少于三个的，招标人应当依法重新招标。重新招标后投标人仍少于三个的，属于必须审批的工程建设项目，报经原审批部门批准后可以不再进行招标；其他工程建设项目，招标人可自行决定不再进行招标。"

7.3.2.4 投标文件的补充、修改或者撤回

《中华人民共和国招标投标法》第 29 条规定："投标人在招标文件要求提交投标文件的截止时间前，可以补充、修改、替代或者撤回已提交的投标文件，并书面通知招标人。补充、修改的内容为投标文件的组成部分。"

《工程建设项目施工招标投标办法》第 40 条规定："在提交投标文件截止时间后到招标文件规定的投标有效期终止之前，投标人不得补充、修改、替代或者撤回其投标文件。投标人补充、修改、替代投标文件的，招标人不予接受；投标人撤回投标文件的，其投标保证金将被没收。"投标有效期是指从招标文件规定的提交投标文件截止之日起到招标文件规定的截止日期止，在此期限内投标文件对投标人具有法律约束力，投标有效期用来保证招标人有足够时间，完成评标和与中标人签订合同等工作。

例题 某施工项目招标，招标文件开始出售的时间为 3 月 20 日，停止出售的时间为 3 月 30 日提交招标文件的截止时间为 4 月 25 日，评标结束的时间为 4 月 30 日，则投标有效期开始的时间为（ ）。

A. 3 月 20 日 B. 3 月 30 日 C. 4 月 25 日 D. 4 月 30 日

【答案】C

7.3.3 投标担保

7.3.3.1 投标担保的概念

投标担保，是指为了防止投标人不谨慎进行投标活动而设定的一种担保形式。招标人不希望投标人在投标有效期内随意撤回标书或中标后不能提交履约保证金和签署合同。

7.3.3.2 投标担保的形式及金额

《工程建设项目施工招标投标办法》第 37 条规定："招标人可以在招标文件中要求投标人提交投标保证金。投标保证金除现金外，可以是银行出具的银行保函、保兑支票、银行汇票或现金支票。

投标保证金一般不得超过投标总价的百分之二，但最高不得超过八十万元人民币。投标保证金有效期应当超出投标有效期三十天。

投标人应当按照招标文件要求的方式和金额，将投标保证金随投标文件提交给招标人。

投标人不按招标文件要求提交投标保证金的，该投标文件将被拒绝，作废标处理。"

7.3.4　联合体投标

7.3.4.1　联合体投标的概念

联合体投标是招标投标活动中一种特殊的投标人形式，常见于一些大型复杂的项目，这些项目仅靠单一投标人的能力不可能独立完成，投标人通常组成联合体参与投标，以增强投标竞争力。尤其是在国际工程承包中，联合投标是实现不同投标人优势互补，跨地区和国家市场屏蔽的有效方式。但是，联合投标应当是潜在投标人的自愿行为，也只有以自愿为基础，才能发挥联合体的优势。

① 联合体的法律地位　联合体是由多个法人或经济组织组成，但它在投标时是作为一个独立的投标人出现的，具有独立的民事权利能力和民事行为能力。

② 联合体的资格　《中华人民共和国招标投标法》第 31 条规定：组成联合体各方均应具备相应的投标资格；由同一专业的单位组成的联合体，按照资质等级较低的单位确定资质等级。

③ 联合体各方的法律责任　联合体各方应签订共同投标协议，明确约定各方在拟承包的工程中所承担的义务和责任，并将共同投标协议连同投标文件提交招标人。联合体各方对中标的项目承担连带责任。联合体中的某一方违反合同，招标人都有权要求其中的任何一方承担全部责任。

④ 投标人的意思自治　投标时，投标人是否与他人组成联合体，与谁组成联合体，都由投标人自行决定，任何人都不得干涉。

7.3.4.2　关于联合体投标的相关法律规定

《中华人民共和国招标投标法》第 31 条规定："两个以上法人或者其他组织可以组成一个联合体，以一个投标人的身份共同投标。

联合体各方均应当具备承担招标项目的相应能力；国家有关规定或者招标文件对投标人资格条件有规定的，联合体各方均应当具备规定的相应资格条件。由同一专业的单位组成的联合体，按照资质等级较低的单位确定资质等级。

联合体各方应当签订共同投标协议，明确约定各方拟承担的工作和责任，并将共同投标协议连同投标文件一并提交招标人。联合体中标的，联合体各方应当共同与招标人签订合同，就中标项目向招标人承担连带责任。

招标人不得强制投标人组成联合体共同投标，不得限制投标人之间的竞争。"

《工程建设项目施工招标投标办法》第 42 条规定："两个以上法人或者其他组织可以组成一个联合体，以一个投标人的身份共同投标。

联合体各方签订共同投标协议后，不得再以自己名义单独投标，也不得组成新的联合体或参加其他联合体在同一项目中投标。"

《工程建设项目施工招标投标办法》第 43 条规定："联合体参加资格预审并获通过的，其组成的任何变化都必须在提交投标文件截止之日前征得招标人的同意。如果变化后的联合体削弱了竞争，含有事先未经过资格预审或者资格预审不合格的法人或者其他组织，或者使联合体的资质降到资格预审文件中规定的最低标准以下，招标人有权拒绝。"

《工程建设项目施工招标投标办法》第 44 条规定："联合体各方必须指定牵头人，授权其代表所有联合体成员负责投标和合同实施阶段的主办、协调工作，并应当向招标人提交由所有联合体成员法定代表人签署的授权书。"

《工程建设项目施工招标投标办法》第 45 条规定："联合体投标的，应当以联合体各方或者联合体中牵头人的名义提交投标保证金。以联合体中牵头人名义提交的投标保证金，对联合体各成员具有约束力。"

7.3.5　关于工程投标的其他法律规定

《中华人民共和国招标投标法》第 32 条规定："投标人不得相互串通投标报价，不得排挤其他投标人的公平竞争，损害招标人或者其他投标人的合法权益。

投标人不得与招标人串通投标，损害国家利益、社会公共利益或者他人的合法权益。

禁止投标人以向招标人或者评标委员会成员行贿的手段谋取中标。"

《中华人民共和国招标投标法》第 33 条规定："投标人不得以低于成本的报价竞标，也不得以他人名义投标或者以其他方式弄虚作假，骗取中标。"

《工程建设项目施工招标投标办法》第 46 条规定："下列行为均属投标人串通投标报价：

① 投标人之间相互约定抬高或压低投标报价；

② 投标人之间相互约定，在招标项目中分别以高、中、低价位报价；

③ 投标人之间先进行内部竞价，内定中标人，然后再参加投标；

④ 投标人之间其他串通投标报价的行为。"

《工程建设项目施工招标投标办法》第 47 条规定："下列行为均属招标人与投标人串通投标：

① 招标人在开标前开启投标文件，并将投标情况告知其他投标人，或者协助投标人撤换投标文件，更改报价；

② 招标人向投标人泄露标底；

③ 招标人与投标人商定，投标时压低或抬高标价，中标后再给投标人或招标人额外补偿；

④ 招标人预先内定中标人；

⑤ 其他串通投标行为。"

《工程建设项目施工招标投标办法》第 48 条规定："投标人不得以他人名义投标。

前款所称以他人名义投标，指投标人挂靠其他施工单位，或从其他单位通过转让或租借的方式获取资格或资质证书，或者由其他单位及其法定代表人在自己编制的投标文件上加盖印章和签字等行为。"

7.4　建设工程开标、评标和中标

7.4.1　开标

开标，指投标截止以后，招标人按招标文件所规定的时间和地点，开启投标人提交的投标文件，公开宣布投标人的名称、投标价格及投标文件中的其他主要内容的活动。

开标应当公开进行，即应当向所有投标人公开投标文件，其行为完全是在投标人及有关机构的监督下进行的，从而体现招标投标活动的公平、公正、公开和诚实信用的原则。

7.4.1.1　开标的时间和地点

《中华人民共和国招标投标法》第 34 条规定："开标应当在招标文件确定的提交招标文件截止时间的同一时间公开进行，开标地点应当为招标文件中预先确定的地点。"

提交投标文件截止时间即是开标时间，它一般精确至某年某月某时某分。这样规定能避免开标与投标截止时间之间产生时间间隔，从而防止泄露投标内容等一些不正当行为的发生。

　　开标地点应当为招标文件中预先确定的地点。招标人应当在招标文件中对开标地点作出明确、具体的规定，以便投标人及有关方面按照招标文件规定的开标时间到达开标地点。

7.4.1.2　开标的主持人和参加人

　　《中华人民共和国招标投标法》第 35 条规定："开标由招标人主持，邀请所有投标人参加。"投标人或者他们的代表则不论是否被邀请，都有权参加开标，不能因为投标人或者其代表没有参加开标而宣布其投标文件为废标。邀请所有投标人参加，是为了保证招投标的公正，使他们了解开标的过程和其他投标人的投标情况，从而对评标结果是否合理有一判断，这对招标可起到一定的监督作用。开标时，还可邀请招标主管部门、评标委员会、公证部门的有关人员参加。

7.4.1.3　开标程序

　　《中华人民共和国招标投标法》第 36 条规定："开标时，由投标人或者其推选的代表检查投标文件的密封情况，也可以由招标人委托的公证机构检查并公证；经确认无误后，由工作人员当众拆封，宣读投标人名称、投标价格和投标文件的其他主要内容。

　　招标人在招标文件要求提交投标文件的截止时间前收到的所有投标文件，开标时都应当当众予以拆封、宣读。开标过程应当记录，并存档备查。"根据该规定，开标可分为以下几个程序。

　　（1）投标文件密封情况的检查

　　主持人应请由投标人或者其推选的代表当众检查所有已经接收的投标文件密封情况，并签字确认。招标人也可委托公证机构检查所有已经接收的投标文件密封情况，并当众宣布检查结果。

　　（2）投标文件的拆封

　　由招标人或招标代理机构的工作人员当众拆封所有符合密封要求的投标文件。

　　（3）唱标

　　唱标人应按照招标文件中规定的唱标内容和要求，宣读投标人名称、投标价格、质量目标、工期和投标文件的其他主要内容，所有在投标致函中提出的附加条件、补充声明、优惠条件、替代方案等均应宣读。如果设有标底，也应同时公布。

　　如投标文件没有密封，或有被开启的痕迹，应被认定为投标无效，其内容不予宣读。

　　（4）开标过程记录和保存

　　在宣读投标人名称、投标价格和投标文件的其他主要内容时，招标主持人对公开开标所读的每一项，按照开标时间的先后顺序进行记录，由主持人和其他工作人员签字确认后，存档备查。开标记录的内容包括：项目名称、招标号、刊登招标公告的日期、发售招标文件的日期、购买招标文件的单位名称、投标人的名称及报价、截标后收到投标文件的处理情况等。

7.4.1.4　投标文件无效的几种情形

　　《工程建设项目施工招标投标办法》第 52 条规定："投标文件有下列情形之一的，招标人不予受理：

　　① 逾期送达的或者未送达指定地点的；

　　② 未按招标文件要求密封的。

　　投标文件有下列情形之一的，由评标委员会初审后按废标处理：

　　① 无单位盖章并无法定代表人或法定代表人授权的代理人签字或盖章的；

　　② 未按规定的格式填写，内容不全或关键字迹模糊、无法辨认的；

③ 投标人递交两份或多份内容不同的投标文件，或在一份投标文件中对同一招标项目报有两个或多个报价，且未声明哪一个有效，按招标文件规定提交备选投标方案的除外；

④ 投标人名称或组织结构与资格预审时不一致的；

⑤ 未按招标文件要求提交投标保证金的；

⑥ 联合体投标未附联合体各方共同投标协议的。"

《房屋建筑与市政基础设施工程施工招标投标管理办法》第 35 条的规定："在开标时，投标文件出现下列情形之一的，应当做为无效投标文件，不得进入评标：

① 投标文件未按照招标文件的要求予以密封的；

② 投标文件中的投标函未加盖投标人的企业及企业法定代表人印章的，或者企业法定代表人委托代理人没有合法、有效的委托书（原件）及委托代理人印章的；

③ 投标文件的关键内容字迹模糊、无法辨认的；

④ 投标人未按照招标文件的要求提供投标保函或者投标保证金的；

⑤ 组成联合体投标的，投标文件未附联合体各方共同投标协议的。"

例题 1 某投标人在提交投标文件时，夹带了一封修改投标报价的函件，但开标时该函件没有当众拆封宣读。只宣读了修改前的报价单上填报的投标价格。该投标人当时没有异议。这份修改投标报价的函件应视为（ ）。

A. 有效　　B. 无效　　C. 经澄清说明后有效　　D. 在招标人同意接受的情况下有效

【答案】C　该函件是有效的，招标人在招标文件要求提交投标文件的截止时间前收到的所有投标文件，在开标时都应当当众予以拆封、宣读。该文件开标时未宣读，所以，投标人应当向评标委员会澄清，澄清后，该函件有效。

例题 2 某建设项目递交投标文件的截止时间为 2010 年 3 月 1 日上午 9 点，某投标人由于交通拥堵于 2010 年 3 月 1 日上午 9 点 5 分将投标文件送达，开标当时的正确做法是（ ）。

A. 招标人不予受理，该投标文件作为无效标书处理

B. 经招标办审查批准后，该投标有效，可以进入开标程序

C. 经其他全部投标人过半数同意，该投标可以进入开标程序。

D. 由评标委员会按废标处理

【答案】A

例题 3 某工程施工联合体参加资格预审并获通过后，投标过程中其组成成员发生变化，虽未经招标人同意，但新联合体仍然符合资格预审条件要求，则招标人（ ）。

A. 应当认定投标文件无效　　　　　　　B. 可以认定投标文件有效

C. 征得投标人同意后可以认定投标文件有效

D. 征得评标委员会同意后可以认定投标文件有效

【答案】A

7.4.2　评标

评标，是指依据招标文件的规定和要求，对投标文件所进行审查、评审和比较，最终确定中标人的过程，评标由招标人组建的评标委员会负责。

为了规范评标活动，保证评标的公平、公正，2001 年 7 月，国家计委、国家经贸委、建设部、铁道部、交通部、信息产业部、水利部联合制定了《评标委员会和评标方法暂行规定》（简称《评标规定》）。2003 年 2 月 22 日，国家计委又发布了《评标专家和评标专家库管理暂行办法》。

7.4.2.1　评标委员会和评标专家

（1）评标委员会和评标专家

评标委员会由招标人负责组建，负责评标活动，向招标人推荐中标候选人或者根据招标人的授权直接确定中标人。

《中华人民共和国招标投标法》第 37 条第一款规定："评标由招标人依法组建的评标委员会负责。依法必须进行招标的项目，其评标委员会由招标人的代表和有关技术、经济、法律等方面的专家组成，人数应在五人以上并为单数，其中技术、经济、法律等方面的专家不得少于成员总数的三分之二。"

（2）评标专家库

评标专家库由省级（含省级）以上人民政府有关部门或者依法成立的招标代理机构依照《中华人民共和国招标投标法》的规定自主组建。《中华人民共和国招标投标法》第 37 条第二款规定："前款专家应当从事相关领域工作满八年并具有高级职称或者具有同等专业水平，由招标人从国务院有关部门或者省、自治区、直辖市人民政府有关部门提供的专家名册或者招标代理机构的专家库内的相关专业的专家名单中确定；一般招标项目可以采取随机抽取方式，特殊招标项目可以由招标人直接确定。

与投标人有利害关系的人不得进入相关项目的评标委员会；已经进入的应当更换。

评标委员会成员的名单在中标结果确定前应当保密。"

7.4.2.2　评标方法

《评标规定》第 29 条规定："评标方法包括经评审的最低投标价法、综合评估法或者法律、行政法规允许的其他评标方法。"

（1）经评审的最低投标价法

《评标规定》第 30 条规定："经评审的最低投标价法一般适用于具有通用技术、性能标准或者招标人对其技术、性能没有特殊要求的招标项目。"

《评标规定》第 31 条规定："根据经评审的最低投标价法，能够满足招标文件的实质性要求，并且经评审的最低投标价的投标，应当推荐为中标候选人。"

《评标规定》第 32 条规定："采用经评审的最低投标价法的，评标委员会应当根据招标文件中规定的评标价格调整方法，对所有投标人的投标报价以及投标文件的商务部分作必要的价格调整。

采用经评审的最低投标价法的，中标人的投标应当符合招标文件规定的技术要求和标准，但评标委员会无需对投标文件的技术部分进行价格折算。"

《评标规定》第 33 条规定："根据经评审的最低投标价法完成详细评审后，评标委员会应当拟定一份'标价比较表'，连同书面评标报告提交招标人。'标价比较表'应当载明投标人的投标报价、对商务偏差的价格调整和说明以及经评审的最终投标价。"

经评审的最低投标价法的优点主要在于操作简单，目标明了，一些政府招标项目就采取这样的办法；一旦招标文件对标书技术参数表述不全，或评标专家对技术细节察看得不细，就容易导致投标方以低价中标，然后通过降标准、换材料等方式将风险最终转嫁到业主身上。

（2）综合评估法

《评标规定》第 34 条规定："不宜采用经评审的最低投标价法的招标项目，一般应当采取综合评估法进行评审。"

《评标规定》第 35 条规定："根据综合评估法，最大限度地满足招标文件中规定的各项综合评价标准的投标，应当推荐为中标候选人。

衡量投标文件是否最大限度地满足招标文件中规定的各项评价标准，可以采取折算为货币的方法、打分的方法或者其他方法。需量化的因素及其权重应当在招标文件中明确规定。"

《评标规定》第36条规定："评标委员会对各个评审因素进行量化时，应当将量化指标建立在同一基础或者同一标准上，使各投标文件具有可比性。

对技术部分和商务部分进行量化后，评标委员会应当对这两部分的量化结果进行加权，计算出每一投标的综合评估价或者综合评估分。"

《评标规定》第37条规定："根据综合评估法完成评标后，评标委员会应当拟定一份'综合评估比较表'，连同书面评标报告提交招标人。'综合评估比较表'应当载明投标人的投标报价、所作的任何修正、对商务偏差的调整、对技术偏差的调整、对各评审因素的评估以及对每一投标的最终评审结果。"

综合评估法是指将评审内容分类后分别赋予不同权重，评标委员依据评分标准对各类内容细分的小项进行打分，根据预先设定好的权重，计算出每一投标的综合评估价或者综合评估分。总得分反映投标人的综合水平，按照得分高低来确定排名顺序和中标候选人。

这种评标方法的优点就是定标过程所参照的因素比较综合，评标结果量化，说服力比较强；其缺点就是评标过程组织起来相对复杂一些。

7.4.2.3 评标程序

小型招标项目的评标可以采用"即开、即评、即定"的方法，简化评标程序；对于大型、复杂工程项目的评标因评审内容复杂，通常分为初步评审和详细评审两个步骤。

（1）初步评审

初步评审的内容包括对投标文件的符合性评审、技术性评审和商务性评审。

① 符合性评审　投标文件的符合性评审包括商务符合性和技术符合性鉴定，投标文件应实质上响应招标文件的所有条款、条件，无显著的差异或保留。评标委员会应当根据招标文件，审查并逐项列出投标文件的全部投标偏差。投标偏差分为重大偏差和细微偏差。

a. 重大偏差　未作实质性响应的重大偏差主要包括：没有按照招标文件要求提供投标担保或者提供的投标担保有瑕疵；没有按照招标文件要求由投标人授权代表签字并加盖公章；投标文件记载的招标项目完成期限超过招标文件规定的完成期限；明显不符合技术规格、技术标准要求；投标附有招标人不能接收的条件；不符合招标文件中规定的其他实质性要求。

b. 细微偏差　细微偏差指投标文件在实质上响应招标文件要求，但在个别地方存在漏项或者提供了不完整的技术信息和数据等情况，并且补正这些遗漏或者不完整不会对其他投标人造成不公平的结果。

所有存在重大偏差的投标文件都属于初评中应淘汰的标书。对于存在细微偏差的投标文件，经过修正后，可作为有效标书。属于细微偏差的标书，评标委员会可以要求投标人予以书面澄清、说明或者补正，但不得超出投标文件的范围或者改变投标文件得实质性内容。

《工程建设项目施工招标投标办法》第50条规定："投标文件有下列情形之一的，招标人不予受理：

a. 逾期送达的或者未送达指定地点的；

b. 未按招标文件要求密封的。

投标文件有下列情形之一的，由评标委员会初审后按废标处理：

a. 无单位盖章并无法定代表人或法定代表人授权的代理人签字或盖章的；

b. 未按规定的格式填写，内容不全或关键字迹模糊、无法辨认的；

c. 投标人递交两份或多份内容不同的投标文件，或在一份投标文件中对同一招标项目报有两个或多个报价，且未声明哪一个有效，按招标文件规定提交备选投标方案的除外；

d. 投标人名称或组织结构与资格预审时不一致的；

e. 未按招标文件要求提交投标保证金的；

f. 联合体投标未附联合体各方共同投标协议的。"

② 投标文件的技术性评审　投标文件的技术性评审包括：施工方案可行性评估和关键工序评估；劳务、材料、机械设备、质量控制措施评估、施工工期计划的合理性评估，以及对施工现场周围环境污染的保护措施的评估。

③ 投标文件的商务性评审　投标文件的商务性评审包括：投标报价校核；审查全部报价数据计算的正确性，分析报价构成的合理性，并与标底价格进行对比分析。

《工程建设项目施工招标投标办法》第 51 条规定："评标委员会可以书面方式要求投标人对投标文件中含义不明确、对同类问题表述不一致或者有明显文字和计算错误的内容作必要的澄清、说明或补正。评标委员会不得向投标人提出带有暗示性或诱导性的问题，或向其明确投标文件中的遗漏和错误。"

《工程建设项目施工招标投标办法》第 52 条规定："投标文件不响应招标文件的实质性要求和条件的，招标人应当拒绝，并不允许投标人通过修正或撤销其不符合要求的差异或保留，使之成为具有响应性的投标。"

《工程建设项目施工招标投标办法》第 53 条规定："评标委员会在对实质上响应招标文件要求的投标进行报价评估时，除招标文件另有约定外，应当按下述原则进行修正：

① 用数字表示的数额与用文字表示的数额不一致时，以文字数额为准；

② 单价与工程量的乘积与总价之间不一致时，以单价为准。若单价有明显的小数点错位，应以总价为准，并修改单价。

按前款规定调整后的报价经投标人确认后产生约束力。

投标文件中没有列入的价格和优惠条件在评标时不予考虑。"

（2）详细评审

经初步评审合格的投标文件，评标委员会应当根据招标文件确定的评标标准和方法，对其技术部分和商务部分作进一步评审、比较。

商务部分评审的目的在于从经济分析角度确定投标报价的合理性和可靠性，并估量授标给各投标人后的不同经济效果。技术部分评审的目的在于确认备选的中标人完成本招标项目的技术能力以及所提方案的可靠性。

设有标底的招标项目，评标委员会在评标时应当参考标底。评标委员会完成评标后，应当向招标人提出书面评标报告，并推荐合格的中标候选人。招标人根据评标委员会提出的书面评标报告和推荐的中标候选人确定中标人；招标人也可以授权评标委员会直接确定中标人。评标只对有效投标进行评审。

例题 4　某项目的评标委员会组成如下：招标人代表 2 人，建设行政监督部门代表 2 人，技术、经济方面专家 4 人，招标人直接指定的技术专家 1 人。下列关于此评标委员会人员组成的说法正确的有（　　）。

A. 不应该包括建设行政监督部门代表　　B. 不应该包括招标人代表

C. 技术、经济方面的专家所占比例偏低　　D. 招标人代表所占比例偏低

E. 招标人可以直接指定专家

【答案】AC 评标委员会由招标人代表和有关技术、经济等方面的专家组成，一般招标项目可以采取随机抽取方式确定评标委员会，技术特别复杂、专业性要求特别高或者国家有特殊要求的招标项目，采取随机抽取方式确定的专家难以胜任的，可以由招标人直接确定。

例题 5 下列人员均在相关领域工作满 8 年。其中可以作为评标委员会专家成员的有（   ）。

A. 甲某，高等院校副教授

B. 乙某，投标人的独立董事

C. 丙某，高级会计师，已通过建造师执业资格考试，但尚未注册

D. 丁某，高级工程师，曾因交通肇事罪受到过刑事处罚

E. 戊某，某中介公司高级经济师

【答案】DE

7.4.3 中标

《工程建设项目施工招标投标办法》第 56 条规定："评标委员会完成评标后，应向招标人提出书面评标报告。评标报告由评标委员会全体成员签字。

评标委员会提出书面评标报告后，招标人一般应当在十五日内确定中标人，但最迟应当在投标有效期结束日三十个工作日前确定。

中标通知书由招标人发出。"

7.4.3.1 中标须符合的条件

《中华人民共和国招标投标法》第 41 条规定："中标人的投标应当符合下列条件之一：

① 能够最大限度地满足招标文件中规定的各项综合评价标准；

② 能够满足招标文件的实质性要求，并且经评审的投标价格最低；但是投标价格低于成本的除外。"

7.4.3.2 中标的程序

（1）发出中标通知书

《中华人民共和国招标投标法》第 45 条规定："中标人确定后，招标人应向中标人发出中标通知书，并同时将中标结果通知所有未中标的投标人。中标通知书对招标人和中标人具有法律效力。中标通知书发出后，招标人改变中标结果的，或者中标人放弃中标项目的，应当依法承担法律责任。"

（2）签订承包合同

《中华人民共和国招标投标法》第 46 条规定："招标人和中标人应当自中标通知书发出之日起三十日内，按照招标文件和中标人的投标文件订立书面合同。招标人和中标人不得再行订立背离合同实质性内容的其他协议。招标文件要求中标人提交履约保证金的，中标人应当提交。"

《工程建设项目施工招标投标办法》第 62 条规定："招标人和中标人应当自中标通知书发出之日起三十日内，按照招标文件和中标人的投标文件订立书面合同。招标人和中标人不得再行订立背离合同实质性内容的其他协议。

招标文件要求中标人提交履约保证金或者其他形式履约担保的，中标人应当提交；拒绝提交的，视为放弃中标项目。招标人要求中标人提供履约保证金或其他形式履约担保的，招

标人应当同时向中标人提供工程款支付担保。招标人不得擅自提高履约保证金，不得强制要求中标人垫付中标项目建设资金。"

在签订合同前，中标人应按招标文件有关规定的金额、担保形式和招标文件规定的履约担保格式，向招标人提交履约担保。履约担保金额一般为中标价的 10%。中标人不能按要求提交履约担保的，视为放弃中标，其投标保证金不予退还，给招标人造成的损失超过投标保证金数额的，中标人还应当对超过部分予以赔偿。

（3）提交招标投标报告

《工程建设项目施工招标投标办法》第 65 条规定："依法必须进行施工招标的项目，招标人应当自发出中标通知书之日起十五日内，向有关行政监督部门提交招标投标情况的书面报告。

前款所称书面报告至少应包括下列内容：

① 招标范围；

② 招标方式和发布招标公告的媒介；

③ 招标文件中投标人须知、技术条款、评标标准和方法、合同主要条款等内容；

④ 评标委员会的组成和评标报告；

⑤ 中标结果。"

例题 6　某建设项目招标，采用经评审的最低投标价法评标，经评审的投标价格最低的投标人报价 1020 万元，评标价 1010 万元，评标结束后，该投标人向招标人表示，可以再降低报价，报 1000 万元，与此对应的评标价为 990 万元，则双方订立的合同价应为（　　　）。

　A. 1020 万元　　　　　B. 1010 万元　　　　　C. 1000 万元　　　　　D. 990 万元

【答案】A

7.5　法　律　责　任

招标投标活动必须依法实施，任何违法行为都要承担相应法律后果责任。由于篇幅所限，本节仅列出《中华人民共和国招标投标法》中规定的违法行为应承担的违法责任。

7.5.1　招标人的法律责任

① 第 49 条："违反本法规定，必须进行招标的项目而不招标的，将必须进行招标的项目化整为零或者以其他任何方式规避招标的，责令限期改正，可以处项目合同金额千分之五以上千分之十以下的罚款；对全部或者部分使用国有资金的项目，可以暂停项目执行或者暂停资金拨付；对单位直接负责的主管人员和其他直接责任人员依法给予处分。"

② 第 51 条："招标人以不合理的条件限制或者排斥潜在投标人的，对潜在投标人实行歧视待遇的，强制要求投标人组成联合体共同投标的，或者限制投标人之间竞争的，责令改正，可以处一万元以上五万元以下的罚款。"

③ 第 52 条："依法必须进行招标的项目的招标人向他人透露已获取招标文件的潜在投标人的名称、数量或者可能影响公平竞争的有关招标投标的其他情况的，或者泄露标底的，给予警告，可以并处一万元以上十万元以下的罚款；对单位直接负责的主管人员和其他直接责任人员依法给予处分；构成犯罪的，依法追究刑事责任。若该行为影响中标结果的，中标无效。"

④ 第 55 条："依法必须进行招标的项目，招标人违反《招标投标法》规定，与投标人

就投标价格、投标方案等实质性内容进行谈判的，给予警告，对单位直接负责的主管人员和其他直接责任人员依法给予处分。若该行为影响中标结果的，中标无效。"

⑤ 第57条："招标人在评标委员会依法推荐的中标候选人以外确定中标人的，依法必须进行招标的项目在所有投标被评标委员会否决后自行确定中标人的，中标无效。责令改正，可以处中标项目金额千分之五以上千分之十以下的罚款；对单位直接负责的主管人员和其他直接责任人员依法给予处分。"

⑥ 第59条："招标人与中标人不按照招标文件和中标人的投标文件订立合同的，或者招标人、中标人订立背离合同实质性内容的协议的，责令改正；可以处中标项目金额千分之五以上千分之十以下的罚款。"

7.5.2 投标人的法律责任

① 第53条："投标人相互串通投标或者与招标人串通投标的，投标人以向招标人或者评标委员会成员行贿的手段谋取中标的，中标无效，处中标项目金额千分之五以上千分之十以下的罚款，对单位直接负责的主管人员和其他直接责任人员处单位罚款数额百分之五以上百分之十以下的罚款；有违法所得的，并处没收违法所得；情节严重的，取消其一至二年内参加依法必须进行招标的项目的投标资格并予以公告，直至由工商行政管理机关吊销营业执照；构成犯罪的，依法追究刑事责任。给他人造成损失的，依法承担赔偿责任。"

② 第54条："投标人以他人名义投标或者以其他方式弄虚作假，骗取中标的，中标无效，给招标人造成损失的，依法承担赔偿责任；构成犯罪的，依法追究刑事责任。依法必须进行招标项目的投标人有前款所列行为尚未构成犯罪的，有关行政监督部门处中标项目金额千分之五以上千分之十以下的罚款，对单位直接负责的主管人员和其他直接责任人员处单位罚款数额百分之五以上百分之十以下的罚款；有违法所得的，并处没收违法所得；情节严重的，取消其一至三年投标资格，并予以公告，直至由工商行政管理机关吊销营业执照。"

③ 第58条："中标人将中标项目转让给他人，将中标项目肢解后分别转让给他人，将中标项目的部分主体、关键性工作分包给他人，或分包人再次分包的，转让、分包无效，处转让、分包项目金额千分之五以上千分之十以下的罚款；有违法所得的，并处没收违法所得；可以责令停业整顿；情节严重的，由工商行政管理机关吊销营业执照。"

④ 第60条："中标人不履行与招标人订立的合同的，履约保证金不予退还，给招标人造成的损失超过履约保证金数额的，还应当对超过部分予以赔偿；没有提交履约保证金的，应当对招标人的损失承担赔偿责任。中标人不按照与招标人订立的合同履行义务，情节严重的，取消其二至五年内参加依法必须进行招标的项目的投标资格并予以公告，直至由工商行政管理机关吊销营业执照。"

7.5.3 其他相关人的法律责任

① 第56条："评标委员会成员接受投标人的财物或其他好处，评委或参加评标的有关工作人员向他人透露对招标文件的评审和比较、中标候选人的推荐以及与评标有关的其他情况的，给予警告，没收收受的财物，可以并处三千元以上五万元以下的罚款；对有上述违法行为的评标委员会成员取消担任评标委员的资格，不得再参加任何依法必须进行招标项目的评标；构成犯罪的，依法追究刑事责任。"

② 第50条："招标代理机构违反本法规定，招标代理机构泄露应当保密的与招标投标活动有关情况和资料的，或者与招标人、投标人串通损害国家利益、社会公共利益或他人合

法权益的，处以五万元以上二十五万元以下的罚款；对单位直接负责的主管人员或其他直接责任人员处单位罚款数额百分之五以上百分之十以下的罚款；有违法所得的，并处没收违法所得；情节严重的，暂停直至取消招标代理资格；构成犯罪的，依法追究刑事责任。如果影响中标结果时，中标无效。"

③ 第 62 条："任何单位限制或排斥本地区、本系统以外的法人或其他组织投标，为招标人指定招标代理机构，强制招标人委托招标代理机构办理招标事宜，或以其他方式干涉招标投标活动的，对单位直接负责的主管人员和其他直接责任人员依法给予警告、记过、记大过的处分。情节较重的，依法给予降级、撤职、开除的处分。个人利用职权进行上述违法行为的，依照上述规定追究责任。"

④ 第 63 条："对招标投标活动依法负有行政监督职责的国家机关工作人员徇私舞弊、滥用职权或玩忽职守，构成犯罪的，依法追究刑事责任；不构成犯罪的，依法给予行政处分。"

⑤ 第 64 条："依法必须进行招标的项目违反本法规定，中标无效的，应当依据中标条件从其余投标人中重新确定中标人或重新进行招标。"

⑥ 第 65 条："投标人和其他利害关系人认为招标投标活动不符合本法有关规定的，有权向招标人提出异议或者依法向有关行政监督部门投诉。"

7.6 建设工程招标投标法案例

案例 1 关于招标的案例
背景：

某市越江隧道工程全部由政府投资。该项目为该市建设规划的重要项目之一，且已列入地方固定资产投资计划，概算已经主管部门批准，施工图及有关技术资料齐全。根据《国务院关于投资体制改革的决定》，该项目拟采用 BOT 方式建设，市政府正与有意向的 BOT 项目公司洽谈。为赶工期政府决定对该项目进行施工招标。因估计除本市施工企业参加投标外，还可以有外省市施工企业参加投标，故招标人委托咨询单位编制了两个标底准备分别用于对本市和外省市施工企业投标价的评定。招标人对投标人就招标文件所提出的所有问题统一作出了书面答复，并以备忘录的形式分发给各投标单位，为简明起见，采用表格形式（见下表）。

答疑备忘录

序号	问题	提问单位	提问时间	答复
1				
...				
n				

在书面答复投标单位的提问后，招标人组织各投标单位进行了施工现场踏勘。在投标截止日期前 10 日，招标人书面通知各投标人，由于市政府有关部门已从当天开始取消所有市内交通项目的收费，决定将收费站工程从原招标范围内删除。

问题：

1. 该项目施工招标在哪些方面存在问题或不当之处？请逐一说明。

2. 如果在评标过程中才决定删除收费站工程，该如何处理**❶**

案例分析：

本案例主要涉及招标阶段的招标条件、招标程序及招标范围变更等内容。

参考答案：

问题1：

该项目施工招标存在以下不妥，分述如下所示。

①"为赶工期政府决定对该项目进行施工招标"不妥，因本项目尚处于与 BOT 公司谈判阶段，项目的实际投资、运营管理方式尚未确定，说明资金尚未落实，因而不具备施工招标的必要条件，尚不能进行施工招标。

②"招标人委托咨询单位编制了两个标底"不妥，因为一个工程只能编制一个标底。

③"两个标底分别用于对本市和外省市施工企业投标价的评定"不妥，因为招标人不得对投标人实行歧视待遇，不得以不合理的条件限制或排斥潜在投标人，不能对不同的投标单位采用不同的标底进行评标。

④"招标人将对所有问题的书面答复以备忘录的形式分发给各投标人"不妥，因为招标人对投标人的提问只能针对具体问题作出明确答复，但不应提及具体的提问单位（投标人）。按《招标投标法》规定，招标人不得向他人透露已获取招标文件的潜在投标人的名称、数量以及可能影响公平竞争的有关招标投标的其他情况，而从该备忘录中可知投标人（可能不是全部）的名称。

⑤"在书面答复投标人的提问后，招标人组织各投标人进行了施工现场踏勘"不妥，因为施工现场踏勘应安排在书面答复投标单位提问之前，投标人对施工现场条件也可能提出问题。

⑥"在投标截止日期前10天，招标人书面通知各投标人将收费站工程从原招标范围内删除"不妥，因为若招标人需改变招标范围或变更招标文件，应在投标截止日期前至少15天（而不是10天）以书面形式通知所有招标文件收受人。若迟于这一时限发出变更招标文件的通知，则应将原定的投标截止日期适当延长，以便投标单位有足够的时间充分考虑这种变更对报价的影响，并将其在投标文件中反映出来。本案例背景资料未说明投标截止日期已相应延长。

问题2：

如果在评标过程中才决定删除收费站工程，则在对投标报价的评审中，应在征得各投标人书面同意后，将各投标人的总报价减去其收费站工程的报价后再按原定的评标方法和标准进行评标；而在对技术标等其他评审中，应将所有与收费站工程相关因素的评分去除后再进行评审。

如果部分投标人要求撤回投标文件，招标人应予许可，并退还其投标保证金，赔偿其相应损失。

如果所有投标人均要求撤回投标文件，则招标人应宣告招标无效。并依法重新招标，给投标人造成的损失应予赔偿。

案例2 关于开标、评标和定标的案例

某办公楼的招标人于 2000 年 10 月 11 日向具备承担该项目能力的 A、B、C、D、E 5

---

❶ 案例来源：全国造价工程师职业资格考试培训教材编审组编. 工程造价案例分析（2009 年版）. 北京：中国城市出版社，2009，第 118~120 页。

家投标单位发出投标邀请书，其中说明，10 月 17～18 日 9 时～16 时在该招标人总工程师室领取招标文件，11 月 8 日 14 时为投标截止时间。该 5 家投标单位均接受邀请，并按规定时间提交了投标文件。但投标单位 A 在送出投标文件后发现报价估算有较严重的失误，遂赶在投标截止时间前 10 分钟递交了一份书面声明，撤回已提交的投标文件。

开标时，由招标人委托的市公证人员检查文件的密封情况，确认无误后，由工作人员当众拆封。由于投标单位 A 已撤回投标文件，故招标人宣布有 B、C、D、E 4 家投标单位投标，并宣读该 4 家投标单位的投标价格，工期和其他主要内容。

评标委员会委员由招标人直接确定，共由 7 人组成，其中招标人代表 2 人，本系统技术专家 2 人，经济专家 1 人，外系统技术专家 1 人、经济专家 1 人。

在评标过程中，评标委员会要求 B、D 两投标人分别对其施工方案作详细说明，并对若干技术要点和难点提出问题，要求其提出具体，可靠的实施措施。作为评标委员的招标人代表希望投标单位 B 再适当考虑一下降低报价的可能性。

按照招标文件中确定的综合评标标准，4 个投标人综合得分从高到低的依次顺序为 B、D、C、E，评标委员会确定投标单位 B 为中标人。由于投标单位 B 为外地企业，招标人于 11 月 10 日将中标通知书以挂号方式寄出，投标单位 B 于 11 月 14 日收到中标通知书。

由于从报价情况来看，4 个投标人的报价从低到高的依次顺序为 D、C、B、E，因此，从 11 月 16 日至 12 月 11 日招标人又与投标单位 B 就合同价格进行了多次谈判。结果投标单位 B 将价格降到略低于投标单位 C 的报价水平，最终双方于 12 月 12 日签订了书面合同。

问题：从所介绍的背景资料来看，在该项目的招标投标程序中在哪些方面不符合《招标投标法》的有关规定？请逐一说明。❶

案例分析：

本案例考核招标投标程序从发出投标邀请书到中标之间的若干问题，主要涉及招标投标的性质、投标文件的递交和撤回、投标文件的拆封和宣读、评标委员会的组成及其确定、在评标过程中评标委员的行为、中标人的确定、中标通知书的生效时间、中标通知书发出后招标人的行为以及招标人和投标人订立书面合同的时间等。

参考答案：

在该项目招标投标程序中有以下不妥之处，分述如下。

①"招标人宣布 B、C、D、E 4 家承包商参加投标"不妥，因为 A 承包商虽然已撤回投标文件，但仍应作为投标人加以宣布。

②"评标委员会委员由招标人直接确定"不妥因为办公楼属于一般项目，招标人可选派 2 名相当专家资质人员参加，但另 5 名专家应采取（从专家库中）随机抽取方式确定评标委员会委员。

③"评标委员会要求投标人提出具体、可靠的实施措施"不妥，因为按规定，评标委员会可以要求投标人对投标文件中含义不明确的内容作必要的澄清或者说明，但是澄清或者说明不得超出投标文件的范围或者改变投标文件的实质性内容，因此，不能要求投标人就实质性内容进行补充。

④"作为评标委员的招标人代表希望承包商 B 再适当考虑一下降低报价的可能性"不妥。因为在确定中标人前，招标人不得与投标人就投标价格、投标方案的实质性内容进行

---

❶ 案例来源：全国造价工程师职业资格考试培训教材编审组编. 工程造价案例分析（2009 年版）. 北京：中国城市出版社，2009，第 116～118 页。

谈判。

　　⑤ 对"评标委员会确定承包商 B 为中标人"要进行分析。如果招标人授权评标委员会直接确定中标人，由评标委员会定标是对的，否则，就是错误的。

　　⑥ 发出中标通知书的时间不妥，因为在确定中标人之后，招标人应在 15 日内向有关政府部门提交招标投标情况的报告，建设主管部门自收到招标人提交的招标投标情况的书面报告之日起 5 日内未通知招标人在招标投标活动中有违法行为的，招标人方可向中标人发出中标通知书。

　　⑦ "中标通知书发出后招标人与中标人就合同价格进行谈判"不妥，因为招标人和中标人应按照招标文件和投标文件订立书面合同，不得再行订立背离合同实质性内容的其他协议。

　　⑧ 订立书面合同的时间不妥，因为招标人和中标人应当自中标通知书发出之日（不是中标人收到中标通知书之日）起 30 日内订立书面合同，而本案例为 32 日。

复习思考题

1. 什么是建设工程招标？它的程序是什么？
2. 招标人自行招标必须具备的条件有哪些？
3. 我国强制性进行招标投标的建设工程项目有哪些？
4. 招标方式有哪几种？它们之间的主要区别是什么？
5. 《中华人民共和国招标投标法》对招标活动都做了哪些限制性规定？
6. 投标人应具备什么条件？
7. 何谓投标联合体？联合体的资格和责任方面都有哪些规定？
8. 何谓开标？开标时间、地点、参加人及开标过程都有哪些规定？
9. 何谓评标？评标委员会组成方面有哪些规定？
10. 中标的条件是什么？
11. 中标通知书在法律上的性质是什么？

第8章 建设工程合同管理法律制度

8.1 建设工程合同管理法律制度概述

建设工程合同管理所涉及的法律法规较多，如《中华人民共和国合同法》、《招标投标法》、《中华人民共和国建筑法》、《担保法》、《保险法》等。其中，《招标投标法》、《中华人民共和国建筑法》、《中华人民共和国合同法》中的部分内容已在前面章节中作了介绍，本章重点介绍《中华人民共和国合同法》中与之相关的担保制度、索赔等内容。

8.1.1 合同法律关系

法律关系是一定的社会关系在相应的法律规范的调整下形成的权利义务关系。法律关系实质是法律关系主体之间存在的特定权利义务关系。合同法律关系是一种重要的法律关系。

合同法律关系是指由合同法律规范所调整的，在民事流转过程中所产生的权利义务关系。合同法律关系包括合同法律关系主体、合同法律关系客体、合同法律关系内容三个要素。这三要素构成了合同法律关系，缺少其中任何一个要素都不能构成合同法律关系，其中任何一个要素就可以改变原来设定的法律关系。

（1）合同法律关系主体

合同法律关系主体，是参加合同法律关系，享有相应权利，承担相应义务的当事人。合同法律关系的主体可以是自然人、法人或其他组织。

（2）合同法律关系的客体

合同法律关系客体，是指参加合同法律关系的主体享有的权利和承担的义务所共同指向的对象。合同法律关系的客体主要包括财、物、行为、智力成果。

（3）合同法律关系的内容

合同法律关系的内容是指合同约定和法律规定的权利和义务。合同法律关系的内容是合同的具体要求，决定了合同的法律关系的性质，它是连接主体的纽带。

① 权利　权利是指合同法律关系主体在法定范围内，按照合同的约定有权按照自己的意志做出某种行为。权利主体也可要求义务主体做出一定的行为或不做出一定的行为，以实现自己的有关权利。当权利受到侵害时，有权得到法律保护。

② 义务　义务是合同法律关系主体必须按法律规定或约定承担应负的责任。义务和权利是相互对应的，相应主体应自觉履行相对应的义务。否则，义务人应承担相应的法律责任。

8.1.2 建设工程合同

（1）建设工程合同的概念

建设工程合同是承包方与发包方之间确立承包方完成约定的工程项目，发包方支付价款与酬金的协议，它包括工程勘察、设计、施工合同。它实际上是一类特殊的加工承揽合同，只是因为建设工程一般具有投资大、回收期长、风险大等特点，在合同的履行和管理中有较大的特殊性，涉及的法律问题比一般的承揽合同要复杂得多，所以《中华人民共和国合同法》将建设工程合同从加工承揽合同中分离出来，单独进行规定。

在计划经济时期，所有建设工程项目都由国家调控，工程建设中的一切活动均由政府统筹安排，建设行为主体都按政府指令行事，并只对政府负责。行为主体之间并无权利义务关系存在，所以，也无须签订合同。但在市场经济的条件下，政府只对工程建设市场进行宏观调控，建设行为主体均按市场规律平等参与竞争，各行为主体的权利义务皆由当事人通过签订合同自主约定，因此，建设工程合同成为明确承发包双方责任、保证工程建设活动得以顺利进行的主要调控手段之一，其重要性已随着市场经济体制的进一步确立而日益明显。

需要指出的，除建设工程合同以外，工程建设过程中，还会涉及许多其他合同，如设备、材料的购销合同，工程监理的委托合同，货物运输合同，工程建设资金的借贷合同，机械设备的租赁合同，保险合同等，这些合同同样也是十分重要的。它们分属各个不同的合同种类，分别由《中华人民共和国合同法》和相关法规加以调整。实施的长期性，合同履行必须连续而循序渐进地进行，履约方式也表现出连续性和渐进性。这就要求项目合同管理人员，要随时按照合同的要求结合实际情况对工程质量、进度等予以检查，以确保合同的顺利实施。履约期长是由于工程项目规模大、内容复杂所致。在长时间内，如何按照合同约定，认真履行合同规定的义务，对项目合同实施全过程的管理，是应该注意的问题。

（2）建设工程合同的特征

建设工程合同除具有一般合同共有的特征之外，还具有以下特征。

① 建设工程合同的主体只能是法人　建设工程合同的主体一般只能是法人。"法人"是相对于"自然人"而言的，它是指具有独立民事权利能力和民事行为能力，能依法独立承担民事义务的组织。发包人应是经过批准能够进行工程建设的法人，必须有国家批准的项目建设文件，并具有相应的组织协调能力。承包人必须具备法人资格，同时具有从事相应工程勘察、设计、施工的资质条件。建设工程合同的标的是建设工程，它具有投资大、建设周期长、质量要求高、技术力量要求全面等特点，作为公民个人（自然人）是不能够独立完成的。同时，作为法人，也并不是每个法人都可以成为建设工程合同的主体，而是需经过批准加以限制的。因此，建设工程合同的主体不仅是法人，而且必须是具有某种资格的法人。

② 建设工程合同主体之间经济法律关系错综复杂　在一个建设工程中，涉及发包人、勘察设计单位、施工单位、监理单位、材料设备供应商等多个单位。各单位之间的经济法律关系非常复杂，一旦出现工程法律责任，往往出现连带责任。所以建设工程合同应当采用书面形式，并且为法定要式合同，这是由建设合同履行的特点所决定的。

③ 建设工程合同的标的仅限于建设工程　建设工程合同的标的只能是建设工程而不能是其他物。这里所说的建设工程主要是指土木工程、建筑工程、线路管道和设备安装工程及装修工程等。建设工程对于国家、社会有特殊的意，其工程建设对合同双方当事人都有特殊要求，这使得建设工程合同区别于一般的加工承揽合同。

④ 合同履行周期长且具有连续性　由于建设工程结构复杂，体积大，材料类型多，工作量大，使得合同履行周期长，而且，建设工程合同的订立和履行一般都需要较长的准备期，在合同履行过程中，可能因不可抗力、工程变更等原因导致合同期限顺延。在建设工程合同管理中，确保工程建设项目从可行性研究、工程项目报建、工程项目招标投标、工程承发包、工程施工和竣工验收的连续性，保证工程建设项目的全部活动依据法律和合同办事。

⑤ 合同的多变性与风险性　由于工程项目投资大，周期长，因而在建设中相应地受地区、环境、气候、地质、政治、经济及市场等各种因素变化的影响比较大，在项目实施过程中经常出现设计变更及进度计划的修改，以及对合同某些条款的变更。因此，在项目管理

中，要有专人及时作好设计或施工变更洽谈记录，明确因变更而产生的经济责任，并妥善保存好相关资料，作为索赔、变更或终止合同的依据。由于上述原因，建设工程合同的风险相对一般合同来说要大得多，在合同的订立、变更以及履行的过程中，要慎重分析研究各种风险因素，做好风险管理。

8.1.3　建设工程合同的约束力

（1）各类合同示范文本的约束力

国际有关组织及各国政府所制定的合同样本或示范文本，可给当事人带来很大的便利，但它们不是法律文件，充其量只能算"惯例"，因而不具有强制使用的效力。依据合同自由原则，当事人完全享有选用、修改或完全弃用及另行商定的权利。我国《合同法》也明确规定"当事人可以参照各类合同的示范文本订立合同"。这就给了当事人自由选择、自主协商的权利，任何部门不得作出强制使用某种合同样本的规定和限制。当然，当政府作为建设工程的投资人，以业主的身份要求必须采用某一示范文本时，它是从当事人一方的地位提出双方成交的条件的，这是合法的。但对非政府投资的其他工程，它不得作出必须采用某种合同样本的限制。

（2）对合同当事人的约束力

建设工程合同与其他合同一样，一旦成立，就对当事人有极强的约束力。在西方一些主要发达国家，有"合同至上"原则，他们认为合同就是"当事人之间的法律"，当事人必须严格遵守。我国合同法律制度中虽还没明确确立这一原则，但这一思想已在相关法律规定中有所体现。《合同法》规定："依法成立的合同，对当事人有法律约束力。当事人应当按照约定履行自己的义务，不得擅自变更或者解除合同。""依法成立的合同受法律保护。"在国际经济交往中，也有"有约必守"的原则。因此，在合同成立之前，当事人享有"合同自由"的权利，可以充分按照自己的意愿进行协商谈判，任何人都不得将自己的意志强加给他人。但一旦协商一致达成协议，当事人就应严格履行合同约定的义务，如若违反合同的约定，就应承担相应的违约责任。这一切，都是由法律作后盾予以保护的。

8.1.4　建设工程合同管理的任务

（1）发展和完善建筑市场

作为社会主义市场经济的重要组成部分，建筑市场需要不断发展和完善。市场经济与计划经济的主要区别在于：市场经济主要是依靠合同来规范当事人的交易行为，而计划经济主要是依靠行政手段来规范财产流转关系，因此，发展和完善建筑市场，必须有严格的建设工程合同管理制度。

在市场经济条件下，由于主要依靠合同来规范当事人的交易行为，合同的内容将成为开展建筑活动的主要依据。依法加强建设工程合同管理，可以保障建筑市场的资金、材料、技术、信息、劳动力的管理，发展和完善建筑市场。

（2）推动建筑领域的改革

我国在建设领域推行项目法人责任制、招标投标制、工程监理制和合同管理制。在这些改革制度中，核心内容是合同管理制度。因为项目法人责任制是要建立能够独立承担民事责任的主体制度，而市场经济中民事责任主要是基于合同义务的合同责任。招标投标制实际上要确立一种公平、公正、公开的合同订立制度。工程监理法律关系也是依靠合同来规范发包人、承包人、监理单位相互之间的关系，因此，建设领域的各项改革实际上是互相推进的，建设工程合同管理的健全完善无疑有助于推进建筑领域的其他各项改革。

（3）避免和克服建筑领域的经济违法和犯罪

建筑领域是我国经济犯罪的高发领域。出现这样的情况主要是由于工程建设中的公开、公正、公平做得不够好。而加强建设工程合同管理能够有效地做到公开、公正、公平。特别是健全重要的建设工程合同的订立方式——招标投标，能够将建筑市场的交易行为置于公开的环境之中，约束权力滥用的行为，有效地避免和克服建筑领域的受贿行贿行为。加强建设工程合同履行的管理也有助于政府行政管理部门对合同的监管，避免和克服建筑领域的经济违法和犯罪。

（4）提高工程建设的管理水平

工程建设管理水平的提高体现在工程质量、投资和进度的三大控制目标上，这三大控制目标的水平主要体现在合同上。在合同中规定三大控制目标后，要求合同当事人在工程管理中细化这些内容，在工程建设过程中严格执行这些规定。同时，如果能够严格按照合同的要求进行管理，工程的质量能够有效地得到保障，投资和进度的控制目标也能够实现。因此，建设工程合同管理能够有效地提高工程建设的管理水平。

8.1.5 提高建设工程合同管理的方法

（1）普及相关法律知识，培训合同管理人才

在市场经济条件下，工程建设领域的从业人员应当增强合同观念和合同意识，这就要求我们普及相关法律知识，培训合同管理人才。不论是施工合同中的工程师，还是建设工程合同的当事人，以及涉及有关合同的各类人员，都应当熟悉合同的相关法律知识，增强合同观念和合同意识，努力做好建设工程合同管理工作。

（2）设立合同管理机构，配备合同管理人员

加强建设工程合同管理，应当设立合同管理机构，配备合同管理人员。一方面，建设工程合同管理工作，应当作为建设行政管理部门的管理内容之一；另一方面，建设工程合同当事人内部也要建立合同管理机构，还应当配备合同管理人员，建立合同台账、统计、检查和报告制度，提高建设工程合同管理的水平。

（3）推行合同示范文本制度

推行合同示范文本制度，一方面有助于当事人了解、掌握有关法律、法规，使具体实施项目的建设工程合同符合法律法规的要求，避免缺款少项，防止出现显失公平的条款，也有助于当事人熟悉合同的运行；另一方面，有利于行政管理机关对合同的监督，有助于仲裁机构或者人民法院及时裁判纠纷，维护当事人的利益。使用标准化的范本订立合同，对完善建设工程合同管理制度起到了很大的推动作用。

（4）建立合同管理目标制度

建设工程合同管理需要设立管理目标，并且可以分解为管理的各个阶段的目标。合同的管理目标应当落在实处。为此，还应当建立建设工程合同管理的评估制度。这样，才能有效地督促合同管理人员提高合同管理的水平。

8.2 建设工程合同的签订

8.2.1 建设工程合同签订的原则

签订建设工程合同时，必须遵循《中华人民共和国合同法》所规定的基本原则：平等原则、自愿原则、公平原则、诚实信用原则和不损害社会公共利益的原则。

8.2.2　建设工程合同签订的程序

签订经济的、合同一般要经过要约与承诺两个步骤，而建设工程合同的签订有其特殊性，需要经过要约邀请、要约和承诺三个步骤。

8.2.2.1　要约邀请

要约邀请是指当事人一方邀请不特定的另一方向自己提出要约的意思表示。在合同法中，要约邀请行为属于事实行为而一般有法律约束力，只有经过被邀请的一方作出要约并经邀请方承诺后，合同方能成立。在实践中，要约邀请一般表现在寄送的价目表、拍卖公告、招标公告、商业广告等。在建设工程合同签订的过程中，发包方发布招标公告或招标邀请书的行为就是一种要约邀请行为，其目的在于邀请承包方投标。

8.2.2.2　要约

要约是指当事人一方向对方发出的希望和他人订立合同的意思表示。发出要约的一方称为要约人，接受要约的一方称为受要约人。要约是以签订合同为目的一种意思表示，首先必须符合签订合同的原则，内容必须具体明确，并应包括合同应具备的主要条款，而且必须向受要约人提出。要约具有法律约束力，要约生效后，要约人不得擅自撤回或更改。在建设工程合同签订过程中，承包方向发包方递交投标文件的投标行为就是一种要约行为，投标文件中应包含建设工程合同应具备的主要条款，如工程造价、工程质量、工程工期等内容，作为要约的投标对承包方具有法律约束力，表现在承包方在投标生效后无权修改或撤回投标以及一旦中标就必须与发包方签订合同，否则要承担相应责任等。

8.2.2.3　承诺

承诺是指受要约人同意要约的意思表示。它是受要约人愿意按照要约的内容与要约人订立合同的允诺。承诺的内容必须与要约完全一致，不得有任何修改，否则将视为拒绝要约或反要约。我国的《中华人民共和国合同法》针对受要约人对要约内容的修改的性质作出了相应的规定，规定受要约人对要约的内容作出实质性变更的，不视为承诺，应视为新要约。若变更为非实质性变更，则可视为承诺，除非要约人明确表示不得对要约内容作出任何变更。对要约内容的实质性变更主要指对有关合同标的、数量、质量、价款或报酬、履行期限、履行地点和方式、违约责任和解决争议方法等内容的变更。

承诺必须在要约规定的有效期限内向要约人提出，而承诺生效的时间就是要约人收到承诺的时刻。承诺人（受要约人）作出承诺后，即受到法律的约束，不得任意变更或解除。在招投标过程中，发包方经过开标、评标过程，最后发出中标通知书，确立承包方的行为即为承诺。《中华人民共和国招标投标法》规定："招标人和中标人应当自中标通知书发出之日起30日内，按照招标文件和中标人的投标文件订立书面合同。"因此确定中标单位后，发包方和承包方各自均有权利要求对方订立建设工程合同，也有义务与对方订立建设工程合同。

8.2.2.4　合同的成立

我国的法律规定，"承诺生效时合同成立"，也就是说承诺生效的时间即为合同成立的时间。所以凡是合同不以承诺生效时成立，而以双方当事人在合同书上签字或盖章时成立的，当事人应当事先在要约或承诺中做出明确规定。如果当事人约定采用合同书形式订立合同的，自双方当事人签字或盖章时成立。如果双方当事人未同时在合同书上签字或盖章，则以当事人中最后一方签字或盖章的时间为合同的成立时间。建设工程合同属于要式合同，法律法规要求其采用书面形式，所以应在双方签署书面协议时成立。

8.2.3　建设工程合同的主要内容

建设工程合同的主要内容，也就是建设工程合同的主要条款。建设工程合同除了标的、数量和质量、价款或者酬金、履行地点和方式、违约责任、合同纠纷解决方法等,《中华人民共和国合同法》规定一般应包含的条款外,以建设工程施工承包合同为例,还必须约定以下主要条款。

8.2.3.1　合同文件的组成部分

在这一条款中应明确建设工程合同除合同本身外,还包括洽商、变更、明确双方权利义务的备忘录、纪要和协议。中标通知书、招标投标文件、工程量清单或确定工程造价的工程预算书和图纸以及有关的技术资料和技术要求也都是合同的组成部分。同时还应明确各组成部分的解释顺序。

8.2.3.2　建设工程项目的概况

这一条款应明确写出工程的名称、详细地址、工程内容、承包范围和方式、建筑面积、建设工期、质量等级等内容。在表述这些内容时应尽可能的确切,以建设工程中开工日期为例,不能出现"大约、左右"之类的词语,如签订合同时确切的开工时间无法确定,则应明确如何确定开工日期,如何表示为"以甲方下达书面开工令载明的日期为正式开工日期"等。同时,应明确提前竣工、延误工期的奖惩办法。

8.2.3.3　建设工程合同当事人的责任

这一条款包含以下两部分内容。

① 甲、乙双方驻工地代表的职权范围　这一条款直接关系到工程建设过程中签证的有效性问题。一般应在合同中明确甲、乙双方驻工地代表的姓名及其授权范围,还可以在合同中明确驻工地代表签证的限额,这样有利于发生问题后能够按双方约定的职权范围及时解决,不至于因权限不明、互相推诿影响工程工期。

② 甲、乙双方的职责　这一条款要尽量制定得详细,明确地划分双方的职责范围,使双方能够各司其职,将建设工程顺利完成。一旦发生任何一方不履行合同规定的义务情况,也可以按合同规定的方式处理。

8.2.3.4　建设工程合同与支付

这一条款中应写明确定工程造价的依据、确定工程造价的方式(是按甲、乙双方审定的工程预算还是按招标工程的招标金额等)、约定工程造价的调整方式(是实行固定价格还是可调价格,如有可调价格,还应明确可调因素,如工程量增减、甲方认可的设计变更、材料的价格调整等),同时还应约定调整工程造价的方法、程序和时间。

8.2.3.5　竣工与决算

这一条款对承包方的利益有较大的关系,直接影响到承包方工程款的取得。在实践中,因为这一条款约定不明确产生纠纷的情况很多。尤其是在大量的边设计、边修改、边施工情况下的"三边工程"履约过程中,由于合同造价的不确定,又没有事先约定确定造价的程序、期限和方式,往往在工程最终结算时引起矛盾,造成纠纷。因此在本条款中应约定最后结算的含义,即明确是以经甲方认可的乙方提交的结算报告书为准,还是以审计单位的结果为准。同时还应明确双方对结算价格发生争议后,解决的方式、时间、明确由审计单位进行审计的程序和方法以及审计的约束力。

除了上述条款外,建设工程合同还有其他重要条款,如违约责任条款、变更和解除合同财务条款、工程保险条款等。

8.2.4　建设工程合同格式条款的使用

格式条款是指当事人为了重复使用而预先拟定,并在签订合同时未与对方协商即采用的条款。格式条款又称为标准条款，提供格式条款的相对人只能在接受格式条款和拒绝合同两者之间进行选择。格式条款既可以是合同的部分条款为格式条款，也可以是合同的所有条款为格式条款。在现代经济社会中，格式条款适应了社会化大生产的需要，提高了交易效率，在日常生活中随处可见。但这类合同的格式条款提供方往往利用自己的有利地位，加入一些不公平、不合理的内容。因此，各国立法都对格式条款提供方进行一定的限制。

为保护格式条款被动接受方的利益，《中华人民共和国合同法》规定：提供格式条款的一方应当遵循公平的原则确定当事人之间的权利义务关系，并采取合理的方式提请对方注意免除或限制其责任的条款，按照对方的要求，对该条款予以说明。提供格式条款的一方免除其责任、加重对方主要责任、排除对方主要权利的该条款无效。

对格式条款的理解发生争议的，应当按照通常的理解予以解释，对格式条款有两种以上解释的，应当作出不利于提供格式条款的一方的解释，在格式条款与非格式条款不一致时，应当采用非格式条款。

8.3　建设工程合同的履行

建设工程合同一经签订，即具有法律约束力，合同当事人必须坚决履行合同约定的内容，不得违反。合同的履行，是指合同依法成立后当事人双方按照合同约定的标的、质量、数量、价款或者报酬、履行期限、履行地点、履行方式等内容，全面地完成各自承担的义务，从而使合同的权利义务得到全部实现的整个行为过程。

8.3.1　建设工程合同履行的原则

8.3.1.1　全面、适当履行原则

全面履行原则，是指合同当事人必须按照合同规定的标的、质量和数量、履行地点、履行价格、履行时间和履行方式等全面地完成各自应当履行的义务。适当履行，又称正确履行，是指合同当事人履行合同各项义务均须适当，完全符合合同约定的要求。建设工程合同的全面履行就是合同当事人必须按照合同规的所有条款完成工程建设任务，包括：履行标的—工程项目的建设行为、履行期限—工程工期、履行地点—工程所在地、履行价格—工程造价等。同时，对建设工程合同全面履行的检验，须经过工程竣工、验收和竣工决算三个步骤。因此，在合同中必须明确履行标的、履行期限、履行价格以及标的质量等内容。如果合同条款对上述主要内容的约定不明，当事人又不能通过协商达成补充协议的，则应按照合同有关条款或交易习惯确定。如仍确定不了，则可根据适当履行的原则，在适当的时间、适当的地点，以适当的方式来履行。建设工程合同的全面、适当履行就是合同当事人必须按照合同规定的所有条款完成工程建设任务，并且保证工期和质量等。

8.3.1.2　诚信履行原则

诚信履行原则是指合同依法成立后，当事人双方应当在团结协作、互相帮助、互相促进的基础上共同完成合同规定的各自义务的原则。诚信履行原则即协作履行原则，是在合同履行阶段的具体体现。协作履行原则，《中华人民共和国合同法》中明确规定：当事人应当遵循诚实信用原则，根据合同的性质、目的和交易习惯履行通知、协助、保密等义务。

8.3.1.3　当事人一方不得擅自变更合同的原则

合同成立后，即具有法律约束力。因此，合同当事人任何一方均不得擅自变更合同。《中华人民共和国合同法》在若干条款中对合同的变更根据不同的情况，分别作了专门的规

定。这些规定更加完善了我国的合同法律制度，并有利于促进我国社会主义市场经济的发展和保护合同当事人的合法权益。

8.3.1.4 公平合理，促进合同履行的原则

合同当事人双方自签订合同起，直到合同的履行、变更、转让以及发生争议时对纠纷的解决，都应当依据公平合同的原则，按照《中华人民共和国合同法》的规定，根据合同的性质、目的和交易习惯善意的履行通知、协助、保密等附随义务。

8.3.2 建设工程合同履行的规则

8.3.2.1 合同内容约定不明确的履行规则

合同内容约定清楚明确的，应当按照约定履行。但是，合同中约定不明确的，并不意味着合同无须全面履行或约定不明确部分可以不履行。《合同法》第 61 条和 62 条规定，合同生效后，当事人就质量、价款或者报酬、履行地点等内容没有约定或者约定不明确的，可以协议补充；不能达成补充协议的，按照合同有关条款或者交易习惯确定。

8.3.2.2 合同涉及第三人时的履行规则

《合同法》第 64、65 条规定，当事人约定由债务人向第三人履行债务的，债务人未向第三人履行或者履行债务不符合约定，应当向债权人承担违约责任。当事人约定由第三人向债权人履行债务的，第三人不履行债务或者履行债务不符合约定，债务人应当向债权人承担违约责任。

8.3.2.3 当事人发生变更时的履行规则

当事人发生变更主要指当事人的名称或法定代表人发生变化以及当事人合并或分立的情况。当事人名称或法定代表人变更不会对合同的效力产生影响。《中华人民共和国合同法》第 70 条规定，合同生效后，当事人不得因姓名、名称的变更或者法定代表人、负责人、承办人的变动而不履行合同。

实际中，经常会出现由于资产的优化或重组而产生法人的合并或分立，但是这些机构变更不应该影响合同的效力。签订合同后当事人与其他法人或组织合并，合同的权利和义务由合并后的新法人或组织继承，合同仍然有效。签订合同后分立的，分立的当事人应及时通知对方，并告知合同权利和义务的继承人，双方可以重新协商合同的履行方式。如果分立方没有告知或分立方的该合同责任归属通过协商，对方当事人仍不同意，则合同的权利义务由分立后的法人或组织负连带负责，即享有连带债权，承担连带债务。需要说明的是，建设工程合同的当事人通常会有特殊要求，如施工任务的承包人有资质等级、资格的要求，如果合并或分立后的继承人不再具备相应的资质等级、资格要求，另一方可以要求解除合同。

8.3.2.4 提前履行和部分履行的规则

《合同法》第 71、72 条规定，债权人可以拒绝债务人提前履行债务，但是提前履行不损害债权人利益的除外。债务人提前履行债务给债权人增加的费用，由债务人承担。债权人可以拒绝债务人部分履行债务，但是部分履行不损害债权人利益的除外。债务人部分履行债务给债权人增加的费用，由债务人承担。

8.3.3 建设工程合同履行中的担保

合同履行的担保，是保证合同履行的一项法律制度，是合同当事人为全面履行合同及避免因对方违约而遭受损失而设定的保证措施。合同履行的担保是通过签订担保合同或是在合

同中设立担保条款来实现的。担保合同是从合同，被担保合同是主合同。担保合同将随着被担保合同的履行而消灭。而当被担保人不履行其义务且不承担相应责任时，担保人则应承担其担保责任。建设工程合同的担保形式主要有保证、抵押、定金和留置四种。

8.3.3.1　保证

保证是指保证人与债权人约定，当债务人（被保证人）不履行债务时，由保证人按照约定代为履行或代为承担责任的担保方式。保证人是合同当事人（被保证人与债权人）以外的第三人，一旦担保成立，他就成为被保证人所负债务的从债务人，当被保证人不履行自己的债务时，保证人就有代为履行的义务，而当他代为履行或代为赔偿后，就成为被担保人的债权人，可对被保证人行使追偿权。

我国《担保法》将保证分为一般保证和连带责任保证，一般保证是指被保证人不能履行合同债务时，才由保证人承担保证责任的保证方式，此时保证人只为违约责任的第二履行人，而被保证人为违约责任的第一履行人。连带责任保证是指在被保证人履行债务之前，债权人就可以要求保证人承担保证责任，即保证人和被保证人对违约行为承担连带责任，他们同为第一履行人。《担保法》还规定："当事人对保证方式没有约定或者约定不明确的，按照连带责任保证承担保证责任。"《担保法》还规定，国家机关、事业单位及社会团体不得担当保证人替人担保。

建设工程合同中最常见的是银行为工程承包单位开具履约保函，即是银行充当保证人为承包单位担保的保证方式。

8.3.3.2　抵押

抵押是指合同当事人一方或者当事人以外的第三人向另一方当事人提供一定的财产作为抵押，以保证合同履行的担保方式。交出财产进行抵押的一方为抵押人，接受财产抵押的一方为抵押权人。当合同当事人一方不履行合同义务时，当事人另一方（抵押权人）就有权依照法律规定以抵押物折价或将抵押物变卖，并从中优先受偿。

在国际上抵押是一种非常受欢迎的担保方式，因为它能比较充分地保障债权人的利益。采用抵押担保时，抵押人和抵押权人应以书面形式订立抵押合同。我国《担保法》还规定，抵押物为土地使用权、城市房地产、林木、乡镇企业的厂房、航空器、船舶、车辆、企业的设备和其他动产的，应到相关部门办理抵押物登记手续，否则，抵押合同无效。

8.3.3.3　定金

定金是合同签订后，但还没有履行前，当事人一方向另一方支付一定数额的金钱或其他有价代替物，以保证合同履行的担保方式。其担保作用体现在，交付定金的一方不履行合同，则无权要求返还定金，收取定金的一方不履行合同，则应双倍返还定金。

应当注意的是，定金与预付款在形式上好像完全一样，但它们的性质是完全不同的，定金起担保作用，而预付款只是起资助作用。当当事人违约时，定金起着制裁违约方、补偿被违约方的作用，而预付款则无此作用，无论哪一方违约，均不得采取扣留预付款或要求双倍返还预付款的行为。

定金也不同于违约金，定金是合同的一种担保方式，而违约金只是对违约的一种制裁手段，违约金并不事先支付，被违约方只能通过事后请求支付的方式才能真正获得。

在建设工程勘察和设计合同中，通常都采用定金这种担保方式。

8.3.3.4　留置

留置是指合同当事人一方依据合同，事先合法占有对方财产，当对方不履行合同时，可对占有财产进行留置，并依法将留置财产折价或变卖并从中优先受偿的担保方式。留置这种担保方式只能用于一方已事先合法占有了对方财产的特定情况。所以，它常用于仓储保管合同，来料加工、来件装配、加工定做等承揽合同及货物运输合同中。建设工程施工时，在竣工验收交付使用前，工程由承包方负责看管，从法律上看，承包方也是事先合法掌握了发包方的财产，但由于建设工程对社会影响巨大，长期以来我国法律并未认可承包方的留置权。1999 年 10 月 1 日生效的《合同法》规定，"发包人未按照约定支付价款的，承包人可以催告发包人在合理期限内支付价款。发包人逾期不支付的，除按照建设工程的性质不宜折价、拍卖的以外，承包人可以与发包人协议将该工程折价，也可以申请人民法院将该工程依法拍卖。建设工程的价款就该工程折价或者拍卖的价款优先受偿。"这就从法律上充分肯定了建设工程承包方的留置权，当然，建设工程留置权的实际行使还有许多具体问题有待研究。

8.3.4　合同的保全

合同的保全是指法律为防止合同债务人的财产不当减少，维护其财产状况，允许合同的债权人向债务人行使一定权利的制度。合同的保全也可理解为法律所强制实施的一般担保，即债务人应以其所有的全部财产来保证其合同债务的履行。它可弥补保证、抵押、定金、留置等特殊担保及民事强制执行的不足。我国《合同法》所设立的合同保全有两种：代位权和撤销权。

8.3.4.1　代位权

代位权是指因债务人怠于行使其到期债权，对债权人造成损害的，债权人可以向人民法院请求以自己的名义代位行使债务人的债权的权利。但是按照《合同法》的规定，该债权专属于债务人自身的除外。

代位权的行使范围以债权人的债权为限。债权人行使代位权的必要费用，由债务人负担。

8.3.4.2　撤销权

撤销权是指因债务人放弃其到期债权或者无偿转让财产，对债权人造成损害的，债权人可以请求人民法院撤销债务人的行为。债务人以明显不合理的低价转让财产，对债权人造成损害，并且受让人知道该情形的，债权人也可请求人民法院撤销债务人的行为。

撤销权的行使范围以债权人的债权为限。债权人行使撤销权的必要费用，由债务人负担。撤销权自债权人知道或者应当知道撤销事由之日起一年内行使。自债务人的行为发生之日起五年内没有行使撤销权的，该撤销权消灭。

8.4　建设工程合同的变更、终止和争议的解决

8.4.1　建设工程合同的变更

因为建设工程合同履行的期限长，涉及范围广，影响因素多，所以，一份建设工程合同签订得再好，签约时考虑得再全面，履行过程中也免不了由于工程实施条件及环境的变化而对合同约定的事项进行修正，也就是对建设工程合同的内容进行变更。应该说，建设工程合同（主要是施工合同）不断进行变更是正常的，司空见惯的一份合同履行到底，不作任何变更是十分罕见的，很不正常的。

合同的变更有广义和狭义之分。书中第二章有所描述。

我国《合同法》规定："当事人协商一致，可以变更合同"。也就是说，合同订立后允许

变更；但是应当由当事人双方协商一致。建设工程合同的变更应当遵循这一原则，但是当涉及设计变更时（指施工合同），变更的决定可以由发包人单方作出，通知承包人即可。设计变更通常有以下几个方面：工程量的增减；质量及特性的变化；工程标高、基线、尺寸等变更；施工顺序的改变；永久工程的删减；附加工作；设备、材料和服务的变更等。这些变更是通过工程签证来加以确认的。承包人应注意保存签证资料，以便据此进行调整合同价款或进行索赔。

我国《合同法》规定：合同的变更仅对变更后未履行的部分有效，而对已履行的部分无溯及力。因合同的变更使当事人一方受到经济损失的，受损一方可向另一方当事人要求损失赔偿。在建设工程合同的变更中，主要表现为合同价款的调整，合同价款的调整方法双方可在合同中事先规定，也可事后达成协议，根据具体的变更内容来确定。在施工合同中通常合同价款的调整按下列方法处理（采用示范文本的按此调整，不采用的可以参照）。

① 合同中已有适用于变更工程的价格，按该价格变更合同价款；

② 合同中只有类似于变更工程的价格，可以按照类似价格变更合同价款；

③ 上述两种情况以外的，由承包人提出适当的变更价格，经监理工程师确认后执行，与工程款同期支付。

8.4.2　建设工程合同的终止

合同的终止是指因发生法律规定或当事人约定的情况，使当事人之间的权利义务关系消灭，而使合同终止法律效力。合同终止的原因有很多，比较常见的有以下两种：一种情况是合同双方已经按照约定履行完合同，合同自然终止。还有一种情况是发生法律规定或当事人约定的情况，或经当事人协商一致，而使合同关系终止，称为合同解除。后一种情况（合同解除）可以有两种方式：合意解除和法定解除。合意解除是指根据当事人事先约定的情况或经当事人协商一致而解除合同；而法定解除是指根据法律规定而解除合同。

8.4.3　建设工程合同违约责任和争议的解决

8.4.3.1　违约责任

违约责任，合同当事人不履行合同义务或者履行合同义务不符合合同约定所产生的民事责任。我国《合同法》第 107 条规定：当事人一方不履行合同义务或履行合同义务不符合规定的，应当承担继续履行、采取补救措施或者赔偿损失的违约责任。当事人双方都违反合同的，应当各自承担相应的责任。当事人违约后，承担违约责任的方式，主要有以下几种。

① 继续履行　继续履行，又称实际履行或强制实际履行，是指合同当事人一方请求人民法院或仲裁机构强制违约方实际履行合同义务。例如施工合同中，发包人无正当理由不支付工程竣工结算价款，承包人可以诉诸法律，请求法院或仲裁机构强制业主继续履行付款义务，给付工程款。

② 补救措施　补救措施，是指当事人一方履行合同义务不符合规定的，对方可以请求人民法院或仲裁机构强制其在继续履行合同义务的同时采取补救履行措施。例如在施工合同履行过程中，发包人或监理工程师发现，承包人的部分工程施工质量不符合合同约定的质量标准的，可以要求承包人对该工程进行返修或者返工。承包人的返修或返工行为就是一种补救措施。

③ 赔偿损失　当事人一方不履行义务或履行义务不符合约定的，在继续履行义务或采取补救措施后，对方还有其他损失的，应当赔偿损失。例如在施工合同履行中，工程质量不

合格，承包人采取补救措施，进行返工后，虽然质量达到了要求，但是导致总工期拖延了较长时间，这可能给发包人造成很大的损失。发包人的这部分损失是由承包人的违约引起的，应当由承包人来赔偿。

当事人一方违约后，对方应当采取适当措施防止损失的扩大，如果因其没有采取措施而致使损失扩大的，则不得就扩大的损失要求违约方赔偿。当事人因防止损失扩大而支出的合理费用，由违约方承担。

④ 支付违约金　违约金是当事人约定或法律规定，一方当事人违约时应当根据违约情况向对方支付的一定数额的货币。违约金的数额由当事人双方在合同中约定，如果约定的违约金数额低于造成损失的，当事人可以请求人民法院或仲裁机构予以增加；约定的违约金过分高于实际造成的损失的，当事人可以请求人民法院或者仲裁机构予以适当减少。

应当注意的是，违约金本身就是对损失的赔偿，所以违约金与赔偿损失不能并用。如果合同中约定了违约金的话，则应当按照违约金承担违约责任。

⑤ 支付定金　当事人可以约定一方向另一方支付定金作为合同订立或履行的担保，如果给付定金的一方违约，无权要求返还定金；收受定金的一方违约，应当双倍返还定金。

应当注意的是，违约金和定金不能并用。当事人在合同中既约定了违约金，又约定了定金的，只能选择使用一种。

8.4.3.2　争议的解决

合同争议，也称合同纠纷，是指合同双方当事人对合同规定的权利和义务产生了不同的解决方式。

合同当事人之间发生争议，有时是难免的。如果争议发生了，当事人之间首先应当依据公平合同和诚实信用的原则，本着互谅互让的精神，进行自愿协商解决。或者通过调解解决争议。如果当事人不愿和解、调解不成的，可以依据"或裁或审制"的规定，请求仲裁机构仲裁，或者向人民法院起诉，以求裁判彼此之间的纠纷。

我国《合同法》规定的争议解决的方法主要有四种：和解、调解、仲裁和诉讼。

① 和解，是指合同纠纷当事人在自愿友好的基础上，互相沟通、互相谅解，从而解决纠纷的一种方式，达成和解协议，解决纠纷的方法。

② 调解，是指合同当事人在有关主管部门或其他第三方的主持下，通过被说服教育，互相作出适当的让步，达成调解协议，解决纠纷的方法。调解往往是当事人经过和解仍不能解决纠纷后采取的方法。

这里所说的和解与调解是狭义的，不包括仲裁和诉讼程序中在仲裁庭和法院主持下的和解与调解。和解与调解并非解决合同纠纷的必经程序。当事人不愿意和解、调解或和解、调解不成的，可以采用仲裁、诉讼方式。

③ 仲裁，是当事人双方在争议发生前或争议发生后达成协议，自愿将争议交给协议中写明的仲裁庭作出裁决，并负有自动履行义务的一种解决争议的方法。这种争议的解决方式必须是自愿的，因此必须有仲裁协议。仲裁遵循一裁终局原则，裁决作出后即为最终决定，必须执行，不能再采用其他方式解决。

④ 诉讼，是指合同当事人依法请求人民法院行使审判权，审理双方之间发生的合同争议，作出有国家强制保证实现其合法权益，从而解决纠纷的审判活动。合同双方如果未达成仲裁协议，则只能以诉讼作为解决争议的最终方式。

8.5　建设工程合同案例

案例1　关于合同违约❶

原告：（乙）××市××精神病防治站

被告：（甲）××房地产开发有限公司

甲、乙因房屋拆迁纠纷一案诉至法院。

一审法院查明：2003 年 8 月 30 日，甲、乙签订了一份拆迁协议书约定如下。

① 甲方同意乙方要求，在××区××街东边线临街安置一处门市房，安置门市房建筑面积在 96～97m² 之间，如低于上述面积，每平方米甲方补乙方 5000 元整；回迁后该门市房的产权归乙方，甲方配合乙方办理房证手续。

② 甲方同意一次性给付乙方 24 万元作为拆迁过程中的所有补偿费用。

③ 回迁安置期限以搬迁之日起至 2004 年 10 月 30 日止。逾期不能回迁，每超一天甲方补偿乙方 1 万元整。

④ 乙方同意回迁后对所安置的门市房不再从事医疗行业。

⑤ 考虑未来小区整体环境，乙方保证回迁安置后室外装饰装修应服从小区物业管理。

⑥ 回迁安置的门市房是清水房，而且室内各种配套设施齐全，甲方除代收煤气管网配套费之外，不再收取其他配套费用。

⑦ 乙方同意在收到甲方补偿费后八日内，将被拆迁房屋腾交给甲方拆除等内容，并附图纸一张，协议签订后，甲方付给乙方 24 万元，乙方将被拆迁房屋交由甲方拆除。

回迁楼房竣工后，甲于 2004 年 11 月 10 日通知乙回迁同时，以回迁实际面积为 114.43m²，提出乙交纳面积补偿金 13 万元及其他费用 2.9 万元。乙拒绝回迁，甲遂在回迁房北门处，在理应安置的房屋间辟出一间壁墙。

被拆迁房屋产权人为××市房产局，非住宅房屋，建筑面积 255m²。乙为该房屋的承租人。2003 年 2 月 9 日，甲与产权人同意对拆除房屋实行货币补偿，产权补偿费为 44.8 万元，并已将该款付给产权人。原审法院在庭审中，甲同意对乙进行有偿补偿。

原审法院认为，甲与乙的"拆迁协议书"中对回迁安置、产权归属、违约责任的约定是在自愿的基础上达成的，该约定未违反国家法律或现行法规的强行性规定，视为有效。关于甲提出乙系被拆迁房屋的承租人，但非被拆迁入，不具备回迁安置产权调换资格的主张。《××市城市房屋拆迁管理条例》是对房屋承租人的最低补偿办法进行了规定，但对在拆迁人认可的情况下，对承租人可以进行如何安置并未限制，作为拆迁人的甲其将作为承租人的乙以合同约定进行回迁安置是对自己权利利益进行一种不违法的自由处分方式，对其后果应履行诺言承担约定义务。关于甲提出乙隐瞒其为被拆迁房屋承租人且已解除租赁关系的事实，使其在不知乙真实情况下，与之签订协议，是采用欺诈手段，属无效协议的主张，因甲在与乙签定协议之前，已对产权人进行了产权补偿，其明知乙并非产权人，且甲以产权补偿方式取得了被拆迁房屋的产权，其在拆迁房屋时，理应对承租人进行安置，故对甲的这项主张不予支持。在审理中，双方均认为，争议的焦点为对乙进行回迁安置是否有偿问题。如前所述，"拆迁协议"为有效协议，双方均应按协议履行义务，而在协议中，对增加面积部分及其他配套费用问题，除煤气管网费外，均已明确约定不收取，对乙的诉讼请求予以支持。

---

❶ 案例来源：朱昊. 建设法规案例与评价. 机械工业出版社，2007，第 77～80 页。

法院依据《中华人民共和国合同法》第八条、第四十四条、第六十条、第一百零七条、第一百一十四条之规定，判决如下所示。

① 原告乙与被告甲所签订拆迁协议书有效。

② 被告甲于判决生效后 5 日内将门市房按图纸安置给原告。

③ 被告甲在安置房同时拆除安置房内的间壁墙。

④ 被告甲于判决生效后 5 日内一次性补偿原告逾期回迁费 19 万元（从 2004 年 11 月 1 日起至判决生效之日止，按每日 1000 元计算）。

⑤ 驳回原、被告其他诉讼请求。

甲不服一审判决提起上诉。其上诉理由是：甲与乙所签订的拆迁协议是无效的协议，因该份协议是在乘人之危情况下签订的；乙不具备回迁主体的资格；原审判决由上诉人给付被上诉人逾期回迁补偿费是错误的。

被上诉人乙辩称同意一审判决，要求二审法院驳回上诉，维持原判。

二审法院经开庭审理查明的事实与原审判决认定的事实基本一致。

二审法院认为，2003 年 8 月 30 日，甲、乙双方所签订的拆迁协议书，是当事人真实意思表示，并不违反国家法律、法规的禁止性规定，应是合法有效的协议，对双方当事人具有约束力，均应恪守履行。在协议书中明确规定了双方的权利义务。上诉人甲在协议中明确承诺："在××区××街东边临街安置一处门市房，回迁后该门市房的产权归乙方。甲配合乙办理房产手续，回迁安置期限以拆迁之日起至 2004 年 10 月 30 日止，逾期不能回迁，每超一天甲方补偿乙方 1000 元整。"故现上诉人认为被上诉人不具备回迁安置的主体资格，本院不予支持。关于上诉人主张拆迁协议是无效的协议问题，本院认为，该份协议的内容并不存在《中华人民共和国合同法》第五十二条所规定致使合同无效的五种情形。上诉人又主张该协议存在乙乘人之危与上诉人签订协议的上诉理由。按照法律规定，即使存在乘人之危的情形，使上诉人违背真实意思的情况下签订了合同，受损害方有权请求人民法院或仲裁机构变更或撤销，且具有撤销权的当事人自知道或应当知道撤销事由之日起一年内行使撤销权。上诉人并没有提供行使前述权利的有效证据。关于上诉人主张被上诉人拒不回迁，违约在先，不同意支付逾期回迁补偿费的上诉理由。上诉人给被上诉人的回迁通知，其内容违反了当初协议中的承诺，既对增加的面积收取面积补偿金又收取气源费、动力电安装费，造成被上诉人不能回迁的责任在于上诉人，原判判决由上诉人支付被上诉人逾期回迁补偿费并无不当。上诉人的上诉理由没有法律依据和事实依据，本院不予支持。综上，依据《中华人民共和国民事诉讼法》第一百五十三条第一款（一）项之规定，判决如下：驳回上诉，维持原判。

案例评价：

本案的焦点问题是，首先，甲与乙所签订的拆迁协议是否有效。

我国《合同法》第五十二条规定，有下列情形之一的，合同无效。

① 一方以欺诈、胁迫的手段订立合同，损害国家利益。

② 恶意串通，损害国家、集体或者第三人利益。

③ 以合法形式掩盖非法目的。

④ 损害社会公共利益。

⑤ 违反法律、行政法规的强制性规定。

因甲与乙所签订的拆迁协议的内容并不存在《中华人民共和国合同法》第五十二条所规定致使合同无效的五种情形，所以，法院判定该协议有效是正确的。

　　既然合同有效，合同当事人甲就应当按照约定全面履行自己的义务。甲不履行合同义务或者履行合同义务不符合约定的，就应当依法承担继续履行，采取补救措施或者赔偿损失等违约责任。

　　其次，该份协议是否在乘人之危情况下签订的。

　　我国《合同法》第五十四条规定："下列合同，当事人一方有权请求人民法院或者仲裁机构变更或者撤销：

　　① 因重大误解订立的。

　　② 在订立合同时显失公平的。

　　③ 一方以欺诈、胁迫的手段或者乘人之危，使对方在违背真实意思的情况下订立的合同，受损害方有权请求人民法院或者仲裁机构变更或者撤销。"

　　当事人请求变更的，人民法院或者仲裁机构不得撤销。

　　我国《合同法》第五十五条规定："有下列情形之一的，撤销权消灭：

　　① 具有撤销权的当事人自知道或者应当知道撤销事由之日起一年内没有行使撤销权。

　　② 具有撤销权的当事人知道撤销事由后明确表示或者以自己的行为放弃撤销权。"

　　根据《中华人民共和国合同法》上述规定，甲应自知道或者应当知道撤销事由之日起一年内行使撤销权，否则，该撤销权消灭。因此，法院认为，即使存在乘人之危的情形，使上诉人违背真实意思的情况下签订了合同，受损害方有权请求人民法院或仲裁机构变更或撤销。但由于甲没有提供自知道或应当知道撤销事由之日起一年内行使撤销权的有效证据，故法院未支持甲的此主张。法院对此问题的认定也是正确的。

案例 2　关于合同文件条款[1]

　　某综合办公大楼工程建设项目，合同价为 3856 万元，工期为 2 年。建设单位通过招标选择了某施工单位进行该项目的施工。

　　在正式签订工程施工承包合同前，发包人（建设单位）和承包人（施工单位）草拟了一份《建设工程施工合同（示范文本）》，供双方再斟酌。其中包括如下条款。

　　① 合同文件的组成与解释顺序依次如下所示。

　　a. 合同协议书；

　　b. 招标文件；

　　c. 投标书及其附件；

　　d. 中标通知书；

　　e. 施工合同通用条款；

　　f. 施工合同专用条款；

　　g. 图纸；

　　h. 工程量清单；

　　i. 标准、规范与有关技术文件；

　　j. 工程报价单或预算书；

　　k. 合同履行工程的洽商、变更等书面协议或文件。

　　② 承包人必须按工程师批准的进度计划组织施工，接受工程师对进度的检查、监督。工程实际进度与计划进度不符时，承包人应按工程师的要求提出改进措施，经工程师确认后执行。承包人有权就改进措施提出追加合同价款。

---

　　[1] 案例来源：李永福. 建设法规. 第 2 版. 中国电力出版社，2006，第 255～256 页。

③ 承包人不能将工程转包，但允许分包，也允许分包单位将分包的工程再次分包给其他施工单位。

④ 工程未经竣工验收或竣工验收未通过的，发包人不得使用。发包人强行使用时，发生的质量问题及其他问题，由发包人承担责任。

⑤ 因不可抗力事件导致的费用及延误的工期由双方共同承担。

请指出上述合同条款中的不妥之处，并提出如何改正。

案例评析

① 第①条不妥当。排序不对，招标文件不属于合同文件，"合同履行工程的洽商、变更等书面协议或文件"应看成是合同协议书的组成部分，排第一位。应改为："……，a. 合同协议书（包含合同履行工程的洽商、变更等书面协议或文件）；b. 中标通知书；c. 投标书及其附件；d. 施工合同专用条款；e. 施工合同通用条款；f. 标准、规范与有关技术文件；g. 图纸；h. 工程量清单；i. 工程报价单或预算书。"

② 第②条中"……，承包人有权就改进措施提出追加合同价款"不妥。应改为："……，因承包人的原因导致实际进度与计划进度不符，承包人无权就改进措施提出追加合同价款。"

③ 第③条不妥，第3条中，"……，也允许分包单位将分包的工程再次分包给其他施工单位"不妥。应改为："……，不允许分包单位将分包的工程再次分包给其他施工单位。"

④ 第④条不妥，工程未经竣工验收或竣工验收未通过的，发包人强行使用时，不能免除承包人应承担的保修责任；应改为"……，发包人强行使用时，由此发生的质量问题及其他问题，由发包人承担责任；但是，不能免除承包人应承担的保修责任。"

⑤ 第⑤条不妥，应改为："因不可抗力事件导致的费用及延误的工期由双方分别按以下方法分别承担；a. 工程本身的损害、因工程损害导致第三方人员伤亡和财产损失以及运至施工场地用于施工的材料和待安装的设备的损害，由发包人承担；b. 承发包双方人员的伤亡损失，分别由各自承担；c. 承包人机械设备损坏及停工损失，由承包人承担；d. 停工期间，承包人应工程师要求留在施工场地的必要的管理人员及保卫人员的费用由发包人承担；e. 工程所需清理、修复费用，由发包人承担；f. 延误的工期相应顺延。"

复习思考题

一、单项选择题

1. 能够引起合同法律关系的产生、变更与消灭的是（   ）。

A. 后果   B. 行为   C. 法律事实   D. 事件

2. 某上级公司由于工作失误，将应交下级工厂甲的任务误发至下级工厂乙，乙据此与建筑公司丙签订合同。该合同在执行过程中，上级公司发现有误，决定纠正错误，遂通知乙停止执行合同，乙与丙因此遭受损失。在这一例中，下列表述中正确的是（   ）。

A. 原合同无效，乙与丙应各自承担损失   B. 上级公司直接赔偿丙的损失

C. 甲应赔偿丙的损失，乙的损失自己负责   D. 乙应赔偿丙的损失，再请求该上级公司负责处理

3. 反映招标工程具体特点和要求是在（   ）中约定的。

A. 合同协议   B. 通用条款   C. 专用条款   D. 附件

4. 由不可抗力因素致使合同无法履行时，（   ）。

A. 按国际通用标准处理   B. 按国家示范文本进行处理

C. 按无效合同处理办法处理   D. 双方应及时协商处理

5. 工程施工前，（　　）需向承包人进行设计交底。

A. 委托人　　　　　　　B. 设计人　　　　　　C. 工程师　　　　　　　D. 发包人

二、多项选择题（每题的备选项中，有 2 个或 2 个以上符合题意）

1. 合同法律关系由（　　）等要素构成。

A. 主体　　　　　　　　B. 客体　　　　　　　C. 行为　　　　　　　　D. 事件　　　　　E. 内容

2. 合同当事人承担违约责任的形式有（　　）。

A. 支付违约金　　　　　B. 支付赔偿金　　　　C. 返回财产　　　　　　D. 追缴财产　　　E. 继续履行

3. 对招标人和投标人均有法律约束力的招标文件组成内容包括（　　）。

A. 招标公告　　　　　　B. 投标人须知　　　　C. 资格预审须知

D. 对投标人书面提出问题的回答函件　　　　　E. 图纸

三、简答题

1. 什么是建设工程合同？与一般合同相比，它有哪些特征？

2. 什么是合同法律关系？合同法律关系包括哪些要素？

3. 建设工程合同签订及履行的原则是什么？建设工程合同包括哪些主要内容？

4. 承担违约责任的方式主要有哪几种？

5. 什么是建设工程索赔？它的分类有几种？建设工程索赔的依据有哪些？承包方向发包方的索赔一般应经过哪些程序？

第9章　建设工程勘察设计法规

随着我国的城镇化进程的加快，国家大力发展民生，支持基础建设，建设工程的安全性就格外重要，而工程的勘察，设计不但直接关系到工程的质量与安全，而且也直接关系到环境等方面的问题，为加强对建设工程的勘察，设计的管理，必须严格实施建设工程勘察设计法规。

9.1　建设工程勘察设计制度概述

9.1.1　工程勘察设计法规的相关概念

建设工程勘察是指为满足工程建设的规划、设计、施工、运营及综合治理等方面的需要，对地形、地质及水文等情况进行测绘、勘探测试，并提供相应成果和资料的活动，岩土工程中的勘测、设计、处理、监测活动也属工程勘察范畴。

建设工程设计是指运用工程技术理论及技术经济方法，按照现行技术指标，对新建、扩建、改建项目的工艺、土建、公用工程、环境工程等进行综合性设计及技术经济分析，并提供作为建设依据的设计文件和图纸的活动。

在工程建设的各个环节中，勘察是基础，而设计是整个工程建设的灵魂，它们对工程的质量和效益都起着至关重要的作用。因此，依法加强勘察设计管理是十分重要的。

建设工程勘察、设计应当与社会、经济发展水平相适应，做到经济效益、社会效益和环境效益相统一。为此，必须坚持先勘察、后设计、再施工的原则，并鼓励在建设工程勘察设计活动中采用先进技术、先进工艺、先进设备、新型材料和现代管理方法。

工程勘察设计法规是指调整工程勘察设计活动中发生的各种社会关系的法律规范的总称。

9.1.2　工程勘察设计法规的立法现状

现行的主要法规如下所示。

① 1978 年国家建委颁发的《设计文件的编制及审批办法》；

② 1983 年国家计委颁发的《基本建设设计工作管理暂行办法》和《基本建设勘测工作管理暂行办法》；

③ 1986 年国家计委和对外经济贸易部联合颁发的《中外合作设计工程项目暂行规定》；

④ 1986 年国家计委颁发的《优秀工程设计奖评选办法》和《优秀工程勘测设计奖评选办法》；

⑤ 1992 年建设部和对外经济贸易部联合颁发的《成立中外合营工程设计机构审批管理的规定》。

为适应市场经济的需要，进一步加强对工程勘测设计行为的规范和管理，国家正在积极制定《中华人民共和国工程勘察设计法》，届时它将成为我国第一部工程勘测设计方面的法律，对工程勘测设计的法制建设，将有极大的推动作用。

9.1.3　建设工程勘察设计法规的基本原则

（1）市场准入制原则

任何单位和个人都必须在法律允许的范围内从事建设工程勘察设计活动。

（2）科学设计的原则

必须坚持先勘察、后设计、再施工的原则，同时坚持经济效益、社会效益环境效益相结合。

（3）依法设计的原则

建设工程勘察设计单位和个人必须依法进行建设工程勘察、设计，严格执行工程建设强制性标准，并对建设工程勘察、设计的质量负责。

9.1.4　工程建设勘察设计的发包与承包

（1）直接发包的工程建设勘察设计项目

① 采用特定的专利或专有技术的；

② 建筑艺术造型有特定要求的；

③ 国务院规定的其他工程建设的勘察设计。

（2）建设工程勘察、设计的一般要求

发包方可将整个建设工程勘察设计发包给一家勘察、设计单位，也可分别发包给几个勘察设计单位。

建设工程勘察、设计单位可以经发包方书面同意，将除建设工程主体部分外的其他部分的勘察、设计分包给具有相应资质等级的其他勘察、设计单位。

9.2　建设工程勘察设计标准

9.2.1　工程建设标准的概念

工程建设标准是指对基本建设中各类工程的勘察、规划、设计、施工、安装、验收等需要协调统一的事项所制定的标准。由政府或立法机关颁布，是对新建建筑物的最低技术要求，也是建设法规体系的组成部分。

制定和实施各项工程建设标准，并使其各系统的标准形成相辅相成、共同作用的完整体系，即实现工程建设标准化，是我国工程建设领域现阶段一项重要的经济、技术政策，可保证质量及安全生产，提高经济效益、社会效益和环境效益。

9.2.2　工程勘察设计标准

工程建设勘察设计规范和标准设计两种。

工程建设勘察设计规范：强制性勘察设计标准，"已经颁发，就是技术法规。在一切工程勘察、设计工作中都必须执行。"勘察设计规范分为国家、部、省（自治区、直辖市）、设计单位四级。

标准设计：推荐性设计标准。"一经颁发，建设单位和设计单位要因地制宜地积极采用，凡无特殊理由的不得另行设计。"标准设计分为国家、部、省三级。

9.2.3　工程建设标准的制定与实施

9.2.3.1　工程建设标准的制定原则

① 遵守国家相关法律法规及相关方针、政策，密切结合自然条件，合理利用资源，充

分考虑使用和维修的要求，做到安全适用、技术先进、经济合理。

② 积极开展科学实验或测试验证。

③ 积极采用新技术、新工艺、新设备、新材料。

④ 条文规定严谨明确，文句简练，不得模棱两可。

⑤ 注意与现行标准的协调，更改需要审批。

⑥ 发扬民主、充分讨论。

9.2.3.2 工程建设标准的实施

各级行政主管部门不得擅自更改国家或行业的强制性标准；应对勘察、设计、规划、施工单位及建设单位执行强制性标准的情况进行监督检查。工程建设活动的部门、单位和个人，都必须执行强制性标准。

不符合强制性标准的工程勘察成果报告和规划、设计文件，不得批准使用；不按标准施工，质量达不到合格标准的工程，不得验收。

工程质量监督结构和安全监督机构，应根据现行的强制性标准，对工程建设的质量和安全进行监督，发生争议时，由该标准的批准部门进行裁决。国家机关、社会团体、企业、事业单位及全体公民均有权检举、揭发违反强制性标准的行为。

推荐性标准，国家鼓励志愿采用，如何采用，由当事人在工程合同中予以确认。

9.3 建设工程勘察设计文件编制

9.3.1 建设工程勘察设计的原则

工程设计是工程建设的主导环节，对工程建设的质量、投资效益起着决定性的作用。为保证工程设计的质量和水平，相关法规规定，工程设计必须遵循以下主要原则。

① 贯彻经济、社会发展规划和产业政策、城乡规划；

② 综合利用资源，满足环保要求；

③ 遵守工程建设技术标准；

④ 采用新技术、新工艺、新材料、新设备；

⑤ 重视技术和经济效益的结合；

⑥ 公共建筑和住宅要注意美观、适用和协调。

9.3.2 建设工程勘察设计文件编制的依据

① 项目批准文件；

② 城市（乡）规划；

③ 工程建设强制性标准；

④ 国家规定的建设工程勘察、设计深度要求。

铁路、交通、水利等专业建设工程，还应当以专业规划的要求为依据。如有可能，设计单位应积极参加项目建议书的编制、建设地址的选择、建设规划的制定及试验研究等设计的前期工作。对大型水利枢纽、水电站、大型矿山、大型工厂等重点项目，在项目建议书批准前，可根据长远规划的要求进行必要的资源调查、工程地质和水文勘察、经济调查和多种方案的技术经济比较等方面的工作，从中了解和掌握有关情况，收集必要的设计基础资料，为编制设计文件做好准备。

9.3.3　建设工程勘察文件的基本内容和要求

9.3.3.1　勘察报告的内容和要求

（1）勘察报告的内容

① 勘察目的、任务要求和依据的技术标准；

② 拟建工程概况；

③ 勘察方法和勘察工作布置；

④ 场地地形、地貌、地层、地质构造、岩土性质及其均匀性；

⑤ 各项岩土性质指标，岩土的强度参数、变形参数、地基承载力的建议值；

⑥ 地下水埋藏情况、类型、水位及其变化；

⑦ 土和水对建筑材料的腐蚀性；

⑧ 可能影响工程稳定的不良地质作用的描述和对工程危害程度的评价；

⑨ 场地稳定性和适宜性的评价。

（2）勘察报告的要求

岩土工程勘察报告应对岩土利用、整治和改造的方案进行分析论证，提出建议；对工程施工和使用期间可能发生的岩土工程问题进行预测，提出监控和预防措施的建议。

对岩土的利用、整治和改造的建议，宜进行不同方案的技术经济论证，并提出对设计、施工和现场监测要求的建议。

9.3.3.2　勘察图件的内容

① 勘探点平面布置图；

② 工程地质柱状图；

③ 工程地质剖面图；

④ 原位测试成果图表；

⑤ 室内试验成果图表。

9.3.4　建设工程设计文件的基本内容和要求

9.3.4.1　设计阶段

（1）一般建设项目

一般建设项目的设计可按初步设计和施工图设计两阶段进行。

（2）技术复杂的建设项目

技术上复杂的建设项目，可增加技术设计阶段，即按初步设计、技术设计、施工图设计三个阶段进行。

（3）存在总体部署问题的建设项目

一些牵涉面广的项目，如大型矿区、油田、林区、垦区、联合企业等，存在总体开发部署等重大问题，这时，在进行一般设计前还可进行总体规划设计或总体设计。

9.3.4.2　设计文件的要求

① 方案设计文件应满足编制初步设计文件和控制概算的需要；初步设计文件应满足编制施工招标文件、主要设备材料订货和编制施工图设计文件的需要；施工图设计文件应满足设备材料采购、非标准设备制作和施工的需要，并注明建设工程合理使用年限。

② 设计文件中选用的材料、构配件、设备，应当注明其规格、型号、性能等技术指标，其质量要求必须符合国家规定的标准。

9.3.4.3 设计阶段的内容与深度

（1）总体设计

总体设计一般由文字说明和图纸两部分组成。其内容包括：建设规模、产品方案、原料来源、工艺流程概况、主要设备配备、主要建筑物及构筑物、公用和辅助工程、"三废"质量及环境保护方案、占地面积估计、总图布置及运输方案、生活区规划、生产组织和劳动定员估计、工程进度和配合要求、投资估算等。

总体设计的深度应满足开展下述工作的要求：初步设计，主要大型设备、材料的预安排，土地征用谈判。

（2）初步设计

初步设计一般应包括以下有关文字说明和图纸：设计依据、设计指导思想、产品方案、各类资源的用量和来源、工艺流程、主要设备选型及配置、总图运输、主要建筑物和构筑物、公用及辅助设施、新技术采用情况、主要材料用量、外部协作条件、占地面积和土地利用情况、综合利用和"三废"治理、生活区建设、抗震和人防措施、生产组织和劳动定员、各项技术经济指标、建设顺序和期限、总概算等。

初步设计的深度应满足以下要求：设计方案的比选和确定、主要设备材料订货、土地征用、基建投资的控制、施工图设计的编制、施工组织设计的编制、施工准备和生产准备等。

（3）技术设计

技术设计的内容，由有关部门根据工程的特点和需要，自行制定。其深度应能满足确定设计方案中重大技术问题和有关实验、设备制造等方面的要求。

（4）施工图设计

施工图设计，应根据已获批准的初步设计进行。其深度应能满足以下要求：设备材料的安排和非标准设备的制作、施工图预算的编制、施工要求等。

9.3.5 建设工程文件的审批和修改

9.3.5.1 设计文件的审批

① 大中型建设项目的初步设计和总概算及技术设计，按隶属关系，由国务院主管部门或省、直辖市、自治区审批。

② 小型建设项目的初步设计的审批权限，由主管部门或省、市、自治区自行规定。

③ 总体规划设计（或总体设计）的审批权限与初步设计的审批权限相同。

④ 各部直接代管的下放项目的初步设计，由国务院主管部门为主，会同有关省、市、自治区审查或批准。

⑤ 施工图设计的审批要按有关规定进行审查。

9.3.5.2 勘察、设计文件的修改

① 设计文件是工程建设的主要依据，经批准后不得任意修改。

② 凡涉及计划任务书的主要内容，如建设规模、产品方案、建设地点、主要协作关系等方面的修改，须经原计划任务书审批机关批准。

③ 凡涉及初步设计主要内容，如总平面布置、主要工艺流程、主要设备、建设面积、建设标准、总定员、总概算等方面的修改，须经原设计审批机关批准。

④ 施工图的修改，须经原设计单位的同意。

9.3.6　建设工程抗震设计与加固

9.3.6.1　建设工程抗震概念

建设工程抗震是建设工程抗御地震灾害简称，是指通过编制、实施抗震防灾规划，对建设工程进行抗震设计和加固，最大限度地抵抗和防御地震灾害的活动。

建设工程抗震分地震预报、震后救灾构成、减轻地震灾害的三环节。

9.3.6.2　抗震设计

（1）抗震设防

地震烈度为六度及六度以上地区和今后有可能发生破坏性地震地区所有新建、改建、扩建工程都必须进行抗震设防。

（2）抗震设计

工程勘察设计单位应当按照抗震设防要求和工程建设强制性标准进行抗震设计，并对抗震设计的质量以及出具的施工图设计文件的准确性负责。

9.3.6.3　抗震加固

（1）抗震鉴定

① 对未经抗震设防或抗震加固；

② 或虽经抗震设防或加固，但未经正式设计进行了改建、大规模装修、安装了大型设备的；

③ 在使用过程中经历过破坏性地震、洪水、风暴等自然灾害，承重结构出现局部倒塌、裂缝、其抗震能力严重受损的建设工程。

（2）抗震加固

① 重大建设工程；

② 可能发生严重次生灾害的建设工程；

③ 具有重大历史、科学、艺术价值或者重要纪念意义的建设工程；

④ 学校、医院等人员密集场所的建设工程；

⑤ 地震重点监视防御区内的建设工程。

9.4　建设工程施工图的审查

9.4.1　施工图设计文件审查的概念

施工图设计文件审查是指国务院建设行政主管部门和省、自治区、直辖市人民政府建设行政主管部门依法认定的设计审查机构，根据国家的法律、法规、技术标准与规范，对施工图设计文件进行结构安全和强制性标准、规范执行情况等进行的独立审查。

它是政府主管部门对建设工程勘察设计质量监督管理的重要环节，是基本建设必不可少的程序，工程建设各方必须认真贯彻执行。

9.4.2　施工图审查的范围及内容

9.4.2.1　施工图审查的范围

《建设工程施工图设计文件审查暂行办法》规定，凡属建筑工程设计等级分级标准的各类新建、改建、扩建的建设工程项目均须进行施工图审查。各地的具体审查范围，由各省、自治区、直辖市人民政府建设行政主管部门确定。

9.4.2.2　施工图审查的内容

① 建筑物的稳定性与安全性（包括地基基础及结构主体的安全）；

② 是否符合消防、节能、环保、抗震、卫生、人防等有关强制性标准、规范；

③ 是否达到规定的施工图设计深度的要求。

④ 是否损害公共利益

9.4.3　施工图审查机构

9.4.3.1　施工图审查机构应具备的条件

① 具有独立的法人资格；

② 具有符合设计审查条件的工程技术人员；

③ 有固定的工作场所，注册资金不少于 20 万元；

④ 有健全的技术管理和质量保证体系；

⑤ 审查人员应熟练掌握国家和地方现行的强制性标准、规范。

9.4.3.2　施工图审查人员应具备的条件

① 具有 10 年以上结构设计工作经历，独立完成 5 项 2 级以上项目工程设计；

② 获准注册的一级注册结构工程师，或具有高级工程师职称；

③ 年满 35 周岁并不超过 65 周岁；

④ 有独立工作能力，并有一定语言文字表达能力；

⑤ 有良好的职业道德。

9.4.4　施工图审查的程序

9.4.4.1　施工图审查的报送

设计单位在施工图完成后，建设单位应将施工图连同该项目批准立项的文件或初步设计批准文件及主要的初步设计文件一起报送建设行政主管部门，由建设行政主管部门委托有关审查机构进行审查。

9.4.4.2　施工图审查的要求

① 审查机构在收到审查材料后，应在规定的期限范围内完成审查工作，并提出工作报告。

② 审查机构在审查结束后，审查机构应向建设行政主管部门提交书面的施工图审查报告，并应由审查人员签名和审查机构盖章。

③ 审查合格的项目，建设行政主管部门收到审查报告后，应及时向建设单位通报审查结果，并颁发施工图审查批准书。

④ 施工图一经审查通过，不得擅自进行修改。

⑤ 施工图审查所需经费，由施工图审查机构向建设单位收取。

9.4.4.3　争议的解决

建设单位或设计单位对审查机构做出的审查报告有重大分歧时，可由建设单位或设计单位向所在省、自治区、直辖市人民政府建设行政主管部门提出复查申请，省、自治区、直辖市人民政府建设行政主管部门组织专家论证并做出复查结果。

9.4.5　施工图审查各方的责任

9.4.5.1　设计单位与设计人员的责任

《建设工程质量管理条例》、《建设工程勘察设计管理条例》等法规规定，勘察设计单位及其设计人员必须对自己的勘察设计文件的质量负责。这也是国际上通行的规则。它并不因通过了审查机构的审查就可免责。审查机构的审查只是一种监督行为，它只对工程设计质量承担间接的审查责任，其直接责任仍由完成设计的单位和个人负责。如若出现质量问题，设计单位和设计人员还必须依据实际情况和相关法律的规定，承担相应的经济责任、行政责任和刑事责任。

9.4.5.2　审查机构与审查人员的责任

（1）设计文件质量责任

在设计文件质量上，审查单位和审查人员只负间接的监督责任，因设计质量问题造成的损失，业主只能向设计单位和设计人员追责，审查机构和审查人员在法律上并不承担赔偿责任。

（2）审查机构及审查人员的工作责任

审查机构和审查人员在设计质量问题上的免责并不意味着审查机构和审查人员就不要承担任何责任。对自己的失职行为，审查机构和审查人员必须承担直接责任，这些责任可分为经济责任、行政责任和刑事责任，它将依据具体事实和相关情节依法认定。

9.4.5.3　政府主管部门的责任

依据相关法律规定，政府各级建设行政主管部门在施工图审查中享有行政审批权，主要负责行政监督管理和程序性审批工作。对设计文件的质量不承担直接责任，但对其审查工作质量，负有不可推卸的责任。具体表现为行政责任和刑事责任。

《建设工程勘察设计管理条例》明确规定，国家机关工作人员在建设工程勘察设计活动的监督管理工作中玩忽职守、滥用职权、徇私舞弊、贪污受贿，构成犯罪的，依法追究其刑事责任；尚不构成犯罪的，依法给予行政处分。

9.5　建设工程勘察设计的监督管理

9.5.1　建设工程勘察设计的监督管理概况

9.5.1.1　监督管理机构

国家建设行政主管部门对全国的建设工程勘察、设计活动实施统一监督管理。

国务院铁路、交通、水利等有关部门按照国务院规定的职责分工，负责全国的有关专业建设工程勘察、设计活动的监督管理。

县级以上建设行政主管部门负责本行政区域内的建设工程勘察、设计活动监督管理，且交通、水利等有关部门在各自的职责范围内，负责本行政区域的有关专业建设工程勘察、设计活动的监督管理。

任何单位和个人对建设工程勘察、设计活动中的违法行为都有权检举、控告、投诉。

9.5.1.2　监督管理的内容

县级以上人民政府建设行政主管部门或交通、水利等有关部门应对施工图设计文件中涉及公共利益、公共安全、工程建设强制性标准的内容进行审查。未经审查批准的施工图不得使用。

建设工程勘察、设计单位在其勘察、设计资质证书的业务范围内跨部门、跨地区承揽勘察设计任务的，有关地方人民政府及其所属部门不得设置障碍，不得违反国家规定收取任何费用。

9.5.2 违法责任

9.5.2.1 建设单位的违法责任

违反《建设工程质量管理条例》的行为，必须受到相应的处罚，造成重大安全事故的，还要追究刑事责任。

发包方将建设工程勘察、设计业务发包给不具备相应资质等级的建设工程勘察、设计单位的，责令改正，可处 50 万元到 100 万元以下的罚款。

建设单位在施工图设计文件未经审查或审查不合格，却擅自施工的，将处 20 万元以上 50 万元以下的罚款。

9.5.2.2 勘察、设计单位的违法责任

(1) 非法承揽业务的责任

(2) 非法转包的责任

(3) 不按规定进行设计的责任

9.5.2.3 勘察、设计执业人员的违法责任

个人未经注册，擅自以注册建设工程勘察设计人员的名义从事建设工程勘察、设计活动的，责令停止违法行为；已注册的执业人员和其他专业技术人员，但未受聘于一个建设工程勘察设计单位或同时受聘于两个以上的建设工程勘察设计单位从事有关业务活动的，可责令停止执行业务或吊销资格证书；对于上述人员，还要没收非法所得，并处非法所得的 2 倍以上 5 倍以下的罚款，给他人造成损失的，依法承担赔偿责任。

9.5.2.4 国家机关工作人员的违法责任

国家工作人员在勘察设计监督管理中玩忽职守、滥用职权、徇私舞弊，构成犯罪的，依法追究其刑事责任；尚不构成犯罪的，依法给予行政处罚。

9.6 建设工程勘察设计案例

案例1 设计责任认定案例

某厂新建一车间，分别与市设计院和市建某公司签订设计合同和施工合同。工程竣工后厂房北侧墙壁发生裂缝，为此该厂向法院起诉市建某公司。经勘察，裂缝是由于地基不均匀沉降引起的，结论是结构设计图纸所依据的地质资料不准，于是该厂又起诉市设计院。市设计院答辩，设计院是根据该厂提供的地质资料设计的，不应承担事故责任。经法院查证：该厂提供的地质资料不是新建车间的地质资料，事故前设计院也不知道该情况。

[问题]

① 事故的责任是谁？

② 某厂所发生的诉讼费应由谁承担？

案例评析

① 该设计合同的主体是某厂和市设计院，施工合同的主体是某厂和市建某公司。根据案情，由于设计图纸所依据的资料不准确，使地基不均匀沉降，最终导致墙壁裂缝事故，所以，事故所涉及的是设计合同中的责权关系，而与施工合同无关，所以市建某公司没有责任。在设计合同中，提供准确的资料是委托方的义务之一，而且要对资料的可靠性负责，所以委托方提供假地质资料是事故的根源，委托方是事故的责任者之一；市设计院按对方提供的资料设计，似乎没有过错，但是直到事故发生前设计院仍不知道资料虚假，说明在整个设

计过程中，设计院并未对地质资料进行认真的审查，使假资料滥竽充数，导致事故发生，所以设计院也是责任者之一。故在此事件中，某厂作为委托方应是事故直接责任人，应负主要责任；设计院作为承接方，应负间接责任，是次要责任人。

② 该案件中发生的诉讼费，主要应由某厂负担，市设计院也应承担一小部分。

案例 2　设计事故分析案例

四川省德阳市棉麻总公司中华楼工程七层框架办公楼于 1994 年 10 月 24 日破土动工，1995 年 9 月 13 日完成主体工程，1995 年 12 月 8 日倒塌，造成死伤数十人、直接经济损失 200 余万元的特别重大事故。

根据调查、取证、鉴定，造成该重大事故的原因主要有以下几方面。

① 不按标准、规范进行设计和施工是造成该项事故的主要直接原因。该工程的设计单位将承台一律设计成 500mm 厚，使绝大多数承台受冲切、受剪、受弯，承载力严重不足。大部分柱下桩基的桩数不够，实际桩数与按规范计算的桩数比较相差 10%～30%；底层很多柱及二层部分柱轴压比超过抗震设计规范规定；底层许多工作桩实际配筋小于按规范计算需要值，有的柱配筋省了近一半，其层 LL-5 梁悬挑部分断面太小，梁的计算配筋相差 49%。在施工中，工程施工负责人将基础承台减薄 100mm 左右。该项工程在设计、施工不执行标准、规范，偷工减料，严重违反了《标准化法》及其实施条例和工程建设标准法规的有关规定。

② 设计单位超越资格等级和允许的业务范围是造成该事故的重要原因之一。承担该工程的设计单位是 1992 年 11 月成立具有丁级资质的凌云建设勘察设计所。根据建设部于 1991 年、1992 年发布的《工程勘察和工程设计单位资格管理办法》和《建筑行业工程设计资格分级标准》的规定，丁级设计单位只能承担一般中小型公共建筑或 7 层以下无电梯住宅、宿舍及砖混结构的建筑。德阳棉麻总公司综合楼是七层框架建筑，很显然，由丁级设计单位承担设计是违反上述规定的。

③ 工程施工管理混乱、违反建筑市场管理规定是造成该事故的原因之一。该工程由德阳市建筑公司承包，该公司将工程交于挂靠该公司的三工程处施工，三工程处又聘用持有新能源技术开发公司仅有中级施工员实习证的农民为现场施工员。该工程 10 月 24 日开工，同年 11 月 8 日才补办了《施工许可证》。上述行为严重违反了《建设工程施工现场管理规定》和《建筑市场管理规定》。

复习思考题

1. 什么是工程勘察？什么是工程设计？
2. 工程设计的原则是什么？
3. 工程设计分几段进行？其内容和深度都有什么要求？
4. 何谓建设工程抗震？建设工程抗震包括哪几方面工作？哪些工程必须进行抗震设防？
5. 何谓施工图设计文件审查？为什么要进行施工图设计的审查？
6. 施工图设计文件审查的范围和内容有哪些？
7. 施工图审查中有关各方应承担的责任是什么？

第 10 章　建设工程质量管理法规

10.1　建设工程质量管理概述

10.1.1　建设工程质量的概念

建设工程质量管理是建设工程管理的重点，是建设项目成败的关键。由于建设工程本身的特性，周期长，外界环境等因素的影响，它的建设牵扯到国家和社会方方面面，政府、建设单位、勘察设计单位、监理单位、施工单位和材料设备供应单位等都与建设工程质量有着很大的利益关系，各建设行为主体也必须十分重视和加强建设工程的质量管理。

建设工程质量也有广义和狭义之分。从狭义上说，建设工程质量仅指工程实体质量。它是指在国家现行的有关法律、法规、技术标准、设计文件和合同中，对工程的安全、适用、经济美观等特性的综合要求。广义上的建设工程质量还包括工程建设参与者的服务质量和工作质量。它反映在他们的服务是否及时、主动，态度是否诚恳、守信，管理水平是否先进，工作效率是否很高等方面。应该说，工程实体质量的好坏是决策、计划、勘察、设计、施工等单位各方面各环节工作质量的综合反映。但本书中的建设工程质量主要还是指工程本身的质量，即狭义上的建设工程质量。

影响建设工程质量的因素很多，不仅受工程项目决策、勘察设计、工程施工的影响，还要受到材料、机械、设备的影响。对工程所在地的政治、经济、社会环境以及地形、地质、水温、气象等影响也不能忽视。但总的来说，可分为五大方面，即通常所说 4M1E：人（Man）、机械（Machine），材料（Material），方法（Method）和环境（Environment）。在工程建设全过程中严格控制好这五大因素，是保证建设工程质量的关键。

10.1.2　建设工程质量的管理体系

建设工程质量的优劣直接关系国民经济的发展和人民生命的安全，因此，加强建设工程质量的管理，是一个十分重要的问题。我国已经建立起了对建设工程质量进行管理的体系。它包括纵向管理和横向管理两个方面。

纵向管理是国家对建设工程质量所进行的监督管理，它具体由建设行政主管部门及其授权实施，这种管理贯穿在工程建设的全过程和各个环节之中，它既对工程建设从计划、规划、土地管理、环保、消防等方面进行监督管理，又对工程建设的主体从资质认定审查，成果质量检测、验证和奖惩等方面进行监督管理，还对工程建设中各种活动如工程建设招投标，工程施工、验收、维修等进行监督管理。

横向管理又包括两个方面，一是工程承包单位，如勘察单位、设计单位、施工单位自己对所承担工作的质量管理。它们要按要求建立专门质检机构，配备相应的质检人员，建立相应的质量保证制度，如审核校对制、培训上岗制、质量抽检制、各级质量责任制和部门领导质量责任制等等。二是建设单位对所建工程的管理，它可成立相应的机构和人员，对所建工程的质量进行监督管理，也可委托社会监理单位对工程建设的质量进行监理。

10.1.3　质量体系认证的标准

1987 年 3 月，国际标准化组织（ISO）正式发布 ISO 9000《质量管理和质量保证》系列标准，受到世界各国欢迎，已为各国广泛采用。1987 年 ISO/TCl76 发布了举世瞩目的 ISO 9000 系列标准，我国于 1988 年发布了与之相应的 GB/T 10300 系列标准，并"等效采用"。为了更好地与国际接轨，又于 1992 年 10 月发布了 GB/T 19000 系列标准，并"等同采用 ISO 9000 族标准"。1994 年国际标准化组织发布了修订后的 ISO 9000 族标准后，我国及时将其等同转化为国家标准。

为了更好地发挥 ISO 9000 族标准的作用，使其具有更好的适用性和可操作性，2000 年 12 月 15 日 ISO 正式发布新的 ISO 9000、ISO 9001 和 ISO 9004 国际标准。2000 年 12 月 28 日国家质量技术监督局正式发布 GB/T 19000—2000（idt ISO 9000：2000），GB/T 19001—2000（idt ISO 9001：2000），GB/T 19004—2000（idt ISO 9004：2000）三个国家标准。

10.1.3.1　GB/T 19000—2000 族核心标准的构成

GB/T 19000—2000 族核心标准由下列四部分组成。

① GB/T 19000—2000 质量管理体系—基础和术语。

GB/T 19000—2000 表述质量管理体系并规定质量管理体系术语。

② GB/T 1 9001—2000 质量管理体系—要求。

GB/T 19001—2000 规定质量管理体系要求，用于组织证实其具有提供满足顾客要求和适用的法规要求的产品的能力。

③ GB/T 19004—2000 质量管理体系—业绩改进指南。

GB/T 19004—2000 提供质量管理体系指南，包括持续改进的过程，有助于组织的顾客和其他相关方满意。

④ ISO 19011 质量和环境审核指南

ISO 19011 提供管理与实施环境和质量审核的指南。

该标准由国际标准化组织质量管理和质量保证技术分委员会（ISO/TCl76/SC3）与环境管理体系、环境审核与有关的环境调查分委员会（ISO/TC207/SC2）联合制定。

例题 1　GB/T 19000—2000 族核心标准的构成有（　　）。

A. GB/T 19000—2000 质量管理体系—基础和术语

B. GB/T 19001—2000 质量管理体系—要求

C. GB/ T 19004—2000 质量管理体系—业绩改进指南

D. ISO 19000—2000 质量管理体系审核指南

E. ISO 19011—2000 质量和环境审核指南

【答案】ABCE

10.1.3.2　ISO 9000：2000 族标准的主要特点

① 标准的结构与内容更好地适应于所有产品类别，不同规模和各种类型的组织。

② 采用"过程方法"的结构，同时体现了组织管理的一般原理，有助于组织结合自身的生产和经营活动采用标准来建立质量管理体系，并重视有效性的改进与效率的提高。

③ 提出了质量管理八项原则并在标准中得到了充分体现。

④ 对标准要求的适应性进行了更加科学与明确的规定，在满足标准要求的途径与方法方面，提倡组织在确保有效性的前提下，可以根据自身经营管理的特点作出不同的选择，给予组织更多的灵活度。

⑤ 更加强调管理者的作用，最高管理者通过确定质量目标，制定质量方针，进行质量评审以及确保资源的获得和加强内部沟通等活动，对其建立、实施质量管理体系并持续改进

其有效性的承诺提供证据，并确保顾客的要求得到满足，旨在增强顾客满意。

⑥ 突出了"持续改进"是提高质量管理体系有效性和效率的重要手段。

⑦ 强调质量管理体系的有效性和效率，引导组织以顾客为中心并关注相关方的利益，关注产品与过程而不仅仅是程序文件与记录。

⑧ 对文件化的要求更加灵活，强调文件应能够为过程带来增值，记录只是证据的一种形式。

⑨ 将顾客和其他相关方满意或不满意的信息作为评价质量管理体系运行状况的一种重要手段。

⑩ 概念明确，语言通俗，易于理解、翻译和使用，术语用概念图形式表达术语间的逻辑关系。

⑪ 强调了 ISO 9001 作为要求性的标准，ISO 9004 作为指南性的标准的协调一致性，有利于组织的业绩的持续改进。

增强了与环境管理体系标准等其他管理体系标准的相容性，从而为建立一体化的管理体系创造了有利条件。

10.1.4　GB/T 19000—2000 族标准质量管理体系

10.1.4.1　GB/T 19000—2000 族标准质量管理原则

GB/T 19000—2000 族标准为了成功地领导和运作一个组织，针对所有相关方的需求，实施并保持持续改进其业绩的管理体系，做好质量管理工作。为了确保质量目标的实现，明确了以下八项质量管理原则。

（1）以顾客为关注焦点

组织依存于其顾客，因此，组织应理解顾客当前的和未来的需求，满足顾客要求并争取超越顾客期望。

顾客是组织存在的基础，顾客的要求应放在组织的第一位。最终的顾客是使用产品的群体，对产品质量感受最深，其期望和需求对于组织意义重大。对潜在的顾客亦不容忽视，如果条件成熟，他们会成为组织的一大批现实的顾客。

实施本原则时一般要采取的主要措施包括：全面了解顾客的需求和期望，确保顾客的需求和期望在整个组织中得到沟通，确保组织的各项目标；有计划地、系统地测量顾客满意程度并针对测量结果采取改进措施；在重点关注顾客的前提下，确保兼顾其他相关方的利益，使组织得到全面、持续的发展。

（2）领导作用

一个组织的领导者，即最高管理者是："在最高层指挥和控制组织的一个人或一组人"。领导者要想指挥好和控制好一个组织，必须做好确定方向、策划未来、激励员工、协调活动和营造一个良好的内部环境等工作。

实施本原则时一般要采取的措施包括：全面考虑所有相关方的需求，做好发展规划，为组织勾画一个清晰的远景，设定富有挑战性的目标，并实施为达到目标所需的发展战略；在一定范围内给予员工自主权，激发、鼓励并承认员工的贡献，提倡公开和诚恳的交流和沟通，建立宽松、和谐的工作环境，创造并坚持一种共同的价值观，形成企业的精神和企业文化。

例题 2　实施领导作用原则时一般要采取的措施包括（　　）。

A. 全面考虑所有相关方的需求　　B. 做好发展规划　　C. 确保组织的各项目标

D. 提倡公开和诚恳的交流和沟通

E. 创造并坚持一种共同的价值观，形成企业的精神和企业文化。

【答案】ABDE

（3）全员参与

各级人员是组织之本，只有他们的充分参与，才能使他们的才干为组织带来收益。实施本原则可使全体员工动员起来，积极参与，努力工作，实现承诺，树立起工作责任心和事业心。为实现组织的方针和战略作出贡献。实施本原则一般要采取的主要措施包括：对员工进行职业道德的教育，教育员工要识别影响他们工作的制约条件；在本职工作中，让员工有一定的自主权，并承担解决问题的责任。把组织的总目标分解到职能部门和层次，激励员工为实现目标而努力，并评价员工的业绩；启发员工积极提高自身素质；在组织内部提倡自由地分享知识和经验，使先进的知识和经验成为共同的财富。

（4）过程方法

将活动和相关的资源作为过程进行管理，可以更高效地得到期望的结果。过程方法或PDCA（P—策划，D—实施，C—检查，A—处置）模式适用于对每一个过程的管理，这是公认的现代管理方法。过程方法的目的是获得持续改进的动态循环并使组织的总体业绩得到显著的提高。其通过识别组织内的关键过程，随后加以实施和管理并不断进行持续改进来达到顾客满意。实施本原则一般要采取的措施包括：识别质量管理体系所需要的过程；确定每个过程的关键活动，并明确其职责和义务；确定对过程的运行实施有效控制的准则和方法，实施对过程的监视和测量，并对其结果进行数据分析，发现改进的机会并采取措施。

（5）管理的系统方法

质量管理的系统方法，就是要把质量管理体系作为一个大系统，对组成质量管理体系的各个过程加以识别、理解和管理，以达到实现质量方针和质量目标。系统方法可包括系统分析、系统工程和系统管理三大环节。实施本原则时一般要采取的措施包括：建立一个以过程方法为主体的质量管理体系；明确质量管理过程的顺序和相互作用，使这些过程相互协调；控制并协调质量管理体系的各过程的运行，并规定其运行的方法和程序；通过对质量管理体系的测量和评审，采取措施以持续改进体系，提高组织的业绩。

（6）持续改进

进行质量管理的目的就是保持和提高产品质量，没有改进就不可能提高。持续改进是增强满足要求能力的循环活动，通过不断寻求改进机会，采取适当的改进方式，重点改进产品的特性和管理体系的有效性。改进的途径可以是日常渐进的改进活动也可以是突破性的改进项目。实施本原则时一般要采取的措施包括：使持续改进成为一种制度；对员工提供关于持续改进的方法和工具的培训，使产品、过程和体系的持续改进成为组织内每个员工的目标；为跟踪持续改进规定指导和测量的目标，承认改进的结果。

（7）基于事实的决策方法

对数据和信息的逻辑分析或直觉判断是有效决策的基础。以事实为依据做决策，可以防止决策失误。实施本原则可增强通过实际来验证过去决策的正确性的能力，可增强对各种意见和决策进行评审、质疑和更改的能力，发扬民主决策的作风，使决策更切合实际。实施本原则时一般要采取的措施包括：收集与目标有关的数据和信息，并规定收集信息的种类渠道和职责；通过鉴别，确保数据和信息的准确性和可靠性；采取各种有效方法，对数据和信息进行分析，确保数据和信息能为使用者得到和利用；根据对事实的分析。过去的经验和直觉判断作出决策并采取行动。

（8）与供方互利的关系

供方提供的产品将对组织向顾客提供满意的产品产生重要影响，能否处理好与供方的关系，影响到组织能否持续稳定地向顾客提供满意的产品。实施本原则时一般要采取的措施包括：识别并选择重要供方，考虑眼前和长远的利益；创造一个通畅和公开的沟通渠道，及时解决问题，联合改进活动；与重要供方共享专门技术、信息和资源．激发、鼓励和承认供方的改进及其成果。

10.1.4.2　质量管理体系的基础

GB/T 19000—2000 标准的第二章"质量管理体系基础"中列出了十二条，包括两大部分内容。一部分十八项质量管理原则具体应用于质量管理体系的说明，另一部分是对其他问题的说明。因此这十二条基础既体现了八项原则，又对质量管理体系的某些方面作了指导性说明，起着"承上启下"的作用。

（1）质量管理体系的理论说明

这条是整个质量管理体系基础的总纲。首先说明了质量管理体系的目的就是要帮助组织增进顾客满意，并且把顾客满意程度作为衡量一个质量管理体系有效性的总指标。

（2）质量管理体系要求与产品要求

GB/T 19000—2000 族标准，主要根据质量体系和产品两种要求的不同性质把质量体系要求与产品要求加以区分。GB/T 19001—2000 标准是对质量管理体系的要求。这种要求具有通用性，适用于各种行业或经济部门，提供各种类别的产品，包括硬件、软件、服务和流程性材料的各种规模（大型、中型、小型）的组织。因此，每个组织要根据自己的具体情况建立质量管理体系。GB/T 19000—2000 标准对产品并没有提出任何具体的要求。对每一个组织来说，产品要求与质量管理体系要求缺一不可，不能互相取代，只能相辅相成。

（3）质量方针和质量目标

建立质量方针和质量目标为引导组织提供了关注的焦点。两者确定了预期的结果，并帮助组织利用其资源达到这些结果。质量方针为建立和评审质量目标提供了框架。质量目标需要与质量方针和持续改进的承诺相一致，并且它们的实现需要是可测量的。质量目标的实现对产品质量、作业有效性和财务业绩都有积极性的影响，因此对相关方的满意和信任也产生积极影响。

（4）质量管理体系方法

建立和实施质量管理体系的方法如下所示。

① 确定顾客和相关方的需求和期望；

② 建立组织的质量方针和质量目标；

③ 确定达到质量目标必须的过程和职责；

④ 确定和提供实现质量目标必需的资源；

⑤ 规定测量每个过程的有效性和效率的方法；

⑥ 应用这些测量方法确定每个过程的有效性和效率；

⑦ 确定防止不合格并消除产生原因的措施；

⑧ 建立和应用持续改进质量管理体系的过程。

（5）最高管理者在质量管理体系中的作用

最高管理者通过其领导作用和采取的措施可以创造一个员工充分参与的环境，质量管理体系能够在这种环境中有效运行。最高管理者可将质量管理原则作为发挥其作用的依据。其作用是：①建立组织的质量方针和质量目标；②确保整个组织关注顾客要求；③确保实施适宜的过程以满足顾客要求并实现质量目标；④确保建立、实施和保持一个有效的质量管理体系以实现这些目标；⑤确保获得必要资源；⑥将达到的结果与规定的质量目标进行比较；⑦决定有关质量方针和质量目标的措施；⑧决定改进的措施。

例题 3　ISO 9000 族标准中最高管理者在质量管理体系中的作用是（　　）。

A. 建立组织的质量方针和质量目标　　　B. 确保整个组织关注顾客要求

C. 确保获得必要资源　　　D. 确定顾客和相关方的需求和期望

E. 决定有关质量方针和质量目标的措施

【答案】ABCE

（6）过程方法

任何得到输入并将其转化为输出的活动均可视为过程。为了使组织有效运行，必须识别和管理许多内部相互联系的过程。通常，一个过程的输出将直接形成下一过程的输入。系统识别和管理组织内所使用的过程，特别是这些过程之间的相互作用，称之为"过程方法"。GB/T 19000—2000 族标准鼓励采用过程方法管理组织。

（7）文件

文件是指"信息及其承载媒体"。

① 文件的价值　文件的价值在于传递信息、沟通意图、统一行动，其具体用途是：a. 满足顾客要求和质量改进；b. 提供适宜的培训；c. 重复性（或再现性）和可追溯性；d. 提供客观证据；e. 评价质量管理体系的有效性和持续适宜性。

② 质量管理体系中使用的文件类型　质量管理体系中使用的文件类型主要有质量手册、质量计划、规范、指南、程序、记录等。

（8）质量管理体系评价

① 质量管理体系过程的评价　由于质量管理体系是由许多相互关联和相互作用的过程构成的，所以对各个过程的评价是体系评价的基础。在评价质量管理体系时，应对每一个被评价的过程，提出如下四个基本问题：a. 过程是否已被识别并确定相互关系？b. 职责是否已被分配？c. 程序是否得到实施和保持？d. 在实现所要求的结果方面，过程是否有效？前两个问题，一般可以通过文件审核得到答案，而后两个问题则必须通过现场审核和综合评价才能得到结论。对上述四个问题的综合回答可以确定评价的结果。

② 质量管理体系审核　审核用于评价对质量管理体系要求的符合性和满足质量方针和目标方面的有效性。审查的结果可用于识别改进的机会。第一方审核用于内部目的，由组织自己或以组织的名义进行，可作为组织自我合格声明的基础。第二方审核由组织的顾客或由其他人以顾客的名义进行。第三方审核由外部独立的审核服务组织进行。这类组织通常是经认可的提供符合（如 ISO 9001）要求的认证或注册。ISO 19011 提供了审核指南。

③ 质量管理体系评审　最高管理者的一项任务是对质量管理体系关于质量方针和目标的适宜性、充分性、有效性和效率进行定期的、系统的评价。这种评审可包括考虑修改质量方针和目标的需求以响应相关方需求和期望的变化。评审包括确定采取措施的需求。在各种信息源中，审核报告用于质量管理体系的评审。

④ 自我评定　组织的自我评定是一种参照质量管理体系或优秀模式对组织的活动和结果所进行的全面、系统和定期的评审。使用自我评定方法可提供一种对组织业绩和质量管理体系的成熟程度总的看法，它还能帮助组织识别需要改进的领域并确定优先开展的事项。

例题 4　在 GB/T 19000—2000 标准的"质量管理体系基础"中将由组织的顾客或由其他人以顾客的名义对质量管理体系所进行的审核称为（　　）审核。

A. 第一方　　　　B. 第二方　　　　C. 顾客　　　　D. 第三方

【答案】B

（9）持续改进

改进是指为改善产品的特征及特性和（或）提高用于生产和交付产品的过程有效性和效率所开展的活动，它包括：①确定、测量和分析现状；②建立改进目标；③寻找可能的解决办法；④评价这些解决办法；⑤实施选定的解决办法；⑥测量、验证和分析实施的结果；⑦将更改纳入文件。

例题5　持续改进工作包括（　　　）。

A. 确定、测量、分析现状及建立改进目标

B. 寻找可能的解决办法，评价、实施这些办法

C. 确定防止不合格并消除产生原因的措施

D. 测量、验证和分析实施结果

E. 将更改纳入文件

【答案】ABDE

（10）统计技术的作用

使用统计技术可帮助组织了解变化，从而有助于组织解决问题并提高效率。这些技术也有助于更好地利用所获得的数据进行决策。ISO/TR 10017 给出了统计技术应用的细节。

（11）质量管理体系与其他管理体系的关注点

质量管理体系是组织的管理体系的一部分，它致力于使与质量目标有关的输出（结果）适当地满足相关方的需求、期望和要求。

（12）质量管理体系与优秀模式之间的关系

ISO 9000 族标准的质量管理体系方法和组织优秀模式之间的共同之处在于两者所依据的原则相同，而不同之处主要是它们的应用范围不同，如 ISO 9000 族标准提出了对质量管理体系的要求（ISO 9001）和业绩改进指南（ISO 9004），通过体系评价可确定这些要求是否得到满足，而优秀模式则适用于组织的全部活动和所有相关方。

10.2　政府对建设工程质量的监督管理

10.2.1　建设工程主体的监督管理制度

建设工程主体是指建设工程的参与者，它包括建设单位、勘察设计单位、监理单位和构配件生产单位及施工单位等单位及其相关人员。政府对建设工程主体的监督管理主要有以下方面。

10.2.1.1　对建设单位的资格和能力进行审查

主要审查其是否具备与发包工程项目相适应的资格、施工技术、经济管理能力、编制招标文件及组织开标、评标、定标的能力。如其不具备上述能力，则要求它委托招标代理机构代为办理招标事宜。

10.2.1.2　对勘察设计单位，施工、构配件生产、房地产开发单位等实行资格（质）等级认证，生产许可证和业务范围的监督管理

上述单位必须按规定申请并取得相应资质证书后，方能从事其资格（质）等级允许范围内的业务活动。各级建设行政主管部门将严格监督其建设活动。

10.2.1.3　对相关人员，实行注册执业工程师的制度

目前，我国法规规定从事建筑设计、结构设计、工程监理的工程技术人员，必须经过考试取得资格证书并经注册后才能获得相应执业资格，才能从事相应的职业。各级建设行政主管部门将负责考试、注册及执业活动的监督管理以保证执业资格制度的严肃与有效性。

10.2.2　建设工程质量监督制度

根据建设部发布的《建设工程质量监督管理规定》，凡新建、扩建、改建的工业、交通和民用、市政公用工程（含实施监理的工程）及构配件生产，均应接受建设工程质量监督机构的监督。

10.2.2.1　建设工程质量监督机构

建设工程质量监督工作的主管部门，在国家为建设部，在地方为各级人民政府的建设主管部门。国务院铁路、交通、水利等有关部门负责有关专业建设工程项目的质量监督管理工作。国务院发展计划部门按国务院规定的职责，组织稽查特派员，对国家出资的重大建设项目实施监督检查。国务院经济贸易主管部门按国务院规定的职责对国家重大技术改造项目实施监督检查。市、县建设工程质量监督站和国务院各工业、交通部门所设的专业建设工程质量监督站（简称为监督站）为建设工程质量监督的实施机构。监督站的主要职责是：检查受监工程的勘察、设计、施工单位和建筑构件厂是否严格执行技术标准，检查其工程（产品）质量；检查工程的质量等级和建筑构件质量，参与评定本地区、本部门的优质工程；参与重大工程质量事故的处理；总结质量监督工作经验，掌握工程质量状况，定期向主管部门汇报。

10.2.2.2　建设工程质量监督的工作程序

建设单位在开工前一个月，应到监督站办理监督手续，提交勘察设计资料等有关文件。监督站在接到文件、资料后两周内，应确定该工程的监督员，并通知建设、勘察、设计、施工单位，同时应提出监督计划，工程开工前，监督员应对受监工程的勘察、设计和施工单位的资质等级及营业范围进行核查，凡不符合规定要求的不许开工；监督员还要对施工图中的建筑结构、安全、防火和卫生等方面进行审查，使之符合相应标准的要求。

工程施工中，监督员将按监督计划对工程质量进行抽查。房屋建筑和构筑物工程的抽查重点是地基基础、主体结构和决定使用功能、安全性能的重要部位；其他工程的监督重点视工程性质决定。工程完工后，监督站在施工单位验收的基础上对工程质量等级进行核验。

建筑构件质量的监督，重点是核查生产单位的生产许可证、检测手段和构件质量。

10.2.2.3　监督站的权限与责任

监督站的权限有以下方面。

① 对不按技术标准和有关文件要求设计和施工的单位，可给予警告或通报批评；

② 对发生严重工程质量问题的单位可令其及时妥善处理，对情节严重的，可按有关规定进行罚款，如为在施工工程，则应令其停工整顿；

③ 对于核验不合格的工程，可作出返修加固的决定，直至达到合格方准交付使用；

④ 对造成重大质量事故的单位，可参加有关部门组成的调查组，提出调查处理意见；

⑤ 对工程质量优良的单位，可提请当地建设主管部门给予奖励。

⑥ 因监督人员失误、失职、渎职而使建设工程出现重大质量事故或在核验中弄虚作假的，主管部门将视情节轻重，对其给予批评、警告、记过直至撤职的处分，触及刑律的将由司法机关追究刑事责任。

10.2.3　建设工程质量检测制度

建设工程质量检测工作是对建设工程质量进行监督管理的重要手段之一。建设工程质量检测机构需经省级以上人民政府建设行政主管部门，国务院工业、交通行政主管部门或其授权的机构考核合格后，方可承担建筑工程质量的检测任务。它是对建设工程、建筑构件、制品及建筑材料和设备的质量进行检测的法定单位。它所出具的检测报告具有法定效力。国家级检测机构出具的检测报告，在国内为最终裁定；在国外具有代表国家的性质。

10.2.3.1　建设工程质量检测机构的性质和资质分类

检测机构是具有独立法人资格的技术鉴证类中介机构。

检测机构从事规定的质量检测业务，应当依据《建设工程质量检测管理办法》取得相应的资质证书。检测机构资质按照其承担的检测业务内容分为专项检测机构资质和见证取样检测机构资质。检测机构可取得一项或多项专项检测资质，也可同时取得专项检测资质和见证取样检测资质。

检测机构未取得相应的资质证书，不得承担相应规定的质量检测业务。为企业内部质量控制设立的企业内部试验室除外。

10.2.3.2　建设工程质量检测机构的任务

建设工程质量检测机构，分为国家、省、市（地区）、县四级。

建设工程质量国家检测中心是国家级的建设工程质量检测机构。其主要任务如下。

① 承担重大建设工程质量的检测和试验任务；

② 负责建设工程所用的构件、制品及有关材料、设备的质量认证和仲裁检测工作；

③ 负责对结构安全、建筑功能的鉴定，参加重大工程质量事故的处理和仲裁检测工作等。

各省、自治区、直辖市的建设工程质量检测中心和市（地区）、县级的建设工程质量检测站则主要是承担本地区建设工程和建筑构件、制品以及建设现场所用材料质量的检测工作和参加本地区工程质量事故的处理和仲裁检测工作。此外，还可参与本地区建筑新结构、新技术、新产品的科技成果鉴定等工作。

10.2.3.3　建设工程质量检测机构的资质申请与资质审批、审查

申请检测资质的机构应当向资质审批机构提交下列申请材料。

① 《检测机构申请表》一式三份；

② 工商营业执照原件及复印件；

③ 与所申请检测资质范围相对应的计量认证证书原件及复印件；

④ 主要检测仪器、设备清单；

⑤ 技术人员的职称证书、身份证和劳动合同的原件及复印件；

⑥ 检测机构管理制度及质量控制措施。

资质审批机关在收到申请人的申请材料后，应当及时作出是否受理的决定，并向申请人出具书面凭证；申请材料不齐全或者不符合法定形式的，应当在 5 日内一次性告知申请人需要补正的全部内容。逾期不告知的，自收到申请材料之日起即为受理。

资质审批机关受理资质申请后，应当对申报材料进行审查，自受理之日起 20 个工作日内审批完毕并作出书面决定。对符合标准的，自作出决定之日起 10 个工作日内颁发《检测机构资质证书》，并向国务院建设主管部门备案。

《检测机构资质证书》应注明检测业务范围，分为正本和副本，正、副本具有同等法律

效率。检测机构资质证书有效期为 3 年。资质证书有效期满需要延期的，检测机构应当在资质证书有效期满 30 个工作日前办理延续手续。

检测机构在资质证书有效期内没有下列行为的，资质证书有效期届满时，经原审批机关同意，不再审查，资质证书有效期延期 3 年，由原审批机关在其资质证书副本上加盖延期专用章；检测机构在资质证书有效期内有下列行为之一的，原审批机关不予延期，并依法办理注销手续。

① 超出资质范围从事检测活动的；

② 转包检测业务的；

③ 涂改、出租、出借、转让资质证书的；

④ 未按照国家有关工程建设强制性标准进行检测，造成质量安全事故或致使事故损失扩大的；

⑤ 伪造检测数据，出具虚假检测报告或者鉴定结论的。

检测机构变更名称、地址、法定代表人、技术负责人等，应当在三个月内到原资质审批机关办理变更手续。任何单位和个人不得涂改、倒卖、出租、出借、转让资质证书。

10.2.3.4　建设工程质量检测机构的监督检查

县级以上地方人民政府建设主管部门和交通、水利等有关部门应当加强对检测机构的监督检查，主要检查下列内容。

① 是否符合本办法规定的资质标准；

② 是否超出资质范围从事质量检测活动；

③ 是否有涂改、倒卖、出租、出借、转让资质证书的行为；

④ 是否按规定在检测报告上签字盖章，检测报告是否真实；

⑤ 监测机构是否按有关技术标准和规定进行检测；

⑥ 仪器设备及环境条件是否符合计量认证要求；

⑦ 法律、法规规定的其他事项。

（以上技术性检查可委托相关专业机构）

建设主管部门和铁路、交通、水利等有关部门实施监督检查时，有权采取下列措施。

① 要求检测机构或委托方提供相关的文件和资料；

② 进入检测机构的工作场地（包括施工现场）进行抽查；

③ 组织进行比对试验（验证）以验证检测机构的检测能力；

④ 发现有不符合国家有关法律、法规和工程建设标准要求的检测行为时，责令改正。

建设主管部门和铁路、交通、水利等有关部门在监督检查中为搜集证据的需要，可以对有关试样和检测资料采取抽样取证的方法；在证据可能灭失或者以后难以取得的情况下，经部门负责人批准，可以先行登记保存有关试样和检测资料，并应当在 7 日内及时作出处理决定，在此期间，当事人或者有关人员不得销毁或者转移有关试样和检测资料。

10.2.3.5　建设工程质量检测机构的权限

国家级检测机构受国务院建设行政主管部门的委托，有权对指定的国家重点工程进行检测复核，并向国务院建设行政主管部门提出检测复核报告和建议。各地检测机构有权对本地区正在施工的建设工程所用的建筑材料、混凝土、砂浆和建筑构件等进行随机抽样检测，并向本地建设工程质量主管部门和质量监督部门提出抽检报告和建议。

受国家建设主管部门和国家标准部门委托，国家级检测机构有权对建筑构件、制品及有关的材料、设备等产品进行抽样检验。省、市（地区）、县级检测机构，受同级建设主管部门和标准部门委托，有权对本省、市、县的建筑构件、制品进行抽样检测。对违反技术标准、失去质量控制的产品，检测单位有权请主管部门作出责令其停止生产，不合格产品不准出厂，已出厂的不得使用的决定。

10.2.4　建设工程质量的验评与奖励制度

10.2.4.1　建设工程质量验评制度

建设工程质量应按现行的国家标准、行业标准进行验评。现行的建设工程质量分为优良与合格、不合格三级，先由施工单位自行检验评定等级，再由监督站进行核验。

国家还实行建设工程竣工验收制度。交付验收的建设工程，应当符合下列要求：

① 完成建设工程设计和合同中约定的各项内容，具备国家规定的竣工条件；

② 工程质量经有关质量监督机构核定符合要求；

③ 具有完整的工程技术经济资料；

④ 工程所用的主要建筑材料、建筑构配件和设备具有出厂检验合格证明和技术标准规定的必要的进场试验报告；

⑤ 已签署工程保证书。

建设工程竣工经验收合格后，方可交付使用。

根据有关规定，工程的竣工验收，依工程规模大小和复杂程度，分别由国家计委或工程项目主管部门，或地方政府部门组织验收委员会或验收组进行。验收委员会或验收组由银行、物资、环保、劳动、统计、消防及其他有关部门组成，建设单位、接管（物业管理）单位、施工单位、勘察设计单位参加验收工作。验收时，除听取各有关单位工作报告外，还要审阅工程档案资料，并实地查验建设工程和设备安装情况，并对工程设计、施工和设备质量等方面作出全面的评价。不合格的工程不予验收；对遗留问题提出具体解决意见，限期落实完成。

10.2.4.2　建设工程质量奖励制度

（1）中国建筑设计国家奖——"梁思成奖"

为鼓励建筑企业加强管理，搞好工程质量，争创国际先进水平，促进全行业工程质量的提高，我国还实行优秀工程奖励制度，以梁思成先生命名的中国建筑设计国家奖——"梁思成奖"已经设立。自 2000 年起，"梁思成奖"每年颁发一次。这是我国目前唯一的建筑设计国家奖。首届"梁思成奖"将授予建国五十年来在建筑设计创作中对我国建筑设计的发展中作出突出贡献的十名建筑师。自 2001 年起，每年授予一名建筑师。每位"梁思成奖"获得者将从"梁思成奖励基金"中获得 10 万元人民币的奖励。首届"梁思成奖"获得者应当具备以下条件。

① 有中华人民共和国国籍；

② 代表作品应是 1999 年 10 月 1 日以前完成设计并已建成的建筑工程项目；

③ 代表作品对同一时期的建筑设计或建筑理论的发展起到一定引导和推动作用，并在社会上有广泛影响，一般应在国内或国际上获得过重要奖项。

首届"梁思成奖"的产生，采取由个人申报、专家委员会评选推荐、政府审定的办法，由"梁思成奖"提名委员会对申报者进行评议，并通过无记名投票产生 10 名获奖者建议名单，报建设部"梁思成奖"审定委员会。"梁思成奖"提名委员会由具有广泛代表性和公正性的、在建筑界具有一定知名度的资深建筑师（13 名）、中国建筑学会（1 名）和建设部勘察设计司（1 名）组成。"梁思成奖"审定委员会审定首届"梁思成奖"获得者名单。"梁思成奖"审定委员会由建设部分管副部长、有关司局和建筑学会负责人及建筑界代表组成。

（2）我国土木工程界最高的工程荣誉奖——詹天佑大奖

经科技部、建设部核准的詹天佑大奖，是我国土木工程界最高的工程荣誉奖。由中国土木工程学会和詹天佑土木工程科技发展基金管委会颁发。该奖每年评选一次，旨在奖励在科技创新与科技应用方面做出显著成绩的工程项目，鼓励设计、施工、科研单位为提高我国土木工程科技水平作出贡献。评选中充分体现"创新性"、"先进性"、"权威性"。评选范围覆盖建筑、铁道、交通、水利系统以及航天、海洋、核电等特种工程。评奖是近两年内竣工投产的工程建设项目，有特殊原因的，可放宽至五年内。

（3）建设工程鲁班奖

鲁班奖的全称为"建筑工程鲁班奖"。建筑工程鲁班奖是 1987 年由中国建筑业联合会设立的。主要目的是为了鼓励建筑施工企业加强管理，搞好工程质量，争创一流工程，推动我国工程质量水平的普遍提高。该奖是行业性荣誉奖，属于民间性质。当时每年数额 20 个，有严格的评选办法和申报、评审程序，并有严格的评审纪律。评审由评审委员会负责，协会只负责受理申报、组织初审和工程复查，不得干预评审工作。评委由各地区和国务院有关部门的专家组成，以无记名投票方式选定。1996 年 7 月，根据建设部的决定，将 1981 年政府设立并组织实施的国家优质工程奖与建筑工程鲁班奖合并，奖名定为中国建筑工程鲁班奖（国家优质工程）。每年评选一次，奖励数额为每年 45 个。

10.2.5　建材使用许可制度

为保证建设工程中使用的建筑材料性能能符合规定标准，从而确保建设工程质量，我国规定建材使用许可制。这一制度包括建材生产许可证制、建材产品质量认证制、建材产品推荐使用制及建材进场检验制等制度。

10.2.5.1　建材生产许可证制

国家规定对于一些非常重要的建材产品，如水泥、钢材等，实行生产许可证制。生产这些建材产品的生产企业必须具备相应的生产条件、技术装备、技术人员和质量保证体系，经有关部门审核批准取得相应资质等级并获得生产许可证后，才能进行这些建材产品的生产。其生产销售的建材产品或产品包装上，除应标有产品质量检验合格证明外，还应标明生产许可证的编号、批准日期和有效日期。未获生产许可证的任何其他企业，都不得生产这类建材。

10.2.5.2　建材产品质量认证制

国家有关部门规定，对重要的建筑材料和设备，推行产品质量认证制度经认证合格的由认证机构颁发质量认证证书，准许企业在产品或其包装上使用质量认证标志。使用单位经检验发现认证的产品质量不合格，有权向产品质量认证机构投诉。同时规定，销售已通过质量认证的建材产品，在产品或其包装上除标有产品质量检验合格证明外，还应标明质量认证的编号、批准日期和有效期限。

10.2.5.3　建材产品推荐使用制

建设部规定，对尚未经过产品质量认证的建筑材料，各省、自治区、直辖市建设行政主管部门可以推荐使用。为此，各省、自治区、直辖市都颁布了一些地方性规章，对建材产品质量认证和推荐作了相应规定。为解决屋面渗漏这一房屋建筑中十分突出的质量问题，建设部还规定，各省、自治区、直辖市的建设行政主管部门应按地区选定 1~2 个检测单位，对进入本地区市场的石油沥青、油毡等主要防水材料质量进行使用认证抽样检验，并将检验结果及时提供给本地区有建设单位和施工单位的，防止不合格的材料使用到工程中。建设部选定全国防水材料质量使用认证检测中心负责防水材料质量抽检工作，对尚没有国家标准或行业标准的防水材料，组织制订暂行检测标准，并定期向全国公布防水材料质量的抽检结果。

10.2.5.4　建筑材料进场检验制

为保证建筑的结构安全及其质量，建设部还规定，建筑施工企业必须加强对进场的建筑材料、构配件及设备的质量检查、检测。各类建筑材料、构配件等都必须按规定进行检查或复试。凡影响结构安全的主要建筑材料、构配件及设备的采购与使有必须经同级技术负责人同意。质量不合格的建筑材料、构配件及设备，不得使用在工程上，并进一步规定，对进入施工现场的层面防水材料，不仅要有出厂合格证，还必须要有进场实验报告，确保其符合标准和设计要求。未经检验而直接使用了质量不合格要求的建材、设备及构配件的施工企业将承担相应责任。

10.3　建设行为主体的质量责任与义务

10.3.1　建设单位的质量责任与义务

建设单位投资于建设工程，对工程项目享有所有权的主体。在我国，工程建设的投资者主要是国家部门或一些开发商，代表建设单位直接参与工程管理的人并不是工程最后的所有人和使用者，因此建设工程质量的好坏与参与工程直接管理者自身利益并没有密切的关系，也就是说他们享有建设单位的权利，但并不承担工程质量劣质的后果。

同时，我国建筑行业竞争十分强烈，基本上处于僧多粥少的局面，承包方与建设单位处于不平等的地位，建设单位一味的要求压低造价、缩短工期等，使工程建设中建设单位的行为受不到来自施工方的约束，其主观随意性很大。许多工程就是在建设单位意愿干涉下，以违背正常建设规律的方式建成，也造成了建设工程质量事故层出不穷。

鉴于此，国务院于 2000 年 1 月 30 日颁发的《建设工程质量管理条例》特别严肃地对建设单位的质量责任和义务作出了明确规定，它们主要有以下方面。

10.3.1.1　依法发包工程的责任

通过工程发包，选取具有技术和经济实力、享有良好信誉的承包商来进行工程建设，是确保工程质量的重要环节。但不少建设单位不遵守有关法律及规定，将工程发包变成了谋取团体利益和私人利益的手段。为此，《建设工程质量管理条例》规定："建设单位应当将工程发包给具有相应资质等级的单位。""建设单位不得将工程肢解发包。"同时，还进一步规定，对于应当招标的工程项目，建设单位应依法招标。发包单位及其工作人员在建设工程发包中不得收受贿赂、回扣或索取其他好处。

10.3.1.2　委托监理的责任

建设单位对工程建设应进行必要的监督、管理，对于国家规定强制实行监理的工程，建设单位应委托具有相应资质等级的工程监理单位进行监理，也可以委托具有工程监理相应资质等级并与被监理工程的施工承包单位没有隶属关系或其他利害关系的该工程的设计单位进行监理。

下列建设工程必须实行监理。

① 国家重点建设工程；

② 大中型公用事业工程；

③ 成片开发建设的住宅小区工程；

④ 利用外国政府或者国际组织贷款、援助资金的工程；

⑤ 国家规定必须实行监理的其他工程。

10.3.1.3　依法报批并接受政府监督的责任

建设单位在工程设计完成后，应将施工图设计文件报县级以上人民政府建行政主管部门或其他有关部门审查，未经审查批准的施工图设计文件，不得使用，建设单位在领取施工许可证或开工报告前，应按国家有关规定办理工程质量监督手续。

10.3.1.4　遵守国家规定及技术标准的责任

建立工程建设的技术标准及相关规定，是保证建设工程质量的重要措施，任何单位和个人都须严格遵守工作。工程建设过程中，建设单位不得明示和暗示设计单位或施工设计单位违反工程建设强制性标准，降低工程质量。建设单位也不得明示和暗示施工单位使用不合格的建筑材料、建筑构件和设备。按合同约定由建设单位单位提供的建筑材料、建筑构配件和设备，也必须保证其符合设计文件和合同的要求。在进行涉及建筑主体和承重结构变动的装修时，应委托原设计单位或有相应资质等级的设计单位进行设计，没有设计方出具的设计图纸，不得强行施工。

10.3.1.5　提供资料并组织验收的责任

在工程建设的各个阶段，建设单位都负有向有关的勘察、设计、施工、工程监理等单位提供工程有关的原始资料，并保证其真实、准确、齐全的责任。在收到工程竣工报告后，建设单位应负责组织设计、施工、工程监理等有关单位对工程进行验收，并应按国家有关档案管理规定，及时收集、整理建设项目各环节的文件资料，在工程验收后，负责及时地向建设行政主管部门或其他有关部门移交建设项目档案。

如建设单位未尽上述责任，将分别受到限期改正、责令停工、处以罚款等处罚；构成犯罪的，还将追究单位、直接责任人及直接负责的主管人的刑事责任；建设单位如是房屋建设开发公司，除承担一般建设单位有关责任、义务外，还应建立健全质量保证体系，加强对开发工程的质量管理；其开发经营的工程质量应符合国家现行的有关法律、法规、技术标准设计文件的要求；其出售的房屋，应符合使用要求，并应提供有关使用、保养和维修的说明，如发生的质量问题，应在保修期内负责保修。房屋建设开发公司如违反上述规定，将依其情节轻重，处以降低资质等级、吊销资质证书和罚款处罚。

10.3.2　工程勘察设计单位的质量责任与义务

10.3.2.1　遵守执业资质等级制度的责任

勘察设计单位必须在其资质等级允许范围内承揽工程勘察设计任务，不得擅自超越资质等级或以其他勘察、设计单位的名义承揽工程，也不得允许其他单位或个人本以单位的名义承揽工程，还不得转包或违法分包自己承揽的工程。

10.3.2.2　建立质量保证体系的责任

勘察设计单位应建立健全质量保证体系，工程勘察项目负责人应组织有关人员做好现场踏勘、调查，按要求编写《勘察纲要》，并对勘察过程中各项作业资料验收和签字工程勘察工作的原始记录应在勘察工程中及时整理、核对确保取样、记录的真实和准确，严禁离开现场后再追记和补记。工程勘察企业的法定代表人、项目负责人、审核人、审定人等相关人员应在勘察文件上签字或盖章，并对勘察质量负责，其相关责任分别为：企业法定代表人对勘察质量负全面责任；项目负责人对项目的勘察文件负主要质量责任；项目审核人、审定人对其审核、审定项目的勘察文件负审核、审定的质量责任。设计单位应加强设计过程的质量控制，健全设计文件的审核会签制度。注册建筑师、注册结构工程师等执业人员应在设计文件上签字，对设计文件的质量负责。

10.3.2.3　遵守国家工程建设强制性标准及有关规定的责任

勘察设计单位必须按照工程建设强制性标准及有关规定进行勘察设计。工程勘察文件要反映工程地质、地形地貌、水文地质状况，其勘察成果必须真实准确、评价应准确可靠。勘察文件应符合国家规定的勘察深度要求。设计单位要根据勘察成果文件进行设计，设计文件的深度，应符合国家规定，满足相应设计阶段的技术要求，并注明工程合同使用年限。所完成的施工图应配套，细部节点应交代清楚，标注说明应清晰、完整。凡设计所选用的建筑材料、建筑构配件和设备，应注明规格、型号、性能等技术指标，其质量必须符合国家规定的标准；除有特殊要求的建筑材料、专用设备、工艺生产线等外，设计单位不得指定生产厂家或供应商。

10.3.2.4　施工验槽、技术交底和事故处理责任

工程勘察单位应当参与施工验槽，及时解决工程设计和施工中与勘察工作有关的问题。设计单位应根据审查合格施工图向施工单位作出详细的说明，做好设计文件的技术交底工作，对大中型建设工程、超高层建筑以及采用新技术、新结构的工程，设计单位还应向施工现场派设计代表。当其设计的工程发生质量事故时，设计单位应参与质量事故分析，并对因设计造成的质量事故，提出相应的技术处理方案。

勘察设计单位应对本单位编制的勘察设计文件的质量负责。当其违反国家的法律、法规及相关规定，没有尽到上述质量责任时，根据情节轻重，将会受到责令改正、没收违法所得、罚款、责令停业整顿、降低资质等级、吊销资质证书等处罚。造成损失的，依法承担赔偿责任。注册建筑师、注册结构工程师等注册执业人员因过错造成质量事故的，责令停止执业1年；造成重大事故的，吊销执业资格证书，5年内不予注册；情节特别恶劣的，终身不予注册。勘察设计单位违反国家规定，降低工程质量标准，造成重大安全事故、构成犯罪的，要依法追究直接责任人员的刑事责任。

10.3.3　工程建设监理单位的质量责任与义务

10.3.3.1　遵守执业资质等级制度的责任

工程监理单位应在其资质等级许可的范围内承担工程监理业务，不得超越本单位资质等级许可的范围或以其他工程监理单位的名义承担工程监理业务。禁止工程监理单位允许其他单位或个人以本单位的名义承担工程监理业务。工程监理单位也不得将自己承担的工程监理业务进行转让。

10.3.3.2　回避责任

工程监理单位与被监理工程的施工承包单位以及建筑材料、建筑构配件和设备供应单位有隶属关系或其他利害关系的，不得承担该项建设工程的监理业务，以保证监理活动的公平、公正。

10.3.3.3　坚持质量标准、依法进行现场监理的责任

工程监理单位应选派具有相应资格的总监理工程师进驻施工现场。监理工程师应依据有关技术标准、设计文件和建设工程承包合同及工程监理规范的要求，采取旁站、巡视和平行检验等形式，对建设工程实施监理，对违反有关规范及技术标准的行为进行制止，责令改正；对工程使用的建筑材料、建筑构配件和设备的质量进行检验，不合格者，不得准许使

用。工程监理单位不得与建设单位或施工单位串通一气，弄虚作假，降低工程质量。

工程监理单位未尽上述责任影响工程质量的，将根据其违法行为的严重程度，给予责令改正、没收非法所得、罚款、降低资质等级、吊销资质证书等处罚。造成重大安全事故、构成犯罪的，要追究直接责任人员的刑事责任。

10.3.4　施工单位的质量责任与义务

10.3.4.1　遵守执业资质等级制度的责任

施工单位要遵守执业资质等级许可的范围内承揽工程施工任务，不得超越本单位资质等级许可的业务范围或者以其他施工单位的名义承揽工程。禁止施工单位允许其他单位或个人以本单位的名义承揽工程。施工单位也不得将自己承包的工程再进行转包或非法分包。

10.3.4.2　建立质量保证体系的责任

施工单位应当建立健全质量保证体系，要明确定工程项目的项目经理、技术负责人和管理负责人，使质量责任制度落实到人。因此施工单位必须建立、健全并落实质量责任制度，严格工序管理，做好隐蔽工程的质量检查和记录。隐蔽工程在掩埋前，应通知建设单位和建设工程质量监督机构进行检验。施工单位还应当建立、健全教育培训制度，加强对职工的教育培训，未能教育培训或考核不合格的人员，不得上岗作业。施工单位还应加强计量、检测等基础工作。

10.3.4.3　遵守技术标准、严格按图施工的责任

施工单位必须按照工程设计图纸和施工技术标准进行施工，不得擅自修改工程设计，不得偷工减料。施工过程中如发现设计文件和图纸的差错，要及时向设计单位提出意见和建议，不得擅自处理。施工单位必须对建筑材料、建筑构配件、设备及商品混凝土进行检验，并做好书面记录，由专人签字，未经检验或检验不合格的上述物品，不得使用。施工单位对施工中出现质量问题的建设工程或竣工验收不合格的工程，应负责返修。

10.3.4.4　总包单位与分包单位之间的质量责任

对于建设工程进行总承包的工程，总承包单位应对全部建设工程质量负责；如果实行勘察、设计、施工、设备采购的一项或多项总承包的工程，总承包单位应对其承包单位或采购设备的质量负责。总承包单位依法进行分包的，分包单位应按分包合同的约定对其分包工程的质量向总承包单位负责，总承包单位与分包单位对分包工程的质量承担连带责任。

施工单位未尽上述质量责任时，根据其违法行为的严重程度，将受到责令改正、罚款、降低资质等级、责令停业整顿、吊销资质证书等处罚。对不符合质量标准的工程，要负责返工、修理，并赔偿因此造成的损失。对降低工程质量标准造成重大安全事故的工程，构成犯罪的，要追究直接责任人的刑事责任。

10.3.5　材料、设备供应单位的质量责任与义务

建筑材料、构配件生产及设备供应单位必须具备相应的生产条件、技术装备和质量保证体系，具备必要的检测人员和设备，并应把好产品看样、订货、存储、运输和核验的质量关，其供应的建筑材料、构配件和设备质量应符合国家或行业现行有关技术标准规定的合格标准和设计要求，并应符合以其产品说明、实物样品等方式表明的质量状况。其产品或其包装上的标识则应符合下述要求。

① 有产品质量检验合格证明；

② 有中文标明的产品名称、生产厂厂名和厂址；

③ 产品包装和商标样式符合国家有关规定和标准要求；

④ 设备应有产品详细的使用说明书，电器设备还应附有线路图；

⑤ 实施生产许可证或使用产品质量认证标志的产品，应有生产许可证或质量认证的编号、批准日期和有效期限。

建筑材料、构配件及设备的供需双方均应签订购销合同，并按合同条款进行质量验收。建筑材料、构配件生产及设备供应单位对其生产或供应的产品质量负责。

10.4　建设工程质量保修及损害赔偿

房屋建筑工程质量保修，是指对房屋建筑工程竣工验收后在保修期限内出现的房屋建筑工程的质量不符合工程建设强制性标准以及合同的约定的质量缺陷，应当由施工承包单位负责维修、返工或更换，由责任单位负责赔偿损失。建设工程实行质量保修制度是落实工程质量责任的重要措施。

10.4.1　保修期限的规定

建设工程承包单位在向建设单位提交竣工验收报告时，应当向建设单位出示其质量保修书。在工程质量保修书中应当明确保修范围、保修期限和保修责任等。在正常使用下，房屋建筑工程的最低保修期限如下。

① 基础工程和主体结构工程，为设计文件规定的该工程的合理使用年限；

② 防水工程、有防水要求的卫生间、房间和外墙面的防渗漏为 5 年；

③ 采暖与供冷系统为 2 个采暖期、供冷期；

④ 电气管线、给排水管道、设备安装为 2 年；

⑤ 装饰装修工程为 2 年。

其他项目的保修期限由建设单位和施工单位约定。房屋建筑工程保修期从工程竣工验收合格之日起计算。因使用不当或者第三方造成的质量缺陷，以及不可抗力造成的质量缺陷，不属于法律规定的保修范围。

10.4.2　保修程序

房屋建筑工程在保修期限内出现质量缺陷，建设单位或者房屋建筑所有人应当向施工单位发出保修通知。

施工单位接到保修通知后，应当到现场核查情况，在保修书约定的时间内予以保修。发生涉及结构安全或者严重影响使用功能的紧急抢修事故，施工单位接到保修通知后，应当立即到达现场抢修。发生涉及结构安全的质量缺陷，建设单位或者房屋建筑所有人应当立即向当地建设行政主管部门报告，采取安全防范措施；由原设计单位或者具有相应资质等级的设计单位提出保修方案，施工单位实施保修，原工程质量监督机构负责监督。保修完成后，由建设单位或者房屋建筑所有人组织验收。涉及结构安全的，应当报当地建设行政主管部门备案。

施工单位不按工程质量保修书约定保修的，建设单位可以另行委托其他单位保修，由原施工单位承担相应责任。保修费用由质量缺陷的责任方承担。

10.4.3　保修的经济责任

① 因施工单位未按国家有关规范、标准和设计要求施工而造成的质量缺陷，由施工单位负责返修并承担经济责任；

② 因设计原因造成的质量缺陷，由设计单位承担经济责任，由施工单位负责维修，其

费用按有关规定通过建设单位向设计单位索赔，不足部分由建设单位负责；

③ 因建筑材料、构配件和设备质量不合格引起的质量缺陷，属于施工单位采购的或经其验收同意的，由施工单位承担经济责任，属于建设单位采购的，由建设单位承担经济责任；

④ 因使用单位使用不当造成的质量问题，由使用单位自行负责；

⑤ 因地震、洪水、台风等不可抗力造成的质量问题，施工单位、设计单位不承担经济责任。

10.4.4　损害赔偿

《消费者权益保护法》规定：使用商品者及接受服务者受到人身、财产损害的，享有依法获得赔偿的权利。《建设工程质量管理办法》也规定：因建设工程质量缺陷造成人身、缺陷工程以外的其他财产损害的，侵害人应按有关规定，给予受害人赔偿。

根据《民法通则》和《产品质量法》的精神，因建设工程质量缺陷造成受害人人身伤害的，侵害人应当赔偿医疗费、因误工减少的收入、残废者生活补助费等费用；造成受害人死亡的，并应支付丧葬费、抚恤费、死者生前抚养的人必要的生活费用等。因建设工程质量缺陷造成受害人财产损失的，侵害人除承担返修责任外，对其其他财产损失，应予赔偿。

因建设工程质量存在缺陷造成损害，要求赔偿的诉讼时效期限为一年，自当事人知道或应当知道其权益受到损害时起计算。

10.5　建设工程质量管理案例

案例　关于质量保证金❶

原告：（甲）××消防工程有限公司

被告：（乙）××鞋城有限责任公司

2005 年 4 月 19 日，原告甲与被告乙因建设工程施工合同纠纷一案向法院起诉。

原告甲诉称，原告甲与被告乙于 2001 年 7 月 10 日签订建设工程施工合同一份，工程内容是自动喷淋灭火系统和火灾自动报警系统的三层、四层。该合同已实际履行，并于 2002 年 5 月 31 日由××省消防技术检测站检验合格（有检测报告）。合同约定工程质量保修期 1 年，保证金为人民币 53097.30 元，待质保期满后返还。现保修期已过，被告并无还款之意，原告追讨无果，特向法院提起诉讼。请求法院判令被告给付质量保证金人民币 53097.30 元，并承担本案诉讼费用。被告乙辩称如下。

① 2001 年 7 月 10 日，双方签订的建设工程施工合同约定：消防系统工程保修 1 年，质量保修期自工程竣工验收合格之日起计算。原告提供的 2002 年 5 月 31 日的××省消防技术检测站检验报告的日期从 2001 年 9 月 24 日至 28 日止，2002 年 1 月 14 日复检，2002 年 5 月 31 日签发，签发日为合格日。因此，质保期从 2002 年 5 月 31 日起计算，至 2003 年 5 月 30 日止。

② 检验报告虽为合格，但原告施工的三层 8 个回路存在 75 个火警点故障，另外，多处存在缺陷，可见原告在施工中存在多处质量问题。

③ 在质保期内消防局对原告单位进行检查后，下发了限期责令改正通知书。

---

❶ 案例来源：朱昊. 建设法规案例与评价. 机械工业出版社，2007，第 199～200 页。

④ 施工单位在 2 年内未能解决消防报警电话正常使用问题，影响了报警系统的正常运行。

⑤ 由于消防自动系统故障的原因，2004 年 12 月 31 日，原告又被市政府列为重大火灾隐患单位。综上所述，请求法院驳回原告的诉讼请求。

法院审理查明，2001 年 7 月 10 日，原告甲与被告乙签订建设工程施工合同 1 份，被告以××鞋城改造建设指挥部名义将位于××市××区××街××鞋城三层、四层的自动水喷淋灭火系统和火灾自动报警系统交由原告承包施工。合同规定工期自 2001 年 7 月 13 日起至 2001 年 8 月 10 日止。合同价款概算为人民币 132 万元。工程预付款按工程进度拨付，合同签订后进场拨款 20%，按进度拨款 70% 后停止拨款，剩余 25% 为承包方责任和质量保证金，5% 为工程维修保证金。消防系统工程保修期 1 年。合同签订后，原告按合同规定进行了施工。工程竣工后，原告于 2002 年 4 月，向被告交付了人民币 53097.30 元的质保金。2002 年 5 月 31 日，××省消防技术检测站经过对乙××鞋城消防工程进行检测后作出检验报告，认定××鞋城消防整体工程功能正常，但部分项目不合格，其中原告施工项目中主管路与分支管路焊接连接等处不合格。2002 年 11 月 7 日，××市消防局对××鞋城整体进行消防监督检查时，发现火灾自动报警系统故障，已构成火灾隐患，责令限期改正。2003 年，被告曾向原告方提出维修部分项目，原告按被告要求进行维修。2003 年 12 月 29 日，经××省消防技术检测站对××鞋城消防对讲电话系统复检，2004 年 1 月 7 日作出结论，原告进一步施工整改后，该系统功能正常。2004 年 7 月 19 日，××市消防技术检测中心对××鞋城消防系统进行了定期即时检测后，作出结论，认定该工程火灾自动报警系统、自动喷水灭火系统不能正常使用，属不合格。即此，被告一直未将质保金（工程维修保证金）退还原告。原告索要该款未果，故来院起诉。法院认为，原告甲与被告乙签订的建设工程施工合同，系双方真实意思表达，不违反法律规定，合法有效，双方均应严格履行。工程竣工后，××省消防技术检测站检验认定原告施工的项目中主管路与分支管路焊接连接等处不合格，被告亦曾就原告施工的部分项目要求维修，原告进行了维修整改，整改后于 2004 年 7 月 19 日，经××市消防技术检测中心认定，包括原告施工项目在内的工程仍不合格。原告现无证据证明其承包施工的项目通过技术检测部门检验完全合格，或是消防管理机关检查后未存在问题。在此情况下，原告要求被告返还质量保证金（即工程维修保证金），证据不足，诉讼请求不能成立。综上所述，依据《中华人民共和国民事诉讼法》第六十四条、最高人民法院《关于民事诉讼证据的若干规定》第二条之规定，判决如下：驳回原告甲的诉讼请求。

案例评析

本案的焦点问题是，未按合同约定履行义务应承担违约责任。在本案中，工程竣工后，原告甲于 2002 年 4 月，向被告乙交付了人民币 53097.30 元的质保金。但在工程质量保证期限内，由于出现了工程质量问题，甲理应按合同的约定承担违约责任。因此，原告甲无权要回已给付被告乙的质保金。所以法院驳回原告甲的诉讼请求是正确的。

复习思考题

一、单项选择题

1. 在 GB/T 19000—2000 族标准的"质量管理体系基础"中将由组织的顾客或由其他人以顾客的名义对质量管理体系所进行的审核称为（　　）审核。

A. 第一方 　　　　　B. 第二方 　　　　　C. 顾客 　　　　　D. 第三方

2. 按 GB/T 19000—2000 族标准的要求，系统识别和管理组织内使用的过程，特别是这些过程之间的相互作用，其目的是（　　）。

　　A. 实现质量管理体系的持续改进，并使组织的总体业绩得到显著的提高

　　B. 评价质量管理体系的运行状况

　　C. 加强管理者在质量管理体系中的作用

　　D. 实现对质量管理的全员参与

3. 依据《建设工程质量管理条例》，（　　）在建设工程竣工验收后，应及时向建设行政主管部门或者其他有关部门移交建设项目档案。

　　A. 设计单位　　　　　　　B. 施工单位　　　　　　　C. 监理单位　　　　　　　D. 建设单位

4. 《建设工程质量管理条例》规定，未经（　　）签字，建筑材料、建筑构配件和设备不得在工程上使用和安装，施工单位不得进行下一道工序的施工。

　　A. 监理单位　　　　　　　B. 业主　　　　　　　C. 监理工程师　　　　　　　D. 总监理工程师

5. 《建设工程质量管理条例》规定，施工人员对涉及结构安全的试块、试件以及有关材料，应当在（　　）监督下现场取样，并送具有相应资质等级的质量检测单位进行检验。

　　A. 施工单位质检人员　　　　　　　　　　　　B. 建设单位或监理单位

　　C. 监理单位和施工单位　　　　　　　　　　　D. 工程质量监理机构

6. 《建设工程质量管理条例》规定，在正常使用条件下，电气管线、给排水管道、设备安装和装修工程的最低保修期限为（　　）。

　　A. 1 年　　　　　　　B. 2 年　　　　　　　C. 3 年　　　　　　　D. 5 年

二、简答题

1. 建设工程质量的概念是什么？

2. 简述我国建设工程质量管理体系。

3. 工程勘察设计单位的质量责任有哪些？

4. 什么是建材生产许可证制度和建材产品推荐使用制度？

5. 工程建设监理单位和材料设备供应单位对工程质量都要承担哪些责任？

6. 建设工程的保修期限从何时算起？我国现行规定的保修期限是多长？

第11章　建设工程安全生产管理法规

11.1　建设工程安全生产管理法规概述

11.1.1　建设工程安全生产管理的概念

11.1.1.1　建设工程安全生产管理

建设工程，是指土木工程、建筑工程、线路管道和设备安装工程及装修工程。建设工程施工具有人员流动性大，露天高处作业多，手工操作，体力劳动繁重等特点，决定了建设工程施工安全事故的多发性和易发性。随着我国建设工程和科学技术的发展，新材料、新工艺、新设备被广泛应用，国家鼓励建设工程安全生产的科学技术研究和先进技术的推广应用，推进建设工程安全生产的科学管理。

建设工程安全生产管理是指在新建、改建、扩建和拆除等建设活动中，运用各种有效资源，通过计划、组织、协调和控制等手段，控制物的不安全因素和人的不安全行为，防止和减少安全事故，实现安全生产的管理活动。

11.1.1.2　建设工程安全管理方针

《建筑法》第三十六条与《建设工程安全生产管理条例》第三条都明确规定建设工程安全生产管理，坚持"安全第一、预防为主"的方针。"安全第一"突出了安全生产在建设工程活动中的首要位置和重要性；"预防为主"是针对建设工程的施工特点，通过管理措施，有效控制不安全因素，把事故消灭于萌芽状态。

11.1.2　建设工程安全生产管理法规的概念

建设工程安全生产管理法规，是指由国家权力机关或其他授权机构制定的，规范建设工程安全生产活动，保证建设工程的安全安全性能，防止和减少建设工程生产安全事故，指导和调控建设工程安全生产健康发展的有关法律、行政法规、部门规章的总称。目前，规范建设工程安全生产管理的法规主要有如下方面。

1997 年 11 月 1 日中华人民共和国主席令第 91 号公布，自 1998 年 3 月 1 日起施行的《中华人民共和国建筑法》（简称《建筑法》）是监督建筑活动、维护建筑市场秩序的基本大法。其中"第五章建筑安全生产管理"对建筑工程安全生产管理的方针、管理制度、技术措施等作了规定。

2002 年 6 月 29 日中华人民共和国主席令第 70 号公布，自 2002 年 11 月 1 日起施行的《中华人民共和国安全生产法》（简称《安全生产法》），进一步加强包括建筑工程安全生产在内的安全生产监督管理。

2003 年 11 月 12 日，国务院颁布《建设工程安全生产管理条例》对《建筑法》中建筑工程安全生产管理的内容进行了完善、扩充，责任划分更加明晰，具有较强的指导性与操作性。

2004 年 1 月 7 日，国务院颁布《安全生产许可证条例》；2004 年 7 月 5 日，建设部颁布《建筑施工企业安全生产许可证管理规定》进一步严格规范安全生产条件，加强安全生产监督管理，防止和减少生产安全事故。

2008 年 6 月 30 日，住房和城乡建设部颁布《建筑施工企业安全生产许可证动态监管暂行办法》，强化了建筑施工企业安全生产许可证动态监管。

2001 年 4 月 21 日，国务院颁布《国务院关于特大安全事故行政责任追究的规定》，对特大安全事故的行政责任作了严肃规定。

2007 年 4 月 9 日，国务院颁布《生产安全事故报告和调查处理条例》，进一步规范生产安全事故的报告和调查处理，落实生产安全事故责任追究制度，防止和减少生产安全事故。

2008 年 5 月 13 日，住房和城乡建设部修订了建设部颁布的《建筑施工企业安全生产管理机构设置及专职安全生产管理人员配备办法》，原文件同时废止。

11.2　建设工程安全管理制度

11.2.1　施工安全生产许可证制度

建筑施工企业在进行建筑施工活动前，应当依法申请领取安全生产许可证。《安全生产许可证条例》第二条规定："国家对矿山企业、建筑施工企业和危险化学品、烟花爆竹、民用爆破器材生产企业实行安全生产许可制度。企业未取得安全生产许可证的，不得从事生产活动。"《建筑施工企业安全生产许可证管理规定》中详细规定了建筑施工企业取得安全生产许可证应具备的安全生产条件。

中央管理的建筑施工企业由国务院建设主管部门颁发和管理安全生产许可证。其他建筑施工企业由企业注册所在地的省、自治区、直辖市人民政府建设主管部门颁发和管理安全生产许可证，并接受国务院建设主管部门的指导和监督。

建筑施工企业向安全生产许可证颁发管理机关申请领取安全生产许可证，应提供建筑施工企业安全生产许可证申请表、企业法人营业执照、建筑施工企业资质等级证书副本和各级安全生产责任制、安全生产规章制度、操作规程目录等具备规定要求的安全生产条件的文件、材料。

安全生产许可证的有效期为 3 年。安全生产许可证有效期满需要延期的，企业应当于期满前 3 个月向原安全生产许可证颁发管理机关办理延期手续。企业在安全生产许可证有效期内，严格遵守有关安全生产的法律法规，未发生死亡事故的，安全生产许可证有效期届满时，经原安全生产许可证颁发管理机关同意，不再审查，安全生产许可证有效期延期 3 年。

11.2.2　安全生产责任制度和群防群治制度

安全生产责任制是根据我国的安全生产方针和安全生产法规建立的各级领导、职能部门、工程技术人员、岗位操作人员在劳动生产过程中对安全生产层层负责的制度。安全生产责任制是建筑企业中最基本的一项安全制度，也是企业安全生产管理的核心。

建筑施工企业安全生产责任制一般由以下内容组成：第一责任人，即法定代表人，项目管理责任人，即项目经理，具体岗位责任人等的责任目标；岗位职责的范围和内容；责任评价体系和考核办法；问责与奖惩措施；责任档案等。

群防群治制度是在安全生产中，充分发挥广大职工的积极性，加强群众性监督检查工作，预防和治理生产中的伤亡事故。要求施工现场管理人员和作业人员严格按规范、操作规程开展有序的施工作业，加强检查，及时消除检查出的安全隐患。施工现场一旦发生事故，在场人员应立即展开科学有序的施救，并及时上报。

《建筑法》第三十六条规定:"建筑工程安全生产管理应建立健全安全生产的责任制度和群防群治制度。"

《建筑法》第四十四条规定:"建筑施工企业必须依法加强对建筑安全生产的管理,执行安全生产责任制度,采取有效措施,防止伤亡和其他安全生产事故的发生。建筑施工企业的法定代表人对本企业的安全生产负责。"《建设工程安全生产管理条例》第二十一条规定:"施工单位主要负责人依法对本单位的安全生产工作全面负责。施工单位的项目负责人应当由取得相应执业资格的人员担任,对建设工程项目的安全施工负责,落实安全生产责任制度、安全生产规章制度和操作规程,确保安全生产费用的有效使用,并根据工程的特点组织制定安全施工措施,消除安全事故隐患,及时、如实报告生产安全事故。"

11.2.3 安全生产教育培训制度

安全生产教育培训制度,是指对管理人员和作业人员进行安全生产的教育和安全生产技能的培训,并将这种教育和培训制度化、规范化,以提高从业人员的安全素质,防范伤亡事故,减轻职业危害。《建筑法》第四十六条规定:"建筑施工企业应当建立健全劳动安全生产教育培训制度,加强对职工安全生产的教育培训;未经安全生产教育培训的人员,不得上岗作业。"

11.2.3.1 施工单位对管理人员的考核

《建设工程安全生产管理条例》第三十六条第一款规定:"施工单位的主要负责人、项目负责人、专职安全生产管理人员应当经建设行政主管部门或者其他有关部门考核合格后方可任职。"根据安全生产责任制度,施工单位的主要负责人、项目负责人、专职安全生产管理人员的知识水平和管理能力直接关系到单位和项目的安全生产管理水平,因此考核合格后方可任职。

11.2.3.2 定期进行全员安全生产教育培训

《建设工程安全生产管理条例》第三十六条第二款规定:"施工单位应当对管理人员和作业人员每年至少进行一次安全生产教育培训,其教育培训情况记入个人工作档案。安全生产教育培训考核不合格的人员,不得上岗。"

施工单位可以根据实际情况,针对不同岗位、工种,因人、因材施教。

11.2.3.3 岗前安全生产教育培训

《建设工程安全生产管理条例》第三十七条规定:"作业人员进入新的岗位或者新的施工现场前,应当接受安全生产教育培训。未经教育培训或者教育培训考核不合格的人员,不得上岗作业。施工单位在采用新技术、新工艺、新设备、新材料时,应当对作业人员进行相应的安全生产教育培训。"

随着越来越多新技术、新工艺、新设备、新材料在建设工程中的应用,对施工作业人员的素质提出了更高要求,如果施工单位对其安全技术性能的了解不足,没有采取安全措施,很可能导致安全事故。因此,必须对作业人员进行专门的安全生产教育培训。

11.2.3.4 特种作业人员安全生产教育培训

《建设工程安全生产管理条例》第三十七条规定:"垂直运输机械作业人员、安装拆卸工、爆破作业人员、起重信号工、登高架设作业人员等特种作业人员,必须按照国家有关规定经过专门的安全作业培训,并取得特种作业操作资格证书后,方可上岗作业。"

11.2.4 施工现场安全防护制度

11.2.4.1 编制安全技术措施、专项施工方案

根据《建设工程安全生产管理条例》第二十六条的规定,施工单位应当在施工组织设计

中编制安全技术措施和施工现场临时用电方案，对达到一定规模的危险性较大的分部分项工程还要编制专项施工方案。

安全技术措施是指在建设工程施工中，针对工程特点、施工环境、施工方法、劳务组织、机械设备、变配电设施、架设工具以及各项安全防护设施等制定的确保施工安全的措施。安全技术措施通常可以分为防止事故发生和安全技术措施和减少事故损失的安全技术措施。

编制施工现场临时用电方案，是为了防止施工现场人员触电和电器火灾、爆炸的发生。《施工现场临时用电安全技术规范》（JGJ-46—2005）规定，施工现场临时用电设备在 5 台及以上或设备总容量在 50KW 及以上者，应编制临时用电方案。

危险性较大的分部分项工程通常指基坑支护与降水工程，土方开挖工程，模板工程，起重吊装工程，脚手架工程，拆除、爆破工程以及国务院建设行政主管部门或者其他有关部门规定的其他危险性较大的工程。

11.2.4.2　安全技术交底

建设工程施工前，施工单位负责项目管理的技术人员应当对有关安全施工的技术要求向施工作业班组、作业人员进行安全技术交底。这有助于作业班组和人员尽快了解工程概况、施工方法、安全技术措施及时掌握操作方法和注意事项。《建设工程安全生产管理条例》第二十七条规定："建设工程施工前，施工单位负责项目管理的技术人员应当对有关安全施工的技术要求向施工作业班组、作业人员作出详细说明，并由双方签字确认。"

11.2.4.3　施工现场的安全防护

《建筑法》第三十九条规定："建筑施工企业应当在施工现场采取维护安全、防范危险、预防火灾等措施；有条件的，应当对施工现场实行封闭管理。施工现场对毗邻的建筑物、构筑物和特殊作业环境可能造成损害的，建筑施工企业应当采取安全防护措施。"

（1）施工现场临时设施等应符合卫生要求

施工单位在进行施工场地布置时，办公、生活区要与作业区分离，临时建筑的搭设也要符合要求。《建设工程安全生产管理条例》第二十九条规定："施工单位应当将施工现场的办公、生活区与作业区分开设置，并保持安全距离；办公、生活区的选址应当符合安全性要求。职工的膳食、饮水、休息场所等应当符合卫生标准。施工单位不得在尚未竣工的建筑物内设置员工集体宿舍。施工现场临时搭建的建筑物应当符合安全使用要求。施工现场使用的装配式活动房屋应当具有产品合格证。"

（2）对施工现场周边实行专项防护

《建设工程安全生产管理条例》第三十条规定："施工单位对因建设工程施工可能造成损害的毗邻建筑物、构筑物和地下管线等，应当采取专项防护措施。

施工单位应当遵守有关环境保护法律、法规的规定，在施工现场采取措施，防止或者减少粉尘、废气、废水、固体废物、噪声、振动和施工照明对人和环境的危害和污染。

在城市市区内的建设工程，施工单位应当对施工现场实行封闭围挡。"

（3）施工现场危险作业人员管理

《建设工程安全生产管理条例》第三十二条规定："施工单位应当向作业人员提供安全防护用具和安全防护服装，并书面告知危险岗位的操作规程和违章操作的危害。

作业人员有权对施工现场的作业条件、作业程序和作业方式中存在的安全问题提出批评、检举和控告，有权拒绝违章指挥和强令冒险作业。

在施工中发生危及人身安全的紧急情况时，作业人员有权立即停止作业或者在采取必要的应急措施后撤离危险区域。"

（4）安全防护设备、机械设备等的安全管理

施工单位自购、租赁的安全防护用具、机械设备、施工机具及配件，应当具有生产（制造）许可证、产品合格证，并在进入施工现场前进行查验。入场后必须由专人管理，定期检查、维修和保养。作业人员应当遵守安全施工的强制性标准、规章制度和操作规程，正确使用安全防护用具、机械设备等。

11.2.5 施工安全事故责任追究制度

贯彻落实安全生产责任制度，严肃生产安全事故责任追究制度，明确了事故发生的责任主体，有利于规范生产安全事故的报告和调查处理，防止和减少生产安全事故。

11.2.5.1 生产安全事故等级划分

根据生产安全事故造成的人员伤亡或者直接经济损失，《生产安全事故报告和调查处理条例》将事故一般分为以下等级。

① 特别重大事故，是指造成 30 人以上死亡，或者 100 人以上重伤（包括急性工业中毒，下同），或者 1 亿元以上直接经济损失的事故；

② 重大事故，是指造成 10 人以上 30 人以下死亡，或者 50 人以上 100 人以下重伤，或者 5000 万元以上 1 亿元以下直接经济损失的事故；

③ 较大事故，是指造成 3 人以上 10 人以下死亡，或者 10 人以上 50 人以下重伤，或者 1000 万元以上 5000 万元以下直接经济损失的事故；

④ 一般事故，是指造成 3 人以下死亡，或者 10 人以下重伤，或者 1000 万元以下直接经济损失的事故。

11.2.5.2 施工安全事故法律责任

《生产安全事故报告和调查处理条例》中规定，对事故发生单位的主要负责人，如有不立即组织事故抢救，迟报或者漏报事故，在事故调查处理期间擅离职守等行为根据情节轻重处以罚款或处分；构成犯罪的，依法追究刑事责任。

事故发生单位及其有关人员，如有谎报或者瞒报事故，伪造或者故意破坏事故现场，转移、隐匿资金、财产，或者销毁有关证据、资料等行为之一的，对事故发生单位及主要负责人、直接负责的主管人员和其他直接责任人员根据情节轻重处以罚款或处分；构成违反治安管理行为的，由公安机关依法给予治安管理处罚；构成犯罪的，依法追究刑事责任。

有关地方人民政府、安全生产监督管理部门和负有安全生产监督管理职责的有关部门，如有不立即组织事故抢救，迟报、漏报、谎报或者瞒报事故，阻碍、干涉事故调查工作，在事故调查中作伪证或者指使他人作伪证等行为之的，对直接负责的主管人员和其他直接责任人员依法给予处分；构成犯罪的，依法追究刑事责任。

11.2.5.3 特大安全事故行政责任的追究

《国务院关于特大安全事故行政责任追究的规定》规定，地方人民政府主要领导人和政府有关部门正职负责人对特大建筑质量安全事故的防范、发生，依照法律、行政法规和本规定的规定有失职、渎职情形或者负有领导责任的，依照本规定给予行政处分；构成玩忽职守罪或者其他罪的，依法追究刑事责任。

11.3 建设工程安全生产责任体系

建设工程安全生产的重点是施工现场，主要责任单位是施工单位，但与施工活动密切相

关的单位也都影响着施工安全。因此，建设单位、勘察单位、设计单位、施工单位、工程监理单位及其他与建设工程安全生产有关的单位，必须遵守安全生产法律、法规的规定，保证建设工程安全生产，依法承担建设工程安全生产责任。

11.3.1　建设单位的安全责任

11.3.1.1　向施工单位提供相关资料

建设单位应当向施工单位提供与工程建设有关的施工现场条件、地下管线、水文、气象、地质等资料，并保证资料的真实性、准确性与完整性。需要向有关部门查询的，由建设单位负责查询。

《建筑法》第四十条规定："建设单位应当向建筑施工企业提供与施工现场相关的地下管线资料，建筑施工企业应当采取措施加以保护。"

《建设工程安全生产管理条例》第六条第一款规定："建设单位应当向施工单位提供施工现场及毗邻区域内供水、排水、供电、供气、供热、通信、广播电视等地下管线资料，气象和水文观测资料，相邻建筑物和构筑物、地下工程的有关资料，并保证资料的真实、准确、完整。"

11.3.1.2　依法办理有关批准手续

根据《建筑法》规定，有下列情形之一的，建设单位应当按照国家有关规定办理申请批准手续。

① 需要临时占用规划批准范围以外场地的；

② 可能损坏道路、管线、电力、邮电通信等公共设施的；

③ 需要临时停水、停电、中断道路交通的；

④ 需要进行爆破作业的；

⑤ 法律、法规规定需要办理报批手续的其他情形。

《建设工程安全生产管理条例》第十条规定："建设单位在申请领取施工许可证时，应当提供建设工程有关安全施工措施的资料。

依法批准开工报告的建设工程，建设单位应当自开工报告批准之日起 15 日内，将保证安全施工的措施报送建设工程所在地的县级以上地方人民政府建设行政主管部门或者其他有关部门备案。"

11.3.1.3　不得向相关单位提出违反建设工程安全生产法规的要求

《建设工程安全生产管理条例》第七条规定："建设单位不得对勘察、设计、施工、工程监理等单位提出不符合建设工程安全生产法律、法规和强制性标准规定的要求，不得压缩合同约定的工期。"合理工期是指，在正常建设条件下，采取科学合理的施工工艺和管理方法，以现行国家颁布的工期定额为基础，结合项目建设的具体情况而确定的使投资方与参建单位均能获得满意的经济效益的工期。建设单位不能为了早日发挥投资效益，迫使施工单位增加人力、物力，简化施工程序，随意压缩合同约定的工期。

《建设工程安全生产管理条例》第九条规定："建设单位不得明示或者暗示施工单位购买、租赁、使用不符合安全施工要求的安全防护用具、机械设备、施工机具及配件、消防设施和器材。"

11.3.1.4　编制工程概算时应保证安全生产管理的合理费用

忽略安全投入成本，淡化安全经济观念往往是导致安全生产事故的重要原因之一。工程概算是指在初步设计阶段，根据初步设计图纸、概算定额或者概算指标及其他有关文件，计算的拟建工程费用。

《建设工程安全生产管理条例》第八条规定："建设单位在编制工程概算时，应当确定建设工程安全作业环境及安全施工措施所需费用。"

11.3.1.5　应将拆除工程发包给符合资质要求的单位

根据《建设工程安全生产管理条例》规定，建设单位应当将拆除工程发包给具有相应资质等级的施工单位。

建设单位应当在拆除工程施工15日前，将下列资料报送建设工程所在地的县级以上地方人民政府建设行政主管部门或者其他有关部门备案。

① 施工单位资质等级证明；

② 拟拆除建筑物、构筑物及可能危及毗邻建筑的说明；

③ 拆除施工组织方案；

④ 堆放、清除废弃物的措施。

实施爆破作业的，应当遵守国家有关民用爆炸物品管理的规定。

11.3.2　勘察、设计单位的安全责任

11.3.2.1　勘察单位的安全责任

工程勘察成果是建设工程项目规划、选址、设计的重要依据，也是保证施工安全的重要因素和前提条件。因此，勘察单位必须确保勘察文件真实、准确。勘察单位在作业时，也容易发生安全事故，必须严格执行操作规程，保证勘察作业人员的安全。

《建设工程安全生产管理条例》第十二条规定："勘察单位应当按照法律、法规和工程建设强制性标准进行勘察，提供的勘察文件应当真实、准确，满足建设工程安全生产的需要。

勘察单位在勘察作业时，应当严格执行操作规程，采取措施保证各类管线、设施和周边建筑物、构筑物的安全。"

11.3.2.2　设计单位的安全责任

设计单位还应当结合工程特点，根据施工安全作业和安全防护的需要，为施工单位制定安全防护措施提供技术保障。如果由于设计责任造成事故，设计单位要承担法律责任，对造成的损失进行赔偿。

《建设工程安全生产管理条例》第十三条规定："设计单位应当按照法律、法规和工程建设强制性标准进行设计，防止因设计不合理导致生产安全事故的发生。

设计单位应当考虑施工安全操作和防护的需要，对涉及施工安全的重点部位和环节在设计文件中注明，并对防范生产安全事故提出指导意见。

采用新结构、新材料、新工艺的建设工程和特殊结构的建设工程，设计单位应当在设计中提出保障施工作业人员安全和预防生产安全事故的措施建议。

设计单位和注册建筑师等注册执业人员应当对其设计负责。"

11.3.3　工程监理单位的安全责任

工程监理是指监理单位受建设单位（项目法人）的委托，依据国家批准的工程项目建设文件、有关工程建设的法律、法规和工程建设监理合同及其他工程建设合同，代替建设单位对承建单位的工程建设实施监控的专业活动。安全控制是监理活动的重要内容之一。

11.3.3.1　审查安全技术措施或专项施工方案

《建设工程安全生产管理条例》第十四条第一款规定："工程监理单位应当审查施工组织设计中的安全技术措施或者专项施工方案是否符合工程建设强制性标准。"

11.3.3.2　依法处理安全事故隐患

《建设工程安全生产管理条例》第十四条第二款规定："工程监理单位在实施监理过程中，发现存在安全事故隐患的，应当要求施工单位整改；情况严重的，应当要求施工单位暂时停止施工，并及时报告建设单位。施工单位拒不整改或者不停止施工的，工程监理单位应当及时向有关主管部门报告。"

监理单位受建设单位委托，有权要求施工单位对存在的安全隐患进行整改，有权要求施工单位暂时停止施工，并依法向建设单位和有关管理部门报告。

11.3.3.3　对建设工程安全生产承担监理责任

《建设工程安全生产管理条例》第十四条第三款规定："工程监理单位和监理工程师应当按照法律、法规和工程建设强制性标准实施监理，并对建设工程安全生产承担监理责任。"

11.3.4　其他有关单位的安全责任

11.3.4.1　机械设备、物资供应单位的安全责任

《建设工程安全生产管理条例》第十五条规定："为建设工程提供机械设备和配件的单位，应当按照安全施工的要求配备齐全有效的保险、限位等安全设施和装置。"

《建设工程安全生产管理条例》第十六条规定："出租的机械设备和施工机具及配件，应当具有生产（制造）许可证、产品合格证。出租单位应当对出租的机械设备和施工机具及配件的安全性能进行检测，在签订租赁协议时，应当出具检测合格证明。禁止出租检测不合格的机械设备和施工机具及配件。"

11.3.4.2　特殊机械设施安装及检测单位的安全责任

施工起重机械、自升式架设设施等特殊机械设备的安装、拆卸，必须由相应资质的单位承担，装卸完毕后再移交施工单位。施工单位在使用前应当组织有关单位进行验收，验收合格方可使用。

《建设工程安全生产管理条例》第十七条规定："在施工现场安装、拆卸施工起重机械和整体提升脚手架、模板等自升式架设设施，必须由具有相应资质的单位承担。

安装、拆卸施工起重机械和整体提升脚手架、模板等自升式架设设施，应当编制拆装方案、制定安全施工措施，并由专业技术人员现场监督。

施工起重机械和整体提升脚手架、模板等自升式架设设施安装完毕后，安装单位应当自检，出具自检合格证明，并向施工单位进行安全使用说明，办理验收手续并签字。"

以上设施达到国家规定的检验期限，必须经具有专业资质的检验检测机构检测。经检测合格的，应当出具安全合格证明文件；检测不合格的，不得继续使用。

11.3.5　施工单位的安全责任

建筑施工企业，是指从事土木工程、建筑工程、线路管道和设备安装工程及装修工程的新建、扩建、改建和拆除等有关活动的企业。施工单位是进行建设工程安全生产管理活动的主体，同时也是实行建设工程安全生产管理法律制度的主体。读者可结合本章 11.2 内容以便全面理解施工单位的安全责任。施工单位是否按规定履行安全管理的职责对建设工程安全管理具有重大意义。

11.3.5.1　依法在资质等级许可范围内承揽工程

《建设工程安全生产管理条例》第二十条规定："施工单位从事建设工程的新建、扩建、改建和拆除等活动，应当具备国家规定的注册资本、专业技术人员、技术装备和安全生产等条件，依法取得相应等级的资质证书，并在其资质等级许可的范围内承揽工程。"

11.3.5.2 落实安全生产制度，保证安全生产投入

施工单位应建立健全各项安全生产制度，并定期开展检查，抓好落实。保证安全生产条件所需的资金，并做到专款专用。

《建设工程安全生产管理条例》第二十一条规定："施工单位应当建立健全安全生产责任制度和安全生产教育培训制度，制定安全生产规章制度和操作规程，保证本单位安全生产条件所需资金的投入，对所承担的建设工程进行定期和专项安全检查，并做好安全检查记录。"

《建设工程安全生产管理条例》第二十二条规定："施工单位对列入建设工程概算的安全作业环境及安全施工措施所需费用，应当用于施工安全防护用具及设施的采购和更新、安全施工措施的落实、安全生产条件的改善，不得挪作他用。"

11.3.5.3 健全安全机构及人员配置，强化安全教育培训及考核

（1）设立安全生产管理机构，配备专职安全生产管理人员

《建设工程安全生产管理条例》第二十三条规定："施工单位应当设立安全生产管理机构，配备专职安全生产管理人员。

专职安全生产管理人员负责对安全生产进行现场监督检查。发现安全事故隐患，应当及时向项目负责人和安全生产管理机构报告；对违章指挥、违章操作的，应当立即制止。

专职安全生产管理人员的配备办法由国务院建设行政主管部门会同国务院其他有关部门制定。"

（2）特种作业人员须持证上岗

《建设工程安全生产管理条例》第二十五条规定："垂直运输机械作业人员、安装拆卸工、爆破作业人员、起重信号工、登高架设作业人员等特种作业人员，必须按照国家有关规定经过专门的安全作业培训，并取得特种作业操作资格证书后，方可上岗作业。"

（3）安全教育培训考核上岗

安全教育制度是建设工程施工活动应贯彻的法定基本制度之一。施工单位应建立健全安全生产教育培训制度，制定安全生产规章制度和操作规程，并按照规定对管理人员和作业人员定期进行教育培训，作业人员进入新岗位或新的施工现场前还应进行岗前培训。教育培训考核的结果应与上岗资格挂钩，考核不合格人员不得上岗。施工单位的主要负责人、项目负责人、专职安全生产管理人员应当经建设行政主管部门或者其他有关部门考核合格后方可任职。

11.3.5.4 实行总承包单位安全生产总负责制

《建筑法》第四十五条规定："施工现场安全由建筑施工企业负责。实行施工总承包的，由总承包单位负责。分包单位向总承包单位负责，服从总承包单位对施工现场的安全生产管理。"

《建设工程安全生产管理条例》第二十四条规定："建设工程实行施工总承包的，由总承包单位对施工现场的安全生产负总责。

总承包单位应当自行完成建设工程主体结构的施工。

总承包单位依法将建设工程分包给其他单位的，分包合同中应当明确各自的安全生产方面的权利、义务。总承包单位和分包单位对分包工程的安全生产承担连带责任。

分包单位应当服从总承包单位的安全生产管理，分包单位不服从管理导致生产安全事故的，由分包单位承担主要责任。"

11.3.5.5 制定专项施工方案及安全技术措施及安全技术交底

对于危险性较大的分部分项工程编制专项施工方案，《建筑法》与《建设工程安全生产

管理条例》中均有规定。建筑施工企业在编制施工组织设计时，应当根据建筑工程的特点制定相应的安全技术措施；对专业性较强的工程项目，应当编制专项安全施工组织设计，并采取安全技术措施。建设工程施工前，由施工单位负责项目管理的技术人员对有关安全施工的技术要求向施工作业班组、作业人员进行安全技术交底。

11.3.5.6　设置安全警示标志

《建设工程安全生产管理条例》第二十九条规定："在施工现场，危险部位要设置明显的安全警示标志，消防器材要按照规定的位置、数量摆放，并设置明显的标志。"

《建设工程安全生产管理条例》第二十八条第一款规定："施工单位应当在施工现场入口处、施工起重机械、临时用电设施、脚手架、出入通道口、楼梯口、电梯井口、孔洞口、桥梁口、隧道口、基坑边沿、爆破物及有害危险气体和液体存放处等危险部位，设置明显的安全警示标志。安全警示标志必须符合国家标准。"

《建设工程安全生产管理条例》第三十一条规定：施工单位应当在施工现场建立消防安全责任制度，确定消防安全责任人，制定用火、用电、使用易燃易爆材料等各项消防安全管理制度和操作规程，设置消防通道、消防水源，配备消防设施和灭火器材，并在施工现场入口处设置明显标志。

11.3.5.7　安全防护

施工单位应当遵守有关环境保护法律、法规的规定，对施工现场周边实行专项防护，尽量减少对周边建筑物和环境的影响。施工单位应当向作业人员提供安全防护用具和安全防护服装，并书面告知危险岗位的操作规程和违章操作的危害。

11.3.5.8　依法办理意外伤害保险

意外伤害保险属于法定的强制性保险，是由施工单位作为投保人直接与保险公司签订合同，施工单位应在工程项目开工前办理完投保手续。由于工程施工中工作调动频繁，人员流动大，因此投保实行不记名和不计人数的方式。保险费应当列入建筑安装工程费用，由施工单位支付。《建筑法》第四十八条规定："建筑施工企业必须为从事危险作业的职工办理意外伤害保险，支付保险费。"施工现场从事危险作业的人员，指在施工现场从事如高空作业、深基坑作业、爆破作业等危险性较大的岗位的作业人员。

《建设工程安全生产管理条例》第三十八条进一步规定："施工单位应当为施工现场从事危险作业的人员办理意外伤害保险。意外伤害保险费由施工单位支付。实行施工总承包的，由总承包单位支付意外伤害保险费。意外伤害保险期限自建设工程开工之日起至竣工验收合格止。"

2003 年，建设部颁布的《关于加强建筑意外伤害保险工作的指导意见》中指出，建筑施工企业应当为施工现场从事施工作业和管理的人员，在施工活动过程中发生的人身意外伤亡事故提供保障，办理建筑意外伤害保险，支付保险费。

11.3.6　建设工程安全生产的行政监督管理

建设工程安全生产的行政监督实行国务院建设行政主管部门与县级以上地方人民政府分级管理的管理体制。

11.3.6.1　国务院建设行政主管部门的职责

《建设工程安全生产管理条例》第三十九条第一款规定："国务院负责安全生产监督管理的部门依照《中华人民共和国安全生产法》的规定，对全国建设工程安全生产工作实施综合监督管理。"

《建设工程安全生产管理条例》第四十条第一款规定：国务院建设行政主管部门对全国的建设工程安全生产实施监督管理。国务院铁路、交通、水利等有关部门按照国务院规定的职责分工，负责有关专业建设工程安全生产的监督管理。

由国务院建设行政主管部门会同国务院其他有关部门制定并公布严重危及施工安全的工艺、设备、材料的目录。

11.3.6.2 县级以上地方人民政府建设行政主管部门的职责

《建设工程安全生产管理条例》第三十九条第二款规定："县级以上地方人民政府负责安全生产监督管理的部门依照《中华人民共和国安全生产法》的规定，对本行政区域内建设工程安全生产工作实施综合监督管理。"

《建设工程安全生产管理条例》第四十条第二款规定："县级以上地方人民政府建设行政主管部门对本行政区域内的建设工程安全生产实施监督管理。县级以上地方人民政府交通、水利等有关部门在各自的职责范围内，负责本行政区域内的专业建设工程安全生产的监督管理。"

《建设工程安全生产管理条例》第四十四条规定："县级以上人民政府建设行政主管部门和其他有关部门应当及时受理对建设工程生产安全事故及安全事故隐患的检举、控告和投诉。"

11.3.6.3 核发安全许可证时对安全施工措施进行审查

《建设工程安全生产管理条例》第四十二条规定："建设行政主管部门在审核发放施工许可证时，应当对建设工程是否有安全施工措施进行审查，对没有安全施工措施的，不得颁发施工许可证。

建设行政主管部门或者其他有关部门对建设工程是否有安全施工措施进行审查时，不得收取费用。"

11.3.6.4 履行安全监督检查职责时采取的措施

县级以上人民政府负有建设工程安全生产监督管理职责的部门在各自的职责范围内履行安全监督检查职责时，有权采取下列措施。

① 要求被检查单位提供有关建设工程安全生产的文件和资料；

② 进入被检查单位施工现场进行检查；

③ 纠正施工中违反安全生产要求的行为；

④ 对检查中发现的安全事故隐患，责令立即排除；重大安全事故隐患排除前或者排除过程中无法保证安全的，责令从危险区域内撤出作业人员或者暂时停止施工。

11.4 建设工程安全事故处理

施工现场一旦发生生产安全事故，应当立即进行抢险救援，防止事故进一步扩大，并依法向有关单位报告。事故调查处理应当坚持实事求是、尊重科学的原则，及时、准确地查清事故经过、事故原因和事故损失，查明事故性质，认定事故责任，总结事故教训，提出整改措施，并对事故责任者依法追究责任。

11.4.1 安全事故的应急救援

《建设工程安全生产管理条例》第四十八条规定："施工单位应当制定本单位生产安全事故应急救援预案，建立应急救援组织或者配备应急救援人员，配备必要的应急救援器材、设备，并定期组织演练。"

第四十九条规定："施工单位应当根据建设工程施工的特点、范围，对施工现场易发生重大事故的部位、环节进行监控，制定施工现场生产安全事故应急救援预案。实行施工总承包的，由总承包单位统一组织编制建设工程生产安全事故应急救援预案，工程总承包单位和分包单位按照应急救援预案，各自建立应急救援组织或者配备应急救援人员，配备救援器材、设备，并定期组织演练。"

11.4.1.1　应急预案的编制与评审

建设工程安全事故具有突发性、紧迫性的特点，如果事先做好充分的准备工作，就可以在最短时间内组织有效抢救，防止事故扩大，减少人员伤亡和财产损失。

施工生产安全事故应急预案，是指施工单位根据本单位的实际情况，针对可能发生的安全事故类别、性质、特点和范围等，制定的一系列管理、技术和应急措施，旨在降低事故发生的可能性，一旦事故发生，有完整的应急处理的程序和方法、抢险和抢救方式，快速处理事故，减少损失。施工生产安全事故应急预案分为施工单位的生产安全事故应急预案和施工现场生产安全事故应急预案两大类。

根据国家安全生产监督管理总局颁布的《生产安全事故应急预案管理办法》规定，生产经营单位应当根据有关法律、法规和《生产经营单位安全生产事故应急预案编制导则》(AQ/T 9002—2006)，结合本单位的危险源状况、危险性分析情况和可能发生的事故特点，制订相应的应急预案。

应急预案编制完成后施工单位应组织专家进行评审，评审应当形成书面纪要并附有专家名单。评审要注重应急预案的实用性、基本要素的完整性、预防措施的针对性、组织体系的科学性等内容。

11.4.1.2　应急预案的培训与演练

施工单位应当采取多种形式开展应急预案的宣传教育，普及生产安全事故预防、避险、自救和互救知识，提供作业人员的安全意识和应急处置技能。制订本单位的应急预案演练计划，根据本单位事故预防的重点，定期组织综合应急预案演练、专项应急预案演练和现场处置方案演练。

11.4.2　安全事故的报告

《建筑法》第五十一条规定："施工中发生事故时，建筑施工企业应当采取紧急措施减少人员伤亡和事故损失，并按照国家有关规定及时向有关部门报告。"

《建设工程安全生产管理条例》第五十条规定："施工单位发生生产安全事故，应当按照国家有关伤亡事故报告和调查处理的规定，及时、如实地向负责安全生产监督管理的部门、建设行政主管部门或者其他有关部门报告；特种设备发生事故的，还应当同时向特种设备安全监督管理部门报告。接到报告的部门应当按照国家有关规定，如实上报。实行施工总承包的建设工程，由总承包单位负责上报事故。"

11.4.2.1　事故报告的时间要求

《生产安全事故报告和调查处理条例》第九条规定："事故发生后，事故现场有关人员应当立即向本单位负责人报告；单位负责人接到报告后，应当于 1 小时内向事故发生地县级以上人民政府安全生产监督管理部门和负有安全生产监督管理职责的有关部门报告。

情况紧急时，事故现场有关人员可以直接向事故发生地县级以上人民政府安全生产监督管理部门和负有安全生产监督管理职责的有关部门报告。"

一般情况下，事故现场有关人员向单位负责人报告，符合企业的内部管理流程，也有利于企业应急救援工作的快速启动。在紧急情况下，允许事故现场有关人员直接向安全生产监督部门和负有安全生产监督管理职责的有关部门直接报告。安全生产监督管理部门和负有安全生产监督管理职责的有关部门逐级上报事故情况，每级上报的时间不得超过 2 小时。

事故报告应当及时、准确、完整，任何单位和个人对事故不得迟报、漏报、谎报或者瞒报。

11.4.2.2　事故报告的内容

报告事故应当包括下列内容。

① 事故发生单位概况。单位概况叙述应全面、简洁，包括单位的全称、地理位置、所有制形式和隶属关系、生产经营的范围和规模、单位负责人基本情况和生产经营情况等内容。

② 事故发生的时间、地点以及事故现场情况。事故发生的时间应具体，地点应准确，包括事故发生的中心地点和波及的区域，事故现场的情况要全面，包括事故现场的总体情况、人员伤亡情况和设备损毁情况。还应报告事故发生前的情况，便于对比分析事故发生原因。

③ 事故的简要经过。

④ 事故已经造成或者可能造成的伤亡人数（包括下落不明的人数）和初步估计的直接经济损失。对伤亡人数的报告应实事求是，不作无根据猜测，更不能隐瞒和谎报。直接经济损失指由事故造成的建筑物毁损、生产设备和仪器仪表损坏等。

⑤ 已经采取的措施。指事故现场有关人员、单位负责人以及安全生产管理部门采取的应急救援与现场保护等措施。

⑥ 其他应当报告的情况。

事故报告后出现新情况的，应当及时补报。自事故发生之日起 30 日内，事故造成的伤亡人数发生变化的，应当及时补报。

11.4.2.3　事故发生后采取的措施

（1）组织紧急救援减少损失

《生产安全事故报告和调查处理条例》第十四条规定："事故发生单位负责人接到事故报告后，应当立即启动事故相应应急预案，或者采取有效措施，组织抢救，防止事故扩大，减少人员伤亡和财产损失。"

《生产安全事故报告和调查处理条例》第十五条规定："事故发生地有关地方人民政府、安全生产监督管理部门和负有安全生产监督管理职责的有关部门接到事故报告后，其负责人应当立即赶赴事故现场，组织事故救援。"

（2）妥善保护事故现场

《生产安全事故报告和调查处理条例》第十六条规定："事故发生后，有关单位和人员应当妥善保护事故现场以及相关证据，任何单位和个人不得破坏事故现场、毁灭相关证据。

因抢救人员、防止事故扩大以及疏通交通等原因，需要移动事故现场物件的，应当做出标志，绘制现场简图并做出书面记录，妥善保存现场重要痕迹、物证。"

11.4.3　安全事故的调查与处理

11.4.3.1　安全事故的调查

《安全生产法》第七十三条规定："事故调查处理应当按照实事求是、尊重科学的原则，及时、准确地查清事故原因，查明事故性质和责任，总结事故教训，提出整改措施，并对事故责任者提出处理意见。"

（1）事故调查的权责划分

《生产安全事故报告和调查处理条例》第十九条规定："特别重大事故由国务院或者国务院授权有关部门组织事故调查组进行调查。

重大事故、较大事故、一般事故分别由事故发生地省级人民政府、设区的市级人民政府、县级人民政府负责调查。省级人民政府、设区的市级人民政府、县级人民政府可以直接组织事故调查组进行调查，也可以授权或者委托有关部门组织事故调查组进行调查。

未造成人员伤亡的一般事故，县级人民政府也可以委托事故发生单位组织事故调查组进行调查。"

（2）事故调查组的职责

根据事故的具体情况，事故调查组由有关人民政府、安全生产监督管理部门、负有安全生产监督管理职责的有关部门、监察机关、公安机关以及工会派人组成，并应当邀请人民检察院派人参加。事故调查组可以聘请有关专家参与调查。

根据《生产安全事故报告和调查处理条例》的规定，事故调查组履行下列职责。

① 查明事故发生的经过、原因、人员伤亡情况及直接经济损失；

② 认定事故的性质和事故责任；

③ 提出对事故责任者的处理建议；

④ 总结事故教训，提出防范和整改措施；

⑤ 提交事故调查报告。

事故调查报告应当包括下列内容。

① 事故发生单位概况；

② 事故发生经过和事故救援情况；

③ 事故造成的人员伤亡和直接经济损失；

④ 事故发生的原因和事故性质；

⑤ 事故责任的认定以及对事故责任者的处理建议；

⑥ 事故防范和整改措施。

事故调查报告应当附具有关证据材料。事故调查组成员应当在事故调查报告上签名。

11.4.3.2　事故的处理

（1）事故处理的时限

根据《生产安全事故报告和调查处理条例》规定，重大事故、较大事故、一般事故，负责事故调查的人民政府应当自收到事故调查报告之日起 15 日内作出批复；特别重大事故，30 日内作出批复，特殊情况下，批复时间可以适当延长，但延长的时间最长不超过 30 日。

（2）对事故调查报告批复的落实

有关机关应当按照人民政府的批复，依照法律、行政法规规定的权限和程序，对事故发生单位和有关人员进行行政处罚，对负有事故责任的国家工作人员进行处分。

事故发生单位应当按照负责事故调查的人民政府的批复，对本单位负有事故责任的人员进行处理。负有事故责任的人员涉嫌犯罪的，依法追究刑事责任。

（3）事故发生单位落实防范和整改措施

《生产安全事故报告和调查处理条例》第三十三条规定："事故发生单位应当认真吸取事故教训，落实防范和整改措施，防止事故再次发生。防范和整改措施的落实情况应当接受工会和职工的监督。安全生产监督管理部门和负有安全生产监督管理职责的有关部门应当对事故发生单位落实防范和整改措施的情况进行监督检查。"

（4）事故处理结果公布

《生产安全事故报告和调查处理条例》第三十四条规定："事故处理的情况由负责事故调查的人民政府或者其授权的有关部门、机构向社会公布，依法应当保密的除外。"

11.5　建设工程安全管理法规案例

案例1　安全生产责任案例

案情介绍

某高层建筑，总建筑面积约15万平方米，地下2层，地上22层。业主与施工单位签订了施工总承包合同，并委托监理单位进行监理。开工前，施工单位进行了三级安全教育。在地下桩基施工中，由于是深基坑工程，项目经理部按照设计文件和施工技术标准编制了基坑支护及降水工程专项施工组织方案，经项目经理签字后组织施工。同时，项目经理安排负责质量检查的人员兼任安全工作。当土方开挖至坑底设计标高时，监理工程师发现基坑四周地表出现大量裂纹，坑边部分土石有滑落现象，即向现场作业人员发出口头通知，要求停止施工，撤离相关作业人员。但施工作业人员担心拖延施工进度，对监理通知不予理睬，继续施工。随后，基坑发生大面积坍塌，基坑下6名作业人员被埋，造成3人死亡，2人重伤，1人轻伤。事故发生后，经查施工单位未办理意外伤害保险。

问题：本案例中，施工单位存在哪些违法行为？

案例评析

本案例中，施工单位存在如下违法行为。

① 专项施工方案审批程序错误。《建设工程安全生产管理条例》第二十六条规定："施工单位应当在施工组织设计中编制安全技术措施和施工现场临时用电方案，对下列达到一定规模的危险性较大的分部分项工程编制专项施工方案，并附具安全验算结果，经施工单位技术负责人、总监理工程师签字后实施。"本案例中的基坑支护和降水工程专项施工方案仅由项目经理签字后即组织施工，是违法的。

② 安全生产管理　环节严重缺失。《建设工程安全生产管理条例》第二十三条规定："施工单位应当设立安全生产管理机构，配备专职安全生产管理人员。"第二十六条也规定，对分部分项工程专项施工方案的实施，"由专职安全生产管理人员进行现场监督"。本案例中，项目经理安排质量检查人员兼任安全管理人员，违反了上述规定。

③ 施工作业人员安全生产自我保护意识不强。《建设工程安全生产管理条例》第三十二条规定："施工单位应当向作业人员提供安全防护用具和安全防护服装，并书面告知危险岗位的操作规程和违章操作的危害。作业人员有权对施工现场的作业条件、作业程序和作业方式中存在的安全问题提出批评、检举和控告，有权拒绝违章指挥和强令冒险作业。在施工中发生危及人身安全的紧急情况时，作业人员有权立即停止作业或者在采取必要的应急措施后撤离危险区域。"本案例中，施工作业迫于施工进度压力冒险作业，也是造成安全事故的重要原因。

④ 施工单位未办理意外伤害保险。《建筑法》第四十八条规定："建筑施工企业必须为从事危险作业的职工办理意外伤害保险，支付保险费。"《建设工程安全生产管理条例》第三十八条也作了相应规定。意外伤害保险属于强制性保险，必须依法办理。

案例 2　安全防护案例[❶]

案情介绍

2009 年 8 月，某建筑公司按合同约定对其施工并已完工的路面进行维修，路面经铲挖后形成凹凸和小沟，路边堆有砂石料，但在施工路面和路两头均未设置任何提示过往行人及车辆注意安全的警示标志。2009 年 8 月 16 日，张某骑摩托车经过此路段时，因不明路况，摩托车碰到路面上的施工材料而翻倒，造成十级伤残。张某受伤后多次要求该建筑公司赔偿，但建筑公司认为张某受伤与己方无关。张某将建筑公司起诉至人民法院。

思考问题：

① 本案例中的建筑公司是否存在违法施工行为？

② 该建筑公司是否应承担赔偿的民事法律责任？

案例评析

① 《建设工程安全生产管理条例》第二十八条第一款规定："施工单位应当在施工现场入口处、施工起重机械、临时用电设施、脚手架、出入通道口、楼梯口、电梯井口、孔洞口、桥梁口、隧道口、基坑边沿、爆破物及有害危险气体和液体存放处等危险部位，设置明显的安全警示标志。安全警示标志必须符合国家标准。"本案例中，某建筑公司在施工时未设置任何提示过往行人及车辆注意安全的警示标志，违反了上述规定。

② 经法院审理，某建筑公司在进行路面维修时，致使路面凹凸不平，并未设置明显警示标志和采取安全措施，造成原告伤残。按照《民法通则》第一百二十五条规定："在公共场所、道旁或者通道上挖坑、修缮、安装地下设施等，没有设置明显标志和采取安全措施造成他人损害的，施工人应当承担民事责任。"判决建筑公司作为施工方应当承担民事赔偿责任。

复习思考题

一、单项选择题

1. 某建筑企业在安全生产许可证有效期内，未发生死亡事故的，则安全生产许可证届满时（　　）。

A. 必须再次审查，审查合格延期 3 年

B. 按照初始条件重新申请办理

C. 不再审查，有效期直至发生死亡事故时终止

D. 经原安全生产许可证颁发管理机关同意，不再审查，有效期延期 3 年

2. 某建筑施工企业，一年内发生两起安全生产事故，则企业（　　）应对企业安全生产全面负责。

A. 法定代表人　　　　B. 法律顾问　　　　C. 项目负责人　　　　D. 主要负责人

3. 在建设工程施工活动中，施工单位最基本的管理制度以及施工单位安全生产的核心和中心环节是（　　）。

A. 安全生产教育培训制度　　　　　　　　B. 安全生产责任制

C. 安全责任追究制　　　　　　　　　　　D. 群防群治制度

4. 在建设工程施工前，应由（　　）将工程概况、施工方法、安全技术措施等向作业班组、作业人员进行交底。

A. 项目负责人　　　　　　　　　　　　　B. 安全生产管理机构

❶ 案例来源：全国一级建造师执业资格考试用书编写委员会编写. 建设工程法规及相关知识. 北京：中国建筑工业出版社，2011 年，第 225~226，234 页。

C. 安全生产管理员　　　　　　　　　　　D. 负责项目管理的技术人员

5. 某建筑工程深基坑施工过程中，基坑支护专项方案由土方分包单位组织编制完成，则该专项方案应由（　　）来组织专家论证。

A. 建设单位　　　　　B. 总承包单位　　　　　C. 土方分包单位　　　　　D. 监理单位

6. 某建设工程项目，其中消防工程经建设单位同意后总承包单位将其分包给某分包单位，则该分包作业人员的意外伤害保险费应由（　　）支付。

A. 总承包单位　　　　　　　　　　　　　B. 分包单位

C. 建设单位　　　　　　　　　　　　　　D. 总承包单位和分包单位共同

7. 某高层建筑在地下桩基施工过程中，基坑发生坍塌，造成 10 人死亡，直接经济损失 300 余万元，本次事故属于（　　）。

A. 重大事故　　　　　　B. 特别重大事故　　　　　C. 较大事故　　　　　D. 一般事故

8. 某工地发生火灾事故，总承包单位及时报告后发现伤亡人数又有增加，则（　　）。

A. 应自事故发生之日起 15 日内补报　　　　B. 应自事故发生之日起 30 日内补报

C. 应自事故发生之日起 14 日内补报　　　　D. 应自事故发生之日起 7 日内补报

二、简答题

1. 什么是建设工程安全生产管理？

2. 安全教育培训制度包含哪些内容？

3. 建设单位的安全责任有哪些？

4. 总承包单位与分包单位的安全责任是如何划分的？

5. 事故调查报告应包含哪些内容？

第 12 章 建设法律责任

工程建设活动涉及人民的生命和财产安全，涉及环境保护、土地利用、城市规划等诸多公共利益。如果不能确定一套规则，或者有法不依、执法不严，那么工程建设不但不能造福人民，反而将危害自己，危害他人，给社会和公众生活造成不良影响。从事建筑活动应该遵守法律，不得损害社会公众利益和他人的合法权益。长期以来，由于法制不健全，违反建筑法律的事情时有发生，造成极大损失。为此，我国的建设法规对建设法律责任作出了明确规定，规范了各方行为。

12.1 建设法律责任概述

12.1.1 法律责任的概念

12.1.1.1 法律责任的概念

法律责任也称违法责任，是指自然人、法人或国家公职人员因违反法律而应依照法律承担的法律后果。

12.1.1.2 法律责任的特征

① 法律责任具有法定性，制裁强制性；

② 引起法律责任的原因是法律关系的主体违反了法律；

③ 法律责任的大小同违反法律义务的程度相适应；

④ 法律责任须由专门的国家机关和部门来认定。

12.1.2 法律责任的构成要件

只有符合一定条件的违法行为才能引起法律责任。法律责任的构成要件有两种：一类是一般构成要件，即只要具备了这些条件就可以引起法律责任，法律无需明确规定这些条件；另一类是特殊要件，即只有具备法律规定的要件时，才能构成法律责任。特殊要件必须有法律的明确规定。

12.1.2.1 一般构成要件

法律责任的一般构成要件由以下四个条件构成，它们之间互为联系、互为作用，缺一不可。

① 有损害事实发生；

② 存在违法行为；

③ 违法行为与损害事实之间有因果关系；

④ 违法者主观上有过错。

12.1.2.2 特殊构成要件

（1）特殊主体

它是指法律规定违法者必须具备一定的身份和职务时才能承担法律责任。主要指刑事责任中的职务犯罪，以及行政责任中的职务违法。

（2）特殊结果

特殊结果中则要求后果严重、损失重大，否则不能构成法律责任。

（3）无过错责任

一般构成要件都要求违法者主观上必须有过错，但许多民事责任的构成要件则不要求行为者主观上是否有过错，只要有损害事实的发生，那么，受益人就要承担一定的法律责任。这种责任。主要反映了法律责任的补偿性，而不具有法律制裁意义。

（4）转承责任

一般构成要件都是要求实施违法行为者承担法律责任，但在民法和行政法中，有些法律责任则要求与违法者有一定关系的第三人来承担。如未成年人将他人打伤的侵权赔偿责任，应由未成年人的监护人来承担。

12.1.3 法律责任的种类

分为民事责任、行政责任、经济责任、刑事责任和违宪责任。

12.1.3.1 民事责任

民事责任是指按照民法规定，民事主体违反民事义务时所应承担的法律责任。民事责任可分为违约责任和侵权责任。违约责任是指行为人不履行合同义务而承担的责任。侵权责任是指行为人侵犯国家、集体和公民的财产权利以及侵犯法人名称权和自然人的人身权时所应承担的责任。

承担民事责任的方式有：停止侵害、排除妨碍、消除危险、返还财产、恢复原状、修理、更换、重作、赔偿损失、支付违约金、消除影响、恢复名誉、赔礼道歉等。

12.1.3.2 行政责任

行政责任是指因违反法律和法规而必须承担的法律责任。它包括两种情况：一种是公民和法人因违反行政管理法律、法规的行为而应承担的行政责任；另一种—是国家工作人员因违反政纪或在执行职务时违反行政法规的行为。承担方式分为两类：一类是行政处罚。另一类是行政处分。

12.1.3.3 经济责任

经济责任是指经济法律关系主体因违反经济法律和法规而应承担的法律责任。承担方式主要是行政责任和民事责任。

12.1.3.4 刑事责任

刑事责任是指犯罪主体因违反刑法的规定，实施了犯罪行为时所应承担的法律责任。刑事责任是法律责任中最强烈的一种，其承担方式是刑事处罚。刑事处罚有两种；一种是主刑，包括管制、拘役、有期徒刑、无期徒刑和死刑。另一种是附加刑，包括罚金、没收财产和剥夺政治权利。

12.2 建设工程常见法律责任

12.2.1 工程建设民事责任

12.2.1.1 民事责任概念

民事责任是指按照民法规定，民事主体违反民事义务时所应承担的法律责任。

12.2.1.2 民事责任分类

① 违约责任是指行为人不履行合同义务而承担的责任。

② 侵权责任是指行为人侵犯国家，集体和公民的财产权利以及侵犯法人名称权和自然

人的人身权时所应承担的责任。

12.2.1.3　承担民事责任的方式

①停止侵害；②排除妨碍；③消除危险；④退还财产；⑤恢复原状；⑥赔偿损失："赔偿，就是以金钱方式对受害人遭受的损失进行弥补。一般而言包括对财产损失的赔偿，对人身损害的赔偿以及精神损害的赔偿。"⑦恢复名誉，消除影响；⑧赔礼道歉。

12.2.1.4　违反建筑市场管理法律、法规责任认定与处理

（1）连带责任

建筑施工企业转让，出借资质证书或者以其他方式允许他人以本企业的名义承揽工程的，对承揽工程不符合规定的质量标准造成的损失、建筑施工企业与使用本企业名义的单位或者个人承担连带赔偿责任。

（2）损害赔偿责任

涉及主体或承重结构变动的装修工程擅自施工的，给他人造成损失的，应当承担补偿损失的责任。

（3）因相邻关系引起的民事责任

① 施工现场对毗邻建筑物、构筑物和特殊环境可能造成损害的，建筑施工企业应当采取安全防护措施。否则，对方有权要求排除危险，由此造成损失的，建筑施工单位应当赔偿。

② 建筑施工企业应当保护施工现场的地下管线。否则有关方面有权要求停止侵害；造成损失的，建筑施工单位应当赔偿。

③ 施工现场噪声，振动等妨碍周围邻人生产、生活的，他人有权要求建筑施工单位采取控制措施。对由此造成损害的，建筑施工单位应当赔偿。

（4）职务侵权责任

负责颁发建筑工程施工许可证的部门及其工作人员，对不符合施工条件的建筑工程颁发许可证的，负责工程质量监督检查或竣工验收部门及其工作人员，对不合格的建筑工程出具合格文件或按合格工程验收的。如造成损失，由该部门承担相应的赔偿责任。

（5）违反建设工程质量管理法律、法规责任认定与处理

①连带责任；②损害赔偿责任；③质量责任。

12.2.2　工程建设行政责任

12.2.2.1　行政责任概念

行政责任是指因违反法律和法规而必须承担的法律责任。

12.2.2.2　行政责任分类

①公民和法人的行政责任；②国家工作人员违反行政法规的行为。

12.2.2.3　行政责任的承担方式

①行政处罚；②行政处分。

12.2.2.4　违反建筑市场管理法律、法规责任认定与处理

① 建设单位未取得施工许可证或者开工报告未经批准擅自施工的，责令停止施工，限期改正，处工程合同价款 1%以上 2%以下罚款。

② 建设单位将工程发包给不具有相应资质条件的承包单位的，或者将建筑工程肢解分包的，责令改正，处以 50 万以上 100 万以下的罚款。

③ 勘察、设计、施工、监理单位超越本单位资质等级承揽工程的，责令停止违法行为，

对勘察、设计、施工、监理单位处以合同约定的勘察费、设计费或者监理酬金1倍以上2倍以下的罚款。对施工单位处以工程合同价款2%以上4%以下的罚款，可以责令停业，降低资质等级；情节严重的，吊销资质证书；有违法所得的，予以没收。未取得资质证书承揽工程的，予以取缔，处以罚款；以欺骗手段取得资质证书承揽工程的，吊销资质证书，处以罚款。

④ 勘察，设计、施工、监理单位允许其他单位或个人以本单位名义承揽工程的，责令改正，没收违法所得，对勘察，设计单位和工程监理单位处以合同约定勘察费、设计费和监理酬金1倍以上2倍以下的罚款；对施工单位处工程合同价款2%以上4%以下的罚款；可以责令停业整顿，降低资质等级；情节严重的，吊销资质证书。

⑤ 承包单位将承包的工程转包的，或者违反法律规定进行分包的，责令改正，没收违法所得，并处罚款，对勘察设计单位，处以合同约定的勘察费、设计费25%以上50%以下的罚款；对施工单位处工程合同价款0.5%以上1%以下的罚款；可以责令停业整顿，降低资质等级；情节严重的，吊销资质证书。

⑥ 在工程发包与承包中索贿、受贿、行贿构成犯罪的，分别处以罚款，没收贿赂的财物，对直接负责的主管人员和其他直接责任人员给予处分。对行贿的单位除依照上述的规定处罚外，可以责令停业整顿，降低资质等级或者吊销资质证书。

⑦ 违反法律规定，涉及建筑主体或者承重结构变动的装修工程擅自施工的，责令改正，处以罚款。

12.2.2.5 违反建设工程质量管理法律、法规责任认定与处理

① 勘察单位未按照工程建设强制性标准进行勘察的；设计单位未根据勘察成果文件进行工程设计的；设计单位指定建筑材料、建筑构配件的生产厂、供应商的；设计单位未按照工程建设强制性标准进行设计的，责令其改正，并处10万元以上30万元以下罚款，造成工程质量事故的，责令停止整顿，降低资质等级；情节严重的，吊销资质证书。

② 工程监理单位与建设单位或者建筑施工企业串通，弄虚作假、降低工程质量的；或者将不合格的建设工程、建筑材料、建筑构配件和设备按照合格签字的，责令改正，处50万以上100万以下的罚款，降低资质等级或者吊销资质证书；有违法所得的，予以没收。工程监理单位转让监理业务的，责令改正，没收违法所得，可以责令停业整顿，降低资质等级；情节严重的，吊销资质证书。工程监理单位与监理工程的施工承包单位以及建筑材料、建筑构配件和设备供应单位有隶属关系或者其他利害关系而承担该项建设工程的监理业务的，责令改正，处5万元以上10万元以下的罚款，降低资质等级或者吊销资质证书；有违法所得的，予以没收。

③ 建设单位违反规定，要求建筑设计单位或者建筑施工企业违反建筑工程质量、安全标准，降低工程质量的，责令改正，可以处20万以上50万以下的罚款。

④ 施工单位在施工中偷工减料的，使用不合格的建筑材料、建筑构配件和设备的，或者有其他不按照工程设计图纸或者施工技术标准施工的行为的，责令改正。处以合同价款2%以上4%以下的罚款；情节严重的，责令停业整顿，降低资质等级或者吊销资质证书。施工单位未对建筑材料、建筑构配件、设备和商品混凝土进行检验，或者未对设计结构安全的试块、试件以及有关材料取样监测的，责令改正，处10万元以上20万元以下的罚款，情节严重的，则令停业整顿，降低资质等级或者吊销资质证书。

⑤ 建筑施工企业违反规定，不履行保修义务或者拖延履行保修义务的，责令改正，可以处以10万以上20万以下的罚款。

⑥ 设计建筑主体或承重结构变动的装修工程，没有设计方案擅自施工的，责令改正，

处 50 万元以上 100 万元以下的罚款，房屋建筑使用者在装修过程中擅自变动房屋建筑主体和承重结构的，责令改正，处 5 万元以上 10 万元以下的罚款。

⑦ 发生重大质量事故隐瞒不报、谎报或者拖延报告期限的，对直接负责的主管人员和其他责任人员依法给予行政处分。

⑧ 注册建筑师、注册结构工程师、监理工程师等注册执业人员因过错造成质量事故的，责令停止执业 1 年；造成重大质量事故的，吊销执业资格证书，5 年以内不予注册，情节特别恶劣的，终身不予注册。

⑨ 建设、勘察、设计、施工、工程监理单位的工作人员因调动工作、退休等原因离开该单位后，被发现在该单位工作期间违反国家有关建设工程质量管理规定，造成重大工程质量事故的，仍应当依法追究法律责任。

12.2.3　工程建设刑事责任

12.2.3.1　刑事责任概念

刑事责任是指犯罪主体因违反刑法的规定，实施了犯罪行为时所应承担的法律责任。

12.2.3.2　刑事责任的承担方式

刑事处罚：刑事处罚是违反刑法，应当受到的刑法制裁。根据我国刑法的规定，刑事处罚包括主刑和附加刑两部分。主刑有：管制、拘役、有期徒刑、无期徒刑和死刑。附加刑有：罚金、剥夺政治权利和没收财产；此外还有适用于犯罪的外国人的驱逐出境。

免予刑事处罚：因某些原因犯下罪行，需要刑事处罚，但因为自首或其他情节，导致不用接受刑事处罚。

给行政处分：行政处分是指国家机关、企事业单位对所属的国家工作人员违法失职行为尚不构成犯罪，依据法律、法规所规定的权限而给予的一种惩戒。行政处分种类有：警告、记过、记大过、降级、撤职、开除（六种）。

12.2.3.3　工程建设活动中常见的刑事犯罪

① 重大责任事故罪；

② 重大劳动安全事故罪；

③ 工程重大安全事故罪；

④ 公司、企业人员受贿罪；

⑤ 向公司、企业人员行贿罪；

⑥ 贪污罪；

⑦ 介绍贿赂罪；

⑧ 单位行贿罪；

⑨ 签订、履行合同失职罪；

⑩ 非法低价出让国有土地使用权罪；

⑪ 强迫职工劳动罪；

⑫ 挪用公款罪；

⑬ 重大环境污染事故罪。

12.3　建设行政处罚程序

12.3.1　行政处罚的实施主体

行政处罚的实施主体是指享有行政处罚权，进行行政处罚行为的组织。行政处罚权作为一项重要的行政管理职权，必须对其实施主体作出严格的规定。根据《中华人民共和国行政处罚法》，行政处罚的实施主体包括以下几类。

12.3.1.1 行政机关

行政机关是行政处罚实施主体中最重要的一类，行政处罚权作为行政管理的重要手段，应当由行政机关行使，但并不是任何行政机关都可以行使处罚权，只有法律、法规和规章明确授权，即依法取得行政处罚权的行政机关才能行使。

综合执法就是将原来由几个行政机关分别行使管理权力的管理领域统一由一个行政机关合并进行管理，其目的是为了便于精简机构、提高效率、减少职权纠纷。在决定合并的处罚事项上，只要经过国务院或者经国务院授权的省、自治区、直辖市人民政府决定，有关行政机关就取得了独立的行政处罚主体的地位，它可以以自己的名义实施处罚，并独立承担法律后果。

12.3.1.2 法律、法规授权的组织

除行政机关拥有行政处罚权外，经法律、法规授权的组织也可以行使行政处罚权。但是，这些组织要成为实施行政处罚的主体，必须具备一定条件，即必须有法律、法规的明确授权，该组织必须是具有管理公共事务职能的组织。

12.3.1.3 受行政机关委托的组织

基于公共管理的需要，行政机关还可以依法将自己拥有的行政处罚权委托给非行政机关组织行使。但受行政机关委托的组织必须具备法定的条件：①该组织应属依法成立的管理公共事务的事业组织；②具有熟悉有关法律、法规、规章和业务的工作人员；③对违法行为需要进行技术检查或者技术鉴定的。

与法律、法规授权的组织不同，受行政机关委托的组织不具有行政主体的地位。其在委托的范围内，不能以自己的名义，而是以委托行政机关名义实施行政处罚，而且不得再委托其他任何组织或者个人实施行政处罚；其实施行政处罚的行为受到委托机关的监督，并由该机关对其行为的后果承担法律责任。

12.3.2 行政处罚的管辖和适用

12.3.2.1 行政处罚的管辖

行政处罚由违法行为发生地的县级以上地方人民政府具有行政处罚权的行政机关管辖。法律、行政法规另有规定的除外。明确了有关行政处罚的地域管辖、级别管辖等问题。

（1）地域管辖

在地域管辖上，以由违法行为发生地的行政机关管辖为一般原则，即违法行为发生在何处，就由当地有行政处罚权的行政机关管辖。

（2）级别管辖

在级别管辖上，由县级以上地方人民政府具有行政处罚权的行政机关管辖，县以下的行政机关无权实施行政处罚。

（3）指定管辖

共同管辖是指两个或两个以上行政机关对同一违法行为均享有行政处罚权。共同管辖的处理规则一般是由行政机关相互协商或按惯例等方式解决；但当异议无法消除，行政机关就管辖权发生争议时，应当报请它们共同的上一级政府机关来确定管辖。

12.3.2.2 行政处罚的适用

行政处罚的适用，是行政处罚实施主体对违法案件具体运用行政处罚法规范实施处罚的

活动。

（1）应受处罚的构成要件

① 必须已经实施了违法行为，违法事实已经客观存在；

② 违法行为属于违反行政法律规范的行为；

③ 具有责任能力的行政管理相对人；

④ 依法应当受到处罚。

（2）不予处罚的规定

① 不满 14 周岁的人有违法行为的；

② 精神病人；

③ 违法行为轻微并及时纠正，没有造成危害后果的，不予行政处罚。

（3）从轻或减轻处罚

① 主动消除或者减轻违法行为危害后果的；

② 受他人胁迫有违法行为的；

③ 配合行政机关查处违法行为有立功表现的；

④ 其他依法从轻或者减轻行政处罚的。

（4）行政处罚的追诉时效

所谓行政处罚的追诉时效，是指对违法行为人追究责任，给予行政处罚的有效期限。如果超出这个期限，就不再实施行政处罚。

12.3.3 行政处罚决定

建设行政处罚程序应遵守如下规定。

12.3.3.1 一般程序

（1）立案

执法机关依据职权，或者依据当事人的申诉、控告等途径发现违法行为。

执法机关对于发现的违法行为，认为应当给予行政处罚的，应当立案，但适用简易程序的除外。立案应当填写立案审批表，附上相关材料，报主管领导批准。

（2）调查取证

立案后，执法人员应当及时进行调查，搜集证据；必要时可依法进行检查。法人员调查案件，不得少于两人，并应当出示执法身份证件。执法人员对案件进行调查，应当收集以下证据：书证、物证、证人证言、视听资料、当事人陈述、鉴定结论、勘验笔录和现场笔录。只有查证属实的证据，才能作为处罚的依据。

（3）案件核审

案件核审的主要内容如下。

① 对案件是否有管辖权；

② 当事人的基本情况是否清楚；

③ 案件事实是否清楚，证据是否充分；

④ 定性是否准确；

⑤ 适用法律、法规、规章是否正确；

⑥ 处罚是否适当；

⑦ 程序是否合法。

执法机关的法制工作机构对案件核审后，应提出以下书面意见。

① 对事实清楚、证据充分、定性准确、程序合法、处理适当的案件，同意执法人员意见。

② 对定性不准、适用法律不当、处罚不当的案件，建议执法人员修改。

③ 对事实不清、证据不足的案件，建议执法人员补正。

④ 对程序不合法的案件，建议执法人员纠正。

⑤ 对超出管辖权的案件，按有关规定移送。

（4）做出处罚决定

行政处罚决定书的内容包括如下。

① 当事人的名称或者姓名、地址；

② 违法的事实和证据；

③ 行政处罚的种类和依据；

④ 行政处罚的履行方式和期限；

⑤ 不服行政处罚决定，申请行政复议或者提起行政诉讼的途径和期限；

⑥ 作出处罚决定的机关和日期。

12.3.3.2 听证程序

听证规则必须遵守如下规定。

① 执法机关在作出吊销资质证书、执业资格证书、责令停业整顿（包括属于停业整顿性质的、责令在规定的时限内不得承接新的业务）、责令停止执业业务、没收违法建筑物、构筑物和其他设施以及处以较大数额罚款等行政处罚决定之前，应当告知当事人有要求举行听证的权利。较大数额罚款的幅度，由省、自治区、直辖市人民政府确定。

省、自治区、直辖市人大常委会或者人民政府对听证范围有特殊规定的，从其规定。

② 当事人要求听证的，应当自接到听证通知之日起三日内以书面或者口头方式向执法机关提出。执法机关应当组织听证。

自听证通知送达之日起三日内，当事人不要求举行听证的，视为放弃要求举行听证的权利。

③ 执法机关应当在听证的七日前，通知当事人举行听证的日期、地点；听证一般由执法机关的法制工作机构人员或者执法机关指定的非本案调查人员主持。

听证规则可以由省、自治区、直辖市建设行政主管部门依据《行政处罚法》的规定制定。

12.3.3.3 简易程序

① 违法事实清楚、证据确凿，对公民处以五十元以下、对法人或者其他组织处以一千元以下罚款或者警告的行政处罚，可以当场作出处罚决定。

② 当场作出处罚决定，执法人员应当向当事人出示执法证件，填写处罚决定书并交付当事人。

③ 当场作出的行政处罚决定书应当载明当事人的违法行为、处罚依据、罚款数额、时间、地点、执法机关名称，并由执法人员签名或者盖章。

12.3.3.4 送达

① 执法机关送达行政处罚决定书或者有关文书，应当直接送受送达人。送达必须有送达回执。受送达人应当在送达回执上签名或者盖章，并注明签收日期。签收日期为送达日期。

受送达人拒绝接受行政处罚决定书或者有关文书的，送达人应当邀请有关基层组织的代表或者其他人到场见证，在送达回执上注明拒收事由和日期，由送达人、见证人签名或者盖章，把行政处罚决定书或者有关文书留在受送达人处，即视为送达。

② 不能直接送达或者直接送达有困难的，按下列规定送达。

a. 受送达人不在的，交其同住的成年家属签收；

b. 受送达人已向执法机关指定代收人的，由代收人签收；

c. 邮寄送达的，以挂号回执上注明的收件日期为送达日期；

d. 受送达人下落不明的，以公告送达，自公告发布之日起三个月即视为送达。

③ 行政处罚决定一经作出即发生法律效力，当事人应当自觉履行。当事人不履行处罚决定，执法机关可以依法强制执行或者申请人民法院强制执行。

④ 当事人不服执法机关作出的行政处罚决定，可以依法向同级人民政府或上一级建设行政主管部门申请行政复议；也可以依法直接向人民法院提起行政诉讼。

行政复议和行政诉讼期间，行政处罚决定不停止执行，但法律、行政法规另有规定的除外。

12.3.4　行政处罚的执行

行政处罚执行程序，是指确保行政处罚决定所确定的内容得以实现的程序。

关于处罚执行程序的规定，有以下三项重要内容。

（1）作出罚款决定的行政机关应当与收缴罚款的机构分离

（2）严格实行收支两条线

（3）行政处罚的强制执行

① 到期不缴纳罚款的，每日按罚款数额的 3% 加处罚款；

② 根据法律规定，将查封、扣押的财物拍卖或者将冻结的存款划拨抵缴罚款；

③ 申请人民法院强制执行。

行政机关应当建立健全对行政处罚的监督制度。县级以上人民政府应当加强对行政处罚的监督检查。

12.4　建设工程法律责任案例

案例　工程质量事故处理案例

子洲县子洲中学教学楼工程由榆林市榆阳区规划设计院设计（项目负责人宋加林），延安市建筑工程总公司施工（项目经理杜方平），2000 年 4 月 4 日正式投入使用。6 月 5 日，校方发现部分大梁及五层多功能厅、阶梯挑梁出现不同程度的裂缝，最宽处达 1.5 毫米左右。经省质安监督总站组织省设计院、省检测中心专家对事故进行全面分析鉴定，并经建设部建筑管理司质量技术处、勘察设计司技术质量处负责同志现场察看，一致认为，造成质量事故的主要原因是：施工图设计文件未严格按该地区 6 度抗震设防的规定进行设计，结构体系不合理，整体性差，构造措施不符合要求；施工单位施工的混凝土梁不能满足设计砼强度等级的要求，梁的质量不均匀，离差太大。

根据《中华人民共和国建筑法》、国务院《建设工程质量管理条例》以及省建筑市场、建设工程质量管理的有关规定，对子洲中学教学楼质量事故有关责任单位和责任人处理如下。

① 对事故主要责任方榆林市榆阳区规划设计院责令停业整顿，整顿经榆林市建设局验

收合格后，方可承接新的设计任务。收回该项目设计负责人宋加林二级注册建筑师资格证书，五年内不得承担设计任务；

②　对事故次要责任方延安市建筑工程总公司黄牌警告，收回项目经理杜方平三级项目经理资格证书，一年内不得担任施工项目经理；

③　未认真履行建设单位职责、向延安市建筑工程总公司介绍不符合条件的联营单位，并对事故负有一定责任的子洲中学，由子洲县委、县政府调查处理；

④　对既无施工企业资质、又无企业法人营业执照的子洲县东关建筑队，由子洲县政府依法处理；

⑤　对在质量监督过程中把关不严的子洲县质监站予以通报批评；

⑥　事故造成的经济损失，待加固结束后由榆林市建设局根据各方责任大小另行处理。

复习思考题

1. 工程建设民事责任承担的方式有哪些？
2. 法律责任分为哪几类？
3. 行政管辖的分类有哪些？
4. 行政处罚的实施主体有哪些？
5. 行政处罚的追诉时效含义？

第 13 章　劳动法法律制度

劳动法法律制度的贯彻实施，不仅有利于更加切实有效地保护劳动者的合法权益，同时也有利于增强企业凝聚力，有利于促进企业长远发展，对于实现劳动关系双方利益的平衡、促进劳动关系规范有序发展、构建和谐稳定的劳动关系，进而促进社会和谐都具有十分重要的意义。

13.1　劳动法概述

13.1.1　劳动法的概念

劳动法是调整劳动关系以及与劳动关系密切联系的其他社会关系的法律规范的总和。劳动法是以劳动者权益保护为宗旨，融实体法与程序法为一体的独立的法律部门。

我国劳动法的渊源有：《中华人民共和国劳动合同法》（以下简称《劳动合同法》）（由中华人民共和国第十届全国人民代表大会常务委员会第二十八次会议于 2007 年 6 月 29 日通过，自 2008 年 1 月 1 日起施行），《中华人民共和国劳动法》（以下简称《劳动法》）（1994年 7 月 5 日第八届全国人民代表大会常务委员会第八次会议通过，于 1995 年 1 月 1 日起正式生效），宪法中有关劳动领域事务的规定，全国人民代表大会及其常务委员会制定的劳动法律，国务院制定的劳动行政法规，国务院所属各部委制定的劳动规章，地方性劳动法规和劳动规章，我国批准的国际劳工公约，其他规范性或准规范性文件（如中华全国总工会制定的《工会参与劳动争议处理试行办法》）。

13.1.2　劳动法的调整对象

劳动法调整的对象是劳动关系，但并非所有的劳动关系均由劳动法调整。劳动法调整的劳动关系是狭义的，即是劳动者与用人单位之间在实现劳动过程中发生的社会关系。主要包括如下内容。

① 管理劳动者方面的社会关系；

② 工会组织方面的社会关系；

③ 社会保险方面的社会关系；

④ 处理劳动争议方面的社会关系；

⑤ 监督劳动法执行方面的社会关系。

13.1.3　劳动法的适用范围

① 在中国境内的企业、个体经济组织、民办非企业单位等组织（以下称用人单位）与劳动者之间，只要形成劳动关系，即劳动者事实上已成为企业、个体经济组织、民办非企业单位等组织的成员，并为其提供有偿劳动，适用劳动法。

② 国家机关、事业组织、社会团体和与其建立劳动关系的劳动者，适用劳动法。

③ 事业单位与实行聘用制的工作人员订立、履行、变更、解除或者终止劳动合同，法律、行政法规或者国务院另有规定的，依照其规定；未作规定的，依照劳动法有关规定执行。

13.2　劳动合同

13.2.1　劳动合同的概述

13.2.1.1　劳动合同的概念

劳动合同是劳动者和用人单位之间依法确立劳动关系，明确双方权利和义务的书面协议。其特点如下。

① 主体特定；

② 劳动合同具有从属性；

③ 有较强的法定性，强行性规范较多。

13.2.1.2　劳动合同的种类

（1）有固定期限的劳动合同

固定期限劳动合同，是指用人单位与劳动者约定合同终止时间的劳动合同。用人单位与劳动者协商一致，可以订立固定期限劳动合同。

（2）无固定期限的劳动合同

无固定期限劳动合同，是指用人单位与劳动者约定无确定终止时间的劳动合同。用人单位与劳动者协商一致，可以订立无固定期限劳动合同。有下列情形之一，劳动者提出或者同意续订、订立劳动合同的，除劳动者提出订立固定期限劳动合同外，应当订立无固定期限劳动合同。

① 劳动者在该用人单位连续工作满十年的；

② 用人单位初次实行劳动合同制度或者国有企业改制重新订立劳动合同时，劳动者在该用人单位连续工作满十年且距法定退休年龄不足十年的；

③ 连续订立二次固定期限劳动合同，且劳动者没有本法第三十九条和第四十条第一项、第二项规定的情形，续订劳动合同的。

用人单位自用工之日起满一年不与劳动者订立书面劳动合同的，视为用人单位与劳动者已订立无固定期限劳动合同。

（3）以完成一定工作为期限的劳动合同

以完成一定工作任务为期限的劳动合同，是指用人单位与劳动者约定以某项工作的完成为合同期限的劳动合同。用人单位与劳动者协商一致，可以订立以完成一定工作任务为期限的劳动合同。

13.2.1.3　劳动合同的特征

① 劳动合同主体具有特定性，一方是劳动者，另一方是用人单位；

② 劳动合同内容具有权利义务的统一性和对应性，一方的权利是另一的义务，反之亦然；

③ 劳动合同的客体具有单一性，即劳动行为；

④ 劳动合同具有较强的法定性；

⑤ 劳动合同往往涉及第三人的物质利益关系。

13.2.2　劳动合同的内容

劳动合同的内容具体表现为劳动合同的条款，一般分为必备条款和可备条款。

必备条款是法律规定的生效劳动合同必须具备的条款。根据《劳动合同法》的规定，劳动合同应当具备以下条款。

　① 用人单位的名称、住所和法定代表人或者主要负责人；

　② 劳动者的姓名、住址和居民身份证或者其他有效身份证件号码；

　③ 劳动合同期限；

　④ 工作内容和工作地点；

　⑤ 工作时间和休息休假；

　⑥ 劳动报酬；

　⑦ 社会保险；

　⑧ 劳动保护、劳动条件和职业危害防护；

　⑨ 法律、法规规定应当纳入劳动合同的其他事项。

劳动合同除前款规定的必备条款外，用人单位与劳动者可以约定试用期、培训、保守秘密、补充保险和福利待遇等其他可备条款。

13.2.3　劳动合同的效力

双方当事人意思表示一致，签订劳动合同之日，劳动合同就产生法律效力。双方当事人约定须鉴证或公证方可生效的劳动合同，其生效的时间始于鉴证或公证之日。

下列劳动合同无效或者部分无效。

　① 以欺诈、胁迫的手段或者乘人之危，使对方在违背真实意思的情况下订立或者变更劳动合同的；

　② 用人单位免除自己的法定责任、排除劳动者权利的；

　③ 违反法律、行政法规强制性规定的。

对劳动合同的无效或者部分无效有争议的，由劳动争议仲裁机构或者人民法院确认。

值得注意的是，劳动法里面的欺诈、胁迫不是可以撤销的行为，而是完全无效的行为。无效劳动合同，从订立时起就没有法律约束力。确认劳动合同部分无效的，如果不影响其余部分的效力，其余部分仍然有效。

13.3　劳动保护

13.3.1　劳动保护的内涵和特点

劳动保护是指国家为了保障劳动者在生产劳动过程中的安全与健康、在改善劳动条件、消除事故隐患、预防事故和职业危害、实现劳逸结合和女职工劳动保护方面，在法律、技术、设备、教育及组织制度上所采取的一整套综合措施。

从这个简短的定义中可以看出，劳动保护的对象很明确，是保护从事劳动生产的劳动者。劳动保护的另一个涵义是依靠技术进步和科学管理，采取技术措施和组织措施，来消除劳动过程中危及人身安全和健康的不良条件和行为，防止伤亡事故和职业病危害，保障劳动者在劳动过程中安全和健康的一门综合性科学。

劳动保护的特点如下。

　① 劳动保护具有高度的政策性和法规性；

　② 劳动保护具有广泛的群众性；

　③ 劳动保护具有复杂的技术性。

劳动安全卫生的工作方针是：安全第一，预防为主。

13.3.2 女职工特殊劳动保护制度

13.3.2.1 女职工特殊保护的含义

女职工是指以工资收入为主要生活来源的女性职工。女职工特殊保护，是指根据女职工身体结构，生理机能的特点以及抚育子女的特殊需要，在劳动方面对妇女特殊权益的法律保障。

13.3.2.2 女职工特殊劳动保护立法的内容

（1）女职工禁忌从事以下范围的劳动

① 矿山井下作业；

② 森林业伐木、归楞及流放作业；

③《体力劳动强度分级》标准中第四级体力劳动强度的作业；

④ 建筑业脚手架的组装和拆除作业，以及电力、电信行业的高处架线作业；

⑤ 连续负重每次超过 20 公斤，间断负重每次超过 25 公斤的作业。

（2）对女职工实行"四期"保护

① 经期保护 《劳动法》第 60 条规定："不得安排女职工在经期从事高处、低温、冷水作业和国家规定的第三级体力劳动强度的劳动。"

② 孕期保护

a. 对怀孕满 7 个月以上的女职工不得安排其延长时间和夜班劳动；

b. 禁忌在有害胎儿成长发育的场所工作；

c. 禁忌从事《体力劳动强度分级》中第三级体力劳动强度的作业；

d. 禁忌伴有全身强烈振动的作业，如拖拉机驾驶等；

e. 禁忌从事工作中需要频繁弯腰、攀高、下蹲作业；

f. 禁忌从事《高处作业分级》标准所规定的高处作业。

③ 产期保护 产期保护是对女职工生育期间的特殊保护。

《劳动法》第 62 条规定："女职工生育享受不少于 90 天的产假。"

《女职工劳动保护规定》也规定，其中产前休假 15 天，难产的增加产假 15 天，多胞胎生育一个婴儿，增加产假 15 天。

女职工怀孕流产的，也应给予一定时间的休假，一般情况下，女职工怀孕不满 4 个月流产的，应给予 15 天至 30 天的休息，满 4 个月以上流产的，给予 42 天产假，产假期间，工资照发。

④ 哺乳期保护 哺乳期保护是对女职工哺乳未满一周岁婴儿期间的特殊保护。

《劳动法》第 63 条规定："不得安排女职工在哺乳未满一周岁的婴儿期间从事国家规定的第三级体力劳动强度的劳动和哺乳期禁忌从事的其他劳动，不得安排其延长工作时间和夜班劳动。"

13.3.3 未成年工特殊劳动保护制度

13.3.3.1 未成年工特殊劳动保护的含义

未成年工是指依法招用的 18 周岁以下的劳动者。未成年工特殊保护指根据未成年工身体成长发育的特点以及接受义务教育的需要，国家法律规定的用人单位在组织劳动过程中对对未成年工的采取有别于成年工的特殊保护措施。

未成年工未满 18 周岁，尚处于身体发育阶段，过重的体力劳动和不良的工作环境都会影响他们的身体发育和身体健康。而且，未成年工的注意力、抑制力和判断力都较成年人差，在工作中如果不给予特殊保护，则容易出现差错，甚至会出现伤亡事故，对未成年工的身体造成伤害。

13.3.3.2　未成年工特殊劳动保护立法的内容

用人单位招收未成年工，应在劳动过程中给予特殊保护，在工种、劳动时间、劳动强度和保护措施等方面严格执行国家有关规定，不得安排其从事过重、有毒、有害的劳动或者危险作业。

（1）用人单位不得安排未成年工从事以下范围的劳动

①《生产性粉尘作业危害程度分级》国家标准中第一级以上的接尘作业；

②《有毒作业分级》国家标准中第一级以上的有毒作业；

③《高处作业分级》国家标准中第二级以上的高处作业；

④《冷水作业分级》国家标准中第二级以上的冷水作业；

⑤《高温作业分级》国家标准中第三级以上的高温作业；

⑥《低温作业分级》国家标准中第三级以上的低温作业；

⑦《体力劳动强度分级》国家标准中第四级体力劳动强度的作业；

⑧ 矿山井下及矿山地面采石作业；

⑨ 森林业中的伐木、流放及守林作业；

⑩ 工作场所接触放射性物质的作业。

（2）对未成年工进行定期健康检查

《未成年工特殊保护规定》对未成年工定期进行健康检查作了具体规定。

① 用人单位对未成年工实行定期健康检查。

a. 安排工作岗位之前；

b. 工作满 1 年；

c. 年满 18 周岁，距前一次的体检时间已超过半年。

② 对未成年工进行健康检查，需按规定的《未成年工健康检查表》列出的项目检查，用人单位必须承担检查费用。未成年工在规定的健康检查期间，应算作工作时间，不得克扣其工资。

③ 用人单位应根据未成年工的健康检查结果安排其从事适合的劳动，对不能胜任原劳动岗位的，应根据医务部门的证明，予以减轻劳动量或安排其他劳动。

（3）对未成年工的使用和特殊保护实行登记制度

国家对未成年工的使用和特殊保护实行登记制度。要求用人单位招收使用未成年工，除符合一般用工要求外，还须向所在地的县以上劳动行政部门办理登记。

劳动行政部门根据《未成年工健康检查表》、《未成年工登记表》，核发《未成年工登记证》，未成年工须持《未成年工登记证》上岗。

（4）违反未成年工特殊保护应承担的法律责任

① 责令改正，处以罚款；

② 情节严重，吊销营业执照；

③ 造成损害，应承担赔偿责任。

13.4　劳动纪律

13.4.1　劳动纪律的概念和特征

劳动纪律又称为职业纪律或职业规则，是指劳动者在劳动过程中应遵守的劳动规则和劳动秩序，根据劳动纪律的要求，劳动者必须按照规定的时间、质量、程序和方法，完成自己承担的生产和工作任务。

任何一种劳动，特别是社会化大生产劳动，都需要把每一个劳动者的劳动协调起来，从而保证集体劳动的有序进行。马克思曾说过："一切规模较大的直接社会劳动或共同劳动，都或多或少地需要指挥，以协调个人的活动，并执行生产总体的运动——不同于这一总体的独立器官的运动——所产生的各种一般职能。"他还说过："一个单独的提琴手是自己指挥自己，一个乐队就需要一个乐队指挥。"如果没有劳动纪律，就缺乏实现劳动过程所需要的规则和秩序，使生产工作处于混乱、无序的状态，从而无法顺利地完成生产任务。

劳动纪律具有以下特征。

① 从劳动者的角度而言，遵守劳动纪律有利于保护其生命安全和身体健康。制订和遵守劳动纪律是对劳动者利益的保护，因此，劳动者有遵守劳动纪律的主动性和自觉性。

② 从用人单位的角度而言，制订劳动纪律有利于保证生产和经营的安全有效。制订和遵守劳动纪律也是对用人单位利益的保护，因此，用人单位有权在法律允许的情况下制订劳动纪律，并对违反劳动纪律的劳动者进行处理。

13.4.2　劳动纪律的法律保障

我国的四部宪法，都把遵守劳动纪律作为公民的义务予以规定。国家通过颁布一系列的法律法规，对劳动纪律做了相应的规定。1982 年国务院发布《企业职工奖惩条例》，规定了对企业职工的奖励和惩处。1984 年《国务院进一步扩大国营工业企业自主权的暂行规定》中提出："厂长（经理）有权对职工进行奖惩，包括给予晋级奖励和开除处分。"1986 年国务院又发布了《国营企业替退违纪职工暂行规定》。这些立法初步建立了我国的劳动纪律制度。

13.4.2.1　劳动法的有关规定

1994 年颁布的《中华人民共和国劳动法》以全新的思路对劳动纪律做了规定，主要包括如下方面。

（1）将制定规章制度作为企业经营管理权的一项内容予以强化，并将劳动纪律的效力与劳动合同挂钩

① 将劳动纪律作为企业的一项自主权。《劳动法》第 4 条明确规定规章制度的效力并不是来自于国家的强制性规定，而是由劳动合同予以确认。《劳动法》第 19 条规定，劳动纪律是劳动合同的必备内容。劳动者通过劳动合同对遵守纪律做出承诺，违纪同时构成违约。随着劳动合同制度的普遍推行，企业规章制度中有关劳动纪律的内容可视为是劳动合同的具体化。

② 在劳动关系存续期间，劳动纪律的效力得到强化。《劳动法》中虽未规定开除、除名、辞退等内容，但《劳动法》第 25 条规定，劳动者"严重违反劳动纪律或者用人单位规章制度的"，用人单位有权按照依法制定的劳动纪律，单方行使劳动合同解除权。而按照过去的规定，违纪职工只有在符合《企业职工奖惩条例》规定的条件下才能予以开除、除名；只有在符合《国家企业辞退违纪职工暂行规定》的条件下，才能予以辞退。

（2）从防止用人单位滥用惩处权的角度，对劳动纪律的运用进行必要的制约

① 劳动行政部门的制约。《劳动法》第 89 条规定："用人单位制定的劳动规章制度违反法律、法规规定的，由劳动行政部门给予警告，责令改正；对劳动者造成损害的，应当承担赔偿责任。"在劳动部颁布的《违反＜中华人民共和国劳动法＞行政处罚办法》中也规定：

"用人单位制定的劳动规章制度违反法律、法规规定的，应给予警告，并责令限期改正；逾期不改的，应给予通报批评。"对用人单位违反法律规定，滥用劳动合同解除权，利用制定规章制度侵犯劳动者合法权益的，应当依法追究责任。

② 工会的制约。《劳动法》第 30 条规定，用人单位解除劳动合同，工会认为不恰当的，有权提出意见。如果用人单位违反法律、法规或者劳动合同，工会有权要求重新处理；劳动者申请仲裁或者提起诉讼的，工会应当依法给予支持和帮助。

③ 劳动者本人的制约。《劳动法》第 32 条规定，用人单位以暴力、威胁或者非法限制人身自由的手段强迫劳动的，劳动者有权随时通知用人单位解除劳动合同。

13.4.2.2　职工的奖惩制度

为增强劳动者的国家主人翁责任感，鼓励其积极性和创造性，维护正常的生产秩序和工作秩序，提高劳动生产率和工作效率，促进社会主义现代化建设，必须采取相应的积极措施和建立一套奖惩制度，对模范地遵守劳动纪律的优秀劳动者给予奖励，对违反劳动纪律的劳动者给予处分。我国政府制定了职工的奖惩制度，从法律上对劳动纪律给予必要的约束。这些法律约束主要包括如下方面。

1982 年国务院发布的《企业职工奖惩条例》、1988 年 4 月全国人大通过的《中华人民共和国全民所有制工业企业法》和 1994 年颁布的《中华人民共和国劳动法》。

（1）奖励制度

奖励制度是维护劳动纪律的重要措施。奖励可以调动劳动者的积极性，从正面鼓励劳动者积极劳动，努力奋斗，克服困难，可以使后进者学习先进，从而创造你追我赶、共同进步的良好局面。

《企业职工奖惩条例》中规定，企业实行奖励制度必须把思想政治工作同经济手段结合起来，坚持精神鼓励和物质鼓励相结合的原则，并且对奖励条件、奖励种类和奖励办法都作了具体规定。

① 奖励条件

a. 在完成生产任务或者工作任务、提高产品质量或者服务质量、节约国家资源和能源方面做出显著成绩的；

b. 在生产、科学研究、工艺设计、产品设计、改善劳动条件等方面，有发明、技术改进或者提出合理化建议，取得重大成果或者显著成绩的；

c. 在改进企业经营管理，提高经济效益方面做出显著成绩，对国家贡献较大的；

d. 保护公共财产，防止或者挽救事故有功，使国家和人民利益免受重大损失的；

e. 同坏人、坏事做斗争，对维持正常的生产秩序、维护社会治安有显著功绩的；

f. 维护财经纪律，抵制歪风邪气，事迹突出的；

g. 一贯忠于职守，积极负责，廉洁奉公，舍己为人，事迹突出的；

h. 其他应当给予奖励的。

② 奖励的种类　对职工奖励的种类可以分为记功，记大功，晋级，通令嘉奖，授予先进生产（工作）者、劳动模范等荣誉称号。在给予上述奖励的同时，可以发给一次性的奖金。

③ 奖励的办法　《企业职工奖惩条例》和《中华人民共和国全民所有制工业企业法》等有关法律法规，对不同类型的奖励规定了不同的奖励机关和奖励程序。

a. 凡是记功、记大功、发给奖金、授予先进生产（工作）者的荣誉称号的，由工会提出建议，厂长或企业的上级主管部门决定；或者厂长提名，请工会或者职工代表大会讨论评议。

b. 通令嘉奖的，经企业申报，由各级人民政府或者企业主管部门决定。

c. 授予劳动模范称号的，属于哪一级的称号，由哪一级的人民政府批准授予。属于全国劳动模范或劳动英雄称号的，应经省级人民政府和国务院各部、委推荐，由国务院授予。

d. 无论给予什么奖励，均需所在单位群众讨论或者评选。职工获得奖励，均由企业记入本人档案。

(2) 惩罚制度

惩罚制度也是维护劳动纪律的重要措施。如果只有奖励，没有惩戒措施，也无法有效地遏制违法、违纪现象。《企业职工奖惩条例》对于违反劳动纪律的处罚条件和处罚种类作了严格的规定，无论给予职工何种处分，都必须首先确定其是否合乎处分条件，主观上是否有过错，同时还必须坚持严肃慎重的态度，根据不同性质和情节进行处分。

① 处罚条件

a. 违反劳动纪律，经常迟到、早退、旷工、消极怠工，没有完成生产任务或者工作任务的；

b. 无正当理由不服从工作分配和调动、指挥，或者无理取闹，聚众闹事，打架斗殴，影响生产秩序、工作秩序和社会秩序的；

c. 玩忽职守，违反技术操作规程和安全规程，或者违章指挥，造成事故，使人民生命、财产遭受损失的；

d. 工作不负责任，经常生产废品，损坏设备工具，浪费原材料、能源，造成经济损失的；等等。

② 处罚的种类　处罚的种类有行政处分、经济处罚和刑事制裁三种。

a. 行政处分　行政处分主要有警告、记过、记大过、降职、撤职、留用察看、开除。留用察看处分，察看期限为 1～2 年。察看期满后，表现好的恢复为正式职工，重新评定工资；表现不好的，予以开除。开除处分，是企业对职工的最高行政处分，因此应当十分重视。通常情况下，都应经职工代表大会讨论决定，并征求工会意见后，报告企业主管部门企业所在地的劳动人事部门备案。

企业对职工的行政处分，审批时间从证实职工犯错误之时起不得超过 3 个月。给予开除处分的，其审批时间也不得超过 5 个月。

给予职工行政处分时，应当允许受处分的职工申辩，并将处分决定用书面形式通知受处分职工本人、记入档案。受处分的职工不服处分决定的，可以依法申诉。

b. 经济处罚　经济处罚，是指企业行政部门对违反劳动纪律的职工给予经济方面的制裁，强制违反劳动纪律的职工承担一定的经济责任，以示惩戒。经济利益是职工最关心的切身利益之一，因此，经济处罚比行政处分或者刑事制裁更能起到特殊的作用。它可以促使职工在关心自己经济利益的前提下遵守劳动纪律。

经济处罚的种类有罚款、停发工资、降低工资级别和赔偿经济损失四种形式。

罚款，是处理违纪行为的一般性的经济处罚。其性质属于行政罚款，但是属于企业内部违纪的处罚，由企业行政部门实施，它可以结合各种行政处分并处，也可以单独罚款。但是都只能是一次性的，而且处罚的金额不得超过被处罚职工标准工资的 20%。

停发工资，是指在一定时间内，停止发给工资，改为发放基本生活费用。生活费用的标准低于本人月工资，具体数额由企业根据情况确定。停发工资一般只适用于留用察看期间，留用察看期满后，表现好的，可以恢复为正式职工，但工资应当重新评定；表现不好的，予以开除。

降低工资级别，是指在一定时间之内降低职工的原有级别工资。降级的幅度一般为一级，最多也不能超过两级。

赔偿经济损失，是指职工玩忽职守，违反技术操作规程和安全规程，或者违章指挥，造成事故，使人民生命、财产遭受损失的；工作不负责任，经常生产废品、损坏生产设备工具，浪费原材料、能源，造成经济损失的，责令赔偿一定数额的经济损失。具体赔偿数额由企业根据其自身实际情况确定，从职工本人的工资中扣除。如需分期扣除的，每次扣除的金额一般不超过职工本人月工资的 20%；如果能迅速改正错误，表现良好的，赔偿金额可以酌情减少。

c. 刑事制裁　刑事制裁，是指职工违反劳动纪律情节严重，使人民生命和国家财产遭受重大损失，构成了犯罪，或者企业行政领导滥用职权，利用处分职工进行打击报复或者对应受到处分的职工进行包庇，构成了犯罪，应追究其刑事责任，由司法部门给予一定的刑事处罚。

13.5 劳 动 争 议

13.5.1 劳动争议的概念和特点

劳动争议是指劳动关系双方当事人之间因劳动权利和劳动义务所发生的争议，又称劳动纠纷、劳资纠纷。

劳动争议特点如下。

① 劳动争议的双方主体具有特定性：劳动者和劳动者的近亲属均可成为一方主体；另一方仅指用人单位。

② 劳动争议的产生基础具有特定性：必须有劳动关系的存在，既包括劳动法律关系，也包括事实劳动关系。

③ 劳动争议的内容具有特定性：即争议范围是劳动权利和劳动义务，通常情况下的都是为了一定的经济利益。

④ 劳动争议的形式，表现为当事人双方提出不同主张或要求的意思表示。

13.5.2 劳动争议的范围

《劳动争议调解仲裁法》第二条 中华人民共和国境内的用人单位与劳动者发生的下列劳动争议，适用本法。

① 因企业开除、除名、辞退职工和职工辞职、自动离职发生的争议；

② 因执行国家有关工作时间和休息休假、工资、保险、福利、培训、劳动保护的规定发生的争议；

③ 因履行劳动合同和集体合同发生的争议；

④ 法律、法规规定的其他劳动争议。

13.5.3 劳动争议的处理

《劳动法》第 77 条规定，用人单位与劳动者发生劳动争议，当事人可以依法申请调解、仲裁、提起诉讼，也可以协商解决。据此，我国处理劳动争议有四种方式：协商、调解、仲裁和诉讼。

13.5.3.1 协商

劳动争议发生后，当事人应当协商解决，协商一致后，双方可达成和解协议，但和解协议无必须履行的法律效力，而是由双方当事人自觉履行。协商不是处理劳动争议的必经程序，当事人不愿协商或协商不成的，可以申请调解或仲裁。

协商的四个特点如下。

① 不受程序约束，完全由争议双方自愿、自由协商，双方合意即可成立。

② 和解协议具有实体法上的效力。

③ 和解协议无程序法上的意义和效力。即协议没有强制执行力，当事人仍有申请调解、仲裁的权利。

④ 在争议处理的任何阶段都可进行。

13.5.3.2 调解

劳动争议基层调解，是指劳动争议调解组织对当事人双方自愿申请调解的劳动争议，在查明事实、分清是非的前提下，依据法律、法规、政策的规定和集体合同、劳动合同的约定，通过说服、劝导和教育，促使当事人双方在平等协商、互谅互让的基础上自愿达成解决劳动争议的协议。

劳动争议发生后，当事人双方愿意调解的，可以书面或口头形式向调解委员会申请调解。调解委员会接到调解申请后，依据合法、自愿的原则调解，并应在 30 日内结束，到期未结束的，视为调解不成。经调解达成协议的，制作调解书。调解书无必须履行的法律效力，靠双方当事人自觉履行。劳动争议调解特点如下。

① 其调解机构是社会组织，而不是国家机关；

② 其调解活动具有任意性，基本上不受固定程序和形式的约束，也可将道德规范、社会习惯作为调解的依据；

③ 调解书仅具有合同性质，不具有强制执行的效力；

④ 发生劳动争议，当事人可以到下列调解组织申请调解：

a. 企业劳动争议调解委员会；

b. 依法设立的基层人民调解组织；

c. 在乡镇、街道设立的具有劳动争议调解职能的组织。

企业劳动争议调解委员会由职工代表和企业代表组成。职工代表由工会成员担任或者由全体职工推举产生，企业代表由企业负责人指定。企业劳动争议调解委员会主任由工会成员或者双方推举的人员担任。

⑤ 劳动争议调解组织的调解员应当由公道正派、联系群众、热心调解工作，并具有一定法律知识、政策水平和文化水平的成年公民担任。

⑥ 当事人申请劳动争议调解可以书面申请，也可以口头申请。口头申请的，调解组织应当当场记录申请人基本情况、申请调解的争议事项、理由和时间。

⑦ 调解劳动争议，应当充分听取双方当事人对事实和理由的陈述，耐心疏导，帮助其达成协议。

⑧ 经调解达成协议的，应当制作调解协议书。

调解协议书由双方当事人签名或者盖章，经调解员签名并加盖调解组织印章后生效，对双方当事人具有约束力，当事人应当履行。

自劳动争议调解组织收到调解申请之日起十五日内未达成调解协议的，当事人可以依法申请仲裁。

⑨ 达成调解协议后，一方当事人在协议约定期限内不履行调解协议的，另一方当事人可以依法申请仲裁。

⑩ 因支付拖欠劳动报酬、工伤医疗费、经济补偿或者赔偿金事项达成调解协议，用人单位在协议约定期限内不履行的，劳动者可以持调解协议书依法向人民法院申请支付令。人民法院应当依法发出支付令。

13.5.3.3　仲裁

劳动争议仲裁，是指劳动争议仲裁机构对当事人请求解决的劳动争议，依法居中公断的执法行为，包括对劳动争议依法审理并进行调解、裁决的一系列活动。

仲裁具有下述特点。

① 仲裁机构是一种依法定原则所组成的半官方机构，而非民间组织；

② 仲裁申请可以由任何一方当事人提起，无须双方当事人合议；

③ 仲裁机构在调解不成的情况下可作出裁决，仲裁调解和裁决依法生效后具有强制执行的效力。

④ 仲裁机构不属于司法机关，在处理劳动争议的过程中无权采取强制措施；

⑤ 仲裁程序较简便，不如诉讼程序严密和复杂；

⑥ 仲裁调解和裁决除法定终局裁决外，均不具有最终解决争议的效力，也不能由仲裁机构自己强制执行。

根据《中华人民共和国劳动争议调解仲裁法》，中华人民共和国境内的用人单位与劳动者发生的下列劳动争议。

① 因确认劳动关系发生的争议；

② 因订立、履行、变更、解除和终止劳动合同发生的争议；

③ 因除名、辞退和辞职、离职发生的争议；

④ 因工作时间、休息休假、社会保险、福利、培训以及劳动保护发生的争议；

⑤ 因劳动报酬、工伤医疗费、经济补偿或者赔偿金等发生的争议；

⑥ 法律、法规规定的其他劳动争议。

国家机关与其公务员之间、事业组织和社会团体与其正式在编员工之间发生争议属人事争议，不属于劳动争议，因而不属劳动仲裁诉讼的受案范围。

国家机关、事业组织、社会团体与其工勤人员及其他建立劳动关系的人员之间的争议符合所列上述情况的属劳动争议。实行企业化经营管理的事业组织与其员工之间的争议符合所列上述情况的，也属劳动争议。

用人单位和劳动者发生以下劳动争议可以申请劳动仲裁。

① 因确认劳动关系发生的争议；

② 因订立、履行、变更、解除和终止劳动合同发生的争议；

③ 因除名、辞退和辞职、离职发生的争议；

④ 因工作时间、休息休假、社会保险、福利、培训以及劳动保护发生的争议；

⑤ 因劳动报酬、工伤医疗费、经济补偿或者赔偿金等发生的争议；

⑥ 法律、法规规定的其他劳动争议。

申请劳动仲裁应当提交以下材料。

①《仲裁申请书》。申请人应当按照规定如实准确填写《仲裁申请书》，《仲裁申请书》一式三份，其中两份由申请人本人或其委托代理人提交仲裁委，一份由申请人留存。

② 身份证明申请人是劳动者的，提交本人身份证明的原件及复印件；申请人是用人单位的，提交本单位营业执照副本及复印件、本单位法定代表人身份证明、委托代理人身份证明、授权委托书等。

③ 能够证明与被申请人之间存在劳动关系的有关材料，如劳动合同（聘用合同或协议）、解除或终止合同通知书、工资单（条）、社会保险缴费证明等材料及复印件；

④ 申请人在申请劳动仲裁时，仲裁委根据立案审查的需要，要求申请人提交能够证明被诉人身份的有关材料的，申请人应当提交。如被申请人是用人单位的，应当提交其工商注册登记相关情况的证明（包括单位名称、法定代表人、住所地、经营地等情况）；如被申请人是劳动者的，应当提交其本人户口所在地、现居住地地址、联系电话等。

仲裁委自收到《仲裁申请书》之日起五日内作出受理或不受理的决定，并送达当事人。

决定受理的案件，自接到通知后三日内到仲裁委领取《案件受理通知书》，办理受理手续。决定不予受理的案件，仲裁委向申请人送达《不予受理通知书》。

经仲裁委批准决定受理的案件，当事人在规定的举证期限内举证，超过举证期的，视为放弃举证权利。

13.5.3.4　诉讼

诉讼当事人对仲裁裁决不服的，可自收到仲裁裁决之日起 15 日内向人民法院起诉。逾期不起诉的，仲裁裁决发生法律效力。劳动仲裁并不排斥诉讼，这与一般民事纠纷的裁审择一不同。

劳动诉讼，或称劳动争议诉讼是指人民法院对当事人不服劳动争议仲裁机构的裁决或决定而起诉的劳动争议案件，依照法定程序进行审理和判决，并对当事人具有强制执行力的一种劳动争议处理方式。

（1）起诉要件及内容

起诉必须符合下列条件：原告是与本案有直接利害关系的公民、法人和其他组织；有明确的被告；有具体的诉讼请求和事实、理由；属于人民法院受理民事诉讼的范围和受诉人民法院管辖。

起诉应当向人民法院递交起诉状，并按照被告人数提出副本。

原告应预交案件受理费，如申请缓交、减交、免交的，要提出书面申请，并附有特困证明或其他材料等。

当事人必须依法正确地行使诉讼权利，按法院的要求提供必须提供的诉讼材料。

（2）举证指南

诉讼当事人应详细阅读法院送达的《民事诉讼案件举证通知书》，并按照其规定全面地向法院提供认为可以证明其主张或反驳对方的证据材料等证据。

以下为您介绍几种劳动纠纷案件有关举证范围的指南，为您诉讼提供参考。

① 一般举证范围

a. 劳动仲裁委员会的裁决书及送达日期；

b. 劳动关系的证明；如双方所签订的劳动合同，聘用、雇佣关系的证明，未签订劳动合同的应提供工作起止日期及相关证明或者当事人其他协议等证明材料；

c. 当事人是公民的应提供居民身份证明；是法人或者其他组织的，应提供营业执照、法定代表人身份证明或者负责人身份证明。

② 因涉及企业开除、除名、辞退职工而引起的劳动争议的举证范围

a. 企业开除、除名、辞退职工的决定通知等；

b. 按企业内部规章制度处罚的，提供相应的规章制度；

c. 职工违章违法的有关证据材料等；

d. 职工的工资、奖金收入情况等；

e. 涉及培训费的，用工单位必须提供支付培训费的具体依据及必须服务期限等。

③ 追索劳动报酬的举证内容　　提供劳动起止日期，所欠劳动报酬的具体数额等有关证据。

④ 劳动保险、劳动保护引起的劳动争议的举证范围

a. 企业交纳养老保险金、住房公积金的有关证据等；

b. 职工的工资奖金情况；

c. 职工伤势鉴定及医疗费单据等。

（3）管辖

劳动争议案件由用人单位所在地或者劳动合同履行地的基层人民法院管辖，劳动合同履行不明确的，由用人单位所在地的基层人民法院管辖。

对公民提起的民事诉讼，由被告住所地人民法院管辖；被告住所地与经常居住地不一致的，由常居住地人民法院管辖。对法人或者其他组织提起的民事诉讼，由被告住所地人民法院管辖。

（4）诉讼时效

一般诉讼时效为两年。即从知道或者应当知道自己的权利被侵害之日起计算。

13.6　劳动法案例

案例1　劳动合同时效案例

案情介绍：小刘大学毕业后到一科研所工作，双方订立劳动合同约定：小刘向科研所保证 5 年之内不离开科研所，如调动则需支付科研所违约金 1 万元；科研所分配给小刘住房一套。3 年后小刘赴外国留学，答应科研所学成后再回来。科研所提出小刘如果回来保证接收，但现在小刘提前解除合同，小刘需支付违约金，退出住房。小刘不同意，双方遂起纠纷。

该案应该如何处理？

案例分析

如果小刘与科研所的合同是在 2008 年 1 月 1 日之前签订，则小刘应当支付违约金，如是在 2008 年 1 月 1 日之后签订，则该条款为无效条款，小刘不必支付违约金。

案例2　劳动合同类型案例

案情介绍：2006 年 8 月小丽高职毕业后，应聘在"上海某实业有限公司"任设计师助理，当时劳动合同的服务期是 1 年。2007 年 8 月 28 日，小丽与公司续签劳动合同 1 年，但合同的用人单位却是"上海某贸易有限公司"。此后小丽得知，2008 年 1 月 1 日起将要实施的《劳动合同法》规定，用人单位与劳动者连续订立两次有固定期限劳动合同后，续订劳动合同的，应当签订无固定期限劳动合同。小丽还了解到，"实业公司"和"贸易公司"的老板是同一个人，他注册"贸易公司"的目的就是用来和员工签劳动合同。只要员工每年在这两家公司之间轮换签订劳动合同，员工就永远签不到无固定期限劳动合同。得知真相后小丽非常生气。

你认为小丽应该怎么办？

案例分析

《劳动合同法》第 14 条第 2 款规定，用人单位与劳动者协商一致，可以订立无固定期限劳动合同。连续订立两次固定期限劳动合同，且劳动者没有本法第 39 条和第 40 条第 1 项、

第2项规定的情形，续订劳动合同的，劳动者提出或者同意续订、订立劳动合同的，除劳动者提出订立固定期限劳动合同外，应当订立无固定期限劳动合同。显然小丽没有法定的例外情况，而老板同时成立"实业公司"与"贸易公司"的目的就是钻法律的空子，使员工不符合"连续订立两次固定期限劳动合同"这样一个条件。小丽完全可以运用法律武器保护自己的合法劳动权益，关键在于搜集并保存诸如工作内容、上岗证、出入证、考勤卡、工资单、税单等证据。

复习思考题

1. 简述劳动法的调整对象。
2. 简述劳动合同订立的原则。
3. 简述劳动合同的内容。
4. 简述劳动争议处理程序。
5. 简述劳动纪律的内容。

第 14 章 住房保障制度

14.1 住房保障制度概述

居住是人类生存的基本权利，住房是保障生存权最基本的物质条件。在现实生活中，有相当多数量的人不能完全依靠市场来解决其住房问题。建立完善的住房保障体系就是为了解决这部分人群的住房问题。

14.1.1 住房与住房保障

14.1.1.1 住房的含义

一般来说，住房是供人类在其中居住、生活或工作的房子，是人类生存、发展所必需的要素之一。

14.1.1.2 住房与社会保障

(1) 住房与社会保障的关系

住房是人类生存的必要条件，如何满足人们对住房的需求，实质上已经成为了一个重大的社会问题。

① 住房保障属于保障基本人权 2007 年联合国人权理事会通过了一项关于"适足生活水准权所含适足住房问题"的决议，这个决议在消除各种歧视保证人类的住房权、防止少数群体被社会边缘化而丧失住房权、残疾人在适足住房问题中的公平参与权等几个方面对世界各国做了基本的要求。

② 住房状况反映了社会公平状况 住房具有一定的公共产品的属性，市场经济在解决住房问题上往往是失灵的，这就需要政府参与到解决低收入人群住房问题中来，从而构建和谐的社会关系，促进社会的公平性。

(2) 住房保障中的政府职能

在住房保障问题中，政府参与其中的目的是保证中低收入的人群的住房问题能得到妥善的解决，在这个过程中，政府的职能体现在以下几个方面。

① 制定合理政策，在实施过程中起主导作用 政府应该在解决中低收入家庭住房问题中发挥主导作用，建立和不断完善住房保障体系；加快保障性住房的建设速度，满足中低收入家庭的住房需求；认真落实土地划拨、税费减免、金融支持、政府补贴等方面的政策；根据各地经济的实际情况合理控制保障性住房在住房建设中所占的比例；完善保障性住房的审批制度，严格认定住房保障对象；加快建立和完善住房公积金制度等，这些都是政府发挥其主导作用的具体体现。

② 承担改革成本，完善住房保障体系 建立完善的住房保障体系需要在住房保证制度实施的过程中不断地改革，改革制度和转轨的过程中的成本应该由政府负责承担，促使完善的住房保障体系建立。

14.1.2 住房保障制度的基本理论与基本内容

14.1.2.1 住房保障制度的基本理论

西方发达国家在经历了一系列的社会保障制度变革以后，总结出了一些具有代表性的理论，这些学术界的理论不但在社会经济发展中起到了积极的作用，而且也对世界各国和地区住房保障制度建设起到了指导的作用。

（1）庇古的旧福利经济学

庇古的旧福利经济学主要论点有三个：一是资源最优配置论；二是收入最优分配；三是外部性理论。他指出，当市场本身无法克服内在缺陷时，需要国家进行干预，进而重新建立市场秩序。

总体说来，庇古认为收入转移的途径就是政府向富人征税补贴给穷人，具体补贴的办法可以通过建立各种社会服务设施、免费教育、失业保险、医疗保险、房屋补贴等方式。他的这些观点为以后世界各国的住房保障制度奠定了理论的基础。

（2）贝弗利奇的思想

贝弗利奇是现代社会保障理论的先驱者，他建议社会保障计划应包括社会保险、社会救济和资源保险，体现了两个最基本的原则：一是社会保障以保证居民拥有维持生存所必需的生活资料为最低限度；二是社会保障应顾及社会不同阶层，是全民的保障。

贝弗利奇的理论是很多国家住房保障制度建立的理论基础，也为解决我国中低收入家庭的住房问题提供了政策的依据。

（3）住房过滤理论

住房过滤的含义是指住房存在着由新变旧的老化过程，在市场经济条件下，首先是为较高收入的阶层建造住房，随着时间推移这些住房老化，质量下降，价格降低；同时新建的住房量增大，于是有较高收入的家庭为了追求的更好的居住环境，会放弃现有的旧房子，购买新房子，而较低收入的家庭能够继续使用这些老化房子的过程。由于住房商品有耐久性和异质性，使住房在动态市场中形成过滤，这种常见现象就是住房过滤理论。

一般认为这种住房过滤现象是中低收入阶层提高居住水平的主要方式，所以也达成了这样一种共识，即建造高等级的住房并加快住房过滤进程，可以降低低等级住房的价格和数量，从而有助于增加中低收入阶层的住房福利，提高城市整体的居住水平。

14.1.2.2　住房保障制度的基本内容

（1）住房保障制度的内容

住房保障制度的内容主要包括两个层次：住房保障的法律、法规和规章体系及住房保障的实施机构体系。

① 住房保证的法律、法规和规章体系　在我国《宪法》、《民法》等一般性综合法律中包含有保障的相关法律条文，国务院、住房和城乡建设部等多次颁布有关住房制度改革的法规和规章，对住房保障问题作出了规定。这些法律、法规和规章在住房保证制度中发挥着重要的作用。

a. 提供依据　住房保障的相关法律对居民的住房权加以规定和保护，明确规定居住权是公民权利的重要组成部分，保障居民的基本居住条件是政府职能的体现，为建立住房保障制度和居民享受住房保障待遇给予了法律支持与保障。

b. 明确目标　根据不同时期的具体情况，有针对性地通过法律明确住房保障制度的目标。我国住房保障制度的目标是适应社会主义市场经济的要求，满足居民的住房需求并在此基础上改善居住环境和居住条件。

c. 规定实现方式　目前我国住房保障制度实现的方式主要有以下几种：住房公积金制度、经济适用房政策、廉租住房政策、公共租赁住房政策、"两限房"（本教材不做介绍）。

　　d. 确定对象、水平和资金来源　为了保证住房保障目标的实现，通过制定相应的政策法规，规定住房保障的对象、保障标准、保障水平、保障资金的来源以及对非法取得保障行为的惩罚等。

　　② 住房保障的实施机构体系

　　a. 决策协调机构　住房保障制度的落实是一项复杂的系统工程，涉及许多部门，为了有效地协调各部门之间的工作，保证有关法令的顺利执行，需要设立层次较高的决策协调机构来负责制定和解决问题。

　　b. 具体执行机构　在具体实施住房保障制度的过程中，政府不能直接参与到房地产市场中去，它的职能作用是通过专门的机构来具体实现的。

　　c. 住房金融机构　由于住房属于昂贵商品，中低收入的家庭需要靠住房信贷的方式来解决资金缺口问题，这就需要有金融机构介入其中。住房金融机构分为政策性住房金融机构和商业性住房金融机构，介入到住房保障制度中的机构是政策性住房金融机构，这些机构的资金来源是政府财政拨款、中央银行贷款、专项住房基金等。在资金的运作上，以优惠条件对中低收入家庭解决住房问题给予资金帮助，包括提供建、购房贷款等。

　　（2）住房保障的对象

　　确定住房保障对象，是住房保障制度的重要组成部分。住房保障对象从理论上讲就是无力进入市场购房或者租房的低收入家庭，但是如何界定低收入的标准是一个难题。目前有关的专家学者在这方面研究的主要论点有以下三大类。

　　① 认为住房保障的对象是社会弱者；

　　② 认为住房保障对象是住房弱势群体；

　　③ 认为住房保障对象是收入与住房的"双困户"。

　　目前，我国各地政府都根据自身的经济社会发展条件相继出台了适合本地区实际情况住房保障制度，但是，这些保障制度在实施的过程中不断出现新的问题，需要不断地去调整和完善。

　　（3）住房保障的水平

　　住房保障水平是指一定时期内，一个国家（地区）的成员享受住房社会保障福利的高低程度，其衡量的主要指标是住房保障支出占国内生产总值的比率。

14.1.3　住房保障的形式

　　总的说来，政府提供住房保障基本形式有以下四种。

14.1.3.1　政府直接投资建造的保障性住房

　　政府直接从事住房建造，按照低于市场的价格销售或出租给低收入的人群，这种做法解决了这一群体的住房问题的同时也对住房市场产生了一定的影响。随着时间的推移，政府介入会引起住房价格的下降，降低了私人住房获利的空间，导致私人住房供给的减少，这种减少会引起市场价格的上升，长期的效应是由于政府对住房供应数量的增加，导致私人住房供给减少，价格有所下降，最后均衡在一个中间水平。

14.1.3.2　政府提供补贴，开发商建造的保障性住房

　　政府为开发商提供补贴，由开发商来负责建设施工，再按照政府规定的价格出售给指定的人群。政府提供的补贴包括：减免地价款、提供低利率贷款、减免部分税款等。

14.1.3.3　政府对租金和价格实施管制的保障性住房

　　政府对住房租金和价格实施管制，只能是短期的行为。西方发达国家曾经做过这方面的

尝试，由于不适应经济社会发展的要求已经取消。我国也曾经在建国初期和 20 世纪 90 年代中期对住房领域进行了政府干预，在短期特定的条件下发挥了一些作用，但这些在价格上的控制实际上已经成为了历史。

14.1.3.4 政府对住房需求进行干预

政府对住房需求进行干预方主要是把握干预力度，政府干预住房的实质是解决低收入人群的住房问题，如果一个政府能在 5～10 年内对符合条件的家庭提供基本需求的住房，这种干预力度在量化方面来看是合理的。

14.1.4 我国城镇住房保障制度

14.1.4.1 我国城镇住房保障制度的产生与发展

改革开放以前我国实行的是全民住房保障制度，即城镇职工分房制度和农民的宅基地政策。农民的宅基地政策直到今天仍然是保障我国农村居民住房需求的基本制度。城镇职工分房制度以工龄、厂龄和家庭人口为主要标准，造成严重的平均主义，从根本上背离了按劳分配原则，住房分配不能调动职工的积极性，而且分配不公的现象严重影响了社会风气。

改革开放以来，我国城镇住房保障制度以改革计划经济体制下公有住房福利分配制度为起点，历经出售公有住房和提租补贴试点，到市场供应和政府保障双重体系政策的提出，再到实物福利分房的终结、住房产业化下住房保障被异化，最后到现在的加快建立住房保障体系、探寻住房保障制度新模式，已经走过了多年的历程。这些历程对于进一步深化中国城镇住房保障制度改革，改善人们的居住条件具有十分重要的意义。

14.1.4.2 我国城镇住房保障制度存在的问题

在我国城镇住房制度改革的几十年中，住房资源的配置效率在很大程度上得到了提高，解决了大部分城镇居民的住房问题，建立起了廉租房、经济适用房、公租房、住房公积金等一系列的住房保障体系，逐步形成了具有中国特色的住房保障制度框架。当前，我国城镇住房保障制度存在的主要问题包括以下几个方面。

(1) 建设资金问题

2003 年以来，我国保障性住房发展缓慢，与地方政府的积极性不足有直接关系，地方政府大多把房地产作为拉动国民经济的支柱产业，土地出让收入更成为地方财政的重要组成，而保障房建设需要无偿划拨土地，利润空间狭小，并且还需要政府投入大量资金。尽管国家开始把保障房作为一项重要民生问题来抓，但保障性住房的资金渠道还是没有很好的解决办法，使得这项安居工程的持续性受到了严重的挑战。

(2) 缺乏法律保障，机构设置不完善

长期以来，我国在保障性住房发展方面缺乏立法保障，只有一些针对保障性住房某些环节的政策规定，法律效力和问责机制不足。保障性住房是政府主导的，除了立法保障外，还要有专门的住房保障机构来负责规划、建设监督、分配管理等事务，并在各环节明确责任和问责机制。

(3) 用地供给不足

由于土地出让收入金是地方政府的重要收入来源，所以地方政府对土地收入依赖性很高。而保障性住房用地大多以行政划拨方式为主，地方政府缺乏积极性，造成近些年来保障房用地的供给严重不足。

14.2　廉租住房保障制度

14.2.1　廉租住房制度概述

廉租住房制度是我国住房保障体系的重要组成部分之一，主要是解决最低收入的人群住房问题的举措，在某种程度上也属于社会救助制度的一部分。在我国，廉租住房制度建立至今已有十余年的历史了，它对于完善社会保障体系和推进城镇化建设，乃至构建和谐社会都有着十分重要的意义。

14.2.1.1　廉租住房的基本概念

廉租住房是指政府以租金补贴或实物配租的方式，向符合城镇居民最低生活保障标准且住房困难的家庭提供社会保障性质的住房。

廉租房制度和住房公积金制度、经济适用房制度是我国目前住房保障体系的三个重要组成部分，是为我国城镇中低收入者解决住房问题的重要途径。

14.2.1.2　廉租住房制度的特点

我国廉租房制度具有以下三个特点。

（1）社会保障性

廉租房制度是住房保障制度的重要内容之一，是政府行使社会保障职能的具体体现，是目前解决最低收入家庭住房问题的重要途径。

（2）社会公益性

廉租住房制度帮助城镇最低收入家庭实现其住房的权利，促进了社会的和谐与公平，同时产生了一系列社会效益和经济效益；提高了城镇居民的整体居住水平；提升了城市形象；体现了社会公益性。

（3）补贴性

廉租住房的对象是城镇最低收入家庭，这部分家庭不能接受市场房租水平，更没有能力购买商品房、经济适用房或两限房，导致无房居住或者居住条件困难。为此，廉租住房租金必须低于市场价和成本价，政府每年必须拿出大量资金进行补贴救助。此外，政府投资建设廉租房也需要大量的财政补贴，这些都体现了廉租住房制度的补贴性。

14.2.1.3　廉租住房制度存在的问题

实施廉租住房制度对于解决最低收入家庭住房困难和维护社会稳定具有重要作用。但是在实践中还存在以下几个问题。

（1）廉租住房分配对象的界定问题

根据目前的国家规定和各地的做法，廉租房的分配对象主要是具有城市户口的双困难户家庭，排斥了"夹心层"、流动人口、农村进城务工群体等住房弱势群体，覆盖面太小，不利于体现公平原则。

（2）收入线划分标准问题

随着廉租住房分配对象范围的逐步扩大，需要各地科学地为居民收入情况划分一个合理的收入线，但是我国还没有建立起个人信用制度和个人收入监管制度，居民的真实收入状况无法统计，因而缺乏划分居民收入线的基础，而且在收入线划分后，还存在着对被保障家庭的收入变化无法监管的问题。

（3）资金来源问题

从理论上看，目前的资金来源渠道包括住房公积金增值收入、财政预算、直管公房出售或出租收入、社会捐赠等。从已开展廉租房建设试点的城市来看，各地都是以住房公积金增值收入和财政拨款为主的，并没有建立稳定的廉租房资金来源渠道。在一些经济欠发达的城市，由于经济发展水平不高，财政实力不足，无法提供足够的资金用于廉租住房建设和租金补贴。

（4）廉租住房房源问题

目前可提供的廉租住房主要有四个来源：政府出资收购、社会捐赠、腾空原公有住房及政府出资建设。但城市中的公房多数通过房改已经出售给个人，能腾退的和正由最低收入家庭承租的房源为数不多；受经济水平的影响，社会捐赠作为廉租住房的房源凤毛麟角。政府和单位出资收购和兴建适当标准的住房又受到资金的制约。廉租住房房源几个供应渠道都不是特别畅通，造成廉租住房供应严重不足，保障群体数量十分有限。

14.2.2　廉租对象的界定与配租标准

14.2.2.1　现行法规对廉租对象的界定

2003年12月，建设部等五部门颁布的《城镇最低收入家庭廉租住房管理办法》规定，解决城镇最低收入家庭的住房问题是建立廉租房制度的目的之一；"符合市、县人民政府规定的住房困难的最低收入家庭，可以申请城镇最低收入家庭廉租住房"。由此可见，我国廉租住房制度所针对的主体是具有城镇常住居民户口的最低收入家庭。

14.2.2.2　廉租对象界定存在的问题

目前廉租对象界定中主要存在以下几方面的问题。

① 现行廉租对象界定政策排斥了进城民工、城乡结合部土地被征后的农民等住房弱势群体，不利于体现公平原则。

② 我国对廉租对象的审核实施的是公示制度，这种制度往往导致一些家庭或个人为了保护经济状况等个人隐私放弃对廉租住房的申请。此外，对于人户分离的情况，通过公示实际上并不能起到有效的监督作用。

③ 在具体实践中，廉租对象界定基本上套用了城市最低生活保障制度对城市贫困人口的界定，容易产生界定对象的偏差。

表 14-1　中低收入家庭住房梯度补贴排序表

优先级别		收入状况	产权状况	居住条件	生活负担
高优先级别	I	无或极低	承租或借住	极端困难	很重
	II	极低或低	拥有或承租	很困难	较重
	III	较低、低或中等	拥有或承租	较困难或有其他问题	较重
中优先级别	I	较低、低或中等	承租	拥挤或较差	较重、一般
	II	较低、低或中等	拥有	拥挤或较差	较重、一般
低优先级别	I	低或中等	老年承租者	拥挤或一般	有压力或一般
	II	中等	年轻承租者	一般	一般

14.2.2.3　廉租住房的配租标准

廉租住房的配租标准也叫廉租房的保障标准。由于各个城市的经济发展水平和居民住房状况存在差异，各个城市的配租标准也不同。

（1）配租标准的含义

配租标准包括两种情形：对于直接给低收入家庭提供住房，配租标准指的是廉租住房的面积和装修档次；对于直接给低收入家庭提供住房补贴，配租标准指的是住房补贴的发放标准。

各个城市的配租标准各不相同。在配租面积上，一般是根据原有居民的平均住房面积确定一个标准，这个标准确定的原则为"不低于并适度超过全社会居住水平一般的标准"；在住房补贴上，一般是按市场租金的一定比例，或者参照原有公房租金，但都同当地的经济发展水平和家庭的平均收入水平相一致。

（2）实物配租标准的确定

实物配租廉租住房应以政府收购现有旧住房为主，主要面向孤、老、病、残等特殊困难家庭及其他急需救助的家庭。对于这种模式的配租标准，主要考虑房屋的面积标准和装修标准。

实物配给的住房面积，是廉租住房申请对象最关心的问题。如果房屋面积过小，达不到廉租住房政策实施的目的，体现不出廉租房政策的优越性；如果房屋面积过大，不仅寻找房源有困难，而且还会造成资源的浪费，不能用有限的资源满足更多低收入家庭的住房要求。

① 实物配租面积标准的确定　我国各城市经济发展水平不均衡，廉租房实物配租面积标准也不一致。在满足申请家庭生存要求的基础上，尽量以低标准为原则提出。

a. 应以低收入家庭的温饱生活水平为基准，至少应满足卫生标准，一个双困户家庭至少应配给一间住房。

b. 对于配给的房屋至少应设有卧室或起居厅。考虑到中国很多城市的实际，实物配租很可能分配到老式筒子楼或平房，厨房和卫生间的要求可以适当降低标准，但房间内外至少应有一定的预备空间作为厨房。如果房间中没有卫生间，至少附近 50m 内有公共卫生间。

c. 确定面积配租标准时主要考虑承租人家庭人口数的影响。依照人数越多、面积越大，人数越少、面积越小的原则。

d. 为方便分配和测量，标准的制定应以使用面积或居住面积计量，不用建筑面积。

根据以上原则估算出廉租房实物配租的面积控制标准如表 14-2 所示。

表 14-2　廉租房实物配租的面积控制标准

家庭模式/（人／户）	1	2	3	4	5	6
面积控制标准/m²	15～20	20～30	30～40	40～50	50～60	60～70

② 实物配租装修标准的确定　装修标准的确定也是廉租房实物配租的重要方面。装修档次过低，不能满足申请廉租住房家庭的基本生活需求；装修档次超出实际需求的范围，也会加大房屋的维修成本，给申请家庭带来额外的负担。

（3）租金补贴标准的确定

租金补贴标准的确定主要包括两个方面：租金的构成影响租金补贴标准的宏观因素。

① 租金构成　租金构成有三种：标准租金、成本租金和完全租金。

a. 标准租金：包括折旧费、维修费和管理费，标准租金是住房直接消耗的最基本费用。

b. 成本租金　成本租金是住房租金正好补偿住房出租者所消耗的全部成本费用的租金水平，它是在标准租金的基础上再加上地租、利息、保险费和税金组成的。成本租金是盈利与亏损的临界点，是确定住房租金的最低经济界限。

c. 完全租金　完全租金又称商品租金或市场租金，是住房经营者正常投入得到合理补偿并产生一定利润的租金。

实践证明，对于廉租住房用户即使是标准租金，对于最低收入家庭也会造成较大的经济负担。

② 宏观因素

a. 国内生产总值（GDP） 一般情况下，GDP 越高就表示一个城市具有越高的社会发展水平和经济实力，能够给予最低收入家庭的关注就越多，配租标准相对也较高。

b. 地方财政收入 地方财政收入代表了政府的财力，政府的财政收入越高，能够给予最低收入家庭保障的资金就越充足，配租标准就会越高。

c. 城镇居民的可支配收入 城镇居民的可支配收入同配租标准存在一定的正比关系。

d. 房屋租赁市场平均租赁价格 房屋租赁市场平均租赁价格同配租标准存在正比的关系：市场平均租赁价格越高，需要补贴的金额就越多，配租标准就越高。

e. 城市低保优抚对象人数 城市低保优抚对象人数同配租标准存在一定的反比关系，这是因为，政府的投入是固定的，低保优抚对象人数越多，平均到每个人的补贴金额相对就会更少，配租标准就会越低。

以上几个因素对配租标准影响程度从大到小排列依次为：房屋租赁市场平均租赁价格、地方财政收入、GDP、城镇居民的可支配收入、城市低保优抚对象人数。在确定配租标准的时候，要充分考虑到这些因素的影响。

14.2.3 廉租住房建设资金的筹集

在廉租住房建设过程中，各地政府对廉租住房建设资金的投入比例远远低于国家的要求，建设资金的筹集问题是制约廉租住房建设的瓶颈。

14.2.3.1 我国廉租住房建设资金筹集现状

根据《城镇最低收入家庭廉租住房管理办法》的规定，结合已实施廉租房制度城市资金筹集的实践，我国廉租房资金来源主要有以下几种形式。

（1）地方政府财政预算安排的资金

为了保证廉租住房制度的顺利实施，在廉租住房建设中，国家明确规定各城市要以财政预算资金为主，为廉租房的资金来源提供了有力保证。但实际情况是大部分城市所提供的廉租住房建设资金远不能满足要求。造成这种状况的主要原因是我国大部分城市在进行财政支出时，更多集中于当地重点项目的投资，注重项目本身对当地 GDP 的贡献。相比之下，廉租房作为具有社会保障性质的公益性项目，对地区的经济发展显性作用较小，地方政府建设动力不足。

（2）土地出让净收益

我国规定廉租住房建设资金要占土地出让净收益 10%，这一政策出台的时间比较短，其实际的执行情况还不好判断，但是根据财政部《关于 2010 年中央和地方预算执行情况与2011 年中央和地方预算草案的报告》显示，2010 年地方土地出让收入 2.9 万亿元中只有463 亿元用于廉租房保障支出。可见要落实这一政策，还需要进一步加强对地方政府的问责。

（3）住房公积金增值收益

住房公积金的增值收益应当存入住房公积金管理中心在受委托银行开立的住房公积金增值收益专户，可以用于建设城市廉租房住的补充资金，解决城市廉租住房的建设问题。我国大部分城市的住房公积金制度发展还不完善，住房公积金增值有限，一般情况下仅仅能够支付需补偿风险准备金以及公积金管理中心的管理费用，能用作廉租住房建设的资金并不多，不能在廉租住房的建设中发挥作用。

（4）直管公房销售收入

直管公房是中国旧住房管理体制下解决居民住房问题的重要途径，在各地实践中，直管公房销售收入也是难保证对廉租住房建设资金的支持。目前我国大部分城市的直管公房销售款在支付了转制资金后余额一般很少，很难再为廉租房建设提供资金。

（5）社会福利彩票收益

发行社会福利彩票作为一种常规性的融资方式在社会保障方面应用的比较多，比如弥补在各种自然灾害人民生命财产受到的损失、建设养老院、扶助贫困地医学生等项目。廉租住房作为社会保障体系的重要组成部分，同样也是社会福利救助的主要对象，因此从社会福利奖券的筹集款中适当提取一定比例，专项用于廉租住房，也比较符合发行社会福利彩票的初衷。但是福利彩票具有投机性，在社会上容易产生消极负面的影响，加之在运行管理中社会监督成本较高，因此只能将其作为筹集廉租住房资金的补充。

（6）社会捐款

社会捐款一直以来作为社会保障的补充筹资形式，类似于社会福利彩票的用途，具有专款专用性质。从目前的统计来看，社会捐款一般集中用于遭受自然灾害损失的群体、建设希望小学等方面。相比之下，对于日常社会保障项目捐款较少，因此对廉租住房建设提供的资金量很小。

从以上分析可以看出，以目前的资金来源渠道进行廉租住房建设还具有相当大的难度。以上廉租住房的资金来源渠道，除了土地出让金以外，都没有法规明确规定各种资金渠道所应提供的用于廉租房的固定资金数量或比例，最终造成廉租房建设资金很难得到实质性的保障。

14.2.3.2　廉租住房建设资金筹集渠道的拓展

我国目前廉租房资金供给现状不能满足建设的要求，因此要对廉租住房建设资金筹集渠道进行新的探索。

（1）加大住房公积金利用规模

加大住房公积金利用规模主要从三方面入手：一是扩大住房公积金覆盖面。二是建立弹性公积金缴存率制度。三是提高公积金运作效益。目前中国住房公积金运作中收益最高的是发放个人住房贷款，要加强住房公积金运作的资金规模，丰富运作方式，提高住房公积金运作的收益。

（2）征收住房保障税

筹集社会保障资金的方式主要有缴税式、缴费式和储蓄式。可以探索引入税收机制，设立住房保障税这个新税种，作为廉租住房保障项目的资金来源，专项用于廉租住房建设，从而建立起适合我国情的社会保障融资体系。需要注意的是处理好住房保障税和其他相关税费之间的衔接问题。

14.2.4　廉租住房的退出机制

14.2.4.1　建立退出机制的意义

对于任何一个家庭来说收入和经济状况是在时刻发生变化的，如果家庭情况发生变化，不再符合保障要求的门槛，就应该退出受保障的范围之类，把这部分公共资源留给更需要的家庭。

廉租房政策一方面要不断调整准入门槛确保受保障的家庭名副其实；另一方面对于已经享受廉租房的家庭，一旦不再符合准入标准，也应根据规定有序退出。退出机制不同于准入机制，它是一种事后控制机制，只有有效的审查和确定退出对象，才能保证有限的廉租资源起到最大的保障作用。

14.2.4.2 建立退出机制的难点

（1）退出条件设计单一

目前各地的廉租家庭退出条件大多为连续半年或一年的收入超过民政部门认定的享受低保标准。但实际上，由于公房制度在一定范围内存在，符合低保条件的家庭未必存在住房困难的现象。对于已享受廉租补贴的低保家庭，在住房条件改善后，也应及时退出廉租房。但目前的退出条件单一，或者说退出前提不完备，不利于退出机制的有效实行。

（2）对享受廉租房家庭收入变动的监管难度大

廉租家庭收入应该通过建立个人信用制度来进行监测。我国没有建立个人信用制度，也没有建立个人收入申报机制，还不能对家庭的隐形收入进行有效的统计，特别是低收入家庭的成员，大多从事临时性工作，收入的变化更难以监督和掌握。只能依靠廉租家庭自行申报，管理部门通过民政、街道、居委会等渠道核实，导致监督居民的实际收入变得异常困难。

（3）社会约束体系不健全

完善的社会法制体系和政策体系是形成退出机制的重要保证之一。当廉租家庭收入提高，已不符合享受条件，必须有明确而具体的退出政策体系和具体的法规制度相对应，对于拒不接受退出的家庭有直接有效的强制约束力。否则，管理部门不能强制执行，法制部门无法可依，拒不退出者有恃无恐，其结果是福利资源没有能够用在最需要的居民身上，制度的实际成效降低。

14.2.4.3 如何建立科学有效的廉租住房退出机制

首先，要完善法律法规，加强个人收入监管，加快个人信用制度建设，依靠制度约束确保不再符合条件的廉租户退出。这是决定廉租退出机制能否建立并有效运行的最关键因素。

其次，注重廉租住房的建设发展，及时调整退出政策，通过利益驱动促使不符合条件的廉租对象主动退出。要通过一系列优惠政策，鼓励廉租户自主退出，自行置业。例如规定廉租户自觉主动地退出廉租房，就能得到低息购房贷款、优先购买经济适用房、购房税费减免等政策性优惠；若不主动退出，有管理部门强制执行后，不仅得不到置业优惠，而且还要承担相应的法规责任。这样就可以极大地调动部分条件转好家庭退出廉租房的积极性。

最后，更多地采取租金补贴的运作模式，从根源上避免退出难和收租被动的局面。逐步推广并完善货币化租金补贴的运作模式是廉租住房制度的发展方向，而且租金配租相对实物配租来讲简便易行，降低了退出机制的操作难度。

14.3 公共租赁住房制度

随着城镇化推进，进城务工人员逐渐增多，他们的居住条件也急需改善，在这样的背景下，我国的住房保障领域逐渐形成了一个游离于保障制度覆盖范围之外的住房困难群体，通常我们称之为住房"夹心层"。

住房"夹心层"主要包含两个群体：一是不符合廉租房租赁条件、又买不起适用房的城市低收入住房困难家庭。二是不符合经济适用房申购条件、又买不起商品房的低中收入住房困难家庭。

14.3.1　公共租赁住房制度概述

公共租赁房制度主要是用于解决住房"夹心层"住房困难的政策。目前来讲，住房"夹心层"主要包括新就业职工和大学毕业生、从外地迁移到城里工作的群体等。

14.3.1.1　公共租赁住房的含义

公共租赁房简称公租房，指的是政府提供政策支持，限定户型面积、供应对象，用低于市场价或者承租者承受起的价格，面向城镇中低收入住房困难家庭等群体出租的住房。公租房的产权不是归个人所有，而是由政府或公共机构所有。

公租房与廉租房都是只租不售的保障性住房，但是它们在保障范围、保障对象、租金水平等方面存在着如下差异。

① 廉租房的保障范围相对于公租房来说比较小，主要针对的是具有本市户籍的低收入家庭，带有救助性质。而公租房主要是面对城市中等偏下收入住房困难家庭，有条件的地区其申请对象一般不受户籍的限制，更多体现的是临时性质。

② 廉租房在租金方面由于面对的是低收入家庭，一般只是象征性地收取住房租金。公租房的租金相比于廉租房更高一些，但低于商品房租赁市场的租金水平，体现出住房的保障性。

而廉租房一般没有租赁期的限制，只要符合条件就可以申请继续承租，直至不符合条件为止。

14.3.1.2　公共租赁房政策的创新意义

公共租赁房在很多方面更能够充分体现住房保障的保障性。

（1）公共租赁房体现了住房保障的首要目标

住房保障的首要目标是人人都能享有适当的住房。长久以来我国的住房租赁市场不健全，老百姓不容易找到合适的承租住房，还要承担随时搬家的压力，多数人感觉靠租赁房屋生活等同于没有保障。可是总会有相当一部分居民无论如何也无法支付购房的巨大开支，因此，公共租赁住房是一种行之有效的住房保障形式。

（2）满足了住房保障中的过渡性保障

住房保障对象是收入较低的住房困难家庭。然而家庭收入的高低是动态的，有很大一部分只是暂时性困难，特别是对于新就业的职工而言，住房困难可能只是很短的时期，他们所需要的是临时性或者是过渡性的住房保障。公共租赁房恰恰具备满足过渡性居住需求的特点。

（3）住房保障的标准是满足底层民众的基本需求

保障标准的制定应紧密应结合现阶段社会最低生活要求，我国当前经济发展水平还不高，财政承受能力还相当有限，面对数量庞大的住房困难家庭，政府住房保障的首要任务是要解决无房或住房困难人群的基本居住需求，因此应该首先提供让这部分人群租得起的公共租赁房，而不是让他们先去购买拥有产权的住房。

14.3.2　公共租赁住房政策的具体规定

14.3.2.1　公共租赁房的房源筹集

公共租赁住房房源通过新建、改建、收购、在市场上长期租赁住房等方式多渠道筹集。新建公共租赁住房以配建为主，也可以相对集中建设。要科学规划，合理布局，尽可能安排在交通便利、公共设施较为齐全的区域，同步做好小区内外市政配套设施建设。

在外来务工人员集中的开发区和工业园区，政府应当按照集约用地的原则，统筹规划，引导各类投资主体建设公共租赁住房，面向用工单位或园区就业人员出租。

　　新建公共租赁住房主要满足基本居住需求，应符合安全卫生标准和节能环保要求，确保工程质量安全。成套建设的公共租赁住房，单套建筑面积要严格控制在 $60m^2$ 以下。以集体宿舍形式建设的公共租赁住房，应认真落实宿舍建筑设计规范的有关规定。

14.3.2.2　公共租赁房的租赁管理

　　公共租赁住房供应对象主要城市中等偏下收入住房困难家庭。有条件的地区，可以将新就业职工和有稳定职业并在城市居住一定年限的外来务工人员纳入供应范围。公共租赁住房的供应范围和供应对象的入线标准由市、县人民政府确定。已享受廉租住房实物配租和经济适用住房政策的家庭，不得承租公共租赁住房。

　　公共租赁住房租金水平，由市、县民政府统筹考虑住房市场租金水平和供应对象的支付能力等因素合理确定，并按年度动态调整。符合廉租住房保障条件的家庭承租公共租赁住房的，可以申请廉租住房租赁补贴。

　　公共租赁住房出租人与承租人应当签订书面租赁合同。公共租赁住房租赁合同期限一般为 3～5 年。承租人应当按照合同约定合理使用住房，及时交纳租金和其他费用。租赁合同期满后承租仍符合规定条件的，可以申请续租。

　　公共租赁住房只能用于承租人自住，不得出借、转租或闲置，也不得用于从事其他经营活动。承租人违反规定使用公共租赁住房的，应当责令退出。承租人购买、受赠、继承者租赁其他住房的，应当退出。对承租人拖欠租金和其他费用的，可以通报其所在单位，在其工资收入中直接划扣。

14.3.2.3　公共租赁房建设与运营的扶持政策

　　公共租赁住房建设用地应该纳入到各地的年度土地供应计划，予以重点保障。面向经济适用住房对象供应的公共租赁住房，建设用地实行划拨供应。其他方式投资的公共租赁住房，建设用地可以采用出让、租赁或作价入股等方式有偿使用。并将所建公共租赁住房的租金水平、套型结构、建设标准和设施条件等作为土地供应的前置条件，所建住房只能租赁，不得出售。

　　市县人民政府要通过直接投资、投资补助、贷款贴息等方式，加大对公共租赁住房建设和运营的投入。省、自治区人民政府要给予资金支持。中央以适当方式给予资金补助。

　　对公共租赁住房的建设和运营给予税收优惠。公共租赁住房建设涉及的行政事业性收费和政府性基金，按照经济适用住房的相关政策执行。

　　鼓励金融机构发放公共租赁住房中长期贷款。支持符合条件的企业通过发行中长期债券等方式筹集资金，专项用于公共租赁住房建设和运营。探索运用保险资金、信托资金和房地产信托投资基金拓展公共租赁住房融资渠道。政府投资建设的公共租赁住房，纳入住房公积金贷款支持保障性住房建设试点范围。公共租赁住房建设实行"谁投资、谁所有"，投资者权益可依法转让。

14.3.3　公共租赁住房的监督管理

14.3.3.1　公共租赁房的投资管理

　　将公共租赁房建设纳入各级政府的财政预算。公共租赁房作为社会公共物品的重要组成部分，需要政府统筹安排，作出专项规划，并通过相应的财力给予保证。

　　各级政府是住房的保障主体，对行政区域内的缺房者要切实履行保障责任，做到应保尽保。我国大中城市以及城市规划区外的工矿所在地、教育文化卫生等单位必须建设一定数量的公共租赁房，以满足流动人口的需要。

14.3.3.2　公共租赁房的实体管理

　　公共租赁房与商品房的建设有很大区别，前者要按照政府的保障目标建设房屋实体，对面积、房型、结构都有特定的要求；后者则是以市场需求为导向，市场有什么样的需求，开发商就会提供什么样的商品房。从实现保障目标出发，政府既要对公共租赁房的面积作出规定，还要考虑保障者的基本生活问题，即公共租赁房的设计要突出功能性，选址尽量在交通发达的地段；配套建设要相对齐全，为租住者生活和工作提供便利条件。

14.3.3.3　住户进入、退出的管理

　　政府应建立一套严格的公共租赁房住户进入、退出管理机制。确定申报公共租赁房的资格，并按照不同的租金提供保障住房；与住户签订合约，规范责任；探索先租后买的进入退出路径，有些住户经济条件变化后，有可能不愿意退出公共租赁房，政府要给他们以适当的过渡期，对于坚持居住者，政府可以同等的商品房价格出售，并将获得的收入重新投入公共租赁房建设。

14.4　经济适用住房保障制度

14.4.1　经济适用住房保障制度概述

　　经济适用房，是指政府提供政策优惠，限定套型面积和销售价格，按照合理标准建设，面向城市低收入住房困难家庭供应，具有保障性质的政策性住房。从经济适用性住房保障制度建立起到今天的 10 多年时间里，这项制度一直是我国住房保障体系中非常重要的组成部分，它有力地促进了住房制度改革，对改善住房供应结构、平抑房价，特别是在解决中低收入家庭住房困难方面发挥了积极的作用。

14.4.1.1　经济适用住房与商品房的区别

　　（1）用地取得方式有所区别

　　经济适用住房的用地是由国家划拨提供，普通商品房的用地以出让方式提供。划拨土地无使用年限限制，但国家可无偿征用。出让土地的使用期限一般最长为 70 年，国家可以征收但应当给予补偿。

　　（2）在价格上存在差异

　　经济适用住房的价格应当以保本微利为原则，并与城镇中低收入家庭经济承受能力相适应，与同一区域内的普通商品住房价格保持合理差价。开发商销售经济适用住房的利润不得超过其开发成本的 3%。普通商品房的售价也受国家管理，但其利润不受限制，可根据市场供求来决定售价。

　　（3）在建设方式与标准上有所不同

　　在建设方式上，经济适用性住房一般由政府直接组织建设，也可以按照政府组织、企业市场运作的方式，实行项目法人招投标，择优选择符合条件的开发商建设。普通的商品房则由具有经营资质的房地产开发企业开发经营，完全按照市场规律运作。

　　在建设标准方面，经济适用住房一般为中小套型，中套住房面积控制在 $80m^2$ 左右，小套住房面积控制在 $60m^2$ 左右。普通商品房一般按照市场需求进行住房面积的设计，没有建设面积方面和购买面积方面的控制。

　　（4）销售对象不同

　　经济适用住房的销售对象为城镇中低收入家庭，并且每个家庭只能购买一套。普通商品房则无销售对象和销售数量的限制。

（5）使用性质存在差别

经济适用住房购买人以市场价出售经济适用住房后，不得再购买经济适用住房；如需换购，必须以届时经济适用住房价格出售给取得经济适用住房购买资格的家庭后，方可再次申请。凡已经购买了经济适用住房的人员，不得再次参加集资、合作建房。购买普通商品房则不受数量限制，也不影响其参加集资、合作建房。

经济适用住房在取得房屋所有权证和土地使用证一定年限后，可按市场价上市出售；出售时，应当按照届时同地段普通商品住房与经济适用住房差价的一定比例向政府交纳收益。具体年限和比例由市、县人民政府确定。并且出售时需缴纳土地出让金。普通商品房的二次出售不受上述限制，完全由业主根据市场行情自行决定，也无需缴纳土地出让金。

个人购买的经济适用住房在未向政府补缴收益前不得用于出租经营。普通商品房的出租无需向政府补缴收益，只需办理相关手续即可。

14.4.1.2 建设经济适用住房的意义

建设经济适用房，让符合条件的家庭能有安稳的居所，在维护社会稳定、体现社会公平、促进社会和谐方面有着十分重要的意义。

14.4.2 经济适用住房保障制度的政策

我国经济适用房制度改革发展的十多年历程中，其政策在不断的出台和完善。总的说来，保障属性、产权关系、土地供应方式、优惠政策等都保持了连续性，供应对象由中低收入家庭有计划有步骤地转化为有购买能力的低收入家庭，但是在落实产权关系、明确收益分配等关键的环节还需要改进和加强。各地政府也根据中央精神，陆续出台了适合本地区的经济适用房管理办法用以指导本地经济适用房政策的落实。

14.4.2.1 国家出台的经济适用房相关政策

从经济适用住房政策出台至今，国家出台的相关政策可以总结如表 14-3 所示。

表 14-3　国家出台的经济适用住房政策

序号	时间	文件名称	主要内容
1	1994 年	《国务院关于深化城镇住房制度改革的决定》	提出建立经济适用房制度的思路
2	1994 年	《城镇经济适用住房建设管理办法》	建立经济适用房制度
3	1998 年	《国务院关于进一步深化城镇职工住房制度改革，加快住房建设的通知》	提出停止住房实物分配，逐步实现住房分配货币化以及建立和完善以经济适用房为主的多层次城镇住房供应体系
4	1999 年	《已购公有住房和经济适用住房上市出售土地出让金和收益分配管理的若干规定》	规范已购公有住房和经济适用住房上市出售土地出让金和收益分配管理
5	2003 年	《国务院关于促进房地产市场持续健康发展的通知》	明确经济适用房是具有保障性质的政策性住房
6	2004 年	《经济适用住房管理办法》	改进和规范经济适用住房制度
7	2006 年	《国务院办公厅转发建设部等部门关于调整住房供应结构稳定住房价格意见的通知》	引导和促进房地产业持续稳定健康发展
8	2007 年	《国务院关于解决城市低收入家庭住房困难的若干意见》	要求规范经济适用房供应对象，合理确定经济适用房标准，严格经济适用房上市交易管理，加强单位集资合作建房管理
9	2007 年	修订《经济适用住房管理办法》	进一步改进和规范经济适用住房制度
10	2008 年	《国务院办公厅关于促进房地产市场健康发展的若干意见》	提出住房公积金现实资金补充用于经济适用住房建设

14.4.2.2 经济适用房政策（以北京为例）

由于我国各地区经济发展存在差异，各城市经济适用房的政策不尽相同，本节以北京市为例，对经济适用房建设和管理政策进行阐述和说明。

（1）供应对象

《北京市经济适用住房管理办法》（试行）中规定申请购买经济适用住房的家庭应符合以下条件（表14-4）。

① 申请人须取得本市城镇户籍时间满3年，且年满18周岁，申请家庭应当推举具有完全民事行为能力的家庭成员作为申请人。单身家庭提出申请的，申请人须年满30周岁。

② 申请家庭人均住房面积、家庭收入、家庭资产符合规定的标准。

表14-4 经济适用房准入标准（http://www.bjjs.gov.cn/）

区县	家庭人均住房使用面积/m²	家庭年收入和资产情况/万元									
		1人户		2人户		3人户		4人户		5人户及以上	
		年收入	资产	年收入	资产	年收入	资产	年收入	资产	年收入	资产
城六区	10	2.27	24	3.63	27	4.53	36	5.29	45	6	48
门头沟区	10	2.27	24	3.63	27	4.53	36	5.29	45	6	48
房山区	10	2.12	20	3.39	27	4.53	36	4.94	45	5.603	48
通州区	10	1.82	19.2	2.9	21.6	3.62	28.8	4.23	36	4.8	38.4
顺义区	10	1.96	13	3.16	19	3.91	26	4.51	32	5.12	38
昌平区	10	2.14	15	3.63	22	4.2	30	4.85	37		
大兴区	10	2.1	15	3.37	23	4.18	30	4.86	38	5.24	40
怀柔区	10	1.98	12	3.19	18	3.94	24	4.55	30	5.22	36
平谷区	10	1.816	19	2.904	21	3.624	28	4.232	36	4.8	38
密云县	10	1.872	11.1	3.0312	16.7	3.732	22.2	4.2924	27.8	4.3992	33.3
延庆县	10	1.89	11.4	3.06	17.1	3.77	22.8	4.34	28.5	4.91	34.2

申请家庭成员之间应具有法定的赡养、扶养或者抚养关系，包括申请人及其配偶、子女、父母等。但申请家庭成员中已享受经济适用住房政策或已作为其他家庭的成员参与经济适用住房申请的人员，不得再次参与申请。

家庭住房是指全部家庭成员名下承租的公有住房和拥有的私有住房。申请家庭现有2处或2处以上住房的，住房面积应合并计算。

家庭收入是指家庭成员的全部收入总和，包括工资、奖金、津贴、补贴、各类保险金及其他劳动收入、储蓄存款利息等。

家庭资产是指全部家庭成员名下的房产、汽车、现金和有价证券、投资（含股份）、存款、借出款等。

（2）房源筹集

经济适用住房采取集中建设和商品住房项目配建方式筹集，也可采取在市场上收购二手房、单位集资合作建设的房屋或社会机构投资建设的房屋等方式筹集。

采取集中建设方式的，项目用地由市、区县土地储备机构提供，由市、区县政府组织公开招标，确定项目法人或代建单位。

采取配建方式的，由市规划委、市国土局等部门在区域适宜的商品住房建设项目中，确定经济适用住房的建设比例。土地入市交易时，与商品住房项目同时招标、配套建设，分别销售、分别管理。

（3）优惠政策

① 建设用地以行政划拨方式供应。

② 免收建设和经营中的行政事业性收费。

③ 经济适用房小区的室外基础设施建设费用由政府负担。

（4）审核备案

对申请购买经济适用住房的家庭实行三级审核、两级公示制度。

① 申请：申请家庭向户口所在地街道办事处或乡镇政府提出申请。

② 初审：街道办事处或乡镇政府通过审核材料、入户调查、组织评议、公示等方式对申请家庭的收入、住房、资产等情况进行初审，提出初审意见，并将符合条件的申请家庭报区县住房保障管理部门。人户分离家庭在户口所在地和实际居住地同时进行公示。

③ 复审：区县住房保障管理部门对申请家庭进行复审，符合条件的，将申请家庭的情况进行公示，无异议的，报市建委。

④ 备案：市建委对区县住房保障管理部门上报的申请家庭材料进行复核，符合条件的，市建委予以备案。区县住房保障管理部门为经过备案的申请家庭建立市、区县共享的住房需求档案。

对符合条件的家庭，由区县住房保障管理部门组织轮候摇号配售。其中划拨经济适用住房建设用地涉及的被拆迁家庭、重点工程建设涉及的被拆迁家庭、旧城改造和风貌保护涉及的外迁家庭以及家庭成员中含有 60 周岁以上（含 60 周岁）老人、严重残疾人员、患有大病人员、优抚对象、复员军人等住房困难家庭可优先配售。

符合条件的申请家庭只能按照规定的标准购买 1 套经济适用住房。

（5）轮候配售

经审核通过并备案的申请家庭进入轮候期，由区（县）住房保障管理部门统一组织摇号配售。

由区（县）住房保障管理部门公布房源信息，内容包括房源位置、套数、工期、户型面积、销售价格、供应对象范围、认购登记时限、登记地点等内容。

有购房意向且已通过资格审核的申请人应在规定的时限内到指定地点登记。登记情况由区（县）住房保障管理部门在相关媒体公布。

区（县）住房保障管理部门根据申请家庭困难程度对登记居民排序，按照一定比例选出入围家庭公开摇号。入围家庭名单通过媒体公布。

区（县）住房保障管理部门组织公开摇号，确定选房顺序。摇号排序过程邀请人大代表、政协委员、政风行风监督员以及新闻媒体监督。摇号排序过程应当由公证部门全程监督并出具公证证明，摇号排序结果通过相关媒体公布。

摇号结果公布后，摇中的申请人须在规定期限内持身份证明到街道（乡镇）住房保障管理部门领取选房排序单。

申请家庭需在规定期限内持户口本、身份证明及选房排序单到指定地点按顺序选房，并与开发建设单位签订经济适用住房购买合同。

申请人未在规定时间内选房或签订购房合同，视同放弃购房资格，但可重新参加摇号排序。同一申请家庭只能放弃两次购房机会，之后须重新提出申请。

经济适用住房配售面积标准为人均使用面积 15 平方米。申请家庭将原住房腾退给区

（县）住房保障部门的，按全额配售面积标准配售；不腾退原房的，按差额面积配售。

申请家庭原住房腾退及补偿的具体办法，由区（县）政府根据本区（县）实际情况制定。

对无房家庭原则上二人及二人以下户配售一套一居室，三人户最大配售一套两居室，四人及四人以上户最大配售一套三居室，超出配售标准的面积需在产权证上注记。腾退原房的，按无房户标准配售。重残家庭、重大疾病人员家庭人口不足 2 人的，配售面积按 2 人计算。

（6）监督管理

通过购买经济适用住房资格审核的城市低收入家庭每年应按期向街道（乡镇）住房保障管理部门如实申报家庭收入、人口、住房、资产等变动情况。

区（县）、街道（乡镇）住房保障管理部门应当定期会同民政等相关部门对通过购买经济适用住房资格审核家庭的人口、收入、住房、资产等变动状况进行复核，并根据复核结果对通过购买经济适用住房资格审核家庭的资格及时调整并书面告知当事人。

在轮候期间的申请家庭有下列情况之一的，由区（县）住房保障管理部门做出取消其家庭保障资格的决定。

① 未如实申报家庭收入、家庭人口、住房、资产等状况的；

② 家庭人均收入、资产连续 12 个月以上超出规定的低收入家庭收入标准的；

③ 因家庭人数减少或住房面积增加，人均住房面积超出规定的住房保障标准的；

区（县）住房保障管理部门做出取消经济适用住房购买资格的决定后，应发放《北京市经济适用住房购买资格取消通知书》，并说明理由。

各级住房保障管理部门工作人员应严格执行经济适用住房的申请、审核、公示、摇号、配售、退出等程序，认真履行相关职责。

（7）已购经济适用住房上市

① 已购经济适用住房家庭取得契税完税凭证或房屋所有权证未满五年的，不得按市场价格上市出售，确需出售的，产权人应当向户口所在区县住房保障管理部门提出申请，由区县住房保障管理部门通过摇号等方式确定符合条件的购房人（购房人须按照有关规定，已办理经济适用住房的购买资格审核手续），由购房人按原价购买或由区县住房保障管理部门按原价回购。

② 已购经济适用住房家庭按原价出售住房的，按下列程序办理。

a. 产权人向户口所在区县住房保障管理部门提交书面申请，并提供原购房合同、房屋所有权证、身份证、户口本等材料。

b. 区（县）住房保障管理部门通过摇号等方式确定购房人。购房人放弃购买的，由区（县）住房保障管理部门确定后续的购房人。

c. 购房人查验房屋和相关资料后，与产权人签订购房合同，支付购房款。区（县）住房保障管理部门登记买卖双方信息，出具相关证明。

d. 买卖双方持购房合同、区（县）住房保障管理部门出具的证明以及其他相关材料，向区（县）房屋权属登记部门申请办理房屋转移登记手续。房屋权属登记部门将房屋产权登记在购房人名下，并在房屋权属证书上注记"经济适用住房"字样。

③ 区（县）住房保障管理部门按原价回购已购经济适用住房的，按下列程序办理。

a. 产权人向户口所在区（县）住房保障管理部门提交书面申请，并提供原购房合同、房屋所有权证、身份证、户口本等材料。

b. 区（县）住房保障管理部门对申请材料进行审核并入户查看，了解房屋状况，确认产权人结清水、电、气、热和物业管理等费用。

c. 区（县）住房保障管理部门或其指定单位与产权人签订回购协议，支付购房款。

d. 区（县）房屋权属登记部门凭回购协议及其他相关材料办理房屋转移登记手续，将回购房屋的产权登记在区县住房保障管理部门或其指定单位名下，并在房屋权属证书上注记"经济适用住房"字样。

区（县）住房保障管理部门回购的住房继续向符合条件的家庭配售或作为实物配租房源向廉租家庭配租，所需回购周转资金由各区县财政统筹安排。

④ 已购经济适用住房家庭取得契税完税凭证或房屋所有权证满五年后，可以按市场价出售所购住房。产权人应按原购房价格和出售价格价差的70％补交土地收益等价款。同等价格条件下，已购经济适用住房产权人户口所在区县住房保障管理部门可以优先回购。

出售价格低于市有关部门公布的同地段房屋状况基本相似的普通商品住房价格（以下简称指导价格）的，应按指导价格计算价差。买卖双方对指导价格有异议的，可委托有资质的房地产估价机构对房产价格进行评估，所需评估费用由委托方承担。

购房人按市场价购买已购经济适用住房后，取得商品房产权。

产权人也可以按原购房价格和同地段房屋状况基本相似的普通商品住房价差的70％补交土地收益后取得商品房产权。

（7）违规处理

① 经济适用住房建设单位有下列行为之一的，由相关部门依法进行处理。

a. 未经批准擅自改变经济适用住房土地用途的，由市国土局处理。

b. 违反经济适用住房价格管理有关规定的，由市发展改革委处理。

c. 擅自向未经住房保障管理部门确定的配售家庭出售经济适用住房的，由区县建委责令建设单位限期收回；不能收回的，由建设单位补交同地段经济适用住房与商品住房的差价，并对建设单位给予处罚。

② 对弄虚作假，隐瞒家庭收入、住房和资产状况及伪造相关证明的申请人，由区县住房保障管理部门取消其申请资格，5 年内不得再次申请；构成犯罪的，移交司法机关依法追究刑事责任。已骗购经济适用住房的，擅自改变房屋用途的，擅自转租或转借他人居住的，由区县住房保障管理部门责令购房人退回已购住房或按同地段商品住房价格补足购房款；构成犯罪的，移交司法机关依法追究刑事责任。

③ 对为申请人出具虚假证明的单位，由市建委提请其上级主管部门或监察部门依法追究单位主要领导和相关人员的责任；构成犯罪的，移交司法机关依法追究刑事责任。

④ 对有关部门和单位工作人员在申请家庭资格审查和经济适用住房建设、销售、管理等过程中，玩忽职守、滥用职权、徇私舞弊的，依法追究行政责任；构成犯罪的，移交司法机关依法追究刑事责任。

14.4.3　经济适用住房保障制度存在的问题及解决措施

我国经济适用住房制度经历了十几年的改革和发展，促进了住宅建设投资规模的增加，为住宅建设拉动经济增长发挥了积极作用，同时明确了合理的住房价格构成，对过高的商品房价起到了平抑的作用，并且保障了中低收入居民的购房利益，有力地促进了中低收入居民住房困难的解决。在取得了成就的同时，也存在着一些社会比较关注的突出问题。

14.4.3.1　经济适用房制度存在的问题

（1）经济适用房的价格偏高

经济适用房的建设用地是由政府统一划拨的，房地产开发商不缴纳土地出让金，还享有减免各种行政事业性收费的优惠，大大降低了开发商的建设成本，因此价格也应该比普通商品房低。但实际情况远非如此，其价格远超出了中低收入家庭的承受能力。

（2）经济适用房的购买对象失控

经济适用房的购买对象为低收入住房困难的家庭，但这个"低"的具体标准并不统一，由各个地方政府按当地的实际情况自行确定。在政策的具体实施过程中，由于居民收入项目不统一，居民数量多等原因，致使政府难以准确核定低收入家庭的实际收入，因而导致了经济适用房购买对象失控。

（3）经济适用房体制在监管过程中出现的问题

经济适用房体制在监管过程中出现的问题主要有：缺少对建造标准的监督；对操作程序缺乏监督；缺少对售后管理的监督等。

14.4.3.2　解决措施

（1）政府要合理界定购买者收入线

各级政府作为经济适用房政策的实施主体，要对购买者收入线进行合理界定。在确定购房者收入线时，政府的相关部门应综合考虑各种因素，如城市居民的年平均收入、房屋基础价格等。在此基础上合理确定购买对象的标准线，并定期公布和修改标准线，确保购买者收入线符合居民的实际情况，保证经济适用房能够真正为需要的人所用。

（2）政府要合理确定经济适用房的价格

为使经济适用房的价格确定更加合理，可以建立起经济适用房价格审定制度和成本约束机制。一方面要把性质不同的房屋进行归类，对其市场进行整顿，逐步规范房地产市场的秩序。另一方面，各主管部门应该出台相关的管理办法，把已建好的经济适用房按其大小进行销售，以保证经济适用房项目建设的真实性、有效性。

（3）完善体制监督过程的相关对策

a. 加强政府内部监督。首先要在政府机构内部建立合理的监督体系。一方面，政府内部上下级之间要形成互相监督的机制，以加强内部监督。可通过引入问责机制来确保执行机构的责任切实落实到位。另一方面，政府要成立专门的监督机构监督经济适用房的建设和销售，以确保经济适用房能真正为中低收入家庭所用。

b. 加强社会监督。政府可以借助报刊、电视等媒体对经济适用房的购买者进行公示，以使审批结果透明化。另一方面，政府要公开申购人的资格，以便于接受媒体和民众的监督。

14.5　住房保障制度案例

案例 1　廉租房住户违规出租房屋案

（1）基本案情

2009 年 12 月，保障性住房管理单位与原告刘某签订了《廉租住房租赁合同》，约定将廉租房小区房屋出租给原告。根据相关规定以及合同约定，如原告擅自转租、转借或有其他情形，廉租住房管理机构则有权解除合同，收回房屋。

2010 年，管理单位发现原告擅自转租其廉租住房遂制止，但原告仍再次转租，其行为严重违反有关廉租住房保障办法的规定以及《廉租住房租赁合同》的约定，管理单位于2011 年 1 月作出决定解除合同，收回房屋。原告认为保障房管理单位的决定违法，遂提起本案诉讼。

(2) 案例审理

经人民法院审理，认为原告擅自转租房屋的事实成立，保障房管理单位的决定符合有关规定，并判决驳回原告的诉讼请求。

(3) 案例评析

廉租住房制度是国家为改善民生、解决低收入家庭住房困难的重大举措，在目前的廉租住房规模尚不能完全满足全部低收入家庭住房需求的情况下，在许多的低收入家庭只能获得廉租住房租金补贴的情况下，原告取得实物配租的廉租住房是十分幸运的，理应珍惜来之不易的廉租住房。廉租住房管理机构应当严格执行保障性住房规定、督促廉租户严格履行廉租住房租赁合同约定，有责任对违反保障性住房规定和合同约定的行为及时查处，维护绝大多数低收入家庭的合法权益，以便保障真正具有住房需求的低收入家庭。

案例2　经济适用房交易案

(1) 基本案情❶

2003年，李某通过申请，以27万元人民币买受位于朝阳区的经济适用房一套。一个月后，李某与黄某签订《房屋转让协议》，约定将该房以40万元人民转让给黄某。2009年，因房价大涨，李某向法院提起诉讼，称黄某不具备购买经济适用房资格，故请求法院判决转让合同无效，要求黄某腾退房屋。

(2) 案例审理

一审法院支持了李某的诉讼请求，黄某上诉，二审认定《房屋转让协议》有效。

(3) 案例评析

根据建设部等七部门发布的《经济适用房管理办法》第三十条规定，"购买经济适用住房不满5年，不得直接上市交易。"《北京市经济适用住房管理办法》第五条详细规定了申请经济适用房家庭的条件。本案中，李某取得经济适用房后，不满一年即转让给黄某的行为明显不符合《经济适用房管理办法》。黄某自签订《房屋转让协议》到诉讼发生之日，一直不具备购买经济适用房的资格，违反了《北京市经济适用住房管理办法》。根据《合同法》第五十二条的规定，"违反法律、行政法规的强制性规定"的，合同自始无效。但《合同法》第五十二条明确规定的是"法律"、"行政法规"的强制性规定。此处的"法律"专指拥有立法权的国家机关依照立法程序制定的规范性文件。《合同法》第五十二条补充了效力评价功能。但该条规定仅限于法律和行政法规。

本案中，李某和黄某私下签订《房屋转让协议》，违反了《经济适用房管理办法》及《北京市经济适用住房管理办法》。但是《经济适用房管理办法》属于部门规章、《北京市经济适用住房管理办法》属于地方行政规章，两者的法律效力层次低于《合同法》第五十二条规定的法律、行政法规，因此不属于《合同法》第五十二条规定的合同无效的情形。李某和黄某在缔约时均为《民法通则》上的完全行为能力人，具备相应的缔结合同的行为能力。且签订《房屋转让协议》的行为系双方真实意思表示，因此，二人签订的《房屋转让协议》应合法有效。据此，在《房屋转让协议》生效后，黄某取得该房屋的所有权，故李某无权要求黄某腾房。

---

❶ 案例来源：http://www.110.com/110网廉租住房案例分析；经济适用住房案例分析。

复习思考题

1. 住房与社会保障的关系如何?
2. 如何确定住房保障对象?
3. 政府提供住房保障的基本形式有哪些? 各自有什么特点?
4. 简述我国的住房保障制度的基本情况。
5. 房地产调控的主要政策手段有哪些?
6. 简述廉租房在我国的发展历程。
7. 我国现行的廉租房建设资金来源渠道有哪些?
8. 简述廉租房与公租房有什么不同。
9. 经济适用房和商品房有哪些区别?
10. 经济适用房制度存在哪些问题?

第15章 其他相关法律

15.1 物 权 法

15.1.1 物权法概述

物权法是规范财产关系的民事基本法律，调整因物的归属和利用而产生的民事关系，包括明确国家、集体、私人和其他权利人的物权以及对物权的保护。

15.1.1.1 物权法立法简述

《中华人民共和国物权法》（以下简称物权法）从1994年列入立法规划到2007年3月16日审议通过，前后历时13年的时间。从2002年12月初次审议到2007年通过，共经过5年8审，创我国立法史上单部法律草案审议次数之最。

2007年3月16日第十届全国人民代表大会第五次会议通过并于2007年10月1日开始实施的，全文共五编十九章，二百四十七条。物权法的立法表明了国家依照法律规定保护公民的私有财产权和继承权。

15.1.1.2 物权法立法的意义

物权法的立法在确认和保护物权、支持保障和促进交易、增进财产利用效益等方面起到了积极的作用。

（1）政治意义

物权法是巩固经济体制改革成果的重要法律制度。完善市场经济体制建设、全面建设小康社会离不开物权法。

（2）经济意义

物权法促进对资源的有效率利用，在一件物品上设立的物权越多，权利的分割越细，利用效率则越高。

（3）社会意义

物权法通过界定财产归属，规范财产利用及调整相邻关系、共有关系、物业管理关系来减少民事财产纠纷。规范国家和政府在征收、征用私人财产过程中的合法行为。反映了现代社会对环境保护的要求，注重生产与环保并重、促进了人与自然的和谐。

15.1.2 物权法中涉及建筑工程领域的相关条文及部分条文解释

物权法的五编十九章二百四十七条中，与建筑工程领域相关的条文如下。

第二条 因物的归属和利用而产生的民事关系，适用本法。

本法所称物，包括不动产和动产。法律规定权利作为物权客体的，依照其规定。

本法所称物权，是指权利人依法对特定的物享有直接支配和排他的权利，包括所有权、用益物权和担保物权。

本条阐述主要的内容是物权法的适用范围。其中不动产是指土地以及房屋、林木等土地定着物；动产是指不动产以外的物。

第六条 不动产物权的设立、变更、转让和消灭，应当依照法律规定登记。动产物权的设立和转让，应当依照法律规定交付。

第九条　不动产物权的设立、变更、转让和消灭，经依法登记，发生效力；未经登记，不发生效力，但法律另有规定的除外。

依法属于国家所有的自然资源，所有权可以不登记。

本条阐述主要的内容是不动产的生效及例外。不动产物权登记，最基本的效力表现为，除法律另有规定外，不动产物权的设立、变更、转让和消灭，经依法登记，发生效力；未经登记，不发生效力。例如，当事人订立了合法有效的买卖房屋合同后，只有依法办理了房屋所有权登记，才发生房屋所有权变动的法律后果；不登记的，法律不认为发生了房屋所有权变动。

第二十条　当事人签订买卖房屋或者其他不动产物权的协议，为保障将来实现物权，按照约定可以向登记机构申请预告登记。预告登记后，未经预告登记的权利人同意，处分该不动产的，不发生物权效力。

预告登记后，债权消灭或者自能够进行不动产登记之日起三个月内未申请登记的，预告登记失效。

本条阐述主要的内容是预告登记。是指为保全一项请求权而进行的不动产登记，预告登记的功能是限制房地产开发商等债务人处分其权利。

第七十条　业主对建筑物内的住宅、经营性用房等专有部分享有所有权，对专有部分以外的共有部分享有共有和共同管理的权利。

本条阐述主要的内容是建筑物区分所有权的问题。建筑物区分所有权人，对建筑物内的住宅、商业用房等专有部分享有所有权，对专有部分以外的共有部分如电梯、过道、楼梯、水箱、外墙面、水电气的主管线等享有共有和共同管理的权利。

第七十一条　业主对其建筑物专有部分享有占有、使用、收益和处分的权利。业主行使权利不得危及建筑物的安全，不得损害其他业主的合法权益。

第七十二条　业主对建筑物专有部分以外的共有部分，享有权利，承担义务；不得以放弃权利不履行义务。

业主转让建筑物内的住宅、经营性用房，其对共有部分享有的共有和共同管理的权利一并转让。

第七十三条　建筑区划内的道路，属于业主共有，但属于城镇公共道路的除外。建筑区划内的绿地，属于业主共有，但属于城镇公共绿地或者明示属于个人的除外。建筑区划内的其他公共场所、公用设施和物业服务用房，属于业主共有。

第七十四条　建筑区划内，规划用于停放汽车的车位、车库应当首先满足业主的需要。

建筑区划内，规划用于停放汽车的车位、车库的归属，由当事人通过出售、附赠或者出租等方式约定。

占用业主共有的道路或者其他场地用于停放汽车的车位，属于业主共有。

第七十五条　业主可以设立业主大会，选举业主委员会。

地方人民政府有关部门应当对设立业主大会和选举业主委员会给予指导和协助。

本条阐述主要的内容是设立业主大会、选举业主委员会的问题。业主大会是业主的自治组织，是基于业主的建筑物区分所有权的行使产生的，由全体业主组成，是建筑区划内建筑物及其附属设施的管理机构。因此只要是建筑区划内的业主，就有权参加业主大会，行使专有部分以外共有部分的共有权以及共同管理的权利，并对小区内的业主行使专有部分的所有权做出限制性规定，以维护建筑区划内全体业主的合法权益。

房屋的所有权人为业主。一个物业管理区域成立一个业主大会。

第七十六条 下列事项由业主共同决定。

① 制定和修改业主大会议事规则；

② 制定和修改建筑物及其附属设施的管理规约；

③ 选举业主委员会或者更换业主委员会成员；

④ 选聘和解聘物业服务企业或者其他管理人；

⑤ 筹集和使用建筑物及其附属设施的维修资金；

⑥ 改建、重建建筑物及其附属设施；

⑦ 有关共有和共同管理权利的其他重大事项。

决定前款第五项和第六项规定的事项，应当经专有部分占建筑物总面积三分之二以上的业主且占总人数三分之二以上的业主同意。决定前款其他事项，应当经专有部分占建筑物总面积过半数的业主且占总人数过半数的业主同意。

第七十七条 业主不得违反法律、法规以及管理规约，将住宅改变为经营性用房。业主将住宅改变为经营性用房的，除遵守法律、法规以及管理规约外，应当经有利害关系的业主同意。

第七十八条 业主大会或者业主委员会的决定，对业主具有约束力。

业主大会或者业主委员会作出的决定侵害业主合法权益的，受侵害的业主可以请求人民法院予以撤销。

本条阐述主要的内容是业主大会、业主委员会决定的效力。本条赋予了业主请求人民法院撤销业主大会或者业主委员会做出的不当决定的权利。

第七十九条 建筑物及其附属设施的维修资金，属于业主共有。经业主共同决定，可以用于电梯、水箱等共有部分的维修。维修资金的筹集、使用情况应当公布。

本条阐述主要的内容是建筑物及其附属设施维修资金的问题。首先明确了建筑物及其附属设施的维修资金属于业主共有。但是建筑物及其附属设施的维修资金的使用关系着业主专有部分以外的共有部分、共用设施设备保修期满后的维修、更新、改造、维护等，关系着每个业主的切身利益。因此，本条规定维修资金的使用应当经业主共同决定。

第八十条 建筑物及其附属设施的费用分摊、收益分配等事项，有约定的，按照约定；没有约定或者约定不明确的，按照业主专有部分占建筑物总面积的比例确定。

本条阐述主要的内容是费用分摊、收益分配的问题。建筑物共有部分及其附属设施不仅存在着养护、维修的问题，还存在着经营收益如何分配的问题。

第八十一条 业主可以自行管理建筑物及其附属设施，也可以委托物业服务企业或者其他管理人管理。

对建设单位聘请的物业服务企业或者其他管理人，业主有权依法更换。

本条阐述主要的内容是建筑物及其附属设施管理的问题。在业主、业主大会选聘物业管理企业之前，建设单位选聘物主管理企业的，应当签订书面的前期物业服务合同，建设单位与物业买受人签订的买卖合同应当包含前期物业服务合同约定的内容。前期物业服务合同可以约定期限；但是，期限未满、业主委员会与物业管理企业签订的物业服务合同生效的，前期物业服务合同终止。

第八十二条 物业服务企业或者其他管理人根据业主的委托管理建筑区划内的建筑物及其附属设施，并接受业主的监督。

第八十三条　业主应当遵守法律、法规以及管理规约。

业主大会和业主委员会，对任意弃置垃圾、排放污染物或者噪声、违反规定饲养动物、违章搭建、侵占通道、拒付物业费等损害他人合法权益的行为，有权依照法律、法规以及管理规约，要求行为人停止侵害、消除危险、排除妨害、赔偿损失。业主对侵害自己合法权益的行为，可以依法向人民法院提起诉讼。

第八十八条　不动产权利人因建造、修缮建筑物以及铺设电线、电缆、水管、暖气和燃气管线等必须利用相邻土地、建筑物的，该土地、建筑物的权利人应当提供必要的便利。

相邻一方因施工临时占用另一方土地的，占用的一方如未按照双方约定的范围、用途和期限使用的，应当责令其及时清理现场，排除妨碍，恢复原状，赔偿损失。

第八十九条　建造建筑物，不得违反国家有关工程建设标准，妨碍相邻建筑物的通风、采光和日照。

第九十条　不动产权利人不得违反国家规定弃置固体废物，排放大气污染物、水污染物、噪声、光、电磁波辐射等有害物质。

第九十一条　不动产权利人挖掘土地、建造建筑物、铺设管线以及安装设备等，不得危及相邻不动产的安全。

第九十二条　不动产权利人因用水、排水、通行、铺设管线等利用相邻不动产的，应当尽量避免对相邻的不动产权利人造成损害；造成损害的，应当给予赔偿。

第一百三十五条　建设用地使用权人依法对国家所有的土地享有占有、使用和收益的权利，有权利用该土地建造建筑物、构筑物及其附属设施。

建设用地包括住宅用地、公共设施用地、工矿用地、交通水利设施用地、旅游用地、军事设施用地等。本条中的建筑物主要是指住宅、写字楼、厂房等。构筑物主要是指不具有居住或者生产经营功能的人工建造物，如道路、桥梁、隧道、水池、水塔、纪念碑等；附属设施主要是指附属于建筑物、构筑物的一些设施。

第一百三十六条　建设用地使用权可以在土地的地表、地上或者地下分别设立。新设立的建设用地使用权，不得损害已设立的用益物权。

第一百三十七条　设立建设用地使用权，可以采取出让或者划拨等方式。

工业、商业、旅游、娱乐和商品住宅等经营性用地以及同一土地有两个以上意向用地者的，应当采取招标、拍卖等公开竞价的方式出让。

严格限制以划拨方式设立建设用地使用权。采取划拨方式的，应当遵守法律、行政法规关于土地用途的规定。

本条阐述主要的内容是建设用地使用权的设立方式问题。建设用地使用权出让的方式主要有两种：有偿出让和无偿划拨。

建设单位使用国有土地，应当以出让等有偿使用方式取得；但是，下列建设用地，经县级以上人民政府依法批准，可以以划拨方式取得：国家机关用地和军事用地；城市基础设施用地和公益事业用地；国家重点扶持的能源、交通、水利等基础设施用地；法律、行政法规规定的其他用地。

第一百三十八条　采取招标、拍卖、协议等出让方式设立建设用地使用权的，当事人应当采取书面形式订立建设用地使用权出让合同。

建设用地使用权出让合同一般包括下列条款。

① 当事人的名称和住所；

② 土地界址、面积等；

③ 建筑物、构筑物及其附属设施占用的空间；

④ 土地用途；

⑤ 使用期限；

⑥ 出让金等费用及其支付方式；

⑦ 解决争议的方法。

第一百三十九条 设立建设用地使用权的，应当向登记机构申请建设用地使用权登记。建设用地使用权自登记时设立。登记机构应当向建设用地使用权人发放建设用地使用权证书。

第一百四十条 建设用地使用权人应当合理利用土地，不得改变土地用途；需要改变土地用途的，应当依法经有关行政主管部门批准。

本条阐述主要的内容是土地用途变更的问题。建设单位使用国有土地的，应当按照土地使用权出让等有偿使用合同的约定或者土地使用权划拨批准文件的规定使用土地；确需改变该幅土地建设用途的，应当经有关人民政府土地行政主管部门同意，报原批准用地的人民政府批准。其中，在城市规划区内改变土地用途的，在报批前，应当先经有关城市规划行政主管部门同意。

第一百四十一条 建设用地使用权人应当依照法律规定以及合同约定支付出让金等费用。

第一百四十二条 建设用地使用权人建造的建筑物、构筑物及其附属设施的所有权属于建设用地使用权人，但有相反证据证明的除外。

第一百四十三条 建设用地使用权人有权将建设用地使用权转让、互换、出资、赠与或者抵押，但法律另有规定的除外。

第一百四十四条 建设用地使用权转让、互换、出资、赠与或者抵押的，当事人应当采取书面形式订立相应的合同。使用期限由当事人约定，但不得超过建设用地使用权的剩余期限。

第一百四十五条 建设用地使用权转让、互换、出资或者赠与的，应当向登记机构申请变更登记。

第一百四十六条 建设用地使用权转让、互换、出资或者赠与的，附着于该土地上的建筑物、构筑物及其附属设施一并处分。

第一百四十七条 建筑物、构筑物及其附属设施转让、互换、出资或者赠与的，该建筑物、构筑物及其附属设施占用范围内的建设用地使用权一并处分。

第一百四十八条 建设用地使用权期间届满前，因公共利益需要提前收回该土地的，应当依照本法第四十二条的规定对该土地上的房屋及其他不动产给予补偿，并退还相应的出让金。

第一百四十九条 住宅建设用地使用权期间届满的，自动续期。

非住宅建设用地使用权期间届满后的续期，依照法律规定办理。该土地上的房屋及其他不动产的归属，有约定的，按照约定；没有约定或者约定不明确的，依照法律、行政法规的规定办理。

第一百五十条 建设用地使用权消灭的，出让人应当及时办理注销登记。登记机构应当收回建设用地使用权证书。

第一百五十一条 集体所有的土地作为建设用地的，应当依照土地管理法等法律规定办理。

第一百五十二条　宅基地使用权人依法对集体所有的土地享有占有和使用的权利，有权依法利用该土地建造住宅及其附属设施。

第一百五十三条　宅基地使用权的取得、行使和转让，适用土地管理法等法律和国家有关规定。

本条阐述主要的内容是宅基地取得、行使和转让的依据。农村村民一户只能拥有一处宅基地，其宅基地的面积不得超过省、自治区、直辖市规定的标准。农村村民建住宅，应当符合乡（镇）土地利用总体规划，并尽量使用原有宅基地和村内空闲地。农村村民住宅用地，经乡（镇）人民政府审核，由县级人民政府批准；其中涉及占用农用地的，依照本法四十四条的规定办理审批手续，农村村民出卖、出租住房后，再申请宅基地的，不予批准。

第一百五十四条　宅基地因自然灾害等原因灭失的，宅基地使用权消灭。对失去宅基地的村民，应当重新分配宅基地。

第一百五十五条　已经登记的宅基地使用权转让或者消灭的，应当及时办理变更登记或者注销登记。

第一百八十条　债务人或者第三人有权处分的下列财产可以抵押。

① 建筑物和其他土地附着物；

② 建设用地使用权；

③ 以招标、拍卖、公开协商等方式取得的荒地等土地承包经营权；

④ 生产设备、原材料、半成品、产品；

⑤ 正在建造的建筑物、船舶、航空器；

⑥ 交通运输工具；

⑦ 律、行政法规未禁止抵押的其他财产。

抵押人可以将前款所列财产一并抵押。

本条阐述主要的内容是抵押财产的范围。物权法规定的可以抵押的财产包括：①建筑物和其他土地附着物。其他土地附着物指附着于土地之上的除房屋以外的不动产，包括桥梁、隧道、大坝、道路等构筑物，以及林木，庄稼等。②建设用地使用权。建设用地使用权是权利主体依法对国家所有的土地享有的占有、使用和收益的权利。③以招标、拍卖、公开协商等方式取得的荒地等土地承包经营权。通过招标、拍卖、公开协商方式承包荒地，不论承包人是本集体经济组织成员，还是本集体经济组织之外的单位和个人，都可以依法将荒地的承包经营权抵押。④生产设备、原材料、半成品、产品。⑤正在建造的建筑物、船舶、航空器。担保法没有明确规定在建的建筑物、船舶、航空器可以抵押。实践中，建设工程往往周期长、资金缺口大，以正在建造的建筑物、船舶、航空器作为担保，对于解决建设者融资难，保证在建工程顺利完工具有重要作用。⑥交通运输工具。交通运输工具包括：飞机、船舶、火车、各种机动车辆等。⑦法律、行政法规来禁止抵押的其他财产。这项规定是为适应不断变化的经济生活需要。这项规定表明，以前六项规定以外的其他财产抵押，必须同时具备两个条件：a. 不是法律、行政法规规定禁止抵押的财产；b. 债务人或者第三人对该财产有处分权。

第一百八十二条　以建筑物抵押的，该建筑物占用范围内的建设用地使用权一并抵押。以建设用地使用权抵押的，该土地上的建筑物一并抵押。

抵押人未依照前款规定一并抵押的，未抵押的财产视为一并抵押。

本条阐述主要的内容是建筑物抵押的问题。本条规定的建筑物，主要指国有土地上的建筑物和乡镇、村企业的厂房等建筑物。本条规定的建设用地使用权，包括城市住宅和公共设施用地、工矿用地、交通水利设施用地、旅游用地、军事设施用地的使用权。

第一百八十三条 乡镇、村企业的建设用地使用权不得单独抵押。以乡镇、村企业的厂房等建筑物抵押的，其占用范围内的建设用地使用权一并抵押。

本条阐述主要的内容是乡镇、村企业的建筑物和建设用地使用权抵押的问题。乡镇、村企业不能仅以集体所有的建设用地抵押，但可以将乡镇、村企业的厂房等建筑物抵押，以厂房等建筑物抵押的，其占用范围内的建设用地使用权一并抵押。以乡镇、村企业的厂房等建筑物占用范围内的建设用地使用权抵押的，实现抵押权后，未经法定程序不得改变土地所有权的性质和土地的用途。

第一百八十四条 下列财产不得抵押。

① 土地所有权；

② 耕地、宅基地、自留地、自留山等集体所有的土地使用权，但法律规定可以抵押的除外；

③ 学校、幼儿园、医院等以公益为目的的事业单位、社会团体的教育设施、医疗卫生设施和其他社会公益设施；

④ 所有权、使用权不明或者有争议的财产；

⑤ 依法被查封、扣押、监管的财产；

⑥ 法律、行政法规规定不得抵押的其他财产。

第二百条 建设用地使用权抵押后，该土地上新增的建筑物不属于抵押财产。该建设用地使用权实现抵押权时，应当将该土地上新增的建筑物与建设用地使用权一并处分，但新增建筑物所得的价款，抵押权人无权优先受偿。

第二百零一条 依照本法第一百八十条第一款第三项规定的土地承包经营权抵押的，或者依照本法第一百八十三条规定以乡镇、村企业的厂房等建筑物占用范围内的建设用地使用权一并抵押的，实现抵押权后，未经法定程序，不得改变土地所有权的性质和土地用途。

15.2 税 法

15.2.1 我国税收制度的概述

15.2.1.1 税收与税收制度

（1）税收

税收是国家为了实现其职能，按照法定标准，无偿取得财政收入的一种手段，是国家借政治权力参加国民收入分配与再分配形成的一种特定分配关系。

（2）税收制度及构成要素

税收制度简称税制，是国家的各种税收政策、法令及规章的总称。每个税种的税收制度都由纳税人、征税对象、计税依据、税率、纳税期限、起征点等基本要素所组成。

15.2.1.2 税收征管的基本制度

税收征管的基本制度包括：税务登记制度、纳税申报制度、税收票证管理制度、税款征收制度。

15.2.2　建设行业常用税种

目前在建设行业开征的税种有固定资产投资方向调节税、营业税、增值税、企业所得税、城市维护建设税与教育费附加、土地增值税、土地使用税、契税和印花税等。

调整执行建设行业税收的法律依据有以下方面。

① 中华人民共和国外商投资企业和外国企业所得税法；

② 中华人民共和国税收征收管理法；

③ 中华人民共和国城市维护建设税暂行条例；

④ 中华人民共和国固定资产投资方向调节税暂行条例；

⑤ 中华人民共和国税收征收管理法实施细则；

⑥ 中华人民共和国增值税暂行条例及实施细则；

⑦ 中华人民共和国营业税暂行条例及实施细则；

⑧ 中华人民共和国企业所得税暂行条例及实施细则；

⑨ 中华人民共和国土地增值税暂行条例及实施细则；

⑩ 中华人民共和国房产税暂行条例；

⑪ 中华人民共和国土地使用税暂行条例。

15.2.2.1　固定资产投资方向调节税

投资方向调节税是对一切建设单位和个人用各种资金安排的基本建设投资征收的一种特定目的税，是为了贯彻国家的产业政策、控制宏观规模、引导投资方向、调整产业结构、加强重点工程建设而开征的税收。

凡在我国境内所有单位和个人用于固定资产投资的各种资金，不管来源如何，都是调节税的征税范围。

15.2.2.2　营业税

营业税是以纳税人营业额为课税对象征收的税种。建筑业是营业税的征税范围，但在境外的工程不属于营业税的征税范围。建设行业的总包人将工程分包给他人的，以工程的全部承包额减去分包工程额为总包人的营业额。

15.2.2.3　增值税

增值税是以纳税人增值额为课税对象征收的税种。增值额是指商品或劳务在企业新创造的价值，包括人工费、贷款利息和企业利润等。建筑企业从事建筑构件的生产、建筑机械的生产、修理修配服务等也适用于增值税。

15.2.2.4　企业所得税

企业所得税是以企业所得额为课税对象的税种。企业所得税的征税对象是企业在国内或国外生产经营所得和其他所得（境内投资外商企业除外）。企业所得税的纳税义务人包括国有企业、集体企业、私营企业、联营企业、股份制企业和其他经济组织。

15.2.2.5　城市维护建设税与教育费附加

（1）城市维护建设税

城市维护建设税是为了加强城市维护建设、扩大稳定的城市建设资金来源而开征的一种税种。城市维护建设税的纳税人为增值税、营业税和消费税的纳税人，它的纳税对象是以纳税人交纳的增值税、营业税和消费税为计税依据，是与"三税"同时交纳的。

（2）教育费附加

教育费附加是为了加快发展地方教育事业，扩大地方教育经费的资金来源而征收的一种税附加性质的收入。教育费附加以单位和个人实际交纳的增值税、营业税、消费税为计征依据。

15.2.2.6 房产税

房产税的纳税人是在城市县城、建制镇和工矿区的房产产权所有人、经营管理单位、承典人、房产代管者或者使用者。

以下房产免征房产税：国家机关、人民团体、军队自用房产；由国家财政部门拨付事业经费的单位自用房产；宗教寺庙、公园、名胜古迹自用房产；个人所有非营业用房产；经财政部批准免税的其他房产。

15.2.2.7 土地增值税

土地增值税是为抑制土地投机获取暴利的行动，规范国家参与土地增值收益的分配方式，增加财政收入而开征的税种。

该条例规定凡是有偿转让房地产并取得收入的单位和个人，都为土地增值税的纳税人。土地增值税的计税依据为纳税人转让房地产取得的收入减除税法规定的准予扣除金额后的余额。转让房地产取得的收入包括货币收入、实物收入和其他收入。

15.2.2.8 城镇土地使用税

城镇土地使用税是为节约和合理使用城市土地资源而开征的税种。城镇土地使用税的纳税义务人是在城市、县城、建制镇、工矿区范围内使用土地的单位和个人。

15.2.2.9 契税

契税的纳税义务人是在中华人民共和国境内转让土地、房屋权属的单位和个人。契税的计税依据：国有土地使用权出让、土地使用权的出售、房屋买卖为成交价格。

15.2.2.10 印花税

印花税的纳税义务人是在中华人民共和国境内书立、领受应纳税凭证的单位和个人。免征印花税的凭证：已缴纳印花税的凭证的副本或者抄本；财产所有人将财产赠给政府、社会福利单位、学校所立的书据和经财政部批准免税的其他凭证。

15.2.3 纳税人的权利与义务

15.2.3.1 纳税人的权利

（1）知情权

纳税人、扣缴义务人有权向税务机关了解国家税收法律、行政法规的规定以及与纳税程序有关的情况。

（2）保密权

纳税人、扣缴义务人有权要求税务机关为纳税人、扣缴义务人的情况保密。税务机关应当依法为纳税人、扣缴义务人的情况保密。

（3）减、免、退税权

纳税人依法享有减税、免税、退税的权利。

（4）陈述权、申辩权及寻求司法救济的权利

纳税人、扣缴义务人对税务机关所作出的决定，享有陈述权、申辩权；依法享有申请行政复议、提起行政诉讼、请求国家赔偿等权利。

（5）控告和检举权

纳税人、扣缴义务人有权控告和检举税务机关、税务人员的违法违纪行为。

15.2.3.2 纳税人的义务

① 纳税人、扣缴义务人必须依照法律、行政法规的规定缴纳税款、代扣代缴、代收代缴税款。

② 纳税人、扣缴义务人和其他有关单位应当按照国家有关规定如实向税务机关提供与纳税和代扣代缴、代收代缴税款有关的信息。

③ 企业在外地设立的分支机构和从事生产、经营的场所，个体工商户和从事生产、经营的事业单位（以下统称从事生产、经营的纳税人）自领取营业执照之日起三十日内，持有关证件，向税务机关申报办理税务登记。从事生产、经营的纳税人，税务登记内容发生变化的，自工商行政管理机关办理变更登记之日起三十日内或者在向工商行政管理机关申请办理注销登记之前，持有关证件向税务机关申报办理变更或者注销税务登记。

④ 从事生产、经营的纳税人应当按照国家有关规定，持税务登记证件，在银行或者其他金融机构开立基本存款账户和其他存款账户，并将其全部账号向税务机关报告。纳税人、扣缴义务人按照有关法律、行政法规和国务院财政、税务主管部门的规定设置账簿，根据合法、有效凭证记账，进行核算。

⑤ 单位、个人在购销商品、提供或者接受经营服务以及从事其他经营活动中，应当按照规定开具、使用、取得发票。

⑥ 国家根据税收征收管理的需要，积极推广使用税控装置。纳税人应当按照规定安装使用税控装置，不得损毁或者擅自改动税控装置。

⑦ 从事生产、经营的纳税人、扣缴义务人必须按照国务院财政、税务主管部门规定的保管期限保管账簿、记账凭证、完税凭证及其他有关资料。

⑧ 纳税人必须依照法律、行政法规规定或者税务机关依照法律、行政法规的规定确定的申报期限、申报内容如实办理纳税申报，报送纳税申报表、财务会计报表以及税务机关根据实际需要要求纳税人报送的其他纳税资料。扣缴义务人必须依照法律、行政法规规定或者税务机关依照法律、行政法规的规定确定的申报期限、申报内容如实报送代扣代缴、代收代缴税款报告表以及税务机关根据实际需要要求扣缴义务人报送的其他有关资料。

⑨ 纳税人、扣缴义务人按照法律、行政法规规定或者税务机关依照法律、行政法规的规定确定的期限，缴纳或者解缴税款。

⑩ 欠缴税款的纳税人或其法定代表人需要出境的，应当在出境前向税务机关结清应纳税款、滞纳金或者提供担保。

⑪ 纳税人有合并、分立情形的，应当向税务机关报告，并依法缴清税款。纳税人合并时未缴清税款的，应当由合并后的纳税人继续履行未履行的纳税义务；纳税人分立时未缴清税款的，分立后的纳税人对未履行的纳税义务应当承担连带责任。

⑫ 欠缴税款数额较大的纳税人在处分其不动产或者大额资产之前，应当向税务机关报告。

⑬ 纳税人有欠税情形而以其财产设定抵押、质押的，应当向抵押权人、质权人说明其欠税情况。

⑭ 纳税人、扣缴义务人必须接受税务机关依法进行的税务检查，如实反映情况，提供有关资料，不得拒绝、隐瞒。

15.3 节约能源法

15.3.1 节约能源法概述

15.3.1.1 节约能源法立法简述

1991年3月完成《节能法》讨论稿及编写说明，列入1991年国务院立法规划；1995年4月30日国务院第31次常务会议审核报请全国人大常委会审议；1995年5月5日全国人大常委会第一次审议；1995年6月23日全国人大常委会第二次审议；1996年6月28日全国人大常委会第三次审议；1997年11月1日全国人大常委会第四次审议通过；1998年1月1日开始施行。

2007年10月28日，十届全国人大常委会第三十次会议通过了修订的《中华人民共和国节约能源法》。

15.3.1.2 节约能源法立法意义

（1）是转变经济增长方式的需要

新中国成立后特别是改革开放以来在资源和环境方面付出了巨大的代价，其中最突出的问题是资源消耗高、浪费大、污染重。因此我们必须加快促进能源资源节约，努力实现经济增长方式的根本转变。

（2）是由我国基本国情决定的

人口众多、资源相对不足、环境承载能力较弱是我国的基本国情。这种基本国情决定了我国经济社会发展必须特别重视节约和合理利用资源。

（3）保障经济安全和国家安全的重要举措

加快推进节约型社会建设，控制和降低对国外资源的依赖程度，对于确保经济安全和国家安全有着重要意义。

15.3.2 节约能源法与建筑节能相关条文及部分条文解释

新修订的《中华人民共和国节约能源法》共七章八十七条，其中第三章第三节是涉及建筑节能方面的条文。

第三十四条 国务院建设主管部门负责全国建筑节能的监督管理工作。

县级以上地方各级人民政府建设主管部门负责本行政区域内建筑节能的监督管理工作。

县级以上地方各级人民政府建设主管部门会同同级管理节能工作的部门编制本行政区域内的建筑节能规划。建筑节能规划应当包括既有建筑节能改造计划。

本条阐述主要的内容是县级以上地方各级人民政府建设主管部门会同同级管理节能工作的部门编制本行政区域内的建筑节能规划。

规划内容一般包括建筑节能工作的指导思想、工作原则、工作目标、重点任务和主要措施等。

第三十五条 建筑工程的建设、设计、施工和监理单位应当遵守建筑节能标准。

不符合建筑节能标准的建筑工程，建设主管部门不得批准开工建设；已经开工建设的，应当责令停止施工、限期改正；已经建成的，不得销售或者使用。

建设主管部门应当加强对在建建筑工程执行建筑节能标准情况的监督检查。

第三十六条 房地产开发企业在销售房屋时，应当向购买人明示所售房屋的节能措施、保温工程保修期等信息，在房屋买卖合同、质量保证书和使用说明书中载明，并对其真实性、准确性负责。

本条阐述主要的内容是房地产开发企业在销售房屋时应当履行哪些节能信息的告知义务。

第三十七条　使用空调采暖、制冷的公共建筑应当实行室内温度控制制度。具体办法由国务院建设主管部门制定。

第三十八条　国家采取措施，对实行集中供热的建筑分步骤实行供热分户计量、按照用热量收费的制度。新建建筑或者对既有建筑进行节能改造，应当按照规定安装用热计量装置、室内温度调控装置和供热系统调控装置。具体办法由国务院建设主管部门会同国务院有关部门制定。

第三十九条　县级以上地方各级人民政府有关部门应当加强城市节约用电管理，严格控制公用设施和大型建筑物装饰性景观照明的能耗。

本条阐述主要的内容是要加强城市节约用电管理、严格控制装饰性景观照明的问题。城市照明的过快发展加大了能源的需求和消耗，建设和配置不切合实际的、不科学的照明工程，浪费了能源，加剧了供用电紧张。为此，需要加强城市照明节约用电管理，严格控制公用设施和大型建筑物装饰性景观照明的能耗。

第四十条　国家鼓励在新建建筑和既有建筑节能改造中使用新型墙体材料等节能建筑材料和节能设备，安装和使用太阳能等可再生能源利用系统。

本条阐述主要的内容是国家鼓励使用新型墙体材料和其他节能建筑材料、节能设备的问题以墙体材料为例，我国房屋建筑材料中 70% 是墙体材料，其中黏土砖占据主导地位，生产黏土砖每年耗用黏土资源达 10 多亿立方米，约相当于毁田 50 万亩，消耗标准煤 7000 多万吨。推广使用优质新型墙体材料建造房屋不仅可以保护环境、提高资源利用效率，也可以有效改善建筑功能，减少使用中的能源消耗，提高居住舒适度。

15.3.3　节约能源法与建筑节能

在节能法修订前，"建筑节能"只是一句话。修订后变成了一节包含七条内容，对主要的建筑节能管理制度、重点要抓的工作任务以及政府主管部门、房地产开发商、设计施工监理单位对建筑节能应负的法律责任予以规定。

15.3.3.1　民用建筑节能的有关规定

（1）民用建筑节能的含义

民用建筑节能，是指在保证民用建筑使用功能和室内热环境质量的前提下，降低其使用过程中能源消耗的活动。

（2）新建建筑节能

国家推广使用民用建筑节能的新技术、新工艺、新材料和新设备，限制使用或者禁止使用能源消耗高的技术、工艺、材料和设备。建设单位、设计单位、施工单位不得在建筑活动中使用列入禁止使用目录的技术、工艺、材料和设备。

（3）既有建筑节能

① 既有建筑节能的含义　既有建筑节能改造，是指对不符合民用建筑节能强制性标准的既有建筑的围护结构、供热系统、采暖制冷系统、照明设备和热水供应设施等实施节能改造的活动。

既有建筑节能改造应当根据当地经济、社会发展水平和地理气候条件等实际情况，有计划、分步骤地实施分类改造。

② 节能改造 国家机关办公建筑、政府投资和以政府投资为主的公共建筑的节能改造，应当制定节能改造方案，经充分论证，并按照国家有关规定办理相关审批手续方可进行。实施既有建筑节能改造，应当符合民用建筑节能强制性标准，优先采用遮阳、改善通风等低成本改造措施。既有建筑围护结构的改造和供热系统的改造应当同步进行。

15.3.3.2 建设工程项目的节能管理

(1) 建设工程项目节能管理的基本原则

① 编制节能计划 国务院和县级以上地方各级人民政府应当将节能工作纳入国民经济和社会发展规划、年度计划，并组织编制和实施节能中长期专项规划、年度节能计划。国务院和县级以上地方各级人民政府每年向本级人民代表大会或者其常务委员会报告节能工作。

② 节能考核评价 国家实行节能目标责任制和节能考核评价制度，将节能目标完成情况作为对地方人民政府及其负责人考核评价的内容。省、自治区、直辖市人民政府每年向国务院报告节能目标责任的履行情况。

③ 节能产业政策 国家实行有利于节能和环境保护的产业政策，限制发展高耗能、高污染行业，发展节能环保型产业。国家鼓励、支持开发和利用新能源、可再生能源。

④ 节能技术创新 国家鼓励、支持节能科学技术的研究、开发、示范和推广，促进节能技术创新与进步。

(2) 建筑工程项目节能管理中的监督机制

国务院管理节能工作的部门主管全国的节能监督管理工作。国务院有关部门在各自的职责范围内负责节能监督管理工作，并接受国务院管理节能工作的部门的指导。

县级以上地方各级人民政府管理节能工作的部门负责本行政区域内的节能监督管理工作。县级以上地方各级人民政府有关部门在各自的职责范围内负责节能监督管理工作，并接受同级管理节能工作的部门的指导。

(3) 建设主体的节能义务

建筑工程的建设、设计、施工和监理单位应当遵守建筑节能标准。不符合建筑节能标准的建筑工程，建设主管部门不得批准开工建设；已经开工建设的，应当责令停止施工、限期改正；已经建成的，不得销售或者使用。

建设主管部门应当加强对在建建筑工程执行建筑节能标准情况的监督检查。

房地产开发企业在销售房屋时，应当向购买人明示所售房屋的节能措施、保温工程保修期等信息，在房屋买卖合同、质量保证书和使用说明书中载明，并对其真实性、准确性负责。

(4) 建筑工程项目节能管理中的建筑节能制度

① 室内温度控制制度 使用空调采暖、制冷的公共建筑应当实行室内温度控制制度。具体办法由国务院建设主管部门制定。

② 分户计量、按照用热量收费的制度 国家采取措施，对实行集中供热的建筑分步骤实行供热分户计量、按照用热量收费的制度。新建建筑或者对既有建筑进行节能改造，应当按照规定安装用热计量装置、室内温度调控装置和供热系统调控装置。具体办法由国务院建设主管部门会同国务院有关部门制定。

③ 发展节能产品制度

县级以上地方各级人民政府有关部门应当加强城市节约用电管理，严格控制公用设施和大型建筑物装饰性景观照明的能耗。

国家鼓励在新建建筑和既有建筑节能改造中使用新型墙体材料等节能建筑材料和节能设

备，安装和使用太阳能等可再生能源利用系统。

15.4　档　案　法

15.4.1　建设工程档案的种类

15.4.1.1　建设工程档案的定义

建设工程档案是指在工程建设活动中直接形成的具有归档保存价值的文字、图表、声像等各种形式的历史记录。

15.4.1.2　建设工程档案的种类

根据该国家标准，应当归档的建设工程文件主要包括如下内容。

（1）工程准备阶段文件

工程准备阶段文件，指工程开工以前，在立项、审批、征地、勘察、设计、招投标等工程准备阶段形成的文件。主要包括：①立项文件；②建设用地、征地、拆迁文件；③勘察、测绘、设计文件；④招投标文件；⑤开工审批文件；⑥财务文件；⑦建设、施工、监理机构及负责人名单。

（2）监理文件

监理文件，指工程监理单位在工程监理过程中形成的文件。主要包括如下内容。

① 监理规划，包括监理规划、监理实施细则和监理部总控制计划等。

② 监理月报中的有关质量问题。

③ 监理会议纪要中的有关质量问题。

④ 进度控制文件，包括工程开工/复工审批表、工程开工/复工暂停令等。

⑤ 质量控制文件，包括不合格项目通知、质量事故报告及处理意见等。

⑥ 造价控制文件，包括预付款报审与支付、月付款报审与支付、设计变更、洽商费用报审与签认、工程竣工结算审核意见书等。

⑦ 分包资质文件，包括分包单位资质材料、供货单位资质材料、试验等单位资质材料。

⑧ 监理通知，包括有关进度控制的监理通知、有关质量控制的监理通知、有关造价控制的监理通知。

⑨ 合同与其他事项管理文件，包括工程延期报告及审批、费用索赔报告及审批、合同争议、违约报告及处理意见、合同变更材料等。

⑩ 监理工作总结，包括专题总结、月报总结、工程竣工总结、质量评价意见报告。

（3）施工文件

施工文件，指施工单位在工程施工过程中形成的文件。不同专业的工程对施工文件的要求不尽相同，一般包括如下内容。

① 施工技术准备文件，包括施工组织设计、技术交底、图纸会审记录、施工预算的编制和审查、施工日志等。

② 施工现场准备文件，包括控制网设置资料、工程定位测量资料、基槽开挖线测量资料、施工安全措施、施工环保措施等。

③ 地基处理记录。

④ 工程图纸变更记录，包括设计会议会审记录、设计变更记录、工程洽商记录等。

⑤ 施工材料、预制构件质量证明文件及复试试验报告。

⑥ 设备、产品质量检查、安装记录，包括设备、产品质量合格证、质量保证书，设备装箱单、商检证明和说明书、开箱报告，设备安装记录长期，设备试运行记录，设备明细表等。

⑦ 施工试验记录、隐蔽工程检查记录。

⑧ 施工记录，包括工程定位测量检查记录、预检工程检查记录、沉降观测记录、结构吊装记录、工程竣工测量、新型建筑材料、施工新技术等。

⑨ 工程质量事故处理记录。

⑩ 工程质量检验记录，包括检验批质量验收记录、分项工程质量验收记录、基础、主体工程验收记录、分部（子分部）工程质量验收记录等。

（4）竣工图和竣工验收文件

竣工图是指工程竣工验收后，真实反映建设工程项目施工结果的图样。竣工验收文件是指建设工程项目竣工验收活动中形成的文件。竣工验收文件主要包括如下内容。

① 工程竣工总结，包括工程概况表、工程竣工总结。

② 竣工验收记录，包括单位（子单位）工程质量验收记录、竣工验收证明书、竣工验收报告、竣工验收备案表（包括各专项验收认可文件）、工程质量保修书等。

③ 财务文件，包括决算文件、交付使用财产总表和财产明细表。

④ 声像（包括工程照片、录音、录像材料）、缩微、电子档案（各种光盘、磁盘）。

15.4.2　建设工程档案的移交程序

15.4.2.1　主要参建单位向建设单位移交的工程文件

（1）基本规定

建设单位在工程招标及与勘察、设计、施工、监理等单位签订合同时，应对工程文件的套数、费用、质量、移交时间等提出明确要求。勘察、设计、施工、监理等单位应将本单位形成的工程文件立卷后向建设单位移交。

建设单位应当收集和整理工程准备阶段、竣工验收阶段形成的文件，并应进行立卷归档。建设单位还应当负责组织、监督和检查勘察、设计、施工、监理等单位的工程文件的形成、积累和立卷归档工作，并收集和汇总勘察、设计、施工、监理等单位立卷归档的工程档案。

建设工程项目实行总承包的，总包单位负责收集、汇总各分包单位形成的工程档案，并应及时向建设单位移交；各分包单位应将本单位形成的工程文件整理、立卷后及时移交总包单位。建设工程项目由几个单位承包的，各承包单位负责收集、整理立卷其承包项目的工程文件，并应及时向建设单位移交。

（2）工程文件的归档范围及质量要求

对与工程建设有关的重要活动、记载工程建设主要过程和现状、具有保存价值的各种载体的文件，均应收集齐全，整理立卷后归档。归档的工程文件应为原件。工程文件的内容及其深度必须符合国家有关工程勘察、设计、施工、监理等方面的技术规范、标准和规程。

归档文件必须完整、准确、系统，能够反映工程建设活动的全过程。归档的文件必须经过分类整理，并应组成符合要求的案卷。根据建设程序和工程特点，归档可以分阶段进行，也可以在单位或分部工程通过竣工验收后进行。勘察、设计单位应当在任务完成时，施工、监理单位应当在工程竣工验收前，将各自形成的有关工程档案向建设单位归档。凡设计，施工及监理单位需要向本单位归档的文件，应按国家有关规定单独立卷归档。

　　勘察、设计、施工单位在收齐工程文件并整理立卷后，建设单位、监理单位应根据城建管理机构的要求对档案文件完整、准确、系统情况和案卷质量进行审查。审查合格后向建设单位移交。工程档案一般不少于两套，一套由建设单位保管，一套（原件）移交当地城建档案馆（室）。勘察、设计、施工、监理等单位向建设单位移交档案时，应编制移交清单，双方签字、盖章后方可交接。

15.4.2.2　建设单位向政府主管机构移交建设项目档案

　　列入城建档案馆（室）档案接收范围的工程，建设单位在组织工程竣工验收前，应提请城建档案管理机构对工程档案进行预验收。建设单位未取得城建档案管理机构出具的认可文件，不得组织工程竣工验收。

　　城建档案管理部门在进行工程档案的验收时，应重点验收以下内容。

　　① 工程档案齐全、系统、完整；

　　② 工程档案的内容真实、准确地反映工程建设活动和工程实际状况；

　　③ 工程档案已整理立卷，立卷符合本规范的规定；

　　④ 竣工图绘制方法、图式及规格等符合专业技术要求，图面整洁，盖有竣工图章；

　　⑤ 文件的形成、来源符合实际，要求单位或个人签章的文件，其签章手续完备；

　　⑥ 文件材质、幅面、书写、绘图、用墨等符合要求。

　　列入城建档案馆（室）接收范围的工程，建设单位在工程竣工验收后 3 个月内，必须向城建档案馆（室）移交一套符合规定的工程档案。

　　停建、缓建建设工程的档案，暂由建设单位保管。对改建、扩建和维修工程，建设单位应当组织设计、施工单位据实修改、补充和完善原工程档案。对改变的部件，应当重新编制工程档案，并在工程竣工验收后 3 个月内向城建档案馆（室）移交。

　　建设单位向城建档案馆（室）移交工程档案时，应办理移交手续，填写移交目录，双方签字、盖章后交接。

　　建设工程竣工验收后，建设单位未按规定移交建设工程档案的，依据《建设工程质量管理条例》第 59 条的规定，建设单位除应被责令改正外，还应当受到罚款的行政处罚。

15.5　其他相关法律案例

案例 1　合法建筑侵犯采光权案

（1）基本案情

　　1996 年，吴某购买了一套商品房自住。1999 年春，某物业发展公司（下称发展公司）经批准在该商品房相邻处建成一栋 8 层高的楼，两楼间距仅 1.9 米左右，双方相邻墙均开设窗户。自从该 8 层楼建成后，吴某住房里能见度极低，即使大白天也要开灯。为此，吴某与发展公司发生争议。经多次协调，2000 年 9 月 25 日，双方达成协议，发展公司同意吴某提出的在栋距之间搭建阳台的要求。但该协议因未经有关部门批准而无法履行。吴某随即以侵犯采光权为由，向区人民法院提起诉讼，要求发展公司赔偿损失。发展公司辩称，其 8 层建筑系经有关部门合法批准，手续齐全，故不应承担民事责任。

（2）案例审理

　　经鉴定，该 8 层楼确实给吴某住房的自然采光造成影响，导致该房"如果不用人工灯源，不能正常生活"。据此，一审法院认为，发展公司的 8 层楼与吴某住房间距仅为 1.9 米，未考虑吴某通风、采光的需要，给吴某的生活造成不便，侵犯了吴某的合法权益，因此发展公司应补偿吴某损失。由于我国现行法律未明确规定补偿标准，法院认为应以房屋建筑面积为标准，每平方米补偿110元，因此判决发展公司支付给吴某补偿费7120.3元。

一审判决后，吴某认为7000元不足以弥补他的损失，向市中级人民法院提起上诉。二审法院经审理后维持了一审判决。

（3）案例评析

《物权法》在第八十九条规定："建造建筑物，不得违反国家有关工程建设标准，妨碍相邻建筑物的通风、采光和日照"，从而在立法上确立了相邻通风采光权。

当采光权受到侵犯时，《物权法》第三十二条规定受害人可选择和解、调解、仲裁或诉讼方式解决。受害人依据《物权法》第三十七条的规定，"可以请求损害赔偿，也可以请求承担其他民事责任"。所以，本案中吴某要求发展公司赔偿损失的诉请得到了法院支持。但现行法律并没有明确规定采光权受侵害时的补偿标准，我们期待着法律尽早就该方面作出规定。

案例2　未经消防验收是否影响合同效力

（1）基本案情[●]

王甲与某公司于2004年4月签订房屋租赁合同，约定将该公司房屋租于王甲用于餐饮、客房和桑拿，月租金为8000元，一方违约承担违约金5000元。承租人拖欠租金累计达10天的，出租人有权终止合同，租金按半年结算。合同签订时，该房屋经消防验收同意投入使用，验收报告同时进一步完善各项消防安全管理制度，对建筑内配置的消防器材应当定期维护保养，保证完好有效；已经消防验收的工程如有改建、扩建、用途变更，应向公安消防机构申报审批，该意见还注明：经营场所不得用作人员住宿。

2006年10月区公安消防大队发出两份分别对自用喷淋系统和消除火灾隐患的限期改正通知书。后由于消防隐患未能清除，王甲所从事的餐饮等活动无法进行，王甲起诉到法院要求确认双方签订的合同因违反法律强制性规定而无效。

（2）案例审理

人民法院经审理认为，根据当事人意思自治及保护交易安全原则，应认定本案合同为有效合同，如果消防设施存在问题，影响生产经营的，可以申请撤销双方所签订的合同，而不应作为认定合同无效情形。

（3）案例评析

本案的争议焦点为本案双方争议房屋未经消防验收合格是否违反《消防法》的强制性规定。我国《合同法》规定违反法律强制性规定的合为无效合同。《消防法》规定："按照国家工程建设消防技术标准进行消防设计的建筑工程竣工时，必须经公安消防机构进行消防验收；未经验收或者经验收不合格的，不得投入使用。"

消防法所规定的经消防验收合格后方才投入生产使用，是对房屋的使用用途作出规定，这里的使用应为生产生活使用，而非指房屋出租行为。《消防法》中歌舞厅、影剧院、宾馆、饭店、商场、集贸市场等公众聚集的场所未经消防安全检查或者检查不合格，处罚的对象是擅自使用或者开业、经营者，而不是房屋出租人。

在合同双方当事人消防安全作为生效要件未作约定的签订下，不能以房屋未经消防验收合格为由主张合同无效。

---

❶ 案例来源：http：//wenku. baidu. com/百度文库消防法案例分析；物权法案例分析。

复习思考题

1. 物权法立法的意义？
2. 建设行业常用税种有哪些？
3. 简述建筑工程消防设计审核内容。
4. 简述既有建筑节能的含义。
5. 建设工程档案的种类有哪些？

参 考 文 献

[1] 马楠. 建设法规与典型案例分析 [M]. 北京：机械工业出版社，2011.

[2] 何佰洲. 工程建设法规与案例 [M]. 北京：中国建筑工业出版社，2004.

[3] 住房与城乡建设部高等学校土建学科教学指导委员会编. 建设法规教程 [M]. 北京：中国建筑工业出版社，2011.

[4] 李永福，史伟利. 建设法规 [M]. 北京：中国电力出版社，2009.

[5] 金国辉. 建设法规概论与案例（修订本）[M]. 北京：清华大学出版社，北京交通大学出版社，2008.

[6] 顾永才，杨雪梅. 建设法规 [M]. 北京：科学出版社，2009.

[7] 全国二级建造师执业资格考试用书编写委员会. 建设工程法规及相关知识（第三版）[M]. 北京：中国建筑工业出版社，2009.

[8] 彭向真，肖铭. 建设法规 [M]. 北京：北京大学出版社，2006.

[9] 黄安永. 建设法规 [M]. 南京：东南大学出版社，2002.

[10] 刘亚臣，朱昊. 新编建设法规 [M]. 北京：机械工业出版社，2006.

[11] 叶胜川，刘平. 工程建设法规 [M]. 武汉：武汉理工大学出版让，2004.

[12] 刘文锋. 建设法规概论 [M]. 北京：高等教育出版社，2004.

[13] 郑润梅. 建设法规概论 [M]. 北京：中国建材工业出版社，2004.

[14] 梁涤坚，郭风典. 土地法新教程 [M]. 武汉：中国地质大学出版社，2002.

[15] 周剑云，戚冬瑾. 中国城市规划法规体系 [M]. 北京：中国建筑工业出版社，2007.

[16] 朱宏亮. 建设法规（第二版）[M]. 武汉：武汉理工大学出版社，2003.

[17] 喻岩. 土木工程建设法规 [M]. 北京：机械工业出版社，2010.

[18] 康耀江，张健铭，文伟. 住房保障制度 [M]. 北京：清华大学出版社，2011.

[19] 中华人民共和国物权法 [M]. 北京：中国法制出版社，2007（2010 重印）.

[20] 中华人民共和国消防法 [M]. 北京：中国法制出版社，2010.

[21] 中华人民共和国节约能源法 [M]. 北京：法律出版社，2007（2008 重印）.

[22] 朱昊. 建设法规案例与评价 [M]. 北京：机械工业出版社，2007.

[23] 孙峻. 建设法规 [M]. 北京：华中理工大学出版社，2007.